作者介绍

季卫东

　　1983年从北京大学法律学系毕业后留学日本，获得京都大学法学博士学位。

　　1990年就任神户大学法学院副教授，1996年升任终身正教授到辞职归国时止。1991年至1992年期间为美国斯坦福大学法学院访问学者。2008年9月20日至2018年3月1日担任上海交通大学凯原法学院院长。现为上海交通大学文科资深教授、中国法与社会研究院院长、人工智能治理与法律研究中心主任、计算法学与AI伦理研究中心主任、日本研究中心主任，兼任上海市法学会法社会学研究会会长、中国计算机协会（CCF）计算法学分会会长、上海国家新一代人工智能发展创新试验区专家咨询委员会顾问、中国数字经济50人论坛成员、国际学术期刊*Asian Journal of Law and Society* 创刊人兼主编、亚洲科技促进可持续发展联盟副主席、联合国大学全球人工智能网络理事会联袂主席。2009年获选教育部"长江学者"特聘教授。

　　曾经被遴选为社会学国际协会法社会学研究委员会（RCSL）指定理事、日本法社会学会理事、亚洲太平洋论坛（淡路会议）研究委员会委员、国际高等研究所企画委员、东京财团比较制度研究所研究员、达沃斯世界经济论坛司法全球议程理事会理事、教育部法学教育指导委员会副主任、上海市法治研究会会长。2007年入选日本《朝日新闻》综合周刊评定的"最有影响力的100位中国人"、2017年入选《今日中国》（*China Today*）杂志社评定的"影响中国法治进程的百位法学家"。

主要研究领域为法社会学、比较法学、数字法学。在权威学术期刊《中国社会科学》发表论文7篇，即《系统论方法在法学研究中的应用及其局限——兼论法学方法论问题》（1987年第1期）、《法律程序的意义——对中国法制建设的另一种思考》（1993年第1期）、《法律职业的定位——日本改造权力结构的实践》（1994年第2期）、《面向二十一世纪的法与社会——参加法社会学国际协会第31届学术大会之后的思考》（1996年第3期）、《合宪性审查与司法权的强化》（2002年第2期）、《司法独立与程序的价值》（英文版，2002年第2期），以及《论法律意识形态》（2015年第11期）。另在《中国法学》《法学研究》、日本《民商法杂志》、美国*Law and Society Review*等著名专业期刊发表中、日、英等语种论文百余篇，曾经获得首届全国法学研究优秀论文一等奖（1984年）等奖项。

主要著作有《超近代的法：中国法律秩序的深层结构》（密涅瓦书房1999年版，获日本法社会学会首届优秀著作奖）、《法治秩序的建构》（中国政法大学出版社1999年版，商务印书馆2014年增补版，入选1978—2014影响中国十大法治图书）、《现代中国的法制变迁》（日本评论社2001年版）、《宪政新论——全球化时代的法与社会变迁》（北京大学出版社2002年版、2005年版，获钱端升法学研究成果奖）、《法律程序的意义》（中国法制出版社2004年版、2011年增订版，获教育部第七届高校人文社会科学研究优秀成果奖）、《中国审判的构图》（有斐阁2004年版）、《正义思考的轨迹》（法律出版社2007年版）、《秩序与混沌的临界》（法律出版社2008年版）、《法制的转轨》（浙江大学出版社2009年版）、《法治构图》（法律出版社2012年版）、《大变局下的中国法治》（北京大学出版社2013年版）、《通往法治的道路——社会的多元化与权威体系》（法律出版社2014年版）、《法治中国》（中信出版社2015年版）、《宪法的理念与实践》（编著，上海人民出版社2016年版）、《中国的司法改革——制度变迁的路径依赖与顶层设计》（编著，法律出版社2016年版）、《风险法学的探索——聚焦问责的互动关系》（编著，上海三联书店2017年版）、中华学术外译项目成果Building the Rule of Law in China: Vol.I Procedure, Discourse and Hermenutic Community, Vol.II Ideas, Praxis and Institutional Design (Routledge，2017)、《AI时代的法制变迁》（编著，上海三联书店2020年版）、《议论与法社会学：通过沟通寻找最大公约数的研究》（编著，译林出版社2021年版）、《法海拾贝》（商务印书馆2021年版）、中华学术外译项目成果Towards the Rule of Law in China: Social Diversification and the Power System (Cambridge University Press, 2022)、《法的跨界——规范、事实以及学科的交叉》（法律出版社2022年版）、《元宇宙的秩序：虚拟人、加密资产以及法治创新》（上海人民出版社2023年版）、《法社会学》（编著，高等教育出版社2023年版）、《计算法学与数据伦理》（编著，商务印书馆2024年版）、《智网中的信息与法律推理》（编著，商务印书馆2024年版）、《法社会学经典五讲》（商务印书馆2025年版，即将出版）等。

正谊丛书

程序

Procedure —— and

Argumentation

与议论

现代法治

THE ESSENCE
OF
MODERN RULE OF LAW

的精髓

季卫东

著

北京大学出版社
PEKING UNIVERSITY PRESS

图书在版编目（CIP）数据

程序与议论：现代法治的精髓／季卫东著.
北京：北京大学出版社，2025.6. --（正谊丛书）.
ISBN 978-7-301-36278-5

Ⅰ. D920.4
中国国家版本馆 CIP 数据核字第 2025JB9679 号

书　　　名	程序与议论——现代法治的精髓
	CHENGXU YU YILUN——XIANDAI FAZHI DE JINGSUI
著作责任者	季卫东　著
责 任 编 辑	王馨雨　陆建华
标 准 书 号	ISBN 978-7-301-36278-5
出 版 发 行	北京大学出版社
地　　　址	北京市海淀区成府路 205 号　　100871
网　　　址	http://www.pup.cn　　http://www.yandayuanzhao.com
电 子 邮 箱	编辑部 yandayuanzhao@pup.cn　总编室 zpup@pup.cn
新 浪 微 博	@北京大学出版社　@北大出版社燕大元照法律图书
电　　　话	邮购部 010-62752015　发行部 010-62750672
	编辑部 010-62117788
印 刷 者	北京中科印刷有限公司
经 销 者	新华书店
	650 毫米×980 毫米　16 开本　25.75 印张　424 千字
	2025 年 6 月第 1 版　2025 年 6 月第 1 次印刷
定　　　价	89.00 元

序　言

2024 年之春，民法学界泰斗王泽鉴教授携夫人应邀到上海，于 4 月 17 日和 20 日在上海交通大学徐汇校区做两场演讲。16 日抵沪当天的傍晚，在银星皇冠假日酒店二楼中餐厅设宴为嘉宾接风，北京大学出版社副总编辑蒋浩先生也在座。席间闲聊，王教授偶尔赞许敝人的法学著述文笔颇好，蒋先生就以此为契机邀请我在母校出版社出版一本自选集，我欣然允诺。月底蒋先生再次问起，我便开始认真考虑既有论文的取舍标准和重组思路，在 5 月初整理出题为"程序与议论——现代法治的围棋双眼"（后改为现书名）的初稿。本来想借此机会对原文进行修改和补充，但因工作日程安排太紧而作罢，只是对表述、格式进行了一些微调和整合。当然，保留历史原貌也自有其意义。只是需要指出，本书所收录文章的部分观点、法规信息以及引用的文献资料，可能会因时代变迁而失效或引发违和感，应结合历史语境和现行法律体系加以理解。

在这里，还有必要对选编的宗旨略作说明。概而论之，对学者的基本要求有三点。其一，抱有某个或若干个终身深入研究的课题，在深入研究后形成独自的核心主张。其二，能够讲授相关学科领域的多门课程，也就是要具有比较全面的专业知识。其三，应该给自己科赋不断创新的使命，在学术前沿进行孜孜不倦的开拓。在我看来，所谓自选集，当然难免敝帚自珍的动机，但无论如何首先还是要尽量确切地反映自己研究的来龙去脉、基本特征以及核心主张。

要交代研究的来龙去脉和基本特征，也不妨把个人学习和探讨历程用古来制艺的口诀"起、承、转、合"四个字来做个简单明了的概括。所谓"起"，是指在北京大学法律学系读本科时产生了比较明确的问题意识。我的"处女作"是 1981 年在"五·四科学讨论会"上宣读的论文《关于法的一般定义的刍议——维辛斯基法律定义质疑》，批判了主观意志论，萌生了与欧根·埃利希近似的思考，提出了共同体意志和共同体规范等概念，尽管那时还根本无从知道他的法律多元主义理论。我在这个逻辑的延长线上，1982 年又撰写了《论法律与规律的关系》一文，试图寻求法律的客观性基础；1983 年还与赵震江教授合著《法律与科学技术》，这篇稿件在《法学研究》发表后于 1984 年获得首届全国法学研究优秀论文一等奖。由此可见，这个阶段形成的个人问题意识，以"社会性"和"科学性"为鲜明特征，并且势必导向法社会学以及文理交融型研究。所谓"承"，是指到海外留学之后，在京都大学拓宽视野、进入国际学界的前沿地带。这时在社会性与科学性相交错、相结合的地方，我对德国著名社会理论家尼克拉斯·卢曼的法律反思机制概念以及自创生系统理论产生了浓厚的兴趣。所谓"转"，是指到神户大学任教之后，积极参与国际学术交流以及尝试用国际通行语言讲述中国故事，逐渐形成了程序指向与关系指向的双重变奏。我的代表作"程序论"是 1992 年在斯坦福大学法学院做访问研究期间完成的。不言而喻，无论是强调同样操作得出同样结果的实验程序，还是强调类似案件得出类似判决的司法程序，"程序"正是社会性与科学性的一个关键的交汇点。1999 年出版的中文论文集《法治秩序的建构》基本上也是现代法律程序论的逻辑延伸。与此同时，在讲授中国法、亚洲法、比较文化论以及法社会学期间，我也开始重视"关系性的方法"（relational approach）及其对法社会学研究和中国法律秩序原理诠释的意义。1999 年出版的日文专著《超近代的法：中国法律秩序的深层结构》，在我之前已经发表的日文和英文论述的基础上正式提出了法律与关系相互作用的理论模型。所谓"合"，则是指 2008 年回国后担任上海交通大学凯原法学院院长的十年内，在法学教育改革、国际化、学科交叉平台建设等方面进行知行合一的综合性尝试，就个人研究而言则把重点转移到风险社会的治理与法、人工智能的治理与法这两个维度上。

由此可见，迄今为止我的核心主张以贯穿始终的问题意识为线索，逐渐呈现程序论与关系论相互交错的格局。在某种意义上也可以说，与"程序"并列，"关系"也有可能成为社会性与科学性的另一个关键的汇合点，在数字时代尤其彰明较著。回顾学术发展史，从齐美尔提出的作为相互作用的形式的关系概念，到福柯描述的"关系权力"机制、霍菲尔德树立的"关系权利"框架，以及麦克尼尔的"关系契约"理论，还有社会网络分析方法及社会博弈的理论和实践，关系性这个视角的确在法社会学领域逐渐形成并且日益凸显。实际上，离开人与人的相互作用以及由此形成的关系，我们根本就无法理解和描述法与社会的秩序原理。正如卢曼所指出的那样，沟通以及作为沟通形式的关系也可以被理解为社会的最小单位。在亚洲，关系更具有特殊的重要意义。例如，中国被称作"关系本位的社会"，日本的民间纠纷倾向于"关系性纠纷解决方式"，东南亚的经营方式具有"关系资本主义"的特征，等等。在数字时代，虚拟空间形成网络结构，大数据因其关系性而产生价值，人工智能，特别是生成式人工智能导致个人主义变化为某种类型化的集体主义，人们不得不生活在相互作用的合成状态之中，"我"不得不以"我们"的形式呈现出来。显而易见，传统的网络结构与数字的网络结构相叠加，助长了关系文化，甚至正在催生某种关系主义的互联网文明。在这样的背景下，法学势必面临某种"关系性的转向"（relational turn），进而推动知识和制度的范式创新。

然而在这里，我们首先不得不面对程序与关系究竟应该如何整合的问题。因为复杂化的互动关系与透明化的程序规范之间存在尖锐的矛盾。在一个关系本位的社会能否强调或推行程序原则，也是很容易招致质疑和争议的。我认为，解答这道难题的主要路径有三条。第一条路径的底层逻辑是"缺什么、补什么"。正因为中国传统的关系社会缺乏程序正义的观念，导致现代法治秩序难以建构，所以才特别需要极力主张公正程序的意义，以程序矫正关系。第二条路径的底层逻辑是"化过程为程序"，在关系中因势利导。因为在网络结构中存在纵横交错的相互作用及其过程，给程序规则的嵌入提供了契机和前提条件；只有按照公正程序的理念对互动关系的行为进行编码，才能把情感驱动的秩序转化为理性驱动的秩序。近年来发表的按照时间序列对法律网络结构进行实证分析的法社会学研究成果也已经证明：社会关系越复杂，程序规则就越增殖，即关系与程序成正比。第三条路径的底层逻辑是"在两端之间寻找平衡点"，把议论作为程序与关系的中介或者衔接纽带。所谓议论，不限于法律的理由论证，不限于逻辑二段论加涵摄技术，还包括在一定社会语境下或具体案情中的对话、沟通、交涉以及讨价还价。条文本位的推理重在法律解释，案例本位的推理重在法律议论；把抽象的条文适用到具体的场景，当然都离不开程序之中的议论。实际上，程序与议论也可以说是一枚硬币的两面。因为唯有公正的程序能为议论的展开提供理想的对话条件，唯有充分的议论才能向程序的形式注入实质内容。法律程序应议论的需求而设，法律议论必须符合程序的要件和运行规则。人们实际上正是通过这种周转在程序之中的议论来进行互动、协调利害、进行价值判断、达成共识或者说形成新的契约关系。在这里，议论既是程序与关系之间的中介，又是作为两大法律正当性根据的程序与契约（合意或承认）之间的中介，而契约正是关系达成均衡态的表现形式。在这里，程序、议论、关系是函三为一的。

本书收集的论文基本上并不直接涉及关系，只是把程序与议论这两个方面都纳入视野之中。由于后两者在本质上是一体化的，所以这本自选集也可以理解为一种新型的程序论——旨在超越于形式正义与实质正义的二分法之上，塑造法律正当化的双重结构，并促进人们在其中相互作用和相互调整。但在这种程序运作的动态里，关系其实又是如影随形的。所以，一种关于公正程序的社会理论就自然而然会从这本自选集里呈现出来。而在公正的程序中进行充分的议论，以便凝聚真正的共识，并为规范和秩序提供不断致力于正当化的机制，恰恰就是现代法治的个中三昧。如果我们把中国的法制现代化事业比喻为一局围棋，那么也可以说，程序和议论就是导致全盘皆活、对制胜真正具有关键性意义的两个棋眼。总而言之，程序加议论就等于规范的正当性，等于为社会合作凝聚共识，等于对各种关系不断进行标准化、合规化处理，等于合情合理的民主法治精神。正是在这样的交融过程里，作为个人研究出发点和动机的所谓"社会性"和"科学性"才有可能实现更高度的统一。

负责这本文集编辑和发行的北京大学出版社陆建华先生、王馨雨女士一丝不苟的专业精神让我非常感动。尤其是馨雨编辑进行逐字逐句的推敲、校核以及格式调整，付出了大量心血，借此机会表示诚挚的敬意和谢意！另外，这里收集的各篇论文，在三十多年间陆陆续续撰写和发表的过程中，也渗透了我和美化海外奋斗的点滴记忆，还伴随着和和、祥祥的诞生及成长历程。就把这本自选集也作为馈赠给亲们的一件纪念品吧。

是为序。

季卫东

2025 年早春于鹿鸣苑

目　录

//第一编//

公正程序

第

·

章

法律程序的结构与功能[*]

> 权利法案的大多数规定都是程序性条款，这一事实绝不是无意义的。正是程序决定了法治与恣意的人治之间的基本区别。
>
> ——威廉·道格拉斯①
>
> 夫听讼者，或从其情，或从其辞。辞不可从，必断以情。
>
> 其大法也三焉，治必以宽，宽之之术归于察，察之之术归于义。
>
> ——《孔丛子·刑论》

序言：作为制度化基石的程序

英国，1687年，牛顿发现万有引力定律，其结果是导致了以力学为基础的产业革命。两年后，议会颁布《权利法案》和信教自由令，限制王权、规定王权继承程序、确立立法的至高无上性。与产业发展相配合的组织和制度也陆续完备起来，例如，英格兰银行成立于1694年，又过了四年，股票交易所在伦敦创立。

而在中国，1687年，因地震倾塌的孟子庙落成于邹县，主张民贵君轻的"亚圣"被置于治道守护神的地位。也是两年后，《大清会典》即将完成，重新认可强化君权的非常申诉（"登闻鼓"）之制。与宫廷体面相

---

* 1992年5月20日初稿完成于斯坦福大学法学院图书馆，1993年1月修改稿简编发表于《中国社会科学》1993年第1期，详编发表于《比较法研究》1993年第1期。

① William O. Douglas, concurring opinion, *Joint Anti-Fascist Refugee Committee v. McGrath*, 341 U.S.123, 95 L.Ed.856, 858 (1951).

配合的大规模土木工程也不一而足，例如，1697 年，金碧辉煌的紫禁城太和殿甫告竣工，不久又开始营造极尽奢华的圆明园。至 1709 年，宁波、绍兴等地的民间商船贩米活动才终于得到官府的许可，不言而喻，在这种情形下工商业发展的组织、制度条件当然极其匮乏。

一个多世纪之后，第一次鸦片战争爆发。其结果是清廷惨败，被迫签订丧权辱国的南京条约。此后，居庙堂之高的大人们不能不从兵工文化的角度来认真考虑西方的挑战。但是对于保障器物技术发展的法律制度的重要性，依然普遍认识不足。比较清朝与日本在面临西方文明的冲击时的应对措施及其效果可以清楚地看到：当时的日本同样力求保持政治上的安定和连续性；但又与清政府不同，日本自始至终非常注意适时建立与经济发展配套的新型组织和制度。二者的差距固然取决于很多原因，但无论如何，晚清时期一味强调经济技术先行而轻视制度层面的革故鼎新的偏向，以及后来革命时期一味追求"毕其功于一役"的激变而轻视点点滴滴的制度建设的偏向，可以说是问题的症结所在。

对照表 1 和表 2 所罗列的产业化和制度化的重大事件可以发现，在兴产殖业方面清朝与日本可以说是同时起步，重要的经济发展进程先后差距不过数年之内而已。然则在制度建设方面，清朝一般比日本落后大约三十年。况且 1898 年以后清政府所颁布的"奖励工艺"的各种章程措施也多流于形式、了无实效。[2]

表 1　中日经济产业化初期过程的比较

日本	中国
1865 年　横滨制铁所横须贺造船所开工	1865 年　江南制造机器总局开工
1872 年　富冈缫丝工厂开工	1872 年　继昌隆缫丝工厂筹备开工
1872 年　新桥横滨间铁道通车	1876 年　上海吴淞间铁道通车
1874 年　高岛矿山采掘	1875 年　湖北兴国矿山采掘
1878 年　东京中央电信局开业	1882 年　上海电气公司开业
1879 年　千住制绒所创立	1878 年　甘肃机器毡呢厂创立
1886 年　东京电灯株式会社开业	1888 年　广州电灯公司开业

---

② 参见张之洞：《光绪二十一年七月十八日"致总署电一及电四"》，载《张文襄公（未刊）电稿》卷二四。

表2 中日制度现代化初期过程的比较

日本		中国	
1872 年	派遣使节团赴欧美考察法制	1905 年	派遣五大臣赴欧美考察法制
1875 年	司法省法学校开讲	1906 年	京师法律学堂开讲
1877 年	共同法律事务所出现	1912 年	律师组合出现
1878 年	株式交易所建立	1920 年	证券交易所建立
1886 年	不动产登记法制定	1930 年	土地法制定
1890 年	商法公布	1903 年	商人通例和公司律公布
1898 年	民法典公布	1930 年	中华民国民法典公布完毕

现在又到了一个世纪之交的关口。1992 年年底召开的中国共产党第十四次全国代表大会提出建立社会主义市场经济体制的构想,这是顺应时势和民意的重大决断。然而,我们能否避免重犯历史的错误呢?在有了长期政治动荡的惨痛教训之后,我们能否把握时机建立起一整套合理而公正的制度呢?事关国运,不可不做亡羊补牢或者未雨绸缪的研析应对。

我国并非没有市场经济和契约精神的传统。实际上,在两千年的帝制之下基本不存在世袭的固定的身份制度,从生业选择到土地的买卖、租赁,经济活动的广大领域至少在形式上取决于个人间自愿的契约关系。然而,由于一直不具备适应市场自由竞争的组织—制度条件,不能形成均衡的、可预测的机制,这种无规范的讨价还价和被放任的贸易活动只能产生类似马克斯·韦伯所说的那种既缺乏伦理自觉,又缺乏职业尊严,且极具铤而走险之心的"贱民资本主义"。为了减轻竞争的残酷性和风险性,商贾在获利之后往往倾向于购田置产、变成地主,或者捐官买爵、混淆仕商。基于经济竞争不安定性的危机感与传统的伦理观结合在一起,形成并强化了重农抑商的国家政策及意识形态。在投机性营利的乱局之中,庶民为求安全保障,便通过血缘或地缘的社会团体形成了连环保证的"承包秩序"[3]。其结果是,我国历史上,尽管"封建性"身份关系比较薄弱,但相互保证、连带责任的"封建性"血缘—地缘共同体

---

③ 关于我国传统经济的"包的秩序"之内容和特征分析,参见〔日〕柏祐贤:《经济秩序个性论——中国经济的研究》(Ⅰ、Ⅱ、Ⅲ),人文书林 1947—1948 年版。

关系却无所不在；尽管早就有野蛮生长、弱肉强食的经商活动，但平等自由的思想体系却得不到发展，理性的合法经营方式更无从生根。现在我们要推行市场经济体制，当然绝不是要回归到上述那种传统的营利模式。

但是不能不指出，20世纪80年代以来的中国经济体制改革却是以个人承包责任制为特征的，尚未完全摆脱传统的经济秩序的窠臼。首先当然要肯定，承包责任制打破了指令性计划经济的"条条专政"，激发了基层的活力，在农村和企业都取得了显著的成效。同时也要看到，一个"包"字遮盖了事物的发展过程，只问结果，不计手段和方式，并不具备制度建设的优势，更何谈"包医百病"呢?! 目前引起广泛讨论的所谓"诸侯经济""一统就死、一放就乱"等问题正好表明：承包责任制的局限已经显然，该适时提出合理性制度创新的课题了。否则，我们将无从走出四十年来放权与收权循环不已的动态迷宫。

实际上，许多改革的实际工作者、经济学家、政治学家、历史学家乃至哲学家都已经或多或少地意识到目前存在的问题，特别是法律体系合理化的关键意义。但是迄今为止，对于建立什么样的法治以及怎样去实现这一目标等重大问题，意见仍然很不一致，有些场合甚至连问题之所在也如堕五里雾中。对于社会变革时期推行法治的深刻两难，例如法律的规范强制性与认知调适性、法律关系的组织化与自由化、守法与变法、法律的效用期待与负荷能力等一系列的矛盾，也缺乏必要的剖析处置。基于现实的急切需求而正在大力移植或创制的新法规，只有在具备一定的功能前提条件之后才能顺利运作，其实际效果还将取决于各种法律措施之间及其与外部环境的协调整合。立法技术的改进也迫在眉睫。民事诉讼第一审受理案件数逐年递增，法院在现有条件下已感觉力难从心。律师供不应求，但在资格授予上采取"放低门槛"的政策又不免滥竽充数之忧。法制建设的确是百端待举、头绪纷纭。那么，从何处着手才能纲举目张呢?

在发展中国家，推动社会改革的权势精英（power elite）集团一般都把立宪工作放在首位。因为这既是自英国《大宪章》（Magna Carta）以来西方诸国建立资本主义法治秩序的传统路数，又比较适合自上而下贯彻国家意志的现实需要。但是有两点必须注意：

第一，西方在城邦自治（political-military autonomy）、教会抗衡、商人造反（the merchant as rebel）④ 等历史条件下签订城下之盟，宪法原则是市民社会与国家主权妥协的结果。但是在非西方社会，现代化的大转型其实存在着一种默认的前提：变革的对象不是国家行使权威的机会结构，而是民众的传统行为方式。也就是说，国家主导、有计划地推动是非西方国家现代化的基本特征。无怪乎，尽管"开发挂帅的行政"（developmentalist government）病态扩张、长驱直入，而许多颇具自由主义激进色彩的知识分子也能宽恕为怀；其原因概由此而起。所以，在这里宪法的基础不是社会契约的精神，而只能是国家自我限制的统治良心和反思理性。因此，怎样才能使政府各机关确定一套公正合理的办事程序就显得尤其重要。

第二，宪法被认为是国家的根本大法，是规范效力的金字塔型体系中的顶端。但是就其实质意义而言，宪法也不妨被理解为关于制定规范的规范形态，也就是元规则。因此宪法秩序形成和发展的重点可以转移到确立关于法律变更的选择方式上来，而不必成为法规序列中的特定典章。⑤ 换言之，立宪不等于只是起草一份最高纲领，而是要建立一个可变而又可控的法律再生产的有机结构（constitution）。正是由于这个道理，现代西方立宪主义的核心是"正当过程"条款（the due process clauses）。按照威廉·道格拉斯的权威性解释，"公正程序乃是'正当过程'的首要含义"⑥。例如美国宪法最突出的特征体现在互相监督制衡（checks and balances）的分权体制上⑦，各个权力之间关系的协调更是主要通过法律程序来进行。如果把美国宪法发展史看作"自由的行进过程"，那么著名大法官费利克斯·弗兰克福特的这一命题十分值得记取："自由的历史基本上是奉行程序保障的历史。"⑧

比较而言，中国的宪制研究多注重国体政体、权利义务等实体部

---

④　Cf. Michael E. Tigar and Madeleine R. Levy, *Law and the Rise of Capitalism*, Monthly Review Press, 1977, pp. 3 ff.

⑤　Niklas Luhmann, *Rechtssoziologie* (2., erw. Aufl.), Westdeutscher Verlag, 1983, S. 214.

⑥　William O. Douglas, op. cit., p. 848.

⑦　Cf. Melvin I. Urofsky, *A March of Liberty: A Constitutional History of the United States* (Vol. I: To 1877), Alfred A. Knopf, Inc., 1988, pp. 94 f.

⑧　See the opinion of the Court delivered by Justice Felix Frankfurter in *McNabb v. United States*, *United States Supreme Court Reports*, 87 Law. Ed. (Oct. 1942 Term), The lawyers Cooperative Publishing Company, 1943, pp. 827-828.

分，而于程序问题则不免有轻视之嫌。从中国现行宪法条文上看，仍有进一步完善的空间，但关于公民基本权利的原则性宣言倒未见得与西方的章句相去多远。问题在于，这些权利义务的确定标准和确定主体尚未明确，而对于侵权行为在何种场合、以何种方式进行追究的程序规定（包括程序法的各项具体内容和实体法中的程序性配套规定，以下笼而统之简称"程序要件"）还有待细化以增强可操作性。至于其他更宏观层面的问题这里姑且存而不论。仅就对个人权利的尊重和保护而言，其实既不必强求在我国传统文化中从来无本无源的自然法信仰，又不必援引某种特定的意识形态，甚至毋庸正当化的复杂论证，只要宪法和法律中规定的权利得到切实施行也就可以额手称庆了。正是在这一意义上，对于宪法精神以及权利的实现和保障来说，程序问题确系致命之所在。

很难断定中国法学家中未曾有人对程序的意义有充分的认识。实际上，早在20世纪初，沈家本等人就引用"西人之言"指出："刑律不善不足以害良民，刑事诉讼律不备，即良民亦罹其害。"⑨ 他们还强调："刑事诉讼虽无专书，然其规程尚互见于刑律。独至民事诉讼因无整齐划一之规，易为百弊丛生之府。若不速定专律，曲防事制，政平讼理，未必可期司法前途之不无阻碍。"⑩ 诉讼程序法当然远不能涵盖本章所考虑的程序之内容。不过，沈家本们关于诉讼程序法的见解与传统观念相比已有革命性的变化，并且触及了中国法治的症结。当今法学的进步与那个时代显然不可同日而语了。诉讼程序法以及行政程序法的重要性已经不言而喻。关于各种程序法的解释学研究也已有一定的积累。尽管如此，还是不能不遗憾地指出，在近几十年已经发表的著述文献中，除了诉讼程序法的技术性陈述外，我们看不出对程序正义和程序合理性的特殊关注，更遑论有体系的深入思考和有创见的阐发。

从20世纪80年代初期开始的人治与法治争论，到最近的权利与义务辨析都反映了一种倾向，即在考虑法制建设时，中国的法律家更多的是强调令行禁止、正名定分等实体合法性方面，而对在现代政治、法律

---

⑨ 沈家本、俞廉三进呈刑事诉讼律草案的奏折，转引自李贵连：《沈家本与中国法律现代化》，光明日报出版社1989年版，第128页。

⑩ 沈家本、俞廉三进呈民事诉讼律草案的奏折，见《大清民事诉讼律草案》，修订法律馆1911年版，第1册第1页。

系统中理应占据枢纽位置的公正程序问题则语焉不详。偶有论及者，也并未把程序看作一个具有独立价值的要素。1987 年以来有借鉴判例制度一议，本来理应诱发对于公正程序问题的深入探讨，但是，实际上主流的观点多侧重于法院的规范创制功能、判决的比重及其强制性方面。后来，一些地方法院的工作人员和青年研究者发表文章，更把加大审判在解纷方式中的比重与提高办案效率进行"短路"联系。仅此一端，足见他们无非将判决与有强制力的命令等量齐观，对判例制度的精髓和审判程序的根本原理却并无十分透彻的理解。

然而，缺乏程序要件的法治是难以协调运作的，硬要推行之，则极易与古代法家的严刑峻法同构化。其结果，往往是"治法"存、法治亡。因此，程序应当成为中国法治建设乃至社会发展的一个真正的焦点。

概而言之，现代化的社会变革需要通过意识形态、交易市场和权力机构这三大媒介系统来促进其实现。从国情出发，有必要特别强调的与上述媒介机制相对应的操作杠杆是：（1）言论自由；（2）货币流通；（3）程序公正。至今为止，信息和思想在一定程度上的开放和交流已经引起社会价值体系的深刻变化，契约关系和市场组织条件的发育给经济带来了空前的活力；在这种情形下提出公正程序问题是合乎时宜的。通过中立性的程序来重建社会共识、整顿竞争秩序，既是过去实践发展的必然结果，又是今后改革深化的重要前提。只要中国仍坚持国家主导型的变革模式，同时又希望避免剧烈的社会动荡，那么突出程序合理性和程序正义的问题就具有特殊的和紧迫的意义。

现代市场经济的中心课题是优化选择机制的形成，而公正合理的法律程序正是改善选择的条件和效果的有力工具。[11] 在一定条件下，把价值问题转换为程序问题来处理也是打破政治僵局的一个明智的选择。程序一方面可以限制司法人员的裁量权、维持法的稳定性和自我完结性，另一方面却容许选择的自由，使法律系统具有更大的可塑性和适应能力。换言之，程序具有开放的结构和紧缩的过程；随着程序的展开，参加者

---

⑪ 获得 1991 年诺贝尔经济学奖的科斯教授特别强调"司法性规则"（法律运作的程序要件）与市场功能的关联，认为经济的法制结构分析是今后经济学发展的一个重要方向。Cf. Ronald H. Coase, *The Firm, the Market, and the Law*, University of Chicago Press, 1988, esp. Chap. 1.

越来越受到"程序上的过去"的拘束，而制度化的契机也由此形成。程序开始于高度不确定状态，但其结果却使程序参加者难以抵抗，从而形成一种高度确定化的效应。因此，如果我们要实现有节度的自由、有组织的民主、有保障的人权、有制约的权威、有进取的保守这样一种社会状态，那么，程序可以作为其制度化的最重要的基石。

一、现代程序的概念与特征

在汉语中"程序"这一名词尤其缺乏严格的定义。事件的展开过程、节目的先后顺序、计算机的控制编码（program）、实验的操作步骤、诉讼的行为关系都统称为程序。因此，我们首先需要做明确概念的工作。其目的不仅在于准确使用术语，而且在于为理解程序这种复杂的现象提供必要的分析框架。

程序，从法律学的角度来看，主要体现为按照一定的顺序、方式和手续来做出决定的相互关系。其普遍形态是：按照某种标准和条件整理争论点，公平地听取各方意见，在获得当事人的理解或认可的情况下做出决定。但是要注意，程序不能简单地还原为决定过程，因为一方面，程序还包含着决定成立的前提，存在着左右当事人在程序完成之后的行为态度的契机，并且保留着客观评价决定过程的可能性。另一方面，程序没有预设的真理标准或结论。程序通过促进意见疏通、加强理性思考、扩大选择范围、排除外部干扰来保证决定的成立和正确性。

通常所说的**法律程序**，主要包括选举、立法、审判、行政这几种主要类型。其中最重要、最典型的当然是审判程序，因为这里存在关于诉答（pleading）和证据的完整制度。但在行政权力不断扩张的现代，建立和健全行政程序的必要性也日益凸显，因为公正程序的主要意义在于限制权力并使之获得正当性。法律程序基本上都由程序法明文规定。

程序法在成文法体系中又称为形式法（droit formel，formelles recht）。传统的法律解释学一般把它看作为了实现权利、义务或法律关系的实质内容而采用的手段和方法。同一实质问题可以采取不同程序，反之，同一程序也可以用于不同的实质问题。因此，程序并不与特定的实体内容固定在一起；程序法具有很强的技术性。可以说，能容纳所有实质性问题的程序才能被认为是完美的形式，能全部进入程序之中进行处理的实质性问题才能形成丰饶的内容。在诉讼中，与以法官心证为核心的实体合成相对应，由诉讼行为所构成的关于诉讼进行（proceeding）的作用机制称为程序合成。程序合成物能够成为实体合成的基础和催化因素。特别是考虑到程序法的修改所产生的影响与实体法不同，对受理后仍未审结的过去案件也适用，因而具有一定的溯及既往的效力，则不能否认程序合成对实体法还有补救的效果。在这个意义上可以说，实体法是通过一环扣一环的程序行为链而逐步充实、发展的。因而，程序法不应该被视为单纯的手段和形式，其也具有独特的实体意义。

程序的实体意义还表现在西方宪法的"**正当过程**"条款上。该项原则起源于英国的 1215 年《大宪章》第 39 条的规定，即"除依据国法（the law of the land）之外，任何自由民不受监禁人身、侵占财产、剥夺公民权、流放及其他任何形式的惩罚，也不受公众攻击和驱逐"。经过历代国王的反复确认，到 14 世纪末成为英国立宪体制的基本标志。其实质在于防止政府专制。[12] 这显然是一个程序原则，但同时也是法治体制、社会正义观及基本价值的核心。[13] 由此可见，程序问题与公正性必须结合起来考虑。所谓"程序的正当过程"（procedural due process），就是要强调程序中的价值问题。

与此相联系的是**程序性正义**（procedural justice）的观念。但是在这里被强调的不是程序的道德性侧面，而是程序所具有的独特的道德内容。可以说，约翰·罗尔斯的正义理论就是以程序倾向为特色的。因为他认为公正的法治秩序是正义的基本要求，而法治取决于一定形式的正当过程，正当过程又主要通过程序来体现。[14] 更重要的是，他把程序性正义作为一个独立的范畴来加以类型分析，于是有纯粹的、完全的、不完全的（以及半纯粹的）程序正义之分。在纯粹的程序正义的场合，一切取决于

---

⑫　Cf. Charles A. Miller, "The Forest of Due Process of Law: the American Constitutional Tradition", in J. Roland Pennock and John W. Chapman (eds.), *Due Process* (*NOMOS* ⅩⅧ) , New York University Press, 1977, pp. 3 ff.

⑬　Robert M. Cover, Owen M. Fiss and Judith Resnik, *Procedure*, The Foundation Press, Inc., 1988, p. 108.

⑭　John Rawls, *A Theory of Justice*, The Belknap Press of Harvard University Press, 1971, p. 239.

程序要件的满足，不存在关于结果正当与否的任何标准。其典型事例为赌博，只要游戏规则不偏向某一赌客且被严格遵守，那么无论结果如何都能被认为是公正的。在完全的程序正义的场合，虽然存在关于结果正当与否的独立标准，但是程序总是导致正当的结果。典型事例为著名的蛋糕等分问题，只要设定切蛋糕的人最后领取自己应得的一块的程序，就不必担心分割结果的大小不均。在不完全的程序正义的场合，程序不一定每次都导致正当的结果，程序之外的评价标准便具有较重要的意义。典型事例为刑事审判，无论程序要件（procedural requisite）如何完备，都不能完全避免错案冤狱的发生。罗尔斯认为，这三种基本类型在各自的限定范围之内是同样符合正义的。为了弥补不完全正义的场合不能确保正当结果的问题，便需要借助于程序正义的正当化作用，于是追加一种所谓半纯粹的程序正义（例如，陪审制度、当事人主义的参与保障措施等），这是一种法律拟制。⑮

程序的公正性以排除恣意因素、保证决定的客观正确为宗旨。在这里，程序的合理性可以发挥同样重要的功能。所谓程序合理性，可以从决定过程的制度条件、目的、角色作用、功能等的整合与效率以及议论的理由充分性等方面来把握。例如，诉讼行为一旦生效之后要尽量维持其效力、不能轻易否定其既定内容这一刑事诉讼法上关于程序维持的既判力原则，就是基于程序计划性和诉讼经济性的理由。程序的合理性也可以归结为论证逻辑的贯通自洽。因此，现代法律程序基本上能满足完全的程序合理性的要求。⑯

以上概述了程序分析中的一些基本术语的含义。由此当可获得对于程序的一般认识。不过，概念的明晰化作业不能停留在这一阶段。我们需要对现代程序的发生条件、实际用法和潜在的意义给予进一步的体系化分析。

---

⑮ *Ibid.*, pp. 85-86, 201, 362. Cf. Michael D. Bayles, *Procedural Justice*: *Allocating to Individuals*, Kluwer Academic Publishers, 1990, esp. pp. 4-7.

⑯ Jürgen Habermas, "Wie ist Legitimitat durch Legalitat moglich?", *Kritische Justiz* 20 (1987) S.1 ff. 参见〔日〕村上淳一:《现代法分析的视角——西德法学中系统论的发展》，载《法学协会杂志》1990 年 107 卷 1 号。

1. 对于恣意的限制

有社会即有纠纷。所谓纠纷，就是公开地坚持对某一价值物的互相冲突的主张或要求的状态。防止纠纷需要规范。解决纠纷需要制度。实在法（positive law）源于消弭纠纷的实践。最初是由审判者根据习惯、道德和理性来宣示法律的。但这样做具有极大的恣意性。因此，人们设想出两种基本方式来限制：一种是审级制度，在审判者之上设立审判者，以资补救；另一种是分权制度，使制定法律的机构与适用法律的机构相互分离。此外还有让审判者受自己过去决定的拘束，让当事人有为自己服务的法律专家等制度，也是基于同样的目的。这些制度的操作需要程序。随着社会的进化，法律现象日益复杂，相应地，程序也越来越精致。很多学者强调，法的发展是通过程序体系的严密化而实现的。[17]

程序表现为规范认定和事实认定的过程。但实际上，程序既不单纯取决于规范，也不单纯取决于事实，更不是一种固定的仪式，甚至也不宜过分强调其过程侧面。程序的对立物是恣意，因而分化和独立才是程序的灵魂。分化是指一定的结构或者功能在进化过程中演变成两个以上的组织或角色作用的过程。这些分别项目各自具有特殊的意义，因而要求独立地实现其价值。于是明确相互之间的活动范围和权限就成为题中应有之义。分化和独立会带来这样一种现象：为了达成一定目的而进行的活动，经过不断反复而自我目的化。这种现象被称为功能自治（functional autonomy）。程序中的功能自治性是限制恣意的最基本的制度原理。

在变易不居、犬牙交错的多义的社会现实中，任何法律决定或行政措施都会受到来自不同方面的压力。统筹兼顾、综合平衡固然必要，然而，如果面面俱到则具体的判断就会变得极其困难，至少是成本太昂贵。况且，一个完全开放的决策过程非常容易为事实上存在的力量对比关系所左右。因此，需要用法律规范来创造一个相对独立于外部环境的决策"隔音空间"。在这里，只有原告、被告、证人、代理人，而不管他们在社会上是贤达名流还是贩夫走卒。在这里，只讨论纷争中的判断问

---

[17] Niklas Luhmann, *Rechtssoziologie* (2nd ed.), *Luchterhand*, 1975, S. 171. Adamson E. Hobel, *The Law of Primitive Man: A Study in Comparative Legal Dynamics*, Harvard University Press, 1954, p. 329.

题，而不管早晨的茶馆谈笑、傍晚的交通拥挤。在这里，只考虑与本案有关的事实和法律，而不管五百年前的春秋大义、五百年后的地球危机。总之，通过排除各种偏见、不必要的社会影响和无限连环关系的重荷，来营造一个平等对话、自主判断的场所。这就是现代法律程序的理想世界，也是由程序保障的理想对话环境。

但程序的功能自治并不意味着营造一个封闭的小天地。程序不是要抑制决策过程与外部环境的关系，而是要控制这种关系。⑱ 各种宏观影响和微观反应都要经过一定的过滤装置、通过适当的途径反映到决策中去。比如，陪审制就是法院与社会互相沟通的一种渠道，在这里，审判结果明显受到外部环境的影响，但审判的独立性并未因此而受到损伤。说得更具体一些，陪审员的指名程序就是通过控制外部影响来保证功能自治性的最典型的例子。

也可以说，程序归根结底是一种角色分派的体系。程序参加者在角色就位（role taking）之后，各司其职，互相之间既配合又牵制，恣意的余地自然就受到压缩。因此，程序功能自治又是通过各种角色担当者的功能自治而实现的。程序规定的内容在很大程度上是一种角色规范，是消除角色紧张（role strain）、保证分工执行顺利实现的条件设定。例如，为当事人提供对话性论证的场合和平等的发言机会，通过议程安排使争论点更加集中、明确，通过证据规则使论证更加均衡、完整，等等。程序使参加者都有平等的表达机会和自由的选择机会，同时也使责任范围更明确。这种与说明义务相结合的归责机制也会限制恣意。

2. 理性选择的保证

限制恣意的归责机制是以自由选择为前提的，不自主就难问责。然而，单凭归责却不能完全保证自由选择的结果是理性的。因此，必须考虑人们是如何进行选择的。戴维·E. 阿普特说过："当一个文化表现出探究和追问人们如何进行选择 ——包括道德的（或者规范的）、社会的（或者结构的）、个人的（或者行为的）选择——的态度时，作为非经济过程的现代化就开始发生了。对于现代人，选择即是中心的问题……从

---

⑱ Niklas Luhmann, *Legitimation durch Verfahren*, Luchterhand, 1975, S. 69.

关于选择的这个观点更进一步，政治体系就变成一个为某种特定集体而设定的选择体系。政府（随后笔者将对它进行更详细的定义）是调整选择的机制……现代化过程的一个特点是它包括选择的两个方面：改善选择的条件和甄别最满意的选择机制。"⑲根据笔者的理解，现代政府调整选择的主要方式就是公正而合理的程序。推而论之，程序的完备程度可以视为法制现代化或者现代法治的一个根本性的指标。

尼克拉斯·卢曼曾经论及选择与程序的关系。他指出："所谓程序，就是为了法律性决定的选择而预备的相互行为系统。法为了从人们脑海中浮现的具体行为的映象中解脱出来，为了具有更抽象的概念性质，需要实现内在于概念性质之中的选择作用。正是这一缘故导致了程序这样一种特有的行为秩序的发展。"⑳换言之，在抽象的规范与具体的案件之间存在的鸿沟，是由有效的选择程序来充填弥合的。在现代社会中，法是可变的、可选择的，但这种选择又不是任意的、无限制的。程序排斥恣意却并不排斥选择。程序使法的变更合法化了，使人的选择有序化了。

那么，现代程序究竟是怎样使选择合乎理性的呢？第一，程序的结构主要是按照职业主义的原理形成的，专业训练和经验积累使角色担当者的行为更合理化、规范化。无论是税率的确定，还是起诉的对象和理由的选择，行家的意见当然比较中肯。第二，程序一般是公开进行的，对于决策过程中出现的错误容易发现和纠正。第三，程序创造了一种根据证据资料进行自由对话的条件和氛围，这样可以使各种观点和方案都得到充分考虑，既可以避免视觉上的盲点，也能实现优化选择。第四，通过预期结果的不确定性（有机会）和实际结果的拘束力（有实效）这两种因素的作用，程序参加者的角色活动的积极性容易被调动起来。基于对利害关系的关心而产生的那种强烈的参加动机也会通过互相博弈而促进选择的合理化。

---

⑲ David E. Apter, *The Politics of Modernization*, The University of Chicago Press, 1965, pp. 9–11.

⑳ Niklas Luhmann, *Rechtssoziologie*, op. cit., S. 141.

3. "作茧自缚"的效应

程序是国家与公民个人之间的纽带。公民提建议、打官司、申请营业执照、登记结婚，都要经过一定的程序。很多人正是通过程序才认识法律之为何物。国家机关征税、逮捕嫌疑人、发布扣押外籍船舶的命令、吊销驾驶执照也需要按程序办事，否则就会纲纪废弛、民怨四起。因此，衡量现代法治实现程度的标尺，可以是国家与人民共同服从程序的状态。

在程序开始之际，结局是未定的。这给国家留下了政策考量的余地，也给个人留下了获得有利结果或改变既有状态的机会。换言之，程序具有利益相关方各自操作现在乃至过去的可能性。然而，随着程序的展开，人们的操作越来越受到限制。具体的言行一旦成为程序上的过去，即使可以重新解释，但却不能推翻撤回。经过程序认定的事实关系和法律关系，都被一一贴上封条，成为无可动摇的真正的过去。而起初的预期不确定性也逐步被吸收消化。一切程序参加者都受自己的陈述与判断的约束。事后的抗辩和反悔一般都无济于事。申诉与上诉的程序固然可以创造新的不确定状态，但选择的余地已经大大缩减了。[21]

一般而言，经过适当程序而做出的决策，只有通过高阶审级的程序才能被重审、修改以及纠正；符合公正程序原则的终审判决应当被赋予既判力，除非启动类似违宪审查那样极其严格的程序，不得随意推翻。而且，英美法系的禁反言原则和遵循先例机制也迫使决策机关以及各级法院始终保持立场的一贯性，今后碰到同类问题也必须按同样方式解决，造成同样结果。这就是同案同判、类案类判意义上的程序正义。毫无疑问，在欧陆法系乃至任何一种法律传统下，法院的判决都理应最典型地体现由程序所产生的既定力和自缚力。因此可以说，程序又是过去与未来之间的纽带。

程序还有暂时冻结某一状态的用途。一个事物或案件在进入程序的那一刻开始，就与社会发展的因果链隔离了。所谓"受理之中"意味着排斥其他处置方式，除非按照程序规定撤回立案申请。在一定限度内的

---

[21] Cf. Niklas Luhmann, *Legitimation durch Verfahren*, op. cit., S. 44 f.

"缓期判断"或者"冷处理"也是程序应对复杂多变的社会形势的一种妙用。当然，这样的状态是要求代价的。在实践中对缓期判断的滥用会导致对于程序的不信任危机和程序负荷超重，还会促进非程序化的处理，导致程序空转。为此，需要合理的限定条件，例如关于时限、撤销以及提出异议的规定。至于那些为了推卸办案负担或判断责任而玩弄手续上的技巧，让当事人吃"程序闭门羹"的现象，不仅有违程序公正原则，而且会导致程序失灵恶果，应该杜绝这类流弊。

人们一旦参加程序，就很难抗拒程序所带来的后果，除非程序的进行明显不公正，或者存在程序瑕疵。无论把它解释为参加与服从的价值兑换机制，还是解释为动机与承受的状况布局机制，甚至解释为潜在的博弈心理机制，都无关宏旨。重要的是公正的程序在相当程度上强化了法律的内在化、社会化效果。在西方各国，法制向生活世界中的渗透基本上是通过程序性的法律装置而实现的。㉒

4. 反思性整合

至今为止的法律解释学是从形式的角度来理解程序的。凯尔森的纯粹法学试图把一切法律现象都还原为程序法，达到了严格的法律形式主义之极致。然而物极必反，由程序来决定某一判断正确与否的立场却正好是追求实质正义的自由法观念发展的起点。这是现代法制史上极有趣的辩证法现象。进一步推敲下去，程序其实未必可以完全归入形式的范畴。程序是与选择联系在一起的，这就决定了它必然是法律体系中最生动活泼的领域。程序是与强制的正当性联系在一起的，这就决定了它必然在议论的一定语境里涉及价值判断和文化心理结构，还要考虑"法的实质性正当过程"（substantive due process of law）的问题。可以说，程序的实质既不是形式性也不是实质性，而是过程性、交涉性以及沟通性。唯其如此，方能应对现代社会的变动节奏，根据需要做出不同的决定。

㉒ 哈贝马斯在提出"生活世界的殖民地化"这一命题时指出了这一点。他对社会的过度法制化持忧虑和批判的态度。但是他并没有否认程序中的民主自治的契机，而且后来他对自己的立场也有较大修正，对于法律程序给予高度评价，甚至称其理论为"程序正义论"。详见前注⑯，〔日〕村上淳一文，第17—23页。哈贝马斯关于法制化、作为媒体的法、程序与正统性的基本主张，参见其代表作的英译本 Jürgen Habermas, *The Theory of Communicative Action* (Vol. 2), Beacon Press, 1987, pp. 356–373, esp. 365, 371。

实际上，形式性规范也可以通过程序来达到一种静中有动的状态。

关于这一点，美国和英国审判制度的比较研究提供了很好的例证。20 世纪 80 年代以来美国法又特别强调"正当过程"原则及其具体落实的细节，这种倾向在刑事诉讼程序中尤其明显。人们据此认为美国程序法变得更有形式性了。与此相较，英国法倒似乎不那么拘泥于形式上的程序管理。例如，在美国，地方法院的刑事判决常常被以违宪为由而撤销，其根据多半是非常技术性的程序问题；而在英国，人们对个别警察的越轨行为和程序上的细小瑕疵常常视而不见。但是，实际上英国的法律体系比美国的更具有形式性。在一定意义上可以说，美国是按照严格的程序要件去施行那些具有实质性意义的政策，其实并不固守"法律就是法律"的形式性。㉓

程序是交涉或沟通过程的制度化（参见第二编第一章）。在这里，法律的重点不是决定的内容、处理的结果，而是谁按照什么互动手续、根据什么论证理由来做出决定的问题的决定。简单地说，程序的内容无非是决定的决定而已。按照卢曼的观点，这种反而求诸自身的结构具有反思性。㉔ 受卢曼思想的启发，贡塔·托依布纳把程序的反思性与国家对社会的间接控制、社会的自治自决的组织化等理念结合起来，提出了"反思的法"的学说。㉕ 他认为，在形式理性与实质理性之外，还存在反思理性。反思理性既依赖于"看不见的手"机制，却又不归属于"自然的社会秩序"。它追求一种"有管理的自治"（regulated autonomy）。反思的法具有程序指向，它倾向于利用程序规范来调整过程、组织关系、分配权利。在这个意义上，反思的法可以说是**一种新程序主义**。这种学说作为法制发展的模型，当然是以现代西方的政治经济条件为前提的。因此它不能简单地适用于中国及其他非西方社会。但其中揭示出来的程序的特性却是富于教益的。而且，在社会变动期间，国家的管理方式必须由结构性控制转变为反思性控制，因此把反思理性与程序结合起来的观点对

㉓　P. S. Atiyah and R. S. Summers, *Form and Substance in Anglo-American Law*: *A Comparative Study of Legal Reasoning*, *Legal Theory*, *and Legal Institutions*, Clarence Press, 1987, pp. 219-221.

㉔　Niklas Luhmann, *Rechtssoziologie*, op. cit., S. 213.

㉕　See Gunther Teubner, "Substantive and Reflexive Elements in Modern Law", *Law and Society Review*, Vol. 17 no. 2, 1983, pp. 239-285, esp. 266 ff.

于我们具有特殊的魅力，因为它使我们更清楚地认识到中国改革过程中程序的重要地位和作用。

程序对于交涉、沟通、议论以及决定过程的反思性整合，一方面可以减少乃至消除形式法的功能麻痹的问题，另一方面可以防止实体法开放过度的弊端。程序的反思机制实际上可以看作社会自我有序化过程的模拟，它应当是在尽量排除外部干扰的状况下进行的。程序的这种特点可以用来克减社会复杂性、模拟条件效应、测量法与社会的偏差值、调整法制的姿态。

二、现代程序的结构与功能

在前面讨论程序的概念和特征时，许多地方已经涉及了结构和功能的内容。现在来进行更加深入的、成体系的分析。首先需要明确程序的一般性结构及其主要构成部件，然后再具体考察现代法律程序的不同类型。关于程序的功能，在本节中仅做理论上的论述，侧重于功能要件等与结构有关的因素。经验的和动态的说明留待下一节去做。有必要指出，对功能的过度期待极易导致失望。我们应该尽量以一种节制的态度来讨论程序的意义。

1. 基本的构成因素

程序开始于申请，终止于决定。整个进行过程有一定的条件、方法、步骤和仪式。程序参加者的活动相对隔离于生活世界的因果链。对于程序来说，不存在既定的判断，漫无边际的价值之争也被暂时束之高阁。复杂的社会状况在这里被简化了，所考虑的是要件事实。当事人的行为也按照一定的功能原理进行编排。从实践的角度来看，在正式做出决定之前，当事人的主张和行为被赋予相当的自由；程序的展开过程同时也是当事人的言行可能性缩减的过程。从理论上说，在正式做出决定之前，选择的机会是无限的；决定的做出使其他机会统统归于泡影。这就是程序的直观性的素描。

程序通过规则而明确，所以它是可以被设计的。程序通过当事人的相互行为和关系而实现，所以它又是自然发生的。历史的经验反复证明，理论上很完美的制度并不一定可以付诸实施，而行之有效的制度却未必是事先设计好的。㉖ 设计合理性与进化合理性的接合部即是程序。在这里，社会现实中的各种行为可能性都汇聚一堂、交涉影响，但却并不杂乱无章。程序使社会的自发有序化机制得以定向运作。因此，程序结构的妥善性就是一个关键问题。在这一意义上，进化合理性也并非不可预知、不可操作。中国经济学者所讨论的市场活动的制度条件，其实有相当一部分不妨转换成程序设计的问题。设计的标准主要有两个：一个是正义，另一个是效率。以下主要从设计作业的立场上考虑程序的结构部件。

（1）原则

现代程序坚持四项基本原则，即正当过程、中立性、条件优势、合理化。让我们对这些原则逐一作些扼要的说明。

正当过程的原则在序言与概念部分都已经论及。这是程序的核心。20世纪60年代，美国法进行了一场空前的改革，其焦点是程序，被称为"正当过程革命"，它引起了法律制度和原理的深刻变化。㉗ 在德国，存在着法律程序化的现象和主张㉘，其实质也是强调保障论证伦理和民主自治的程序正当性。程序的正当过程的最低标准是：公民的权利义务将因为决定而受到影响时，在决定之前他必须有行使陈述权和知情权的公正的机会。为此需要设立一系列关于议论答辩和推理证明的规则和义务。

中立性的原则是程序的基础。不得不承认，社会现实中完全的中立性并非总能达成，其判断标准也并不是十分清楚。例如，有些人说法律职业主义的程序设施固然精巧可靠，但其成本却未免过于昂贵，在客观上会造成对有产阶层有利的问题；但是另一些人又说，在力量对比关系中处于劣势的贫穷阶层如果连法律职业主义的程序保障都没有，那就根本无处伸张自己的权利。但是不能否认，在中立性的判定上对一些最基

㉖　这种现象曾经被公式化，即立法中的理性与非理性的悖论。See Sally F. Moore, *Law as Process：An Anthropological Approach*,Routhedge & Kegan Paul, 1978, p. 6.

㉗　Robert M. Cover and Owen M. Fiss, *The Structure of Procedure*, The Foundation Press, Inc., 1979, p. iii. 正当过程革命的经过和内容详见 David J. Bodenhamer, *Fair Trial：Rights of the Accused in American History*, Oxford University Press, 1992, Chap. 6。

㉘　E. g. Rudolf Wiethölter, " Materialization and Proceduralization of Law ", in G. Teubner, ed., *Dilemmas of Law in Welfare State*, Walter de Gruyter, 1985, pp. 221-249.

本的因素是可以取得共识的。例如，双方在程序中应有同等的发言机会，任何主张和判断都必须以事实为根据、以法律为准绳进行严格的理由论证，同一条件下不允许出现不同的结果，等等。中立性的原则需要通过一系列的制度来保障。例如，决定者的资格认定、人身保障以及回避制度、分权制衡、公开听证，等等。

条件优势是程序，尤其是审判程序的基本活动方式，它意味着决定按照"如果甲，那么乙"的思维形态进行。根据卢曼的分析，程序的这种特点有如下长处：第一，能与复杂的、不断变化的社会环境保持适当的对应关系；第二，为法制变革网开一面，为其他社会制度的变革穿针引线；第三，可以进行技术处理，在极端的场合甚至通过逻辑的计算进行自动化处理；第四，减轻对法律实践的体验进行加工方面的压力，进而减轻决定者对后果和责任的过分负担；第五，减轻上传下达与监督检查方面的负担。总之，条件优势的原则可以使程序的形式具有更大的容量。㉙ 条件优势的原则表明，关于程序的规定不宜过多采取"必须如何"的句式，而应采取"如果……那么……"和"否则……就要……"这样的句式，以使决定者既可以得到具体的指示，又能够在一定前提条件下进行自由裁量。

合理化的原则要求把理性和经验结合起来，是程序效率的保障。它要求程序的安排能使阻碍和浪费最小化、效果和支持最大化。同时，合理化也意味着要对决定的动机和根据给予一个最适当的理由说明，使之得到社会承认。在社会变革时期，很难确立一个为人民所普遍接受的思想目标，也很难提供一套肯定行之有效的法律命题；但是司法机关和行政机关在日常工作中又必须不断做出各种决定。对于这种场合，程序及其合理化原则具有重要的意义。它使决定者可以从经验中寻找调整利益关系和解决矛盾纠纷的适当方法，并使之得到合理发展。在一定程度上可以说，新的社会秩序正是由这种程序性活动逐步形成的。

（2）两种"过去"的操作

如前所述，程序提供了一次重塑过去的机会。只有经过程序加工的过去才成为确定的过去。这意味着在程序中，事实上的过去和程序上的

㉙　Niklas Luhmann, *Rechtssoziologie*, op. cit., S. 227–234.

过去并存，并且发生着由前者向后者的转化。这种双重结构和转轨过程使得程序参加者既面临着争取有利结果的挑战和机会，也使得决定过程充满了变数。程序的布局基本上是围绕这两种过去的操作而展开的。这种操作需要经验和技巧，所以法律职业主义的倾向必然产生。中国古代统治者仅仅从消极意义上理解这种操作的意义和行家里手的作用，故采取了禁止讼师的做法，但这种压制从未真正奏效。通过实体法的细则化也可以限制程序性操作，其结果必然是压抑了程序本身的发展，助长了人民回避程序的倾向。中国人的厌讼，既有文化上的原因，又有制度、技术上的原因。对此，本章在后面还要专节讨论。

（3）对立面的设置

程序参加者如果完全缺乏立场上的对立性，就会使讨论变得钝滞，问题的不同方面无法充分反映，从而影响决定的全面性、正确性。而且，对立面竞争的活动意味着不同的目标追求，这种竞争机制也会强化程序参加者的动机，促进程序的改善。不言而喻，矛盾的制度化并不意味着对抗的普遍化。在程序中，对立的各方具有统一性，并不排斥协商解决问题的可能性。换言之，现代程序意味着建立制度性妥协（institutional compromises）的机制，以保证市场自由竞争的协调平衡，保证没有任何权力可以独断专行。

（4）信息与证据

正确的决定有赖于对与本案相关的事实、知识、资料、根据等的理性认识。这种认识大致由事实命题群和规范命题群构成。程序通过当事人的举证责任的分担和公开的论证过程，来保证信息和证据的可靠性，以及对事实与规范进行解释的妥当性。对于判定内容的真伪难以证实的问题则主要采取说服的手法来解决，而说服的效果往往可以还原为程序正义的外在条件的充足问题。

（5）对话

程序的讨论、辩驳、说服都要具有针对性。也就是说，必须围绕一定的争点进行论证性对话，使认识在直接的碰撞砥砺中逐步升华，最后促成问题的解决。

（6）结果的确定性

程序的目的和功能是形成决定。一组程序活动只能做一次性的决定。

决定一旦公布，就具有强制力、既定力和自我束缚力。除非按照审级规定进入另一套程序，否则决定的内容是不可更改和撤回的。

上述程序要素有不同的构成方式。择其大端而言，例如，集体决策的组合、解决两造以上纠纷的组合、权益责任分配的组合（其中又可以分为非竞争性和竞争性的两种），等等。[30] 这就涉及程序类型化问题了。

2. 类型分析

按照通常的分类方法，程序主要有选举、立法、司法（大致分为民事诉讼和刑事诉讼）和行政等四种。选举基本上是政治活动，但近代以来也成为法律程序的重要形态。它们之间在制度的原理和运作方式上表现出明显的差异。近年来非正式解纷方式的制度化成为一种普遍而突出的现象，从而仲裁和调停的程序问题也引起了相当的重视。温斯顿根据富勒的论述，把选举程序排除在外，追加了调解程序和契约程序，并对这五种重要的法律程序的特征进行了精彩的概括（如表3所示）。[31] 上述种种程序之间有共同的属性，但在制度的原理和运作方式上又表现出明显的差异。实际上，各种程序是与社会和法制发展的一定阶段相联系的。为了叙述上的方便，也为了更好地把握程序的发展规则，我们不妨沿着法律秩序的演化轨迹来依次简略地分析一下主要的程序类型。

表3　主要法律程序的特征

	审　判	调　解	契　约	立　法	管理指令
①参加方式	证据与论证	交涉与调整	交易与同意	依规范议决	服从命令
②程序指挥者的作用	论据的评价原理的宣示	当事者良性互动的促进	——	依照规则的统治	发布命令或者指示
③预期结果	根据要件事实和正当理由进行决定	协商解决以实现社会的和平	平等互惠的当事者间的决定	对公民行动的非个人的指示	为实现共同目的的集体活动的调整

[30]　M. D. Bayles, *Procedural Justice: Allocating to Individuals*, op. cit., pp. 2-3.

[31]　Lon L. Fuller, *The Principles of Social Order* (Kenneth I. Winston ed.), Duke University Press, 1981, p. 34.

	审　判	调　解	契　约	立　法	管理指令
④内在道德	公平审判的诸条件（回避制等）	公平调解的诸条件	平等交易的诸条件（非垄断等）	非个人指令的诸条件（普遍性等）	等级性调整的诸条件
⑤领域（问题及活动的类型）	权利及罪的问题	相互依存性强的两者关系中的纠纷	货财与服务的交换	其他程序的运作所需的限制与指针	效率（如调兵）和社会正义（福利）
⑥界限	多中心的问题、集体活动的调整	缺乏相互依存、三者或更复杂关系	对他人的非个人、有限、断续的责任	针对个人的决定	个人的自治受到尊重时

注：①和②表示各种程序的结构性要素；③直接地、⑤和⑥间接地表示各种程序要达到目标；④表示贯穿于各种程序之中的道德原理。

（1）调解程序

在原始社会中，由于功能分化程度比较低，纠纷的解决缺乏严密的制度，选择的余地也极其狭窄。实现正义的方式是自力救济和血亲复仇。但其结果却是纯粹由力量对比关系决定的，代价太大，也并不一定符合正义，于是需要公正的第三者。人们首先找到了神明，然后有了神明意志的宣托者和神圣仪礼。进一步发展下去，出现了调解和裁决的机构、制度；解决纠纷的根据是道德和习惯，但更有操作意义的是报应和互惠的原理。这种实践的不断积累导致了法律规范和程序的出现。当然，作为其前提条件的还有国家的存在和政治系统的分化。

一般而言，诉诸审判并不是一个优先选择。人们首先会力图避免纠纷，回避不了的时候多采取协商和交涉的办法去化解。双方的努力没有结果时就会向第三者求助。调解是有第三者介入状况下的双方交涉。仲裁是在交涉基础上的第三者判断。只有当这些非正式的社会控制方式都缺乏效果的场合时，诉讼才被作为最后手段而采用。㉜

㉜　这种情况不独中国然，在各种社会都具有普遍意义。西方解纷方式选择中的舒沃茨假说和布莱克命题就是很好的说明。See R. Schwartz, "Social Factors in the Development of Legal Control: A Case of Two Israeli Settlements", *Yale Law Journal* 63 (1954): 471. Donald J. Black, "The Boundaries of Legal Sociology", in *The Social Organization of Law*, edited by D. J. Black and M. Mileski, Seminar Press, 1973.

调解是最典型的非正式解纷方式，具有反程序的外观。但是实际上，它在程序法的发展中发挥了相当大的作用，并且包含着自身程序化的契机。卢曼指出，在原始社会中，调解是争取自力救济的合法性和时间的简单程序。[33] 而在调解程序发展的高级阶段，已经产生了当事人在一定的社会关系的前提下强调自己的主张的正当性和合理性，并且服从合乎正义的判断的论证样式。[34] 在现代化过程中，调解的制度化水平进一步得到提高。荷兰的劝解官制度、法国的复合调解制度（conciliation grande，conciliation petite）、日本的调解法等，就是著名的事例。20 世纪 80 年代末，美国密歇根大学法学院的理查德·伦坡特教授对调解等所谓非正式的程序进行了有趣的实证研究，他发现，调解中对于程序性和实体性的各种问题的反复交涉会导致结晶化的现象，形成某种范型和非正式的规则。调解机关承认这些规范的约束力，从而减少了解纷的恣意性。[35] 这也是一种先例机制。

在调解过程中，为了使不同的主张向合意收敛，说服和互让这两个程序项目便十分重要，其本质是实现一种正义的合理的妥协。从妥当的视角来观察合意，就可以发现合意具有不能还原于当事人各方意志的独立的存在价值。而说服可以定义为以促使他人采取特定行动为目的的符号操作，因而可以分解为出示证据、引用规范、陈述证明、动员影响力、把握时间（主要指利害关系的时间性、时间流逝而引起的纠纷变形和吸收、解决问题的战略性时机）等可以被程序化的问题。在当事人双方相持不下的情形下，为了避免交涉失败，调解委员的积极调控和判断往往势在必行，因而产生了调停委员的选择条件、调解陈述的证据认定、调解协议的法律效力等问题。

总之，调解程序存在着非形式主义的特点与形式化的发展倾向之间的紧张。正是这种紧张状态的持续，使得调解既可以弥补审判的不足，同时又有助于国家法的发展。调停程序最重要的原理贡献是：非对抗性辩论的步骤和方法、承认复数的正确法律判断并存的观念、对未来

---

[33] Niklas Luhmann, *Rechtssoziologie*, op. cit., S. 158 f.

[34] *Ibid.*, p. 174，193.

[35] Richard Lempert,"The Dynamics of Informal Procedure", *Law and Society Review* 23，no. 3 (1989): pp. 372-375.

事实关系的统筹考虑、更为彻底的当事人主义，等等。㊱

（2）审判程序

审判是程序的典型。审判程序是按照公正而有效地对具体纠纷进行事后的和个别的处理这一轴心而布置的。其主要特征表现在以下三个方面：

第一，存在着作为判决依据的一般性法律规范，审判只是对这种预定规范的适用而已。诉讼当事人和法官的活动都是围绕如何使法律不致误用或歪曲的问题而展开。这里最重要的是合法原则与对话原则如何协调并制度化的问题。对此，一般的程序处理技术主要表现为：法官的利害权衡及裁量、理由推敲、说服、解释推论，等等。

第二，为了保证法律思考和对话的合理性，需要设定法官与当事人公开进行讨论的条件。这里最重要的是如何保证议论主体的对等地位的问题。对话的合理性主要取决于两个说服过程，一个是当事人通过法庭辩论说服法官的显在过程，另一个是法官在此基础上考虑如何说服当事人各方、上级法院、社会一般成员的潜在过程。

第三，判决的对象仅限于特定当事人之间已经发生的具体纠纷的事后性解决，以明确法律上的权利、义务、责任的归属和内容为目标。㊲

以上主要是从法律的正确适用的角度来说明审判程序的。与此相关联但又有特殊性的是证据制度。举证责任以及证据的取得、鉴定和理解也是极其重要的问题。在我国传统的诉讼程序中，职权探知主义倾向十分明显，这有助于强化法官判断的说服力。但其代价则是法院的责任负荷过重、当事人会产生疏离感、证据法的发展受到阻碍。

审判程序中最突出的外观形态是矛盾的制度化。在这里，问题以对话、辩论的形式处理，容许互相攻击，这使得社会矛盾有机会在浓缩的、受到控制的条件下显露出来。因此，在一定程度上审判程序可以作为测量社会不满的程度并加以疏导和救济的一种装置。程序的这种功能在日

㊱ 参见季卫东：《调停制度的法发展机制——以中国法制化的价值分裂为线索》，载日本《民商法杂志》1990 年第 102 卷第 6 号、第 103 卷第 1 号、第 103 卷第 2 号。

㊲ 参见〔日〕田中成明：《裁判中的法与政治》，有斐阁 1979 年版，第 157—163 页。

本现代化过程中得到了有效的利用。㊳

程序的条件优位原则在审判制度中得到最充分的体现。审判一般只涉及过去的要件事实，只注意决定的前提和权限等条件是否充足。这样做比较容易抑制当事人以及其他第三者的批判，减轻法官做判决时的责任负担。换言之，法官被要求忠实于程序，反过来程序也有效地保护了法官。即使判决被上诉审推翻，即使判决造成被告自杀于狱中、市民暴动于街头的严重后果，原判法官也不受追究。而且，程序对于行为以及意志等的严格限制使法官带有清教徒的色彩，同时这也就使判决或多或少带上神圣的光环。显然，让权力和权利同时受审判程序的限制是一项非常明智的制度设置。

（3）立法程序

立法程序的主要意义不是确立放之四海而皆准的规范，而是使一切法律都变成可以更改的。认为法是永恒、安定的行为标准，并不是现代观念。现代法的特点是可变的，甚至是求变的。然而，这种变更并不是突如其来，更不是率性而为。法律的制定和修改必须由一定的权威机关按照一定的手续进行。

从法律的强制力这一严峻事实出发，最合乎现代正义标准的立法方式应该是全民一致通过。但是实际上这是不可能的。于是退而求其次，代表制的多数表决成为议会立法程序的基本原理。把社会的复杂多义的状况通过数字计算的方法进行形式上的处理，可以减少许多摩擦和不确定性。但是这并不能避免立法与社会的乖离，也不能充分保障规范内容的适当合理。在所有程序中，可以决定并改变强制性条件的立法程序的条件导向是最弱的。这就使问题状况变得更加难以捉摸。

在缺乏条件设定的决策过程中，选择正确与否主要取决于理性和信息，换言之，议会立法程序中最重要的问题是如何确保决定者的素质和如何提供充分的信息以资判断。此外，立法机关内部的沟通机制及其与外部环境的反馈机制也是必不可少的前提。立法权的分割是解决上述问题的一种有效方式。随着社会分化和复杂性的增大，专业性的法案起草

㊳　Cf. Frank K. Upham, *Law and Social Change in Postwar Japan*, Harvard University Press, 1987, pp. 16 ff.

机构和委任立法方式的作用越来越大。这里存在着立法程序的民主主义原理和职业主义原理之间的紧张。委任立法、立法规模的扩大还带来了法律体系的统一性和协调性问题，这些问题的解决要求类似司法审查或者违宪监督委员会那样的制度和程序。

对立法程序来说，区别违法行为与变法要求是非常必要的。但是，在一些场合这种区别并非易事，而在另一些场合违法行为的反复出现正是变法要求的形成契机。立法与司法的分离可以使处分违法行为与接受变法要求并行不悖，但对立法程序来说，如何防止认知能力的弱化、扩大法制变革的契机仍然是一大课题。从各国实践来看，立法上的学习、反思机制主要有三种。在大陆法系中，采用规范和规范等级结构的方案，使低阶规范在高阶规范的外延之内自由修改，而又不危及高阶规范及整个法律程序的稳定性。在英美法系中，采用决定权分散化的非等级结构的方案，使法律作为决定前提及于各个权限机关，然后通过它们的决定反射到社会中去。各个权限机关互为前提、互相约束，因而认知和反思的意识贯穿于整个决定过程中。在中国，最有特色的是采用法律试行的方案，在一定的时间范围或空间范围内强化位于合法与不合法之间的发展契机，通过立法与司法的有条件的逆转、认知注意力的集中、反馈机制的利用等方法，来实现法律的动态妥当性。需要注意，法律试行在程序要件不完备的状况下易生弊端，会导致反制度化的结果。[39] 这三种方式作为制度设计的选项或许在功能上具有某种可替代性，但从程序正义与程序合理性的视角来看，可以对它们进行比较分析。

（4）选举程序

选举程序与立法程序一样，都是所谓"人民意志"的形成与贯彻的方式，且都是条件导向较弱的选择过程。它与政治的民主化有直接的关联。从权威主义的领袖禅让和平过渡到民主选举领袖只有一条道路，那就是先缩小领袖的活动范围，逐步削减其权力，扩大民间社会的自治空间。操之过急，则会引起激烈对抗，徒给"打天下"式的人物以新的夺权机会，其结果依然不会脱离以暴制暴的窠臼。还应看到，在一元化的

---

　　[39]　参见季卫东：《法律试行的反思机制——以中国的破产制度的导入过程为素材》，载日本《民商法杂志》1989 年第 101 卷第 2 号、第 3 号、第 4 号。

统治秩序崩坏之后，过去通过权威中心而协调统一的复合结构再也不能一如既往得到有效的整合，从而必然出现复数的既得利益共同体。这些分化现象为日后政治改革埋下了更多的复杂变数，并会加深转轨期的混乱。不过局部结构的自我成长和相对独立的各种利益集团的关系调整，也可能提供从制度上进行处理的机会和条件，为此需要巧妙的法律程序设计。

选举固然会激发人们参与政治的热情和欲望，但在现代的自治组织条件仍不成熟的社会，往往还可能出现人民因选举而情绪化，造成社会不稳定的问题。事实上，在大国的选举中，一个人要想通过全民直接选举一次获得大多数选票的可能性是微乎其微的；对于一个志在改革而白手起家的新人，这种困境尤其难以摆脱。而如果各地方势力坐大抬头，则中央领袖的选举战无疑会更加白热化，在一定条件下甚至导致分裂。因此，选举程序设计的中心课题是寻找一种适合国情的、既能反映民意又能维持稳定的选举方式。为了避免民主选举所带来的上述问题，美国采取了全国选民投票遴选选举人，以及临时设置的代表人民、以选举总统为唯一目的的选举团投票选举总统这样复杂的二重选举方式，而日本采取了以一党优越和促进党内竞争为特征的中选举区制。无论采取何种方式，都必须遵循现代选举的三项基本原则：①选民权的普遍性；②一票分量的平均性；③投票的匿名性。自由竞选的程序也具有矛盾的制度化、平等议论的状况设定、不确定性的收缩、公开的听证和决定、不满的吸收等与其他程序所共有的机制。

（5）行政程序

进入 20 世纪之后，随着行政机关权限的扩张，对于科层制及行政决定过程的研究显得越来越重要。但是，行政活动的无所不在使得与之有关的决定的条件极其多样化了，统一的程序类型无从寻找，制度合理性的一般性评价也变得非常困难。这里只能做一点极其有限的说明，对行政程序合理性的深入探讨只能留待日后（参见第一编第六章）。

现代行政程序的条件导向非常强，其目的和手段的选择都受到大幅度限制；只要具备一定的程序要件，就必须做出与之相适应的决定。在这一点上，它与审判程序近似。但是行政程序中的决定者为了实现既定的目的，在政策运用方面又具有极大的能动性。[40] 这与法官在处分权主义之下受消极应对原则的束缚、尽量恪守不偏不倚立场的姿态形成对照。在发展中国家，行政过程中目的之普遍化是一种不可遏制的趋势，从经验上来看，在程序上能有所作为的就是调整行政决定与补偿措施之间的关系，使决定的接受者能够采取同意和协作的立场。换言之，也就是在命令与同意之间取得平衡。日本战后发展中出现的"官僚非形式主义"（bureaucratic informalism）[41] 的法律程序，以及当代中国的"依法调解"制度，均可以从这里找到得以存续的深层理由。而在成熟的社会结构中，行政程序的条件导向十分突出，只要具备一定的程序要件，就必须做出与之相适应的决定。

行政活动的条件导向与行政业务的垄断程度成反比。这是迈克尔·利普斯基从美国基层行政官吏活动的实证研究中归纳出来的命题。[42] 由于技术官僚具有专门职业的特性，其自由裁量权的扩张难以避免；在具体的行政事务中，他们俨然成为政策的决定者。这种活动方式势必反映到程序之中，归责机制的启动变得十分困难。在权力高度集中的社会，这种情形尤其普遍。结果，局部的失策立即演变成整体的责任问题。为了防止由此引起的沉重的政治代价，行政机关内部和外部的监督机制必须强化。因此，行政程序的条件导向在很大程度上取决于事后追究的程序安排。但更重要的是加强司法权，以司法审查程序来防止行政权的越轨行为。

3. 功能要件

功能这一概念主要包括两层意思，即部分对于整体的维持所发挥的作用及其活动效果，以及为此所必须满足的必要条件。后者所指的必要条件就被称为功能要件。

程序对于法律程序的作用主要表现在以下几个方面。第一，对各种主张和选择可能性进行过滤，找出最适当的判断和最佳的决定方案。第

---

[40] 从条件导向和目的导向两方面分析行政程序是受卢曼的启迪。Cf. Niklas Luhmann, *Legitimation durch Verfahren*, op. cit., S. 207 ff.

[41] F. K. Upham, *Law and Social Change in Postwar Japan*, op. cit., p. 176.

[42] Cf. Michael Lipsky, *Street-Level Bureaucracy*, Russell Sage Foundation, 1980, esp. chaps. 2, 13.

二，通过充分的、平等的发言机会，疏导不满和矛盾，使当事人的初始动机得以变形和中立化，避免采取激烈的手段来压抑对抗倾向。第三，既排除决定者的恣意，又保留合理的裁量余地。第四，决定不可能带来皆大欢喜的结果，因而需要吸收部分甚至所有当事人的不满。程序要件的满足可以使决定变得易被失望者所接受。第五，程序参加者的角色分担具有归责机制，可以强化服从决定的义务感。第六，通过法律解释和事实认定，做出有强制力的决定，使抽象的法律规范变成具体的行为指示。第七，通过决定者与角色分担的当事人的相互作用，在一定程度上改组结构，实现重新制度化，至少使变法的必要性容易被发现。第八，减轻决定者的责任风险，从而也就减轻了请示汇报、重审纠偏的成本负担。

这些具体的、直接的作用可以带来一些非常重要的间接效果。首先，决定过程中的道德论证被淡化，先入为主的真理观和正义观都要暂时被束之高阁。中国的传统是法律与伦理的一体化，至今法制的道德色彩仍然很浓厚，而法律与道德的分离被公认为自由的前提。由此亦可见程序对于中国体制改革的重要性。其次，程序要件的精密化使法学能够建立在科学的基础上，并且与实用的操作技术结合起来。更重要的是，通过对抗性的充分议论，法律命题实际上不断受到证否活动的锤炼，从而大大提高法律规范的真理性。最后，审判程序和行政程序的条件导向可以加强决定的强制可能性，进而减少法律在教化、社会化方面的负担。程序要件不充分的决定，即使其目的是正当的，也容易引起争论，从而造成贯彻执行上的阻碍。如果强行实施之，那么就会给社会以一种被放大了的压抑感；而如果试图解释说服，那么就只能是事倍功半。中国的政治和法律方面许多令人费解的问题，也多半由此而产生。

那么，实现上述功能需要什么条件呢? 对这个问题可以从内部条件和外部条件、相对条件和绝对条件等不同角度来分析。绝对条件是指一切程序中共通的必不可少的因素，例如中立原则（必须注意程序的中立性与决定者的中立性的区别，这一点在行政过程的分析中特别重要），具体来说包括三个制度化标准：①任何人不得成为自我案件的判断者；②决定者与决定结果之间不存在任何私人的利害关系；③在抗辩过程中不得偏袒其中的一方。[43] 中立性是程序正义的基础。如果没有这一前提条件，那么程序的正统化功能、强制力保障功能、疏导功能等便都无从落实。

相对条件是指特定程序或特定状况中的功能要件，或者虽然具有共通性，但在不同场合其作用大小有明显差别的因素。前者例如诉讼中举证责任和证据分量（weight of evidence）的妥当确定、既判力（res judicata）的遮断效果，等等。后者例如条件优位的原则，它在立法程序和审判程序中意义悬殊。囿于本章的宗旨和篇幅，在此关于相对条件只能做相对限度的分析，而不能详细说明。

内部条件指程序参加者相互作用得以合理而又顺利地进行的角色体系。例如，诉讼程序中的当事人主义、选举程序中的差额候选制。在程序的内部功能要件中，需要特别强调职业主义（professionalism）。程序的有效运作，需要专业人员运用其经过长期教育、训练所获得的知识和技能，为当事人提供必要的代理、辩护、咨询以及其他服务。同时，也要求这些专业人员具有成体系的专业知识、普遍的业绩指向和高度的自律精神。这种职业观、职业伦理和职业纪律对于程序发挥功能、提高个人绩效具有重要的意义，也会给程序的形式注入相应的实质性内容和某些基本的价值前提。当然，职业主义发展到业务垄断的程度则会带来许多弊端，因此不能扼杀其他选择的可能性。

外部条件指程序与社会环境的关系，是一个非常复杂的问题。这里只涉及社会分化和政治过程的合理化这两个变项。社会分化是指社会由单纯的均质的状态向复杂的异质的状态演变的多元化过程。只有在多元化的社会中，选择才会成为生活的主题，从而组织和决定选择的程序的重要性才会凸显出来。也只有在结构和角色都分化到一定程度时，程序自治才能得到充分的保障。政治过程的合理化与程序的合理性有更加直接的关系。合理化意味着政治现象的各种要素之间的联结方式必须从某一特定的观点来看没有矛盾，事实上的矛盾也必须按照形式理性或实践理性进行整理，使之在逻辑论证上首尾一贯、在具体操作上合情合理。这正是程序的功能要件。至于民主与自由的理念，也只有在权力的结构

㊸ Martin P. Golding, "Dispute Settling and Justice", in R. M. Cover and O. M. Fiss, *The Structure of Procedure*, op. cit., p. 113.

和过程合理化的基础上才能实现。

需要指出，功能要件的满足往往是互为前提的。社会分化与政治合理化是互相关联的，而程序的发展与政治合理化也很难分清孰为因孰为果。同样，正当过程是程序的基本原则，同时它又需要程序要件来加以确认和保障。功能关联的突破口并非不存在，其中最重要的是加强社会分化的必然趋势和促进国家反思的现实压力。这种趋势和压力在目前的中国已经十分明显而强劲。

三、程序与现代社会

在西方，在旧的身份共同体关系的解体与资本主义新秩序的确立这一历史过程中，有两项制度起到了神奇的作用，一个是社会或私法领域里的契约，另一个是国家或公法领域里的程序。[44]

关于契约的作用，人们并不陌生。霍布斯主张，应该靠树立主权和服从主权的契约去克服万民争斗的自然状态。卢梭则认为，需要通过契约去再现自然状态中的自由与平等。这些社会契约理论是现代社会形成的思想基础。在现实的法律生活中，也出现了梅因所揭示的"从身份到契约"的变化。债权在现代法律中占有优越的地位，契约自由成为支配整个经济和社会的根本原则。为什么契约会有如此魔力？因为契约把自由选择与信守承诺结合在一起，适应了重建社会结构的需要。契约一方面在日常事务中起到非常实际的作用，另一方面作为一项制度实际上又把一切具体的规范留待未来决定，是非常精巧的操作装置。

程序与契约有异曲同工之妙，它既能千变万化，又能不离其宗。程序使无限的未来可能尽归于一，从而提供了形成新的规范所需的法律体系的开放性结构、适应能力和可塑性。程序也可以理解为涂尔干所说的契约的非契约性基础，它在控制自由的前提下保障了自由，从而使自由从意识形态变成物质形态。因而卢曼主张，通过程序获得正统性的

④ Niklas Luhmann, *Legitimation durch Verfahren*, op. cit., Vorwort S. vii.

认识正是市民革命的政治意义之所在。⑤ 当然，这一主张还可以从另外两个方面去理解，即程序的分化和再结合的过程一方面使利益纠葛升华为权利斗争，另一方面则使国家活动的原理发生了深刻变化，主权的学习和反思机制得到强化。

至今为止，分析法律与社会现代化的关系和作用的论著汗牛充栋，在宪法和私法领域中更不乏经典之作，但是专门研究法律与程序以及现代社会发展的学说却屈指可数，而这方面的经验研究成果则恐怕还是"踏破铁鞋无觅处"。本章只能根据片段史料、间接的论述和切身的体验，做一点投石问路的工作，以期有裨于对程序功能的认识。

1. 程序与资本主义市场经济的兴起

欧洲对于古代罗马法的热心研究和继受是文艺复兴的一项极其重要的内容。当经典诠释家们不仅从《法令大全》（Corpus Juris）和《学说汇纂》（The Digest）中接受理性的程序体系，而且还特别热衷于从杂律文献（The tractatus）中发掘关于程序的制度资源时⑯，当古代罗马法程序的理性与中世纪的教会法程序的正统性被结合在一起，成为西欧现代程序法的雏形时，人们并没有意识到程序会对资本主义市场经济和议会政治中的自由选择具有如此重大的意义。

商业的扩张要求民商法来调节由此产生的人与物、人与人之间的关系和纠纷。除古代罗马法的再发现之外，商业习惯法的复兴也起了关键的作用。在习惯法变成实在法的过程中有两个因素起了决定性的作用：一个是具体的契约关系，另一个是法律家，尤其是律师的法庭活动。⑰ 起初，商人们仅仅在封建法体系中寻找保护自身利益的法律武器，这种努力的效果是有限的。于是，资本家们以自治城市为堡垒，建立了满足自己需求的法院。不过，这种法院只管辖特定种类的案件，并且通过上诉制度与王室法院、领主法院及地方法院互相沟通。⑱ 调解和仲裁等非诉讼

---

⑤ Niklas Luhmann, *Legitimation durch Verfahren*, op. cit., S. 2.

⑯ O. F. Robinson et al., *An Introduction to European Legal History*, Professional Books Limited, 1985, p. 90.

⑰ M. E. Tigar and M. R. Levy, *Law and the Rise of Capitalism*, op. cit., p. 56.

⑱ *Ibid.*, p. 118.

方式也被广泛利用。[49] 因而，怎样才能更好地实现权利、保护利益，就成为一个关于解决纠纷的方式、管辖权、准据法的选择的问题了。这种选择活动使程序问题变得更加重要，也更加复杂。商法和程序法的复杂化要求受过专业训练的律师。反过来，律师又使法律问题变得更加程序化，程序法变得更加有技术上的复杂性。[50]

例如德国，15 世纪以前商业法院似乎只适用口头审理程序，没有案卷记录。在法兰克福，商业程序源于只有特别的简易程式的仲裁，然而不久就有了整本的先例汇编供审理实践作为依据。早在 1508 年，纽伦堡的商业法官就已经得到帝国官方的认可，而随着罗马法继受的加速，商人和学识法律家（jurists）所组成的混合法院（mixed courts）逐渐占主导地位（已知莱比锡于 1682 年前就已经完成了这种变化）。[51] 这些学识法律家使得在大学里形成的共同法程序科学（common law procedural science）与司法实践结合起来，其结果是"学识法"（Juristenrecht）的诞生及其在整个德国确立了权威的地位。[52] 这种共同法程序是一个非常复杂而精致的体系。[53] 基于政治上的原因，到 19 世纪末，德国还没有统一的民法典，这段时期法治秩序的基础其实主要是民事诉讼程序、破产法及法院组织法，当然还有刑事诉讼法。[54]

英国保存着自 13 世纪以来的地方商业审判案件的书面记录，因而对它的司法实践进行研究更加饶有兴味。在英国，因为并不存在适用于城市商业法院的实体规范，而商人们又希望得到不同于领主和农民的法律观念的结果，所以，商法在很大程度上被认为是一种迅速而简易的特别程序和关于证据的特别规则。[55] 资本家反对封建制的斗争也主要表现为

---

[49]　*Ibid.*, p. 163.

[50]　*Ibid.*, cf. pp. 155–164.

[51]　O. F. Robinson *et al.*, *An Introduction to European Legal History*, op. cit., pp. 167–168.

[52]　Arthur Engelmann et al., *A History of Continental Civil Procedure*, Little, Brown & Company, 1927, cf. pp. 540–543.

[53]　*Ibid.*, cf. pp. 544 ff.

[54]　这种情形也曾经出现在俄罗斯——到帝制崩溃为止一直没有民法典，但在 1864 年引入了法国民事诉讼法，因此民事实体规范只能从程序规范中生成。

[55]　O. F. Robinson et al., *An Introduction to European Legal History*, op. cit., p. 168. 关于利用程序来钻实体法的漏洞，使财产权从占有向流通、交换方面转化的事例，参见黄仁宇：《放宽历史的视界》，允晨文化实业股份有限公司 1988 年版，第 125 页以下。

15 世纪和 16 世纪中断断续续的程序改革。[56] 在 17 世纪和 18 世纪，正是在程序的革新、再确认和保护的过程之中，资本主义的私法也发展起来了。这一时期，资本家、普通法（common law）律师以及议会在私法领域中所采用的斗争技巧，不过是程序改革中的故伎重演而已。[57]

众所周知，法国激进的资本主义革命是以非法化为特征的——旧的法律制度被彻底破坏；大学的法学院及审判机构都被废止；一切纠纷都由调解解决；18 世纪 90 年代公布的几项所谓"过渡法"（droit intermediaire）仅规定了抽象的原理和原则，而且也没有持续的效力。[58] 在革命后的第十五个年头，著名的拿破仑民法典问世，法律家们完全受该法典及其他立法的约束，并没有表现出任何明显的作为，1806 年公布的民事诉讼法典也没有受到类似民法典那样的重视。但是不应忽视，作为现代化的前奏的法制统一化运动，是以巴黎和十二个省的议会导入罗马教会法的程序制度为标志的。[59]正是根据 1667 年王令进行的民事诉讼程序规则编纂以及司法制度的一系列改革，为实体法的统一和拿破仑民法典的颁布奠定了基础。[60] 在 19 世纪末期，司法决定过程才开始受到进一步的关注，法官集团甚至发展到在审判程序中将自由法学的观念付诸实行的程度。[61]

美国在独立战争之后对于法制改革的问题曾经有过长期争论。是用一个大陆法体系来取代英国的普通法，还是根据自然法的原则另起炉灶搞一套新规范呢? 众说纷纭、不一而足。但是有一点共识，即职业法律家是必要的，况且商业合同、运货单据和有价证券的处理也不可能离开他们。而当时的法律家只能应用普通法。因此，维持和改善普通法体系就

---

[56] M. E. Tigar and M. R. Levy, *Law and the Rise of Capitalism*, op. cit., pp. 261 ff. Cf. also S. F. C. Milsom, *Historical Foundations of the Common Law* (2nd ed.), Butterworth & Co. Ltd., 1981, pp. 37 ff.

[57] M. E. Tigar and M. R. Levy, *Law and the Rise of Capitalism*, op. cit., pp. 271—272.

[58] 〔比〕R. C. 范·卡内冈:《法官、立法者、大学教授——比较西洋法制史论》,〔日〕小山贞夫译,米内尔瓦书房 1990 年版,第 11—12 页。

[59] O. F. Robinson et al., *An Introduction to European Legal History.*, op. cit, p. 335.

[60] A. Engelmann et al., *A History of Continental Civil Procedure*, op. cit., pp. 751 f.

[61] O. F. Robinson et al., op. cit., pp. 485 ff. Lawrence M. Friedman, *Law and Society: An Introduction*, Prentice-Hall, 1977, p. 54.

成为一种难以抗拒的决定。[62] 对于英国普通法不能适合社会发展需要的部分，由法官来发挥修改功能，其结果是加强了法律的工具性和政策性。卢埃林把这种通过审判程序修改法律的方式称为普通法的"大尺度"（the Grand Style），并认为"大尺度"与庞德所说的美国法的"形式性时代"（the Formative Eva）相对应。[63] 而庞德也曾经指出过，这一时代个人主义的盛行带来了"程序肥大化"（hypertrophy of procedure）的现象[64]。仔细咀嚼卢埃林与庞德的话，就会发现其中存在实质化与形式化的尖锐矛盾。

19 世纪的美国法律界的确存在实质主义倾向和形式主义倾向的相反相成的关系。最能典型地反映这一时代性矛盾的是大法官约瑟夫·斯托里所表现出来的法学价值分裂。他的私法观念基本上是极其功利主义的，抱有通过法律原理形成来促进重商主义和经济发展的明确目的。与此相映成趣，他的公法观念又具有僵硬的形式主义乃至保守主义倾向。而把这两种倾向对立统一起来的，恰恰是通过司法程序实现法制变革的内在确信。[65]

实际上，美国的一些重大的制度上和意识形态上的变革都是通过程序操作来实现的。例如，在保险制度设立之初，社会普遍缺乏风险概念，陪审团常常做出不适当的赔偿裁决。为了维护保险公司的权益，必须削弱陪审团的权力。1803 年关于海事保险的几个判例向法官提供了推翻陪审团裁决的程序武器。[66] 至于保险业在资本主义信用关系的维持与强化方面的重要意义，这里固不必赘言。本来，许多商人从纯业务的立场出发，对陪审团不抱好感；而陪审团对审判的侵蚀也激起了法官的抵触。所以从 18 世纪末开始，陪审团的权力逐步被削减。用来限制陪审团的程序方法有三项：第一，大力增加"特种案件"或"保留案件"，使法律问题的决定权集中到法官手里，避免陪审团的掣肘。第二，对所谓"违

---

[62] Cf. Lawrence M. Friedman, *A History of American Law* (2nd ed.), Simon & Schuster, 1985, pp. 107 ff.

[63] Karl N. Llewellyn, *The Common Law Tradition*：*Deciding Appeals*, Little, Brown & Co., 1960, pp. 36-38.

[64] Roscoe Pound, *Criminal Justice in America*, Harvard University Press, 1945, p. 161; and his *Appellate Procedure in Civil Cases*, Little, Brown & Co., 1941, pp. 33-36.

[65] Cf. Morton J. Horwitz, *The Transformation of American Law*, 1780-1860, Harvard University Press, 1977, pp. 255-256.

[66] *Ibid.*, pp. 228 ff.

反证据分量原则"的裁决进行重审。第三，区别法律问题与事实问题，法律的解释权仅被授予法官，而陪审团的职能范围则被限定在事实认定方面。这三项程序变化又导致了更深刻的法制革新：法院得以破除18世纪的抑商主义原则，发展出一套统一的、可以预测的商事规则；商法从此成为普遍适用的基本法律。[67]

日本对于现代化过程中的一些极其复杂的价值问题也曾借助程序去化解。例如，明治时代的土地制度改革与铲除封建障碍物、促进资本的原始积累有直接的因果关联，为此而采取的方法是地券发行的程序操作。1871年2月，大藏省发布"关于土地买卖转让的地券发行规则"，明定在土地所有权转让之际必须申请地券名义变更。地券由此成为国家把握土地流通交易的不可缺少的工具。初期的地券制度还带有刑罚性特征。然而，1879年11月制定的太政官布告"土地买卖让渡规则"，把地券改写（名义变更）程序所发挥的所有权流动化的作用转给公证程序，刑罚色彩也相应褪去。更重要的是，从此以后地券失去了其私法上的意义，但在一般交易观念中，地券却具备了牢不可破的信用性。而且，封建土地所有制下特有的"一田两主"和"一村总持"的现象也随之消除，土地转变为真正的个人所有物。[68] 上述措施是纯程序性的，并没有触及土地的实质性权属和用益关系，但却引起了土地的商品化，增大其流通性的革命效果。[69]

地券的功能仅限于土地所有权的转移，而不能调整资本主义经营所需要的土地担保关系。因此，明治政府1872年1月制定了太政官布告"地所质入书入规则"。同年2月的布告又规定，质地诉讼不应以流地方式，而应以竞争方式解决。通过这些法规，质权和抵押权的实体规范大体完备，与担保权的设定密不可分的公证程序也基本成形。按照这一制度，质入书入之际，户长（相当于后来的村长）必须履行"奥书割印

---

⑰　*Ibid.*, pp. 141 ff.

⑱　〔日〕福岛正夫：《日本资本主义的发展与私法》，东京大学出版会1988年版，第23—25页。

⑲　康芒斯曾经指出，用益关系与交换关系的这种颠倒是资本主义区别于封建主义的实质所在，意味着财产权与自由权的含义变化。See John R. Commons, *Legal Foundation of Capitalism*, The University of Wisconsin Press, 1957, p. 21.

账"的登记手续，这一措施对后来的抵押制度的发展具有深远影响。⑦

明治维新时期民事法的规定不多，且相当一部分是属于程序法范畴的。例如，1872 年 7 月制定的太政官布告"诉答文例"，本来主要是规定民事诉讼上的格式、起诉要件以及其他程序上的规则的，但是实际上其中包括了许多实体法上非常重要的事项。福岛正夫曾经针对其中规定的三十多种诉名指出："不妨说这些诉名是以诉权的形式把民事上的请求权定型化了。不仅如此，在特殊的场合（上述第 7、8 项等），其中还规定了新的请求权。另外，关于连带债权人或债务人必须同时连名起诉或者应诉的规定（第 23、25 条），其影响及于贸易之处可谓波澜迭起。"⑦

日本在现代法制建设过程中重视程序的特点，最鲜明地表现在调解的法制化做法上。自 1922 年 4 月公布土地、房屋租赁调解法以来，日本通过立法的方式进行了调解制度的重建。从此，调解不仅仅是解决民间纠纷的手段，而且成了实现国家法律目标的一种制度。⑦ 这种调解制度的宗旨是通过当事人的互让，合情合理地解决纠纷（民事调解法第 1 条），因而不受实体合法原则的拘束。不过，它在程序方面的法制化程度却很高。在理论上，调解被认为是一种职权主义的裁量程序。⑦ 在法律规定上，关于权限和手续的规定相当严密。调解法规被组织到程序法范畴中的事实本身也加强了其法律程序指向。⑦ 而且，调解委员的专门职业化倾向也十分明显。⑦ 总之，日本的调解制度把重点放在程序合理化上。这一点与我国的情形适成对比。我国在调解中更加注意与实体法的一致，从而减弱了调解的弹性选择方面的价值。

总而言之，资本主义经济体制一方面要求紧凑的有效率的组织条件，另一方面要求选择的充分自由。程序的特性正好能使两者协调。因此，在现代产业市场经济兴起过程中，程序在有意无意、或明或暗之间

---

⑦ 同前注⑥，〔日〕福岛正夫书，第 25 页。

⑦ 同前注⑥，〔日〕福岛正夫书，第 38—39 页。

⑦ 〔日〕宫崎澄夫：《调解法的理论与实际》，东洋书馆 1942 年版，第 21、28 页。

⑦ 参见〔日〕石原辰次郎：《民事调解法实务总揽》，酒井书店 1984 年版，第 8 页。

⑦ 参见〔日〕安田干夫：《作为私法转化阶段的调解》，载《法学协会杂志》1993 年第 51 卷第 5 号，第 132 页；〔日〕小山升：《民事调解法》（新版），有斐阁 1977 年版，第 14 页。

⑦ 参见 Bruce E. Barnes 与小岛武司的对话：《日美调解制度的比较》，载《判例时报》1986 年第 581 号，第 4 页。

起了相当重要的作用。相对于实体规范，程序的确是形式、是手段。但是不能忘记，适当的实体规范往往是通过公正程序形成的。

2. 程序与言论自由

言论自由的问题一般都发生在意见竞争的场合。当这种意见竞争与选择、决策结合在一起的时候，问题会尖锐化。持不同意见的个人或集团希望自己的观点被接受，于是都试图说服对方。在理想的对话状态下，以理服人总会使问题得到适当解决。但是，现实中很难施行这样的理性设计，人们都希望动员各种社会资源（包括规范、权力、关系、交易等）来加强自己的谈判立场。在势均力敌时，基于利害打算的妥协比较常见。而在力量对比悬殊时，以强凌弱的危险就很大。

政府为了实现某一目的或推行某一政策，必须动员全国的力量，统一步调。在紧急状态中，国家安全有时要求以个人自由为牺牲。公共意志与个人主张也会产生矛盾。这些关系处理不当，都会成为压制言论自由的契机。言论自由之所以经常成为一个政治问题，是因为事情大都集中在政府与个人的关系方面。至于个人滥用言论自由权的问题则相对容易解决。

在社会的实质性不平等状况不能改变，而理想的对话条件又并不具备的场合，言论自由的保障一般只能在有约束力的程序中寻找。一方面，程序可以提供一种特殊的自由讨论、沟通的场合和方式。在这里，通过法律规范的屏障作用，社会影响力和身份差异被尽量排除，一切既定的真理标准和权能行使都被缓期执行。完全的信息和平等的对话通过辩论和举证的程序来担保。立法程序为了保证讨论有充分的自由和理性，规定了议员的免责特权。司法程序为了保证诉答公正，设置了公堂对审和上诉救济的制度。另一方面，不能不指出，程序在保障言论自由的同时，也限制着自由的言论。程序中的言论自由是在一定场合按一定的顺序进行的，必须有理、有据、有节；存在归责机制，人人都对自己的言论负责，口头诬蔑（slander）或书面诽谤（libel）他人都要以名誉损害（defamation）为由受到诉追。

程序还能通过诸如限制政府滥用权力、明确言论与犯罪行为的界限、禁止以言论定罪、对成文法规进行审查等一系列措施，来保障言论自由的真正实现。在20世纪50年代的美国，围绕宪法第1条修正案关于言论出版自由的规定出现了一系列问题，法律界中也发生过重大分歧。联邦最高法院正是通过程序技术，宣告对言论出版的自由给予更严格的保护。[76] 例如在纽约时报公司诉萨理万上诉案中，联邦最高法院对于自继受英国法以来实施的名誉损害法进行了彻底改革。首先是扩大了公正评论的抗辩；不仅把言论自由当作宪法上的特权，而且使之及于事实陈述；强调如果不存在"现实的恶意"（actual malice），言论内容即使不真实也可以免责。其次是转换举证责任，对言论的内容不再要求被告去证实，而是改为要求原告去证伪；而且关于证明的程度，不仅仅满足于证据优越（preponderance of evidence），而且需要达到所谓"足以令人信服的明确度"（convincing clarity）。再次，对于与言论出版自由有关的案件，上级法院必须独自彻底查阅（comb）全部卷宗。最后，值得特别注意的是，一般上级审的审查，如果从诉讼记录上看不出明显的错误（clearly erroneous）则不撤销原判决，以示对有机会判断证人信用性的第一审法院的尊重（美国民事诉讼规则第52条a款）；但是在涉及言论自由的案件中，上级审有义务独自重新审查（de novo review）案件。[77]

顺便指出，现代社会的言论自由不仅仅指政治主张和社会思想的表达问题，也涉及私有财产和经营活动等经济方面，最突出的事例是商业广告和产品说明。色情出版物、性产业信息等也可以归于此类。起初经济沟通活动并不受言论自由条款的保护，但是，1971年以来的发展趋势是承认商业性表现与政治性表现的同一性。法人的言论甚至成为宪法的中心课题。[78] 随着信息时代的到来，各个领域的言论自由与政府限制、调节措施之间的适度平衡问题将会变得越来越重要。

3. 程序与民主

民主是一种通过多数表决的选择方式来做出政治决策的制度安排。

---

[76] Martin Shapiro, *Freedom of Speech: The Supreme Court and Judicial Review*, Prentice-Hall, Inc., 1966, pp. 143 ff.

[77] See *New York Times Co. v. Sullivan*, United States Reports, Vol.376 (Oct.Term 1963), U.S. Government Printing Office, 1964, pp. 254 ff.

[78] Cf. Mark Tushnet, "Corporations and Free Speech", in D. Kairys (ed.), *The Politics of Law: A Progressive Critique*, Pantheon Books, 1982, Warren Freedman, *Freedom of Speech on Private Property*, Quorum Books, 1988.

而决策权力的分配是通过个人争取选票的竞争来进行的。[79] 然而，集体选择的结果并不一定都是最好的和可行的，让选民自由交谈一切问题也未必可以得到真理。为了使自由的、民主的选择更合乎理性和正义，就需要采取一种逻辑严密的推理方法进行论证性对话，循序渐进、有条不紊地做出正确的决定。这种方法最好的示范是以程序为推定内容正确与否的根据的法律家技巧。对此可以用哲学家钱姆·佩雷尔曼和斯蒂芬·图尔敏的理论来印证。

佩雷尔曼在以"哲学家可以从法律研究中学到什么"为题的论文中，把法律思考模式与笛卡尔等的理性主义绝对模式进行对比，强调法律思考的特征是把不完全的人的意志和理性的辩证性讨论进行组织，在意见对立之中排除强力的行使，通过适当的理由求证来做出决定的程序。他认为哲学已经进入了应当从法律等的实践理性中汲取营养的时期。[80] 图尔敏也认为，实用逻辑学（working logic）是关于主张的正当化和议论的合理性进行评价的理论，其模型与其说是数学，不如说是法律学，换言之，"逻辑学就是一般化的法律学"。他建议，议论的合理程序应该比照法律学来探讨，因为程序的核心是关于理性（ratio）的深谋远虑（prudentia）。[81]

也许正是基于同样的观察和思考，法国著名法律家皮埃罗·卡拉曼德雷在他的专著《程序与民主》中，并不直接论述法律程序与民主制度的关系，却大谈特谈法律程序中的正义、逻辑、常识和发现技术，只是在最后一章涉及诉讼程序中个人的自由、平等的地位和权利保护。[82] 实际上，合理而公正的程序构成区别健全的民主制度与偏执的群众专政的分水岭。因为民主的真正价值显然不是取决于多数人的偏好，而是取决于多数人的理性。在众口难调的状况下，程序可以实现和保障通过理性的沟通达成共识或互让的妥协。

---

[79]　Joseph A. Schumpeter, *Capitalism*, *Socialism and Democracy*, Harper & Rom Publishers, 1976, p. 269.

[80]　See Chaim Perelman, "What the Philosopher May Learn from the Study of Law", in *Justice*, *Law*, *and Argument*: *Essays on Moral and Legal Reasoning*, D. Redel Publishing Co., 1980, pp. 163-174. Cf. Chaim Perelman, *The Idea of Justice and the Problem of Argument*, Routledge & University of Notre Dame Press, 1982.

[81]　Stephen E. Toulmin, *The Uses of Argument*, Cambridge University Press, 1958, esp. pp. 7 ff.

[82]　Cf. Piero Calamandrei, *Procedure and Democracy*, New York University Press, 1956.

从这个角度来把握民主，其着眼点是民主的功能。民主不仅仅是一个美好的政治理念，也不是一劳永逸的政体问题，而是不断排除民主主义原则的功能障碍和寻找功能等价物的过程。这种决定过程既要考虑政治上的可能性，又要考虑人民支持的条件，还要考虑既定的规范前提，因而是一种在狭窄领域中的复杂作业，程序问题变得十分突出。

诉讼程序本身并不具有明显的民主色彩。法律家是专门职业者，而不是民意代表。判决的依据是实定法规范，而不是人民的直接要求。一般而言，案件审理不应当受到政治的影响，但是，在民主制度的运作中诉讼程序的作用却不可低估。个人或团体可以通过起诉来操作法律装置，保护或实现自己的权利，并且影响政治。这方面最典型的例子是以形成政策、创制权利为目标的未来指向的公害诉讼案件。法律变更的契机存在于司法过程之中，这实际上就为当事人提供了间接参与法律秩序形成的渠道。此外，诉答过程中的两造地位平等和当事人主义原则也体现了民主主义的精神。

民主与程序的直接联系主要表现在选举和立法方面。鲍威尔提出过现代民主制度的五条标准：①政府的正统性取决于它明示代表本国公民的愿望；②决定其正统性程度的是组织竞争性政治选择的制度安排；③选举向大多数公民开放；④投票自主性的技术保障；⑤言论、出版、集会、结社的自由。[83] 这些标准都具有很强的程序性。可以说，只有遵循一定的程序原理和要件的选举或立法才是"民主的"，而只有民主的选举或立法才具有正统性。因为只有这样才能排除舞弊、恣意和偏倚，使"人民的意志"得到正确的反映和贯彻。所以 M·葛泽维奇（Mirkine Guetzevitch）说："民主是一种行为模式，一种义务承担。没有这种限定，宪政方法就是软弱无能的。"[84]

4. 程序与权威

权威的问题涉及服从与正统性。任何社会都需要靠权威来维持，因而也需要维持权威。在国家主导的现代化过程中，权威尤其重要，否则无法有效地进行动员和实现目标。但是真正的权威并不单纯

---

[83]　G. Bingham Powell, Jr., *Contemporary Democracies*, Harvard University Press, 1982, p. 3.

[84]　Cited in P. Calamandrei, *Procedure and Democracy*, op. cit., p. 18.

仰仗强制力，更有赖于自愿的拥护和服从。法律是否被普遍遵守也不仅仅取决于国家的物理性制裁。国家和法只有当在一定程度上反映了社会的共同意志和普遍利益，在人民内心得到认同的时候，才有充分的实效，才能减少监控和强制的成本。因此，权威的问题必须转换为承认的问题或者公平性的问题来处理。而具体的决定或措施的公平性或者承认则取决于正当过程原则的贯彻，基本上可以归结为程序正义和程序合理性。当某一社会存在着强有力的合意或统一的意识形态时，程序的重要性尚不了然。因为自明的价值前提往往不需要论证和选择性解释。当价值一元的状态不复存在时，程序就一跃而成为价值的原点。卢曼指出，在当代西方，自然法的失坠也是由程序法来补偿的。[85]可想而知，在一个缺乏自然法信仰的社会建立现代法治秩序，法律的权威性更有赖于法律程序的合理性和公正性。

权威源于确信和承认。对于有理性的现代人而言，确信是由沟通和证明过程决定的，承认是由公正体验和说服的效果决定的。[86] 也就是说，在服从某一决定之前，人们必须考虑做出该项决定的正当化（justification）前提。这种前提主要就是程序要件的满足。因为在公正的程序之中，当事人的主张或异议可以得到充分的表达和论证，互相竞争的各种层次上的价值或利益得到综合考虑和权衡，其结果是，不满被过程吸收了，相比较而言一种最完善的解释和判断被最终采纳。这样做出的决定极大地限缩了事后怀疑和抗议的余地。经过理论论证和正当化处理的决定显然更容易权威化。就通过程序使决定具有权威性这一功能而言，议会辩论与法庭辩论没有实质性区别，行政处理与法院审理也没有根本的差异。在《通过程序的正统化》一书中，卢曼对此已有详尽而中肯的分析，此处恕不赘言。

程序是合理选择的适当方式，在这一意义上它有理性权威。程序具

---

[85] Niklas Luhmann, *Legitimation durch Verfahren*, op. cit., S. 148.

[86] 因此，卡尔·弗里德里希从意见沟通的品质的角度来定义权威，他说："权威取决于发布可以严密论证的信息的能力。"这一见解可以追溯到韦伯的权威三类型中的理性权威，同时也反映了权威概念在现代的重大变化。See Carl J. Friedrich, "Authority, Reason, and Discretion", in his (ed.)*Authority* (*NOMOS I*), Harvard University Press, 1958, p. 29.

有位阶结构（hierarchical structures）[87]，因此它又与传统权威相联系。把理性权威与传统权威结合在一起的程序，在西方曾经充当革命家与资本家的意识形态。[88] 这话说起来唐突，推敲下去并不奇怪，其中的意义更值得玩味再三。不同的程序赋予结果的权威性也是不一样的。例如，过半数表决通过、三分之二或四分之三多数通过与全体一致通过的程序效果是很不一样的。这种具体程序的选择反映了内容和结果的权威性的不同要求。当然程序选择并不都取决于权威序列上的差别，减少决定成本也是一个重要的动机。在集体决定的场合，如何使决定成本最小化甚至是一个必不可少的目标设定。与决定成本相联系的还有决定效益的问题。如果把集体选择结果的权威作为一种效益来看的话，那么可以说法律程序，尤其是审判程序的决定效益是最大的，尽管其成本昂贵，在西方也一直是争议不休的问题之一。[89]

四、中国传统法律程序的缺陷

中国上古之世，程序已经颇有可观。例如诉讼，据《礼记·王制》记载，已有管辖等级、审理手续、裁量标准的规定。[90] 到近代，关于重案的报告与复审、民事案件与轻微刑事案件的州县自理、上诉与京控、证据与纠问、堂谕与判牍等，都有一套自成体系的制度。[91] 然而，程序法一直没有独立于实体法之外，其内部分化也很不充分，根本不存在几种诉讼程序并立

---

[87] 这一点在审判程序和行政程序中表现得尤其明显。Cf. R. M. Cover et al., *Procedure*, op. cit., pp. 154 ff.

[88] Niklas Luhmann, *Legitimation durch Verfahren*, op. cit., Vorwort S. vii.

[89] Cf. Kim L. Scheppele and Karol E. Soltan, "The Authority of Alternatives", in J. Roland Pennock and John W. Chapman (eds.), *Authority Revisited*, New York University Press, 1987.

[90] 所谓"成狱辞，史以狱成告于正，正听之。正以狱成告于大司寇，大司寇听之棘木之下。大司寇以狱之成告于王，王命三公参听之。三公以狱之成告于王，王三又，然后制刑"。听讼之法"必三刺。有旨无简，不听。附从轻，赦从重。凡制五刑，必即天论。邮罚丽于事。凡听五刑之讼，必原父子之亲，立君臣之义以权之，意论轻重之序，慎测浅深之量以别之，悉其聪明，致其忠爱以尽之。疑狱，泛与众共之。众疑，赦之。必察小大之比以成之"。转引自吕思勉：《中国制度史》，上海教育出版社1985年版，第812—813页。

[91] 参见那思陆：《清代州县衙门审判制度》，文史哲出版社1982年版；〔日〕滋贺秀三：《清代中国的法与裁判》，创文社1984年版。

的现象。尽管人们常喜欢引"讼谓以财货相告者""狱谓相告以罪名者"⑫的说法来证明中国古代已有民刑诉讼程序之别，但实际上无论是讼还是狱都不是就制度而言，只不过是表述个别案件的用语而已。⑬从总体上看，中国传统法律之中形式主义的要素十分稀薄。⑭这种属性妨碍程序法的发展是不言而喻的。反过来，程序的不合理又会限制实体法的生成和进化的机制。而实体法的疏简并没有诱导法律解释技术的发达，相反形成了正当化作业的法外指向，进一步压抑了程序的分化。这是一种恶性循环。

20 世纪初，中国在内外压力之下开始变法，在召集议会、设立法院、刷新行政的同时，现代西方程序的理论和规范也随之导入。清末已经分别起草了民事、刑事诉讼法草案。民国时期，程序系统已经森罗万象，意追先进。尽管如此，中国的反程序化倾向仍然十分有力，立法上意欲简化程序，实务中试图松弛程序的现象屡见不鲜。对此，庞德在担任南京国民政府司法行政部顾问期间曾经有过语重心长的告诫，他说：

> 程序的简化在任何地方都是一个循环呈现的问题。中国已经有了一种先进的现代程序，有些人强烈要求简化之。首先必须注意，在经济组织化的复杂社会之中，让当事人和法官来个简单的碰头会，随机应变地调节人与人之间的关系，这样一种外行人的理想是不可能实现的。过分简单从事是危险的……为了保证决定的合理性，必须要求在认定事实的陈述和适用法律的主张之中系统阐明其理由，舍此没有更有效的方法……废除或松弛关系到判断基础的程序要件（requirements）势将利少而弊多。⑮

时间又流逝了四十余年，世事已有沧桑之变，但庞德的批评并没有失效。

近年来，中国的程序建设的确有了长足进步。例如，人民代表大会

---

⑫ 《周礼·秋官司寇·大司寇》郑注。

⑬ 参见前注⑪，〔日〕滋贺秀三书，第 9 页的考证。

⑭ Max Weber, *The Religion of China: Confucianism and Taoism*, The Free Press, 1964, Chap. 4 & 6; J. Escarra, *Le Droit Chinois*, Peking, 1936, p. 62.

⑮ Tsao Wen-yen (ed.), *The Law in China as Seen by Roscoe Pound*, China Culture Publishing Foundation, 1953, pp. 13-14.

议事规则已经通过；行政诉讼法也在排除障碍切实施行；民事诉讼法终止试行期并作了许多重要修改，当事人权利得到扩充，程序合理性也明显加强；行政程序也在逐步完备之中。但是，程序的制度化作业进展远不能令人满意。法律条文往往忽视程序要件的规定，因而缺乏操作性，给恣意留下了藏垢之所。在实践中，不按程序办事的流弊尚未根除。

政府未尝不想整顿纲纪，监察机构已经叠床架屋而收效不著。人民未尝不想伸张权利，信访请愿已经泛滥成灾而解决不力。为什么会出现这种情形？为什么中国有程式而无程序，有名不副实的法律形式化而没有正名求实的法律形式主义？对这类问题可以从文化传统和制度原理两方面去寻找答案。在深入分析和思考中国程序在历史上和现实中的特点之后，关于法治难行的症结和法制改革的方向可以获得比较明确的认识。

1. 传统程序与现实问题

传统中国州县管理制度的实质，与其说是行政官兼理诉讼，不如说是司法官兼理行政。基层官僚的主要任务是审判案件。因此，通过诉讼程序来把握一般程序的基本特点当不致产生问题。

程序的实质是管理和决定的非人情化，其一切布置都是为了限制恣意、专断和裁量。前面已经述及，限制恣意的方式主要有两种，一为审级制，二为分权。中国更侧重于前一种方式，通过位阶关系来监督和矫正基层的决定。中国人自古缺乏分权思想。荀子的话很有代表性，他说："权出一者强，权出二者弱。"⑥ 这并不意味着完全没有认识到分权的作用。唐代中央政府设置中书、门下、尚书三省，中书出令、门下审驳、尚书奉行，以图互相制衡。宋代则采用政军财分掌之制，即政务归中书、军事归枢密院、财务归三司使，以图明确守责、提高效率。然而这些措施只不过是分割治权、区别职能而已，最终还是为了维持君权统一。但是无论如何，上述两种限制恣意的方式也同样适用于中国，这一点是没有疑义的。那么东西方程序上的根本差异发生在什么地方呢？答曰，在对具体案件依法进行审判的场合；在认定事实和解释法律的方式上。

概而论之，西方审判制度的原理是通过援引法律，对法律的文字含

---

⑥ 《荀子·议兵》。

义和立法精神进行严密的解释说明，提出证据，对证据的信凭性、取证方式和因果关系进行仔细的审查考虑，来防止专断、保证审判的客观性与公正性。为了有效地达到这一目标，主要采取在公开法庭进行**对抗性辩论**的方式方法。因为当事人双方的胜诉动机势必促使他们仔细寻找和考虑一切有利于自己的证据、法律规范及其解释方式，并竭力发现相反观点的漏洞和问题，从而可以使处理某一案件的各种选择都能得到充分展现和权衡。当然，由于当事人对法律含义和证据价值缺乏足够的知识，他们的议论未必能击中要害。为此就需要律师帮助他们，这就需要职业法律家，并使法律家群体再产生法官、检察官以及律师的分化，使直接为当事人提供服务的律师带上党派性。

我国审判制度的原理与此不同。司法与行政合一的体制决定了视审判为行政的一个环节的观念，审判程序是按行政原理设计的："也就是说，审判的程序性限制也是以官僚机构内部纪律的形式出现，程序的遵守不是由于当事人能够对违法的过程提出效力瑕疵的异议，而是通过上司对违法官僚的惩戒处分来保障，人民仅仅止于接受其反射性的利益。"⑰ 当事人在诉讼中的活动主要是形成供状（陈述情节）和招状（表示认罪）。但招供的过程实际上并不是事实认定，只是通过结论必须由被告自己承认这一制度设定来防止专断。证据是在促使被告认罪这一意义上使用的。因此，司法官不必受复杂的证据法的限制。当事人对法律的援引和解释也没有发言权。法律适用完全系于司法官的一念之间，不必经过法庭争辩，从而律师也就没有必要设置。

既然司法官在审判中完全处于支配地位，那么怎样才能防止恣意呢？除判决必须以获得被告认罪书为前提这一限制措施之外，中国主要采取了以下几种方式：

（1）量刑的机械化。从中国古代刑律可以发现，立法者尽量在罪行与刑罚及其赎换刑之间确定一一对应的数量关系。例如，据《隋书·刑法志》记载，《梁律》定为二十篇，"其制刑为十五等之差……刑二岁以上为耐罪，言各随伎能而任使之也。有髡钳五岁刑，笞二百，受赎绢，男子六十匹。又有四岁刑，男子四十八匹。又有三岁刑，男子三十六匹。又有

⑰　同前注㉑，〔日〕滋贺秀三书，第78—79页。

二岁刑，男子二十四匹。赎髡钳刑五岁刑笞二百者，金一斤十二两，男子十四匹。赎四岁刑者，金一斤八两，男子十二匹。赎三岁刑者，金一斤四两，男子十五匹。赎二岁刑者，金一斤，男子八匹。罚金十二两者，男子六匹。罚金八两者，男子四匹。罚金四两者，男子二匹。罚金二两者，男子一匹。罚金一两者，男子二丈。女子各半之……"。唐律中关于盗窃罪的刑罚也是如法炮制，被盗物价值折合成绢的幅长来计算，从无赃笞五十、一尺杖六十开始一直规定到四十匹流三千里，五十匹加役流。⑱ 各代刑律的定刑方式皆如出一辙，几乎排除了量刑的余地。可惜当时尚未发明电子计算机，否则自动量刑的专家系统软件早已被列祖列宗设计出来了。

（2）法律的细则化。量刑的机械化实际上标志着绝对的法定刑主义，这种原则当然会影响法律的构成，促进实体法规定的特殊化、细则化。其结果是产生了极其复杂的"副法"。例如清代有近两千条例附着于主律之上。⑲ 明太祖曾经论及主律和附例的关系，说"律者，常经也；条例，一时之权宜也"⑳。但是条例实际上具有成文法的性质，是一种因事立法的成例㉑；至清代，每隔三年、五年进行"修例"更成为制度㉒。滋贺秀三根据这种事实提出一个假说，即中国传统法在运用上不重视解释学而重视成例，与案件具体特性相对应的副法在法律变更中起了实质性的作用。㉓ 这一见解是很中肯的。立法层次上的细则化倾向意味着不断限制司法裁量的努力。因此，中国实体法的完备不是通过一环扣一环的诉讼行为去进行，而是靠一段又一段的修例活动去实现。然而，"有定者律例，无穷者情伪"㉔。细则化并不能解决法律疏简而又僵硬的问题，于是在运用之际只好采取重其所重、轻其所轻、小事化了的态度。

（3）当事人的翻案权。古代审判凭招状定案，又承认肉刑的使用，于是经常发生"捶楚之下，何求而不得"的弊端。为资补救，只有给予当事

---

⑱　参见前注⑳，吕思勉书，第 821 页。又见《唐律疏议》（光绪庚寅年北京刻本），第 19 卷第 12 页 "窃盗" 以下。

⑲　参见前注㉑，〔日〕滋贺秀三书，第 75 页。

⑳　孙承泽：《春明梦余录》，龙门书局 1965 年版，第 44 卷第 696 页。

㉑　《宋史·刑法志》。

㉒　李甲孚：《中国法制史》，联经出版事业公司 1988 年版，第 148 页。

㉓　参见〔日〕滋贺秀三：《清朝的法制》，载〔日〕坂野正高等编：《近代中国研究入门》，东京大学出版会 1974 年版，第 285、292、298 页。

㉔　沈如煐：《例案续增全集》，"自序"。

人充分的悔供上控的机会，以当事人的翻案权来与司法官的支配权相平衡。因此，判决总是缺乏既判力和确定性，其具体表现是，上诉没有时效和审级的限制；判决做出之后并不绝对排除重审的可能性；判决可以"有错必纠"，随时变更。于是又常常发生"屡断屡翻"的问题。[105] 由此可见，中国的程序侧重事后纠错而不是事前防错，因此不仅未能吸收不满，相反却以不同的诱因而不断地使不满死灰复燃，即当事人可以有充分的机会来从不同的角度要求一事再议。法律关系的安定性也因而受到损害。

（4）上级机关的复审权。为了从制度上保证绝对法定刑主义的实施，防止司法官在法律疏简的条件下专断，审判成了一个由多级官员参与的复杂活动，程序要件充足性的问题在很大程度上被置换为人事行政上的监察问题。例如清代，重案有自动覆审制，犯人的翻异也能导致上级机关的提审，在刑部和按察司采取下属起案、上官决裁的工作方式，等等。[106] 这就使审判权的自治性和相克关系被软化和淡化了。审判者始终处于被审判的状态之中。除皇帝之外，任何机关的决定都可能受到来自上级机关的追究或来自下级机关的反追究。而追究和反追究都可能带来严重的后果。刑律中设有"官司出入人罪"的罚则，原审法官一旦被认定为"草率定案"，就要受到惩戒，影响及于仕途。这里的逻辑关系是：司法官的任务是获得口供，因此对他的要求不是忠实于程序，而是所谓"以五声听狱讼，求民情"、明察秋毫的手腕。他既然不受程序的约束，当然同时也就不受程序保护，而必须对决定负全部责任。这种责任负荷太重，而又不存在审判权的相克问题，因此他的行为方式必然倾向于早请示、晚汇报，以转嫁或减轻翻案的责任风险。

综上所述，为了防止和限制恣意，中国采取了比西方更严厉的措施。其动机或可同情，但其效果却很糟糕。因为中国在缩减恣意的同时也压抑了选择，而选择恰恰是程序的价值所在。结果，中国的法律森严而不能活用，选择的要求只能以非程序的方式去满足。换言之，在中国，选择与程序脱节了。这样进一步又出现了一种事与愿违的情形：当事人可以出尔反尔，任意反悔；案件可以一判再判，随时回炉；司法官可以先

---

⑩⑤　参见前注⑨①，〔日〕滋贺秀三书，第 145 页以下。

⑩⑥　参见前注⑨①，〔日〕滋贺秀三书，第 22 页以下。关于民事案件的覆审、直诉，参见杨雪峰：《明代的审判制度》，黎明文化事业公司 1988 年版，第 267—278 页。

报后判，多方周旋；上级机关可以复查提审，主动干预。一言以蔽之，中国式程序在限制恣意的同时，另一种形态的恣意却因这种程序而产生。这实在是法律中一种极其具有讽刺意味的悖论。

现代中国还存在类似问题吗？回答是肯定的。尽管合理的现代程序目前已经初具规模，但是传统的残余和影响仍然随处可见。例如，法律的细则化以及存在副法体系的特点不仅得以保留，而且有扩大的趋势。表4显示的是关于我国经济合同的主法副法构成。

表4　我国经济类规范性法律文件一览

类型	名称
法律	《经济合同法》（1981 年 12 月 13 日公布）
	《技术合同法》（1987 年 6 月 23 日公布）
行政法规	《经济合同仲裁条例》（1983 年 8 月 22 日公布）
	《财产保险合同条例》（1983 年 9 月 1 日公布）
	《建设工程勘察设计合同条例》（1983 年 8 月 8 日公布）
	《建筑安装工程承包合同条例》（1983 年 8 月 8 日公布）
	《工矿产品购销合同条例》（1984 年 1 月 23 日公布）
	《农副产品购销合同条例》（1984 年 1 月 23 日公布）
	《加工承揽合同条例》（1984 年 12 月 20 日公布）
	《借款合同条例》（1985 年 2 月 28 日公布）
	《技术合同法实施条例》（1989 年 3 月 15 日公布）
	《仓储保管合同实施细则》（1985 年 10 月 15 日公布）
	《公路货物运输合同实施细则》（1986 年 12 月 1 日公布）
	《水路货物运输合同实施细则》（1986 年 12 月 1 日公布）
	《航空货物运输合同实施细则》（1986 年 12 月 1 日公布）
	《铁路货物运输合同实施细则》（1986 年 12 月 20 日公布）
	《技术合同管理暂行规定》（1988 年 3 月 21 日公布）
司法解释	《最高人民法院关于贯彻执行〈经济合同法〉若干问题的意见》（1984 年 9 月 17 日公布）
	《最高人民法院关于审理农村承包合同纠纷案件若干问题的意见》（1986 年 4 月 14 日公布）
	《最高人民法院关于在审理经济合同纠纷案件中具体适用〈经济合同法〉的若干问题的解答》（1987 年 7 月 21 日公布）

注：本表中所列规范性法律文件现均已失效。

其他法律领域也是如此，只不过有程度上的不同而已。法律规定趋于严密周详是好事，但是如果这种细则化不是着眼于完备适用要件，而是着眼于否定适用裁量，那么就有可能导致法律僵化。一谈周详规定就变得条文烦苛，一谈灵活运用就变得比附失当，这是中国法制建设中的一个怪圈。其根源存在于实体规范的细则化方式之中。缺乏符合程序要件的选择和裁量，缺乏严密论证的解释和议论，这样的法律形态难以很好地适应现代商品经济的需要。

又如，现行审判制度规定了两审终审，颇有注重效率和及时救济、一事不再理的意味。但是审判监督程序的规定表明，中国的判决仍然缺乏既判力和自缚性，审判权之间的相克关系仍然很薄弱。1979年7月公布的《刑事诉讼法》自不待言，即使1991年4月通过的《民事诉讼法》也未脱传统的窠臼。具体来看，各级人民法院院长对本院已经发生法律效力的判决、裁定，发现确有错误，认为有必要再审的，经审判委员会讨论可以再审。上级人民法院以及最高人民法院对下级人民法院的判决和裁定发现有错误时，有权提审或指令下级人民法院再审（1991年《民事诉讼法》第177条）。当事人对已经生效的判决和裁定，也可以向原审法院或上级法院申请再审（同法第178条）。当事人申请再审有时间限制，即应当在判决、裁定发生法律效力后二年内提出（同法第182条）。但是对于原审法院与上级法院依职权进行的再审不存在时效问题，当事人还可以通过信访申诉促使法院作出再审的决定。因此，实际上再审变成无条件的了。这种不加限制的申诉固然有纠正错案误判的好处，但是增加了法院业务的负担和审判的困扰，也不利于增强法官通过充分慎重的审理来事先预防判断过失的意识。据统计，在1989年一年内，各级人民法院审查处理对已经生效的判决和裁定的申诉案件多达一百零七万五千件。一般案件经再审后改判率为百分之二十二点五，而人民检察院依审判监督程序提起抗诉的案件经再审后改判率为百分之三十九点三。[107] 这充分说明程序吸收不满的能力很低。当然，改判率反映出基层审判质量不高，因此，细则化和再审制也的确有其存在的现实条件。

---

[107] 参见《法制日报》1990年4月11日刊登的最高人民法院年度工作报告。

然而，为什么不尽早着手建立完整的司法考试和法律职业资格认定制度呢？为什么不在审判程序中确立法律职业主义的原则呢？为什么不让对抗性辩论进行得更充分呢？为什么不让律师对法律解释有更多的发言权呢？更根本地说，为什么不加强法律的解释和修改中学说的作用呢？问题归于一点，还是程序设计的合理性问题。而程序原理如果没有根本性的变化，即使彻底刷新实体规范也不会有明显的效果。信访不仅不会退潮，也许反而倒变得更加汹涌。判决的强制力不仅不会强化，反而可能由于旧式控制的放松而变得更加缺乏成效。民众的不满会从各个角度喷射出来，互相刺激诱发，以致不可收拾。在程序没有根本性改革之前，加强法律实效和审判独立的许多措施都无从落实。

2. 变动期的非程序化倾向及其批判

除传统程序的副作用之外，持续的社会变动也妨害了中国的现代程序建设。因为变动使得法与社会的关系难以协调，这时的法律处理常常不得不牺牲对于法律的形式合理性和严格的程序要件的追求，以便寻找历史的突破口。

社会变动所引起的结构上的对立、价值上的矛盾反映到个人行为上，就是客观性纠纷，即如果社会结构上的对立不解消就无法彻底解决的纠纷。对这类纠纷很难做出黑白分明的法律判断。我国近些年来农村的承包合同纠纷解决、城市的破产企业清算处理出现的各种难题，就是最典型的实例。解决这类纠纷，必须注意纠纷产生的社会背景和根源。比方说，我国国营企业乃至集体企业的亏损可以分为两种，一种是政策性亏损，另一种是经营性亏损；此外，企业缺乏经营自主权，价格体系不合理，这些因素使得企业的经营状况很难用一个客观标准去衡量。因此，很多情况下企业破产实质上是结构性破产。在这种情形下，破产处理中的制裁装置难以启动，也难以见效。可见如果仅仅着眼于破产的威慑效果，试图以此来改变企业的行为方式，那么过早导入破产制度不会有太大的实际意义。

在现代诉讼程序中，法律家的任务是处理主观性纠纷——与社会背景相对分割开来认知的个别的、表层的纠纷，而对客观性纠纷一般不加考虑。审判着眼于行为，而不是行为背后的社会结构及其价值体系。法院受处分权主义的消极受理原则的束缚，不能依据职权去发掘潜在案件而给予积极的救济。因此在许多场合，社会变动的实践迫使严格的诉讼程序要求撤退，转而采用较有弹性的方式来处理纠纷。在其他决策过程中，社会发展的不平衡、变革期的动态也往往成为违反程序的一种常见理由。

但是，在社会变动时期采取比较有弹性的方式来处理问题、做出决定，并不意味着可以不按程序办事，也不意味着可以无视程序的内在要求。

一般来说，任何社会变革都是采取一破一立这两种方式进行的。"破"即否定，是通过破坏或变更一定的行为模式或行为期待所引起的变化；"立"即计划，是通过制定和实施左右社会活动方向的规范和制度所引起的变化。在国家主导式社会变革的场合，第二种变化形式更加重要，因为它是建设性的，是制度化指向的。这里不存在所谓"破"字当头、"立"也就在其中的逻辑。国家总是通过法律手段来推行变革。这时法律本身也会相应地产生两种变化。一种是在社会变动过程中按照刺激—反应方式进行的自我调整；另一种是独立于社会变革的按照规范逻辑方式进行的自我形成性变化。法律的功能主要是组织社会变革和使变革成果安定化。社会变革成果的安定化在很大程度上取决于法的安定化，而法的安定性又与法的自治性密切相关。可以说，法律系统的自治性越强，其安定度也就越高。

为了维护法的相对自治性，防止法与社会的短路结合，需要设定一些有过滤效果的中介装置。从各国现代化变革的实践来看，主要有三种隔离措施。一是准法律秩序的形式，例如中国的内部规范群、调解制度、乡镇法律服务处、司法助理员系统，等等。但是中国存在准法律秩序肥大化，从而侵蚀了法律系统的问题。二是一般条款，例如民法中的公平和诚实信用原则等。但是中国存在一般条款的运用缺乏法理限制的问题。三是程序，它通过对社会事实进行固定化处理，可以向那些不能为立法所吸收的分散利益给予在法律上进行表达的机会，同时通过把分散利益的特殊性向普遍性转化的机制来保障法的自治性。由此可见，在社会变动期间，程序是必不可少的。而且，程序也是正确运用准法律秩序和一般条款、防止主观任意性的保证。

　　此外，国家主导的有目的之社会变革是一个极其复杂的系统工程，不可能一蹴而就。而各项改革措施之间的功能关联性非常强，如果没有其他制度条件的配合，一项改革措施往往不能见效。关键在于正确地选择突破口，适当地决定应当采取的改革措施的顺序和日程。为此首先需要能够克减社会复杂性并能使改革设想转换成容易操作的形态的某种方式或方法。在许多场合，程序能满足这一需要。例如，在社会主义国家的经济体制改革中，破产处理程序曾经被用来观测、实验和模拟企业管理制度改革的效果。在破产处理程序中，经营失败所引起的各种权利要求和利害关系都充分暴露出来。而且，通过企业管理班子的改组、亏损责任的追究、破产连锁反应的抑制等一系列操作，在一定程度上可以把经济体制的各种问题转换成破产程序中的技术性问题。可以说，导入破产制度的实际意义主要不在于改变企业的经营行为，而在于对社会复杂性的克减。

　　社会现实是多义的，而关于改革的决定或措施往往是基于单义的目标和手段。因此，决策者往往会为一项决定或措施所带来的种种出乎意料的效果而困惑（当然也有歪打正着的侥幸）。例如，中国的决策机关本来打算引入现代股份公司制度，但其结果是在一段时期内股份实际上变成了一种具有中国特色的债券形态，包括股息和红利分配这样两种收益并存的奇观，从而导致银行利息也有必要相应调整；本来打算通过合营企业的外汇平衡来促进出口，但其结果是一部分企业无法开工，最后不得不承认外汇市场的合法性。总之，任何特定的法律决定都不得不伴随着不特定的效果。为了使社会变革更加顺利地进行，既需要单义的状况设定、特定的行为分工、容易判断的选择对象，但同时又不能不对应于社会的功能多义性。能够满足这种需要的是程序。程序具有不确定的开始状况和确定的结果，程序能带来功能分化和角色分工体系，这种因时序和多元空间而产生的弹性和整合性，适合于在多义性条件下的单义的选择，使对各种可能性的考虑更为周全，使按照会议规则经过辩论和证明的洗礼之后做出的决定更容易为各方所接受。

　　此外，大变动带来的价值冲突需要适当处理。新的制度为社会所接受和承认需要经过正统化的过程。在吸收不满、消化矛盾的旧有机制瓦解之后，需要一种新的因势利导的装置和操作技术。改革的风险性使得决策者也需要一种免责或分散归责的保护措施。这一切都可以收敛到程序问题上去。在经过长期的政治动荡，制度建设已经成为社会发展的最首要任务之后，更需要大力强调法律程序的意义。否则，整个过渡期间的管理体制的正统性危机将会以激烈的方式爆发出来。

3. 与程序有关的法律形式上的弱点

对程序的轻视反映到立法上，是法律条文缺乏关于程序性要件的规定，难以解释适用。当然，这与法学研究的不充分和立法技术的不成熟也有相当的关系，不一定都能完全归结于程序意识的问题。但是无论如何，法律缺乏适用程序上可操作性的弱点随处可见，这是一个不得不承认的事实。

我国《涉外经济合同法》大幅度导入了能适用于国际市场的法律原则和规范，被公认为是与欧美工业先进国家的契约法十分接近的较好的立法。其主要继受自国际统一销售法（《联合国国际货物销售合同公约》）。[108] 对比这两个法律规定要点（见表5），中国的程序缺陷及其严重性已经足够明显，更不必说其他完全受国内条件制约的立法了。

表5　国际统一销售法与我国《涉外经济合同法》要点对照

项目内容	国际统一销售法	《涉外经济合同法》
一、总则		
1. 适用要件、范围		
（1）涉外性	第1、10条	第2条
（2）法律适用的排除可能性	第6条	第5、6条
（3）限于动产销售	第2、3条	除国际运输契约外几乎适用于一切契约（第2条）
（4）缺陷与适用例外	第4、7条	第5条第3款
2. 契约的原则	第7—13条	第3条

---

　　[108]　参见谢怀栻：《新中国的合同制度和合同法》，载《法学研究》1988年第4期，第64页。P. M. Torbert, "Contract Law in the People's Republic of China", in M. Moser (ed.), *Foreign Trade, Investment, and the Law in the People's Republic of China*, Oxford University Press, 1987, p. 325. 又见《中国法制报》1985年4月15日版。

项目内容	国际统一销售法	《涉外经济合同法》
二、契约的成立		
1. 意思表示的到达主义	第24—27条	要式性（第7条）
2. 要约	第14、16、55条	没有规定
3. 承诺	第8、18、19、21条	没有规定
4. 契约的必需条款	没有规定	第12条
三、当事人的义务与法律救济		
1. 卖方的义务		
（1）交付场所	第31、32条	没有专条规定（仅见诸第12条第5项）
（2）交付日期	第33条	没有专条规定（仅见诸第12条第5项）
（3）文书交付	第34条	没有规定
（4）适合性的缺陷	第35—44条	没有规定
2. 对于卖方违反义务的救济	第45—52条	没有规定
3. 买方的义务	第53—60条	没有规定
4. 对于买方违反义务的救济	第61—65条	没有规定
5. 风险的转移	第66—70条	第13条
6. 关于当事人义务的共同规定		
（1）履行停止权	第71条	第17条
（2）契约解除权	第72、73条	第29、30、32—36条
（3）损害赔偿请求权	第74—77条	第11、18—22、24条

注：《涉外经济合同法》现已失效。

具体地说，比如，按照《涉外经济合同法》的规定，对于违约的救济有四种方法，其中最基本的是赔偿损失。《涉外经济合同法》采取了与国内经济合同法不同的方针，不仅放弃了社会主义经济合同法的实际履行原则，而且改变了违约金本位的想法，导入了以损害赔偿的请求权为中心的法律救济制度。这是很重要的进步。然而关于如何确定损害赔偿的范围这种比较复杂的程序问题，该项法律只规定了一般性原则，即"当事人一方违反合同的赔偿责任，应当相当于另一方因此受到的损失，但是不得超过违反合同一方订立合同时应当预见到的因违反合同可能造成的损失（第 19 条）"。对于损害相当额的计算标准是什么、应当预见的损失是否包括"可能获得的利润"等问题，该法没有明确的规定。而且，这还是仅限于一方的违约行为确实使对方受到损失的场合的规定，相对好办一些。如果双方当事人违反合同，按照第 21 条的规定，应当各自承担相应的责任。注意，这里既不是指平均分担责任和损失，又不是指各自承担自己的损失，而是根据各方违约的具体情节，分别承担与其责任相对应的损失。关于这种责任如何确定，该部法律也没有提示明确的标准。为了避免计算上的争执，第 20 条第 1 款后段规定当事人可以约定对于违约所造成的损失赔偿额的计算方法，聊可补救。然而如果该项约定显失公平怎么办呢？法院和仲裁机构能否改变当事人的约定？法律上对此缺乏规定。在具体适用法律时，审判人员的困窘和当事人的担忧于此可想而知。后来，这类缺陷由 1987 年 10 月公布的《最高人民法院关于适用〈涉外经济合同法〉若干问题的解答》（已失效）做了一定程度的补充。

又如契约解除与契约的转让和变更不同，系当事人一方解除契约的法律约束力的重大行动，因此必须规定严格的程序要件以限制之。同时，解除对于契约的法律效力产生何种影响也必须给予明确的交代。《涉外经济合同法》对于单方解除条件的规定是明确的（第 29 条），对于解约后合同中约定的解决争议条款和结算清理条款继续有效也做了肯定，但是对于解约是否导致本合同的效力溯及既往这样一个极其重要的问题却没有明确规定，连《民法通则》（已失效）中也没有涉及这一内容。这说明立法者对于法律如何具体适用的程序感觉是粗糙的。

现在我们来把中国的上述程序缺陷概括一下，以便对问题状况和改革方向有更明确的把握。我国的程序缺陷主要由三种因素造成。第一种因素是传统法制。传统程序的出发点与现代西方程序是一致的。其立意是德治，也颇有可以同情之处。但是，其合理化程度不高，具有较强的事与愿违的逆功能（dysfunction）。但是这种程序自成体系，环环相扣，从个人行为的层次上看也不乏合理性，又与传统社会的文化心理结构相吻合，因此，改革起来很困难，需要通盘计划。第二种因素是社会变动。但这不成为排斥程序的真正理由。程序要件与变动需要之间的暂时性不协调，也可以通过反思化的法律控制方式和决定系统的目的指向与条件指向二分化来处理，这种处理本身也是完全可以程序化的，甚至正是这种处理会使程序的重要性大大加强。第三种因素是法律技术。这取决于法学研究的积累和法律家的素质，既不难解决，又不是一朝一夕就可以大功告成的。但是在法学教育、研究和人才培养方面有许多工作是必须尽快去做的。

我国程序缺陷的内容与影响的逻辑关系可以进行如下整理：

（1）法律规范是基于固定的权威等级关系而确立的。无论权利本位还是义务本位，权利和义务都被认为是由主权者决定，具体的法律内容不是基于交涉的合意。交涉只是在法律遵守方面成为突出的现象，形成一种"讨价还价式"的依法办事。选择也不是在法律体系之内，而是在合法、非法与反法之间进行；选择与程序脱节，从而缺乏合理化、制度化的动力。许多重要的获选对象及其产物实际上处于自生自灭的状态。

（2）与这种法律观相联系，程序被错误地理解为一定的固定化的行为系列，即程式或者仪式。这种程序观的典型表现可以在礼制中找到。行为的标准化可以带来秩序上的确定性。个人在失去选择自由的同时也免去了相应的责任，归责处理只在权力机关内部进行。对于官僚的监督和处理不得不非常严厉。

（3）与完备程序要件相脱节的法律细则化一方面在一定程度上限制了下级机关的恣意，另一方面也压制了其积极性。细则的存在使程序的重要性相对下降，但细则既然不能包罗万象，而程序要件又十分缺乏，结果在细则所不及的地方，恣意盛行无阻且难以纠正。细则的存在，使通过交涉影响裁量，进而实现具体的权利主张的可能性大大减少，这样就使民众缺乏利用程序的兴趣。回避诉讼的倾向与此有很大关系。

（4）细则化和非程序化相结合，使得归责的矛盾直接指向权威等级结构的顶部。在没有宣泄和吸收不满的其他渠道，参与决定的机会又极不充分的条件下，所有的不满都会集中到最高权力机关，使局部失策立即可能演变成整体危机。为了避免这种情况，最常见的选择就是加强对下级官吏的监督。

（5）由于没有健全的程序，只能采取承包的办法，出了问题找主事者负全部责任。我国官僚的苦恼也由此而生。为了推卸这种无限责任，只好事先提早请示、事后及时汇报，寻找上司庇护。个别官员的敷衍塞责、缺乏独立自主性、官官相护、拉帮结派等许多弊端都与程序缺陷有关系。此外，基层行政"黑箱"操作的状况也成为滋生腐败的温床。

（6）在缺乏程序要件的状况下做决定，极易出现机械化与恣意化这两种极端倾向，不容易妥当处理，为此需要有事后的补救措施。当事人可以任意申诉翻案，上级机关可以随时越俎代庖。这样就使决定状况变得极其复杂模糊，法律关系也很难确定。我国的上访问题除与社会结构有关之外，在很大程度上是由程序缺陷构成的。

如果程序不能保证合理的自主选择，就会妨碍社会进步。如果程序不能吸收不满就会危及统治秩序的正统性。既然中国的法制乃至社会的许多问题的症结何在已经清楚，那么改革的方向也就不难确定了。公正而合理的程序建设，已经成为一个非常具有紧迫性的任务。

结语：程序建设的程序

如果说西方的现代化在一定意义上是神圣的超越世界的世俗化，那么随着世俗合理性的不断增强，自然法的光圈随之褪色也不足为奇。在现代西方社会，自然的法则（laws of nature）取代了自然法（natural law），而程序是发现自然法则并使之成为有权威性的共识的前提条件。因此可以说，自然法体系的瓦解所留下来的法律正统性缺陷正是由程序来补偿的。在中国，根本就不存在普遍教会和自然法的传统，因此法律的正统性往往取决于决策者或统治者争取民心同意的努力。唯其如此，"说服"成为中国传统法的关键范畴。⑩ 但是，在没有程序保障的情形下，说服极易变质为压服，同意也就成了曲意。因此，如果说在西

---

⑩ Cf. Ji Weidong, "The Transmutation and Inner Contraction of Legal Culture in China", in Peter Sack et al. (eds.), *Rechtstheorie*, Beiheft 12: *Monismus oder Pluralismus der Rechtskulturen?*, Duncker & Humblot, 1991, pp. 155-175.

方，自然法的失坠是由程序法来代偿的，那么在中国，自然法的空白亦必须由程序法来填补。

然而，程序法乃至程序能够成为正统性的基本资源吗？在中国，法制的程序化改革是否必要、是否切实可行呢？公正而合理的程序需要什么前提条件？怎样才能确立一整套现代化程序并且行之有效呢？本章最后对这些问题进行概略的讨论。

1. 程序与正统性问题

正统性这一概念，历史上是为了区别合法政权与篡位、暴政而设立的。现代西方法学界所热烈讨论着的正统性的含义，主要指对于法律的妥当性、约束力及其基础价值的普遍确信。用卢曼的话来说，正统性就是意味着在一定的许可范围之内，人们对于内容未定的决定也准备接受这一心理状态的一般化。[⑩] 问题在于，为什么人们会产生这种服从的心理状态？有的学者认为这是因为社会存在着基本的价值共识。有的学者认为这是因为权利与义务互为表里的关系。有的学者认为这是因为人们在形成法律决定的过程中发挥了一定的作用。

对于程序以及更广义的理由论证活动在法律体系的正统化方面所发挥的作用，一直存在着不同的意见。第二次世界大战后英美著名的哈特与富勒之间的论争、20世纪70年代以来德国著名的卢曼与哈贝马斯之间的论争，就是典型的表现。对于程序主义的批判主要来自强调实质正义、道德内容的理论观点。在批判性论述中最重要的经验性根据是在纳粹德国时期，纳粹政权曾经运用中立的法律程序和技术，对犹太人和反抗者施行了从实质正义的角度无法正当化的暴行。劳伦斯·弗里德曼对程序与正统性的关系有直接而概括的论述，可以反映以上批判的基本见解。他说：

> 正当过程当然就是一个崇高的理想；要求公正审判的权利是值得为之奋斗，甚至为之牺牲的。但是检验法律系统的最终标准是它做些什么，而不是如何做和由谁去做，换言之，是实体而不是程序

---

⑩　Niklas Luhmann, *Legitimation durch Verfahren*, op. cit., S. 28.

或形式……

因此，程序仅仅是相对于一定目的的手段而已；目的就是对社会而言所要解决的任何集体性问题。程序从属于实质；实质告诉我们程序的什么部分是重要的……⑪

在同一著作的后面，他采纳了韦伯和卢曼关于正统性的定义，但拒绝通过程序进行正统化的立场。他指出：

如同刚才所定义的那样，正统性基本上是程序问题，是对法、过程以及制度的信赖问题，而不是对结果的信赖问题。我们不需要一个正统性的理论去解释为什么人们要服从一个持枪的个人；为什么人们要执着于一个给他们带来个人荣誉或利益的秩序；为什么人们要奉行其宗教或道德律。⑫

对于诸如此类的批判，卢曼是这样回答的：

一系列的异议都与正统性概念有关。它们把焦点放在关于决定内容的正确性（真理性、正义）的确信之上，这只不过是乞求于传统的概念而已。把强调程序与决定内容的正确性相混淆的做法等于放弃批判强制收容所的抓手，以使异议显得印象深刻而又富于说服力。

当然不应该采取那种把强制收容所这样的制度鱼目混珠，使之同时也得以正统化的立场，哪怕是由于迂腐的学究气也不行。但是，我考虑有必要重新认识正统性，绝不是与这种问题纠缠在一起的。我只不过是持如下一种观点，即，决定的内容有其固有的正确性和固有的概念，这些都可以通过作为法律秩序的基础的价值和规范而详加规定；而对此再附加一个正统性的概念，认为正确的决定是正统的，不正确的决定是非正统的；不能不指出，以上这种认识完全是多余的。⑬

接着他又分析了传统的正统性概念在个人的立场上来看是强求为了某

---

⑪　L. M. Friedman, *A History of American Law*, op. cit., p. 64.

⑫　*Ibid.*, p. 141.

⑬　Niklas Luhmann, *Legitimation durch Verfahren*, op. cit., S. 1 f.

种集体的价值偏好而舍弃自己的利益，相当于要求一种非合理的行为态度，因而不可能与合理的议论和沟通的理论相结合。而且，在迅速变化、高度复杂的现代化社会，对于特定的决定内容自觉地达成实质性的合意或共识也是不可能的。为了解决这一问题需要另辟蹊径，借助于其他制度装置。卢曼的提案是把正统性概念与学习过程的理论结合起来，这样做所引起的依存于内容安定性的损失，将由大量的程序的分化和再组合去重新获得。在他看来，这种通过程序和理由论证而实现的正统化机制对现代社会具有革命性意义。⑭

至于哪一种看法更正确，这完全是一个仁者见仁、智者见智的问题。争论还将长期持续下去。如果这个问题真的那么容易就被解决，许多法学理论家面临的将是取代正统性危机的失业危机。这里令人感兴趣的是，如何将这些"公说公有理、婆说婆有理"且的确各有其理的观点统合起来的问题。

实际上，实质正义的反对概念是形式正义，而程序并不等同于形式。程序的基础是互动过程，其实质是通过沟通产生的反思理性。程序是相对于实体结果而言的，但程序合成物也包含实体的内容。程序在使实体内容兼备实质正义和形式正义的层次上获得一种新的内涵。这就是新程序主义的观点。这种思想倾向，不仅集中表现在托依布纳的反思法的程序指向学说上，而且在罗尔斯强调程序的分配正义理论和德沃金依据司法正统性的权利理论中也时隐时现、或多或少有所表现，甚至在某种意义上可以说，新程序主义也构成了强调工具性的、非道德的选择理性的法与经济学派的不可缺少的理论前提。

更为有趣的是，即使主张选择实体论的哈贝马斯所提出的解决法制正统性问题的方案，也着重于调整价值纠纷的程序问题，即让一切当事人、关系人参加讨论，通过交涉形成合意、做出决定的过程和程序。尽管他把作为普遍性道德原理的"普遍化原理"转换为"论证规则"，以此作为调整价值纠纷的程序基础，表现出似乎非程序化的倾向；但是要注意，实际上他只不过强调了程序的道德内容而已。近几年，他公开宣言自己的正义论不外乎是"程序正义论"，其核心是"中立性的理

---

⑭ *Ibid.*, S. 2.

念"，并给予法律程序以很高的评价。⑬

当然，现代程序（特别是程序法）的确也存在很多问题。例如，以法律职业主义为基础的复杂的程序是耗时费钱的。但是正如弗里德曼所正确地指出的那样，"费用太高是一种选择性的（selective）障碍"⑯，而不是绝对性的障碍。而且许多社会也在通过减轻成本负担使之变得更容易为一般民众所利用。的确，程序的操作并不像使用杠杆和滑车那样纯粹取决于一系列的中立性技术，货币和权力等中介物可能使程序更有利于某些阶层。但是正如安东尼奥·葛兰西在《狱中札记》中提示的那样，现代法律体系实际上形成了一种最有效的统治方式；无论是统治阶级还是非统治阶级都满足于既存秩序，任何变革也只是修庙补天性质的东西。他们认为相当多的制度设定正是自身的理所当然的存在方式，至少可以相信自己的大多数期待可以在这种秩序中得到反映。⑰

批判法学指出了这种法律信仰的麻痹作用，但同时也承认，由于这种特点，国家和法并不单纯是阶级统治的工具，而是成了"阶级斗争的竞技场"。⑱ 他们对于新程序主义似乎也抱有某种亲近感，认为使关于平等的正义的法律形式上的诺言成为有实效的乃至现实的东西，改善代表制程序使之更加开放，通过法律技术的使用促成实质性法律准则的变化，使科层制更有应答性和反思性等各种方式的努力都是相当有价值的。⑲

就这样，程序在一定程度上已经成为当前西方各种法学理论思潮的

---

⑬　参见前注⑯，〔日〕村上淳一文，第 17—23 页。

⑯　L. M. Friedman, *A History of American Law*, op. cit., p. 153.

⑰　See Antonio Gramsci, *Selection from the Prison Notebooks*, International Publishers, 1971, pp. 195 f., 246 f. 后来，批判法学继承和发掘了葛兰西的"文化霸权"（hegemony）概念所包含的关于法律秩序的深刻思想。

⑱　Cf. Edward P. Thompson, "The Rule of Law", in his *Whigs and Hunters: The Origion of the Black Act*, Pantheon Books, 1975, pp. 258 ff.; David M. Trubeck, "Complexity and Contradiction in the Legal Order: Balbus and the Challenge of Critical Legal Thought about Law", *Law and Society Review*, Vol. 11, no. 3(1977): 527 ff. 笔者在 1981 年论文中也有类似的见解。因中文法学文献中尚未见到更好的后来之作，故不避敝帚自珍之讥，提出以供参考。其要点参见季卫东：《关于法的一般定义的刍议——维辛斯基法律定义质疑》，载《北京大学校刊》1985 年 12 月 13 日号、1986 年 6 月 25 日号。

⑲　Robert W. Gordon, "New Developments in Legal Theory", in D. Kairys (ed.), *The Politics of Law: A Progressive Critique*(Revised Edition), Patheon Books, 1990, p. 415.

最大公约数，成为寻求共识的最突出的意见收敛区了。可以推而论之，同样的现象也没有理由不会在中国的社会变革过程中出现。的确，不得不承认，作为我国社会特征的强韧的人际关系会在不同程度上妨碍法律程序的运行。尽管如此，网络结构中存在纵横交错的互动关系，很容易助长交涉过程指向，形成程序思维方式，其实应该也有可能接受通过公正程序原则进行调节的思路。在这个意义上也可以说，相互作用的人际关系越复杂，程序性规则反倒会增殖并发挥越来越大的作用。无论如何，**关系与程序**是我国法学界不能不认真对待的一个真问题。

2. 中国法制的程序化

我国并非没有程序。问题是这些程序太薄弱，而且没有经历过现代意义上的合理化过程，甚至即使在有程序的方面，许多人也不按常理出牌。形成这种无视规矩的局面，其原因十分复杂，其历史也非三年五载。因此，要建立和健全现代程序并且行之有效，不能不使人产生疑问。

首先得承认，现代程序能够有效运作是需要一些前提条件的。著名的德国程序主义者 J·戈尔德施密特在 20 世纪前期就指出了司法程序与自由主义政治原理之间的辩证关系，但他正因此而获罪，受到法西斯主义政权的残酷迫害，死于流放之中。他曾经说过，法律程序只有在自由主义的土壤之中才能茁壮成长。[120]这意味着公正程序的技术性运作其实也还是需要价值的基本共识作为基础。还有一个更一般的前提条件则是社会的功能分化、结构多元化、社会分工合作关系的复杂化以及与之相应的法律系统的复合化，主要体现为相互作用的形式和技术。然而也必须看到，这些条件又都是相对的，并没有一个绝对的标准。社会的分化、自由化的程度以及司法的独立性，只有在一定的背景分析和比较之中才能给予贴切的说明。古代罗马的理性程序体系得以产生的条件，也恐怕很难用几个简单的价值范畴去解释清楚。我们考虑中国的程序建设，也应当尽量从既存的社会条件中去寻找有利于程序发育和进步的契机。

其次要看到，公正程序旨在限制国家权力的滥用，因此强大的权力可能构成程序化的最大障碍。但是，一个理性的政府其实没有理由拒绝

---

[120] Cited from the preface of James Goldschmidt's *Der Prozess als Rechtslage* (1925), See P. Calamandrei, *Procedure and Democracy*, op. cit., pp. 76-77.

程序建设。国家在社会事务中发挥的作用越积极、越重要，对于程序的要求也就越强烈。不按程序办事尽管可能带来一时的方便，但这样做的政治代价非常高昂，会危及统治体制的信誉和正统性。因此，主要的问题倒并不是程序化本身是否可行，而是程序合理性和程序正义的实现程度。

在我国传统法文化中，限制恣意是一个重要的主题；因事制宜进行选择的机会结构也是存在的。正义的客观判断被认为出自民心和群情，同意作为法律制度的基础范畴具有普遍意义。在国家秩序与村落秩序、大传统与小传统的二重结构之下⑫，所谓"围绕服从的交涉"现象⑫也到处可见。因此，中国其实具有形成复杂程序的一些基本条件。然而，中国的程序思想主要是在以下两个方面得到发展和实现的：一是从《易经》中所表现出来的备案系统（filing system）的原理出发⑫，通过行政人事制度的方式进行逐级发包的程序化作业，形成一种承包的秩序。这种承包虽然也有程序规范，但是整个实践过程都被置于黑箱之中，因而不是过程指向，而是结果指向。这种程序缺乏分化、进化的动力。二是从礼制中表现出来的差异系统的原理出发⑫，通过一系列固定的行为方式进行逐层外推的程序化作业，形成一种人伦秩序或者费孝通所说的"差序格局"。这种人伦关系虽然也有某种程序规则，但是一切都成为仪式而缺乏在程序内部进行自由选择和裁量的契机。因此，中国的程序又没有发展成为一种不断分化的合理的程序体系。

在西方，促进法律体系实现形式合理化的契机主要有三项，第一是宗教神圣物的绝对化，由此反而辩证地产生出形式主义的非宗教合理性。第二是市场机制要求合理的计算处理和可预测性。第三是职业法律家的技术训练以及集团利益的驱动。而在传统中国，从尊神文化向尊礼文化的转变发展在先秦时期的周朝，因而世俗的实践理性在固有的制度文化

---

⑫　S. N. Eisonstadt, *The Political Systems of Empires*, Free Press, 1969, See Preface to the Paperback Edition. 这一观点还可以追溯到马克思关于亚细亚生产方式和村落秩序的学说。

⑫　Cf. James C. Scott, "Protest and Profanation: Agrarian Revolt and the Little Tradition", *Theory and Society* Vol. 4 (1977) no. 1 pp. 1–38 (Part I) and no. 2 pp. 211–246 (Part II).

⑫　〔英〕李约瑟：《中国之科学与文明》（第二册），陈立夫等译，商务印书馆 1975 年修订版，第 552—553 页。

⑫　瞿同祖：《中国法律与中国社会》，中华书局 1981 年版，第 273 页。此外，参见《荀子·礼论》。

中一直占统治地位。在现代中国，随着对外开放和经济体制改革不断深入，与国际市场联系在一起的商品经济已经初具规模。因此，如果根据法律职业主义的原理对法学教育和尚在形成过程之中的各种制度进行大幅度的改革，我国法律体系的形式合理性可望有长足的进步。我国的合理而公正的程序建设也应该从这里起步。

或许有人认为，现代程序雍容华贵、费用甚巨，未必适应中国的现实需要。这种疑问是有一定道理的。但也要看到，商业经济的发展已经孕育了企业这个程序乃至一般法律的最大消费者。而且，现代程序的费用只是一种可比较、可选择的代价；这里也并不打算以法律程序来取代一切；何况程序内部还存在为一般民众所易于使用的多种选择，例如法律援助、国选辩护、自我辩护、律师成功报酬、惩罚性赔偿、法庭和解，等等。因此，在不妨碍民众的处分权和选择自由的前提下，设置一套严格的程序来保证人与人之间相互作用过程的合理性和正义，显然是有益无害的。只有这样做，才有可能避免求告无门的现象，为司法救济和正义实现留下一道难以撼动的最后屏障。

现代程序的基本特征是：处于平等地位的个人参与决定过程，发挥各自的角色作用，具有充分而对等的自由发言的机会，从而使决定更加集思广益、更容易获得人们的共鸣和支持。这种程序使个人既有选择的自由，同时也为自己的行为负责。严格遵守程序要件的决定被认为是具有正统性的，同时决定者也免去事后诉追的风险。因此，程序既保护当事人的权利，也保护决定者的权利。这种能够统合当事人各方的立场、统合制度设立者与利用者的立场、统合决定者与决定对象的立场的合理而公正的程序的建设，应当能够得到一切有理智、有良知的人的会心。

使程序不致流于形式而能行之有效的关键在于调动程序利用者的积极性。这种动机布局是一项非常缜密巧妙的作业，有几个基本要素是必须考虑的。首先，决定的内容不是机械决定的，而是既有交涉和裁量的余地，又有预测和限制的尺度。一切机械决定而不留余地，人们就会失去兴趣；一切随心所欲而缺乏要件，人们则会失去信心。其次，程序参加者要具有必要的党派性，议论要具有辩驳性，要促进论证式对话，这样才能有的放矢，使思考更全面、更深入。再次，有专门的法律家来担任程序的操作，通过职业化来保证实践的标准化和制度的长期有效性。

最后，经过程序做出的决定需要有权威性、既判力和强制作用。

针对我国现在的实际情况，不妨提出一个"法制程序化"的阶段性口号。所谓法制程序化，在本质上是如何在互相抵触的诉求和各种规范之中进行最佳选择，并使这种选择的决定具有正当性和约束力的制度安排。从现象上看，它将表现为程序法规的增加、保证选择的自由和合理性的程序要件的完备、通过程序进行理由论证并使决定具有正统性、法律精神以程序为媒介向社会的互动关系中渗透等具体方式或形态。其结果是，法律可以理解为一方面是经历了民主主义正当过程的结构性选择的结果，另一方面又向当事人、律师、法院以及行政机关提供了再进行过程性选择的工具、方式和步骤。在这一意义上可以说，法制程序化就是在中国社会转型之际进行的一场静悄悄的程序革命！

鉴于我国经济体制改革和政治改革的需要，在法制程序化的过程中应该着力于把程序与反思理性结合起来。严格的程序比较容易理解，而反思的程序则较难把握。所谓反思理性的程序，主要指法制各个子系统内部反思过程的程序整合，以及国家和法对于社会环境的反馈式结构调整的程序前提这一问题。在一个处于大变动、大分化、大改组的社会中，反思式程序具有特殊的重要性。中国在实践中已经形成了一些反思式程序的雏形，例如法律试行制度、依法调解制度等。这些本土经验中不乏非常有价值的制度资源。但是不能不指出，在中国的法律试行和调解中，无论是基于个别的利害动机而进行的规范选择和修正，或者是规范对于个别利害动机进行的诱导和抑制，都还缺乏必要的程序保障。如果说这是在一般的立法和司法过程之外另备一套应对社会变动的自生秩序的模拟装置，那么至少应该设立明确的程序原理上的界限和统一这些不同制度的法律前提。然而，这种程序作业也依然非常薄弱。法律试行和调解使维持实在法内在统一性的合法与不合法的二元化编码变得模糊了，使严格区别决定与执行的现代法的根本原理也发生了变化，这就要求更加复杂的程序化作业。

可以说，中国法制的症结所在和改革的方向现在应当已经比较清楚了，今后需要的是扎扎实实的具体工作。关于程序的理论和实务上的任何进步，只能在深入分析中国的历史传统和现实条件、系统借鉴国外的经验和教训的基础上才能取得。

3. 程序再铸的设想

严密而合理的程序是以社会功能分化为前提的，而与此有最密切关系的是国家法律机构的分权。伴随着近年来经济体制改革的进展，这种条件越来越成熟，并且可以看到若干显著的成果。最先表现在地方的自治及其立法权限的扩张上。由此将会形成一种新的契机：地方团体不仅可以作为独立分权来抑制中央权力的滥用，而且可以通过居民参加地区公共事务和调解等活动来加强国家法与日常生活的联系，进而在国家与个人两极化的格局中增加一个流动的中间领域。中央与地方分权是程序改革的强有力的催化因素。另外，法律关系的日益复杂化要求法制相应地提高其精密度，也促进权力机关与职能机关的进一步分化和功能自治领域的扩大。为此，需要进一步确立权限范围划定的具体标准，改良规范效力的等级结构，整合功能自治性与功能相关性之间的关系。这种发展也将引起程序的进一步分化。

中国传统法文化中普遍存在着服从交涉现象。在法律制度之外，交涉与共同体内的互惠关系及回避官方介入的动机紧密相连。在法律制度之中，交涉与议论、说服以及同意紧密相连。但是这种传统的交涉缺乏适当的应用条件，不仅没有与程序的发展相结合，在许多场合往往还对程序产生了副作用。其结果是，交涉往往是无原则的，甚至主要为力量对比关系所左右。当这种交涉充斥社会各种过程之中时，便会造成一切凭关系办事的交易性政治，目的被忽视，最后甚至连当事人应当而且可以接受的法律本身也成为交易的对象。这样一来，实在法潜在的自我修正和发展的能力就会受到损伤。然而，法律领域中存在交涉现象也有其另外一方面的优越性。这就是存在一种民主参与和自由选择的潜在机会结构，人们的互动关系或多或少也加强实践合理性。问题是如何把程序外的交涉变成程序内的交涉，变成在法律影响下并且能反过来促进法律发展的那种理性者的交涉。

中国传统交涉的特点是第三者的影响比较大，因而说理的过程占有重要位置。由于第三者的介入，回避、力量对比关系决定一切、经济还原主义等契机相对弱化，正当化符号资源的动员变得更加重要。有第三者参与或者意识到第三者存在的交涉很容易变成规范与价值的熔炉。

因此，把程序要件导入交涉过程是现实可行的。换言之，我们与其在友好协商、调解、合同谈判乃至一些正式的法律活动中过分强调实体合法性，不如更多地强调其程序合理性。这样做并不很困难，并且效果会好得多。有程序要件的交涉，可以保障既竞争又合作的法律决定在合理的、公平的条件下进行，造成既有原则性又有灵活性的局面。

所以，程序再铸的第一步是把各种交涉行为纳入程序的轨道，以保证当事人立场的对等性和交涉内容的合理性；换言之，以此把欲望的个人主义转变成合作的个人主义，把盲动的市民转变成自动的市民。

程序再铸的第二步，是为了防止由交涉所引起的交易性法制或"制度性屈服"（institutional surrender）而强化目的合理性。所谓目的合理性，是指在目的设定之后，为了实现既定方针而选择手段和方法，考虑不可操作的外部条件，预测并控制行为的附随结果的合理性。显然它与功能有着非常密切的联系。而功能分析实际上是一种从已经解决的问题中发现问题的技巧。因此，目的合理性的强化有利于制度改革。一般认为程序的目的是保护权利或者做出有约束力的正确决定。[125] 程序怎样才能达到其目的的问题，实际上可以归结为程序进行中相互作用的效果和程序要件安排的妥当性。换言之，强化目的合理性，主要是建立和健全程序内部的角色分工体系和规范，促进沟通和理由论证。

程序再铸的第三步是加强程序的进一步分化和在此基础上的自我完结性，保证严格遵守程序要件。通过上述两个阶段的作业，功能性活动已经有了一定的积累，加上职业法律家的培养工作相辅助，因此这时程序的严格化是水到渠成的。而有关条件一旦形成，国家目的上的修正和权力行使上的限制就会变为现实，社会内部自由选择的幅度也可以大大扩展。

1992 年夏天主要由于程序上的技术处理不当而引起的深圳股市风波表明：在我国未来政治局势的演变过程中，法治可能将是一个关键，特别是程序的合理化已经成为经济及社会进一步发展的"瓶颈"问题。与我国极其类似的现象在距此正好一百年前的德国也曾经发生过。在德意志联邦议会中，1893 年前后围绕证券交易所的存废，爆发了一场激烈的

---

[125] Niklas Luhmann, *Legitimation durch Verfahren*, op. cit., S. 223.

争论。政治斗争也随之而来，最终导致禁止基于期货契约的谷物贸易、关闭货物交易所达十二年之久的事态。当时，韦伯对有关事实进行了深入的调查研究，从中得出的结论是：交易所既能促进商品交换的扩大和计算可能性，也能造成投机性买卖和滥用证券、货物交易所的问题。人们固不能因噎废食，但必须通过法制建设，尤其是增大审判预测可能性的程序合理化来防治交易所的弊端。[129]韦伯的这一富有洞察力的主张不仅影响了德国乃至整个西方的法律家们的思路，而且对于我们认识中国的社会现状和解决经济及法制建设的实际问题也仍然不乏启示和教益。

总而言之，个人如果不把利益转变成权利，那么这种利益是不安定的；国家如果不把服从转变成义务，那么这种服从是不可靠的。实现这种转变的装置是程序。在两极化的社会状态中，程序是一个流动的中间领域，是对抗的缓冲层。社会关系在程序中可以被简化。历史事实在程序中有机会得到重新评估。经过程序的选择更可靠一些。按程序办事可以避免无端的指责（程序的这种保护作用对于承担改革风险责任的决策者尤其重要）。面对正在越来越多元化的现实，我们有必要重新认识程序。在强调市场经济效益的今天，我们必须深入思索与此相适应的制度配置以及作为制度基础的程序要件，而经济政策的选择和决定也应该以有关的程序、制度的比较分析为依据。

---

[129] Cf. Reinhard Bendix, *Max Weber: An Intellectual Portrait*, Doubleday & Company, Inc., 1962, Chap. 2, Sec. 1.

法律程序的形式与实质[*]

序　言

在现代法学理论中，程序正义是一个恒言题目，并非什么新发明。

然而，我国的传统文化以及其他社会条件却并不利于公正程序理念的形成和发展。众所周知，作为儒学核心价值的道德观重视的是人的主观动机而不是行为方式，强调的是崇高而不是普遍适用性，既不同于社会正义的理念，又难以把公正与结构性、形式性、技术性结合起来考虑。在民间的有序化机制中，人际互动关系起着关键性的作用，会助长非正式的讨价还价倾向，使决策过程具有情境思维的特征，而且缺乏透明性和外部监督。就国家制度的范畴而言，集中化、绝对化的权力以及自上而下的逐级个人承包责任构成维持规范效力的两大支柱。凡此种种都与公正程序的制度设计形同圆凿方枘，因而怎样以适当的创新方式把程序话语引入我国并使之周流不息、渗透实践就是法学研究者的首要任务之一，也是应做的最大贡献之一。

笔者在 1993 年年初发表长篇论文《法律程序的意义——对中国法制建设的另一种思考》①，初衷不外乎就秩序的建构和规范的运作等问题正

＊　2005 年 8 月 9 日初稿完成，发表于《北京大学学报（哲学社会科学版）》2006 年第 1 期。

①　该文简编发表于《中国社会科学》1993 年第 1 期，详编发表于《比较法研究》1993 年第 1 期，以详编收入笔者论文集《法治秩序的建构》，中国政法大学出版社 1999 年版，亦收录于本书（第一编第一章）。大致在同时期探讨公正程序问题的其他学者及其论述有孙笑侠：《两种程序法类型的纵向比较——兼论程序公正的要义》，载《法学》1992 年　（转下页）

本清源、拾遗补阙，以便把重新诠释和发展的公正程序论与既有的人际互动关系结合起来。但并没有充分预料到这种新型的程序主义主张会在国内学界产生如此巨大的反响，甚至产生某些持续性发酵的效果。在拙稿问世之初，有关专攻分野的诸位先进以及广大读者在不同程度上给予理解、声援以及引申。然而与此同时，批评和质疑的言论也很强劲，历经十几年之后仍然余波荡漾。由此亦可见，无论立场和判断的差异有多大，要不要把公正程序作为我国社会转型和法制改革的突破口，的确是个值得反复探讨的真问题。

笔者所看到的直接针对《法律程序的意义》一文的思辨、商榷以及反论主要包括下述主张：程序虽然可以成为秩序的正统性资源，但程序的起点或者非程序性基础的问题——程序本身的正统化问题并没有自动解决。这意味着程序论还存在道德论证上的空白，很可能导致对权力理性的过度期待或把权力意志当作程序的基础之类的偏颇。如此这般的理论预设，其实具有某种程序工具主义的特征，容易引起"重功能，轻价值"的误区以及程序的异化，使反思机制蜕变为见机行事的态度，为此需要强调个人尊严和自由的程序价值主义理论来匡正。另外，程序正义强调形式性，则很难满足社会千变万化的需要以及适应变革期的情境，必须以实质正义作为基本标尺来裁量，甚至应当容许主权者做出打破成规、构成例外的政治性决断。

也有人对程序在中国的意义以及现实可行性持怀疑态度，并间接驳难笔者的某些观点。其中最具代表性的论客是朱苏力教授。他在《市场经济需要什么样的法律？》一文中写道：

> 中国法学界一般都同意这样一个判断，我国的法律传统历来普遍倾向于重视实体正义，轻视程序正义……其中的有些行为固然可

(接上页) 第 8 期；左卫民：《公正程序的法哲学探讨》，载《学习与探索》1993 年第 4 期；孙笑侠：《法律程序剖析》，载《法律科学（西北政法学院学报）》1993 年第 6 期；杨开湘：《刑事再审程序的价值判断与选择》，载《法学》1993 年第 11 期；张卫平：《程序公正实现中的冲突与衡平——外国民事诉讼研究引论》，成都出版社 1993 年版；张令杰：《程序法的几个基本问题》，载《法学研究》1994 年第 5 期；陈桂明：《诉讼公正与程序保障——民事诉讼程序之优化》，中国法制出版社 1996 年版；陈瑞华：《程序价值理论的四个模式》，载《中外法学》1996 年第 2 期；刘荣军：《程序保障的理论视角》，法律出版社 1999 年版；等等。

以以不正之风解释，但在法律文化上不正是一种缺乏"形式理性"的表现吗？……我也并不认为我国社会法律文化的"实质非理性"的传统完全没有其合理之处。抽象地比较，根本就无法说"形式理性"和"实质非理性"的社会法律文化哪一个更好。②

仅从形式理性这个单一的角度来把握程序正义，并且不是以"实质理性"来补充形式理性，而是为"实质非理性"申辩，进而把本来与价值多元兼容的程序转化成一种只与特定价值密切联系的文化现象，这样跳跃式的主观论断是极其大胆和罕见的。在另一篇讨论形式理性与法律职业化问题的文章中，苏力更直截了当地断言程序会妨碍法律发挥功能：

> 有时尽管从法律程序上是合法的，但结果却不合理或不尽合理……我们在实际生活中在与各种组织机构打交道都不时会遇到这种情况：每个机构的每个办事员都似乎按照规定行事并且似乎无可指摘，但结果对你不利而且不合理……专门化的加强为法律功能的实现设置了大量程序上的障碍。③

另外，冯象博士在《政法笔记》连载中也曾以希腊神话④、欧洲中世纪文化符号以及近代化的历史叙事为线索泛论西方程序观念的来龙去脉和现实问题，把作为法律文化的程序正义观这一思路进一步延展到基于习惯的信仰。他说：

---

② 苏力：《法治及其本土资源》，中国政法大学出版社 1996 年版，第 83—84 页。

③ 同前注②，第 142—143 页。与此相反的观点主要见诸季卫东：《法律职业的定位——日本改造权力结构的实践》，载《中国社会科学》1994 年第 2 期，也收在论文集《法治秩序的建构》（前注①）中。关于程序与法律职业之间的关系，参见本书第 32、53、67、70 页等处的论述。

④ 有必要补充说明的是，在这里，冯象博士只就专司神托、习俗、契约以及社会秩序的正义女神忒弥斯（Themis）的功能及其转化进行分析，没有涉及与王笏相关的特权、权利、义务、政令（themistes）以及与忒弥斯相比管辖权较小但作用也许更大的专司刑罚和个人行为规范的正义女神狄刻（dike，忒弥斯之女）以及上述三者之间的关系。在古希腊神话世界的审判过程中，忒弥斯与狄刻往往结合在一起，前者显示权原，后者表现为判决或制裁。参见〔英〕格拉哈姆·休斯等：《法思想的层位学》，〔日〕森村进、〔日〕石山文彦译，平凡社 1986 年版，第二篇《古希腊的法律观念》。想要准确理解宗教信仰与理性判断的分化以及"蒙眼布"的寓意变迁，Themis、themistes 以及 dike 之间的差异就是很重要的线索和参照物。

我以为，用正义的蒙眼布比喻程序的政法功能，妙是妙，但还有一个前提需要澄清：蒙眼如何成为信仰，法治怎样获得对象，或者说程序与正义究竟什么关系？……程序之所以能够促进司法独立，帮助律师争取行业自治与业务垄断，成为正义的蒙眼布，是因为我们先已信了"司法纯靠理智"，希望法治的正义来自"理性之光"。⑤

但是中国的社会背景和制度设计完全不同，因此冯象博士认为这里问题的根本在于：

程序越是精巧繁复，贪官污吏越有可乘之机……在中国，由于司法的正义的渊源在法律之外，法官必须采取相反的策略，模糊程序的界限，才能保证司法的效能。

故"重实体、轻程序"不仅是政治文化和心理传统，也是使法律得以顺利运作、分配正义，法官得以维持民众信心，争取最低限度的独立的现实手段……这是一种灵巧的工具主义法治……工具主义的法治，比起形式平等的法治来，更需要人情常理的衡平而坚持超越法律的实质正义。否则法律原则的妥协、程序规定的克服就无章可循……所以这"情理法并重"的正义和古代的女神一样，是不戴蒙眼布的：没有任何程序可以挡住她的视线。⑥

显然这里涉及程序概念的定义。如果是那种公开、透明、平等对话、合理论证的法律程序，怎么可能会为渎职提供更多的机会？至于烦琐的审批手续以及形式化、文牍主义所造成的流弊，属于行政规制和私下交易的范畴，与程序正义的理念完全是风马牛不相及。如果程序遮挡的视线是对现实中存在的力量对比关系不平等以及具体人情世故的顾忌，而并非对要件事实以及客观状况的认知，怎么能与一叶障目，不识泰山的问题混为一谈？⑦ 虽然冯象博士心旌动摇、笔端迟

---

⑤ 冯象：《正义的蒙眼布 政法笔记Ⅱ》，载《读书》2002年第7期，第100、103页。

⑥ 同前注⑤，第103—104页。

⑦ 即冯文中提到的"以程序技术充当正义"。用苏力的话来表达，就是"繁文缛节，过度注意细节性问题，而忽视大问题；注意一些程序性问题，减少了对法律实质性问题的关切；注意到法律的普遍的指导意义，而相对地忽视具体问题中是非问题"。语出《法治及其本土资源》（前注②），第142—143页。

疑，在《正义的蒙眼布》这篇文章中对程序正义的描述和评价颇有些飞白、晦涩之处，但对中国的程序化改革基本上持论消极这一点还是清晰可辨的。

不过，上述见解即使未必都中肯正确，但设问的角度却颇到位，可以促使人们留意某些被忽略或者轻描淡写的地方。尤其是赵晓力、侯健、萧瀚、项一丛、郑春燕等青年学者在公开发表的论文和私下交流中所做的善意批评和认真的思索追问，更提出了一些在学理上值得深入探讨的课题，对笔者进一步改善程序论的内容是有参考意义的。另外，通过法学界的集体努力，尽管迄今为止在中国"程序化"已经成为国家机关号召的一部分，关于程序的重要性也已经达成跨学科的共识[8]，但每当动员规范之际，对程序正义其实仍然有所保留或者附带一定的前提条件，甚至不乏随意践踏有关明文规定的情形。鉴于这种状况，笔者认为还是有必要发表法律程序论的续篇，针对有关事项澄清立场、阐明宗旨、弥补缺陷并提出补充性观点和命题。本章愿以有关主张和实践困境为线索，反复推敲程序正义的本质、价值、结构、过程、功能及其与别的基本原理之间的关系，分析和整理各种学说的异同，从而为进一步建构中国的现代法治秩序提供些许可资参考的思想选项。

一、为新程序主义立场辩护

1. 程序价值的独立性和内容构成

笔者在《法律程序的意义》这篇文章中特别强调程序法不仅仅是实体法的附庸或辅助手段，也不仅仅包含着实体性内容，还应该"把程序看作一个具有独立价值的要素"[9]。

也就是说，一方面，对程序或者过程的评价可以独立于对实体或者结果的评价，例如程序的正当过程（due process）原则本身就是一把尺

---

[8] 参见汪丁丁：《人的价值、法治与程序正义》，载《财经》1999 年 10 月 5 日；朱学勤：《程序公正与实质正义——也谈"长江〈读书〉奖"》，载《南方周末》2000 年 7 月 13 日；何包钢：《保卫程序：一个自由主义者对卡尔·施密特例外理论的批评》，载《浙江学刊》2002 年第 2 期。

[9] 本书第 9 页。

度，"程序的正当过程的最低标准是：公民的权利义务将因为决定而受到影响时，在决定之前他必须有行使陈述权和知情权的公正的机会"[10]；另一方面，存在不同于强求统一的特定价值判断和维护某种个人主观偏好的程序性价值，例如通过平等对话和商谈的正当过程达成合意以及共识、确保判断和决定不偏不倚、容许不同信仰和世界观的并存——价值多元主义，或者"当价值一元的状态不复存在时，程序就一跃而成为价值的原点"[11]那样的作为中立性价值生产装置而出现的程序。总之，程序的独立价值与独立的程序价值结合起来，才使程序有可能在传统道德式微、人们的世界观发生无从弥合的分歧而呈现千姿百态的价值多样性状况下发挥整合化和正统化的功能。

关于后一方面，即独立的程序价值，笔者起初主要归结为现代程序所坚持的"四项基本原则，即正当过程、（判断者）中立性、（法律决定的）条件优势、（行为与结构互动关系的）合理化"。[12]此外还有扬弃形式理性和实质理性的反思理性[13]以及"程序所具有的独特的道德内容"[14]，主要指富勒以"法的内在道德"或者"程序自然法"等名义提示的保障法律系统运作的公正、有效以及自治的八项价值中立的判断标准，即一般性、公开性、尽量不溯及既往、明晰性、非矛盾性、现实可能性、稳定性、权力与法律的一致性。[15]后来笔者又进一步提出了以公平和效率为核心的六项具体的构成要素——当事人的平等、参与、问责、

---

[10] 本书第 20 页。

[11] 本书第 44 页。

[12] 详见本书第 20—21 页。

[13] 本书第 19 页。关于反思理性的概念，See Gunther Teubner, "Substantive and Reflexive Elements in Modern Law", *Law and Society Review* Vol. 17 no. 2 (1983) pp. 266 ff. 关于基于反思理性的自我塑成机制与法律系统，参见〔德〕贡塔·托依布纳：《法律：一个自创生系统》，张骐译，北京大学出版社 2004 年版。

[14] 本书第 11 页。

[15] According to Lon L. Fuller, *The Morality of Law* (Yale University Press, 1964) Chap. 2. 从八项标准的手段性和价值中立性的角度来质疑内在道德属于道德范畴的可能性的意见，参见哈特的书评，See *Harvard Law Review* Vol. 78 (1965) pp. 1281–1296. 然而，非道德的道德不正是程序价值的显著特征吗？所以称之为"程序自然法"学说乃事出有因。这些标准固然不限定程序法，也适用于实体法，但无论如何都与推理、抗辩、议论、交涉以及沟通的所有过程密切相关。

程序结果的实行力、对违背行为的威慑效果、容纳和适当处理异议。⑯ 在某种意义上可以说，上述四项基本原则、六项构成要素以及八项判断标准就组成了程序价值体系的总体框架，可以比较充分地保障持不同价值观的人们进行对话和公共决定时在立场、装备以及表达机会上的对等性；虽然未必能穷尽所有方面（特别是事实上的差异和能力不对称的消除），但应该不会有重大疏漏。

不言而喻，上述程序价值都是法律制度设计的内在之物，与程序外部的非法化道德论证以及实质正义都截然不同。固然，在考虑如何防止主体被埋没的问题而试图在程序中给个人定位的场合，道德话语和个性化情境会受到重视；在讨论程序本身正当性或者由政府等机构对平等原理进行调整矫正的场合，实质正义也往往被纳入视野之中；但是，程序论始终拒绝把与程序有关的价值还原为社会固有的道德规范、国家的实质性权衡以及变易不居的群众舆论对最终结果的主观性评价，更拒绝把道德和实质正义置于形式正义乃至程序正义之上、赋予实体规范以优越性。在笔者看来，正是那种打着实质正义的旗号，占领了所谓道德高地的意识形态语言编码最容易导致人们发言能力的非对称化。这样的特定价值观一旦获得超越于程序性要件的话语霸权，势必使整个公共性话语空间逐步走向一锤定音、鸦雀无声的局面。从富勒到哈贝马斯等学界泰斗的关于法律道德性的思想中也可以看到当代社会的某种一贯性倾向：把关于道德的探讨和制度保障都建立在沟通过程以及论证规则的合理性的基础之上，归根结底，实际上还是回到坚持正当过程的程序主义立场上。而强调程序必然会带来"决定过程中的道德论证被淡化"的结果⑰。

---

⑯　For details, see Ji Weidong, "Judicial Independence and the Values of Procedure", *Social Sciences in China* (A Quarterly Journal in English) Vol. 23 no. 2 (Summer 2002) pp. 96–106, esp. pp. 98–100 哈佛大学法学院的弗兰克·米切尔曼教授早就提到过尊严、参与、威慑以及实行这四种基本程序价值，Cf. Frank I. Michelman, "The Supreme Court and Litigation Access Fees: The Right to Protect One's Rights", *Duke Law Journal* Vol.1973 (1973), esp. pp. 1153, 1172 ff.。笔者参考有关论述，吸收了其中三项概念并对相应的内涵做了修正和补充。在笔者另行提出的三项程序价值中，平等与个人尊严和自由对话条件相关，是程序正义的根本精神所在；异议的容纳则涉及程序自身的正当化问题以及反思理性，是通过内部监督和自我纠偏而避免程序危机的重要装置；问责与程序的效率、透明化以及外部监督相关，通向民主价值。

⑰　本书第 31 页。

2. 程序、道德论证以及形式和实质的辩证关系

因为中国法制的道德色彩和实质正义的取向始终过于浓厚，所以对于法制改革而言，最重要的任务不会是加强道德论辩，而是应反其道行之；应该增进的也不是实质性，而是形式性以及正当过程。这正是程序论在中国法与社会发展中的特殊意义。

但在这里存在如下悖论："由程序来决定某一判断正确与否的立场却正好是（在拒绝强制性价值观统一化的前提下）追求实质正义的自由法观念发展的起点。"⑱所以笔者再三强调，程序正义并不能与形式正义划等号。什么是形式正义？用一句话来概括，就是"平等地对待平等之物"。换言之，形式正义的核心是在正义普遍实现的过程中所坚持的平等性。而实质正义的本质是不限于平等，还要包含差异以及因地制宜、因时制宜的具体分析。程序则是对形式化和实质化的扬弃。在诉讼程序中，形式性主要体现在证据法规定之中，特别是作为平等的对话和商谈的论证过程，而实质内容则主要体现为与所谓"赎罪契约"相关的主观因素。程序正义的基础是①**形式理性**再加上②对分配公平与否、和解成立与否的**直觉判断**，必须把决策的要件构成与决策过程的可视化、透明化结合起来。

把程序作为自由法观念发展的起点与作为多元社会的克服价值冲突的原点，指的其实是同一种机制，即不是以某种价值观压倒别的价值观，强求在公共事务以及私人空间都实现舆论一律，而是"通过中立性的程序来重建社会共识"⑲。在这里，程序包括通过试行错误而摸索适当解决方案和与此相关的相互作用以及对话、商谈、理由论证的沟通过程，共识基本上表现为罗尔斯所说的那种"重叠共识"，或者哈贝马斯所说的那种"暂时共识"，而没有先验的价值、确定的真理以及大一统的意识形态作为由程序合成的共识的前提或标准。

从理性的角度来观察法制的运作，可以发现真正合理的决定既需要尊重原则（体系理性或原则理性），因而必须坚持形式正义，也需要随机应变、考虑情境条件（实践理性或机会理性），因而必须容许进行裁量。

---

⑱　本书第17页。

⑲　本书第9页。

但后者往往导致对前者的否定，难免存在对抗的紧张。为了在两者之间缓和紧张、保持适当的平衡，需要沟通和调整的过程。在这个意义上，程序是基于反思理性而实现矛盾的动态平衡化的一种中介装置。

为了达到动态平衡的目的，同时又要避免任意性干扰，当然也需要某种原则之外的实质性判断和临机应变的正义标准。实质正义包括匡正和交换这两个方面，既反映原则的严格性，又容许变通协调，既有权威判断，又承认个人之间的互惠性和契约关系，必然会在程序运行中发挥重要作用。为此，程序设计要考虑实践理性或机会理性，要为实质正义留有调整的余地。实际上程序如果过于强调形式性，就无法在不同的价值和诉求的拉扯之中达成适当的动态平衡。但是，根据实质正义进行裁量、根据机会理性进行调整必须在满足程序要件的前提条件下进行，也要符合形式正义的要求，这意味着实质正义和机会理性等都得受到制度性框架的制约，并不能滑向决断主义或职权主义。特别是在就实质正义方面的问题无法达成一致时，有关决定只要是在符合程序要件的前提下通过互动而做出就被认为是妥当的。正是在这样的意义上，程序的正统化作用才凸显出来。形式性决定因斟酌变通而获得适当性，实质性决定因正当过程原则而获得适当性，所有符合程序正义原则的决定都因为动态平衡的基础而获得适当性，因而可以具有内在化的约束力。

3. 程序合成物对权力意志的限制

这是否意味着一种程序工具主义？或者说，会不会导致程序服务于权力意志或统治策略的结局？

的确，《法律程序的意义》这篇文章很强调把价值问题转化为形式和技术的问题，对超法的现象也往往存而不论，出于顺利引进制度的考虑还特别渲染程序的各种社会功能。但无论如何，笔者已经明言"侧重于功能要件等与结构有关的因素"[20]，这意味着把程序正义与社会背景以及对功能替代物的选择结合在一起，从规范竞争和功能关联的基本结构的角度来把握程序的实质，导致对特定主观意志乃至单纯推理的限制。因此，程序没有被简单地理解为某种手段或工具以及辅助性规则，得到强

---

[20]　本书第19页。

调的观察视角则是程序价值、程序的维护权利、限制权力的目的，以及那种涵盖范围更广、内容更丰富的程序合成物。㉑

笔者在论及程序合成物时，实际上分别意指两种不同层次的对象，也不妨理解为两种基本的类型。一种是宏观层次的，即由各种程序所组合而成的系统。它以两造以上的纠纷解决为动因，以确定或改变利害关系的配置为目的，属于集体性决策过程，包括诉求维权过程（proceeding）、诉答论证过程（procedure）以及自始至终履行全部手续的流水作业过程（process）这样三种交叉的场合以及相应的角色关系。另一种是微观层次的，指通过以上各种程序及其中的互动关系而形成的正当的决定或判决。表面上看，作为程序合成物的决定或判决只是实体性结果，但它不同于纯粹的"主权者的命令"，也不限于或实体或程序的某一方面特性，而必须按照一定的标准和条件，在适当整理争论点、公平听取各方意见的基础上，通过使当事人理解和信服的方式而综合形成，兼有形式性条件、客观法、实体形成等不同性质的因素。

以社会结构以及价值观的多元化为前提的程序设计，从各种特定的价值自身的角度来看都有可能构成强制，因为它阻止某一种价值的伸张达到"独尊"或"普世"的地步。作为人的本性，越是确信某种价值属于真理就越容易产生推广这种价值使更多的人也咸与遵奉的冲动，因此九九归一的普遍性实质正义观势必导致社会冲突，在借助国家暴力而传播某种信仰的过程中更有可能引起流血事件乃至战争。而程序正义是通过求同存异的办法来防止实质性价值争论的激化、维护多元化格局的制度框架，限制某种价值观（既包括少数人的偏执，又包括大多数人的思想共识以及传统观念）对公共性话语空间的垄断和支配，以防止某一种信仰压倒甚至抹杀另一种信仰这样的精神暴力导致整个世界单调化的倾向。在这样的意义上，宪制也好，程序正义也好，都属于契约的非契约性基础的范畴，具有外在的拘束效果，甚至可以说难免有违背人的本性、激情以及共同体习俗之嫌，是根据和平共处的理性对群体性自由选择的范围进行必要而适当的压缩。

如果程序是与人权、社会契约等实体内容互为表里的，那它确实会在

　　㉑　参见本书第11页。

制约社会性权力的同时也制约政府自身的行为。但如果程序没有对应于自然法论的前提条件，与有关的实体内容相分离，而不得不系于国家机关的"统治良心和反思理性"^㉒，那么它是否还能有效地限制政府行为、会不会被权力意志操作和扭曲，就成为存疑的问题。《法律程序的意义》一文指出，"程序的对立物是恣意，因而分化和独立才是程序的灵魂"^㉓，表明分权制衡等制度安排是程序克服权力意志的关键，这也暗示了对程序本身进行评价的课题乃至出现程序危机的可能性。然而怎样才能使国家接受上述制度安排呢？换句话说，怎样才能激发统治良心和反思理性？笔者认为社会结构的演变、进化，以及来自不同利益集团、当事人的诉求和压力就是推动制度改革的驱动装置，法律职业主义的理念以及公共知识分子的批判性话语则提供诱因和方向引导，而程序本身的"作茧自缚"机制也会促进围绕公平和合理化的相互作用，逐步把政府纳入法治的轨道。

4. 契约与程序的相互正当化以及作为参量的议论

但是，制度安排的变更并非从零开始，而必须面对既成的事实。当事人在选择是否进入程序时受到现行法的限制，国家在选择是否改进程序时受到现有利益格局和力量对比关系的限制，却很难确保这些限制一定就是正当的，不会危及人们指望的程序价值。为了保障程序的公正性、合理性，人们往往不得不导入社会正义的概念，并假设一种不为历史的既成事实或现状所左右的理想状态，从中发现和推导出社会正义的原理和评价标准，用以批判旧的制度安排或指导制度设计。然而这条思路很容易通向实质高于程序的窠臼，很容易导致某种主流价值被当作普遍真理的倾向，从而造成对实质性共识的强求以致压抑个人自由和少数者价值。

为此需要考虑另外一条思路，即不借助某种终极性价值根据就可以奠定程序的非程序性基础。在笔者看来，就是要通过承认或同意以及对异议的容纳来保障程序的正当性，也就是认为一种通过程序内议论和说服而达成的现实的初期共识，可以构成和谐政治生活的基本原则；进而在这样的基础上可以达成关于权利义务关系的具体内容等方面的共识；正是这种与程序和议论结合在一起的契约原理，就构成笔者所理解的程

㉒　本书第 7 页。
㉓　本书第 13 页。

序本身的道德论证。

笔者说过，契约的非契约性基础是程序。现在笔者又明确指出：程序的非程序性基础是契约。这岂不是循环论证？答曰：道德论证只有在具备环状结构的场合才能除去终极性价值根据的假设。通过循环达成动态平衡，既是程序的存在方式，也是程序的功能表现，还可以被理解为程序的正统化机制。先就程序问题达成合意，再通过程序以及在程序竞技场上展开的说服力比赛来逐步寻求实体问题的合意；在实体问题无法达成合意时，程序问题的合意就成为决定和强制的正统性基础；而程序是否妥当则由程序性合意是否存在、是否充分来评价。在这里，得以跳出循环论证窠臼的撑竿是在程序与契约之间参与沟通活动的发言主体反复进行的那个说服力比赛，以及向他者开放的反思化作用和其中的收敛效应。

所以也不妨这么表述：法制的正统性根据，归根结底还是合意；而为了保证合意的纯度需要程序的正当过程原则，在这个意义上满足程序要件就是正统化的前提和基本标尺。尤其是在价值多元的状态下，没有公正程序也就没有真正的合意可言。至于程序本身是否体现了正当过程等价值要求，也需要通过承认或同意以及对异议的容纳来检验和校正，反思理性主要在分歧与一致的夹缝里以及两者之间的转化过程中发挥作用。上述互动关系意味着在程序与契约之间嵌入了平等对话这个参量，在这里论据的真实性既没有必要也没有可能依赖论题本身来证明，可以说并不存在循环论证这样的形式逻辑方面的问题。

5. 文化与同意以及多元化价值领域的整合方式

既然程序本身的正当性源于承认和同意，那么文化认同就有可能影响人们的程序观。这就涉及苏力提出的质疑，如果生活在"实质非理性"的社会传统之中而怡然自得的中国人并不情愿接受程序的正当过程原则，不觉得严格按程序办事是一种更好的制度安排，那么程序也就缺乏吉尔兹（Clifford Geertz）所谓"地方知识"[24]或者本土性共识的支持而难

---

[24] For details, read Clifford Geertz, *The Interpretation of Cultures*: *Selected Essays* (Basic Books, 1973) and his *Local Knowledge*: *Further Essays in Interpretative Anthropology* (Basic Books, 1984). 参见梁治平编：《法律的文化解释》，生活·读书·新知三联书店 1994 年版，第 73—171 页。

以获得合意以及相应的正统性。显然，文化与同意的关系仍然构成对程序论的挑战。对此笔者曾经以论文《法治中国的可能性》做过回应。[25]这里概述其中的关键性主张并进行发挥和补充。

按照社会学的分类，传统中国的结构是分节化的，帝国体制之下存在许多可以割据的"小宇宙"和"村落秩序"，分别自给自足。既然区域之间相互依赖的有机团结不强，那就只有靠科层制国家的强制力以及普遍性价值共识（以立足于家族主义的儒家思想为核心并与法家、道家等思想形成相反相成的关系）来维系团结，造成"政治结构和意识形态结构一体化"的表层结构。[26]但规范秩序的深层结构却保持多层多样的状态（包括情理法的多元性以及社会习俗的差异性），并不强求统一，为价值观的分歧和复合化留有很大空间。随着产业经济的发展和社会结构的转换，不同利益团体逐步自行其是、跨区域的相互依赖和有机团结逐步增强加深，而国家意识形态的感召力则相应地日益减弱。其结果是，中国传统社会文化的表层结构瓦解了，深层结构却显露出来。即使基于价值共识的政治整合方式还有惯性，对人们的办事方式还有影响，但很难继续坚持下去，也很难在社会中获得充分的实效。不同利益集团和个人意识的发展导致世界观、价值观的多元化，使得普遍性价值共识无从维护或重新形成。

特别是在 20 世纪 80 年代推行改革开放路线之后，随着市场经济体制的建立和国际化，全新的思想观念和利益诉求不断冲击着本土现实，异质性世界观、价值观的交错和互动已经成为中国社会环境的一部分并渐次渗透到各个领域之中。正是这样的大趋势、大背景使得法律程序能够走进中国的公共视野，作为有可能实现"和而不同"理想的新型制度框架而受到关注。既然某一种价值不能以支配性地位化解价值冲突，那只能以在一定意义上价值中立的法律程序来保障各种价值相安无事，以理性方式来决定公共事务。由此可见，仅仅以文化传统的不同来质疑程序的意义是不足为据的。何况中国规范秩序的多样性、在人际关

---

[25] 详见季卫东：《法治中国的可能性——兼论对中国文化传统的解读和反思》，载《战略与管理》2001 年第 5 期，收入笔者论文集《宪政新论——全球化时代的法与社会变迁》（第 2 版），北京大学出版社 2005 年版。

[26] 参见金观涛、刘青峰：《兴盛与危机：论中国社会超稳定结构》（增订本），香港中文大学出版社 1992 年版，第 28—56 页。

系网络中反复进行的交涉、法律对当事人讨价还价过程的强调等传统特征，与程序化的制度安排并不是风马牛不相及的。难道我们真的相信中国人的"实质非理性"竟然达到这样的程度：即使在实质正义问题上不能达成共识，也不肯让双方有机会平等地各说各话以减少分歧，或者达成一项在非公共事务的价值判断上"井水不犯河水"的程序性共识？那也未免过于小看东方智慧以及职业法律家的作用了。

在对批评性主张做出全面回应之后，笔者拟对程序论中包含的基本问题状况以及一般原理，尤其是形式性、实质性以及系统与个人行为之间的关系进行更深入的探讨。因为罗尔斯的正义理论经历了从程序指向到道德指向的变化，而哈贝马斯的社会批判理论却反过来从道德指向转为程序指向，其中的缘由、思想脉络以及解释性转向对我们更准确地把握法律程序的意义很有启迪，所以在这里首先把这两大哲人的学说进行概括和梳理，从中发现进一步发展程序论的路标。

二、社会正义的实质性判断与程序性条件

1. 早期罗尔斯学说的程序主义基调

笔者曾经提出"罗尔斯的正义理论就是以程序倾向为特色"[27] 的命题，但没有作具体的阐述，也许会引起疑问和误解。在这里首先要作些补充性说明。根据年谱、著作目录以及研究者的介绍和评议可以得知[28]，罗尔斯在研究生院时期提交的哲学硕士学位论文的主题是在克服功利主义的同时限制道德判断，为此提出了反原教旨主义的（anti-foundationalist）程序概念，这个设想后来成为他的正义理论的关键词"反思均衡"的基本内涵。罗尔斯的第一部出版物的标题也显示了他的取向——《伦理学决定程序纲要》。在 1952—1953 年，罗尔斯以访问学者的身份逗留牛津大学，受到弗兰克·奈特（Frank Knight）关于组

---

[27] 本书第 11 页。

[28] 参见赵敦华：《劳斯的〈正义论〉解说》，香港三联书店 1988 年版；〔美〕托马斯·波吉：《罗尔斯小传》和《罗尔斯学术年表》，顾肃、殷茵译，载〔美〕约翰·罗尔斯：《作为公平的正义——正义新论》，姚大志译，上海三联书店 2002 年版，附录第 475 页以下；何怀宏：《公平的正义——解读罗尔斯〈正义论〉》，山东人民出版社 2002 年版。

织中的合理性沟通或交往体系的论文的启发，逐步发展出这样的构思：通过参照慎思的、设计妥当的程序来论证实质性道德原则。在这里我们不难发现，罗尔斯的理论基础与哈贝马斯的有明显的类似，可谓"心有灵犀一点通"。

从"程序是正义的蒙眼布"这句法律格言还可以联想到罗尔斯关于遮断现实信息的"无知之幕"（veil of ignorance）以及消除交涉优势的"原初状态"（original position）的假设。没错，罗尔斯本人就明确指出，"原初状态是纯粹程序正义在最高水平上的具体化"[29]，并且在《正义论》《政治自由主义》等著作中反复强调程序正义的内容可以作为在原初状态中按照形式性公理体系进行合理计算的结果而记述。[30] 这意味着为了形成理想的商谈环境并明确有关的制度性条件，必须假设一种纯粹程序正义的情形作为原初状态，以排除既成事实和力量对比关系的干扰以及任何不同于当事人观点的外部原理的约束[31]；而合理的计算以及相应的可预测性则构成程序的内容。这暗示了法律程序设计的起点是在符合纯粹程序正义要求的原初状态下就罗尔斯所谓的"正义的环境"[32]达成关于理性选择的初期共识，也可以推论：程序的正当性根据就是这种共识，以及由此展开、环环相扣、伴随公共选择进行的法律上的概念计算，或者政治上的"同意的计算"（詹姆斯·布坎南的用语）。

但我们都知道，与过去的自由主义政治哲学相比较，罗尔斯理论很注重公平分配以及正义的两大原则——平等的自由原则与限制社会经济不平等的原则（特别是其中的差异原则）——之间的关系，而这些概念一般被认为属于实质正义的范畴。尽管如此，罗尔斯还是在自由优先的前提条件下对分配正义进行了程序性解释，把它看作纯粹的背景性程序正义的一个实例，认为只要社会结构符合程序正义的形式性要求，通过自由交易而产生的不平等以及改善收入状况的调整等分

[29] John Rawls，"Kantian Constructivism in Moral Theory"，*The Journal of Philosophy* Vol. 77 no. 9 (1980) p. 523.

[30] 参见〔美〕约翰·罗尔斯：《政治自由主义》，万俊人译，译林出版社 2000 年版，第 77—78 页。

[31] Cf. Rawls，"Kantian Constructivism in Moral Theory"，op. cit.，pp. 523-524.

[32] 语出前注[28]，〔美〕约翰·罗尔斯书，第 137 页。

配状况就是符合正义的。㉝ 他明确指出：

> 随着正义两原则一前一后地发挥作用，它们便在分配份额的实际决定中合并成纯程序正义的一个重要因素。它们适用于基本结构及其资格获得制度，在恰当的限制范围内，任何分配制度的结果都是公正的。只有通过发挥一种公平的社会进程在时间中的实际作用，才能达到一种公平分配，而在这一公平社会进程中，人们按照各处公共宣布的规则来获取并尊重各种资格。这些特征正是对纯程序正义的界定。因此，如果有人抽象地提出一种既定资源的分配对于那些已经明知其欲求和偏好的个体来说是否比另一种分配更为公正的问题，那么，他就绝对找不出任何解答这一问题的答案。㉞

显然，说罗尔斯的正义理论以程序指向为特色是持之有据的。甚至不妨认为在 20 世纪 90 年代中期之前的罗尔斯正义论，尽管并没有在理论框架上排除实质性道德观念的影响，但其实还是纯粹程序性的。

2. 为什么要转换思路的走向？

但值得注意的是，罗尔斯的主张从 20 世纪 80 年代中期开始逐步发生了微妙的变化。特别是在 1993 年出版的重要著作《政治自由主义》中，虽然罗尔斯继续坚持纯粹程序正义的假设条件中的初期共识是正义原则的逻辑起点㉟，但却放弃了《正义论》一书中关于程序正义内容的某些论述；虽然他承认程序正义意味着不预设关于正确性的独立标准，而以程序本身的结果来定义什么是正确的，以程序正确可以导致结果正确作为前提㊱，但与此同时，他又主张程序正义不能在涉及更少实质正义或者无视实质正义的情况下独立存在㊲。正是以这本书为显著标志，罗尔斯从一直试图通过反思性调整的程序（方法论的正当化程序）来为正义奠定普遍主义基础的立场，转向了追求与西方现代公共政

㉝　See John Rawls, *A Theory of Justice* (Harvard University Press, 1995) pp. 84—89. 参见前注㉚，第 298—302 页。

㉞　同前注㉚，第 299 页。

㉟　同前注㉚，第 76 页。

㊱　同前注㉚，第 77 页。

㊲　同前注㉚，第 448—454 页。

治文化的价值核心相吻合的共识以及实用主义这样一种更加实质性的，但却更加限定的立场。这意味着决定过程的道德论证不是被淡化而是相反变得更加浓厚了，相应地对程序的评价自然会变得比较低调。

首先注意到罗尔斯正义理论的变化并高声欢呼的，是那个注重偶然和相对性、提倡浮萍式自由主义价值的后现代哲学研究者罗蒂（Richard Rorty）。在他看来，罗尔斯终于接受共同体论的批评，跟康德的普遍主义道德哲学（特别是把经验性个人意志与超越性共同意志、理性与德性加以区别的契约观）分道扬镳，改为在特定的语境中寻求稳定。㊳ 但是，迫使罗尔斯修改立场的原因并非这么皮相。最直接的契机实际上是《正义论》把程序正义与公理演绎密切结合在一起，导致"以子之矛，攻子之盾"理论博弈的结果是：他自己的盾（Maximin Principle，预期最低限度利益的最大化原理）被戳破了，而他的主要论敌、博弈理论专家豪尔绍尼（John C. Harsanyi）的矛（平均效用原理的主张）反而得到证实的论战结局。㊴ 这意味着按照罗尔斯给出的前提条件——坚持平等自由原则和具有决定论倾向的差别原则，那就不能仅仅以社会契约为出发点、仅仅通过纯粹程序性方法（始终坚持社会契约论的形式性框架）直接推导出他主张的正义两原则，而必须追加一些相关信息（但这样就会破坏原初状态关于"无知之幕"的假定）或者引进某种先验性价值观。面对自己提倡的程序性证明无法得出自己提倡的正义原则这样致命性的严峻事实，他不得不反过来彰显自己一直坚持的那种超越性意识形态，对原先提出的包容性更大的以程序为基础建构的社会契约论的合理性、经验

㊳ Richard Rorty, "Priority of Democracy to Philosophy", in *Objectivity*, *Relativism*, *and Truth*: *Philosophical Papers* 1 (Cambridge University Press, 1991) pp. 184-185. 参见〔日〕渡边干雄：《R·罗蒂的罗尔斯解释》，载〔日〕渡边干雄：《罗尔斯正义论的走向——对整个体系的批判性考察》（增补新装版），春秋社 2000 年版，第 167—172 页。实际上，罗尔斯对偶然（contingencies）充满敌意，因而强调社会正义的假设条件、基本原则以及结果的合乎正义和稳定性。在这一点上，罗尔斯的学说与哈耶克的提倡自然秩序以及重视通过偶然的差异性实现进化的机制的那种自由主义学说也大异其趣。哈耶克的主要观点和内容涵义，参见邓正来：《规则·秩序·无知：关于哈耶克自由主义的研究》，生活·读书·新知三联书店 2004 年版，特别是第 368—430 页。

㊴ 参见前注㊳，〔日〕渡边干雄书，第 84—88 页。另外，关于两者的争论内容和验证过程，在〔日〕小林公：《法哲学丛书 4·合理的选择和契约》，弘文堂 1991 年版，第三章，特别是第 130—137 页有很好的概括。另外，丁利：《社会正义理论：豪尔绍尼与罗尔斯的比较》，载《思想战线》2006 年第 2 期，也对这场争论进行了中肯的评述。

性侧面进行自我修正。

3. 取代原有命题的两个关键性概念

在《政治自由主义》一书中，笔者认为罗尔斯取原来的程序性正义演绎方式（社会契约的程序）而代之的关键概念有两个。一个是不同于临时协定的"重叠共识"，以促进那种自由地寻找符合公民根本利益的均衡点的动态[40]。另一个是"稳定性"，即无论制度如何变化也必须适应环境、符合正义[41]，换言之，也就是道德话语的现实可行性，以防止互动关系引起所谓"双重不确定性"问题之类的情形，或者导向庸俗化的功利主义，要求各种主张都向一定政治社会中既有的超越性、正统性的价值核心收敛或凝聚。[42]

可以说，这对一动一静的概念是共轭配套的。前者属于实践理性的范畴（以宪法共识为平台的政治讨论），避免进一步强化康德道德哲学的色彩，后者属于与社会基本结构或基本制度相联系的忠诚理性（正义感）的范畴，但却没有回归普遍有效的先验性观念而保留着某些非程序论的经验性特征。稳定性概念不容许重叠共识流于在环境压迫之下所做出的妥协，以此保障社会契约论中的自由主义意识形态维持不坠的地位。在这一思路的延长线上，可以看到罗尔斯已经开始对合理性选择以及程序正义的具体构成三缄其口。或许他断定了一定政治社会中的实质性正义原则是别无选择的，只能围绕这个价值核心形成重叠共识，而不能通过程序（特别是民主化的程序）以及相关的意见竞争、理性选择去另辟蹊径。

4. 人的本性：价值的独善与利益的双赢

在保障意识形态方面，罗尔斯当然拒绝了霍布斯设想的威权力量，现在又部分地放弃了具有强制性和合理性的程序方法，但却不打算退回到康德的那种具有排他性的普遍主义道德，于是他只能走向人的本性——对于伦理人格和善良生活的关注构成对最基本公共物品的欲求的

---

[40] 同前注㉚，第152—179页。
[41] Rawls, *A Theory of Justice*, op. cit., p. 458.
[42] 参见前注㉚，第149—152页。

基础，即道德本性和自然本性的结合。他很清楚地意识到人的本性很可能导致某种追求独善式价值一元化的冲动，而现实社会却已经是价值多元的，所以不得不导入重叠共识的概念。但是，他实际上并没有展示真正以价值多元为前提的正义论，最终还是难免陷入把自己的自由主义价值当作最符合伦理人格和善良生活的正义原则这样的价值一元化陷阱，至少是没有能够充分消除诸如此类的嫌疑。

或许正因为他也意识到了这一点，所以才把互惠性或相互性（reciprocity）理念（其本质与不把自己的主观价值判断强加于其他人的自由秩序构想是相通的）作为贯穿一切正义原则以及作为其基础的公民关系之中的社会根本规范、作为公平与相对有利的双赢（mutual advantage）之间的中介项。[43] 他说：

> 我们的目的是，具体指明在秩序良好的社会里，自由平等的公民间的相互性理念究竟为何。所谓承诺的紧张，乃是在这样的社会里所产生的该社会之正义要求与该社会公正制度所允许的公民之合法利益之间的紧张。在这些紧张中，重要的是发生在政治的正义观念与可允许的完备性学说之间的紧张。这些紧张并不是从一种意欲保持以前不公正利益的欲望中产生的。这类紧张属于转化过程中的紧张，但与之相联系的问题却是由非理想的理论掩盖的，而不是由秩序良好之社会的正义原则所掩盖的。[44]

显而易见，去程序化之后的罗尔斯学说转而以相互性理念以及主体之间的沟通活动作为正义原则的基础，也就是说以人际公平合作来调和德性与理性。相互性理念的实质是契约。因此，我们不妨在一定程度上认为罗尔斯对正义保障机制的探索已经从程序转向契约。[45] 这个变化让人

---

[43]　参见前注[30]，第16—18页。

[44]　同前注[30]，第18页。

[45]　在《作为公平的正义——正义新论》（前注[28]）中，罗尔斯明确指出，"原初状态的理念之所以被提出来，就是为了回答如何将公平协议的理念扩展到就基本结构的政治正义原则所达成的协议这一问题……既然这种协议的内容是关于基本结构之正义原则的，所以这种原初状态中的协议规定了自由和平等的公民之间进行社会合作的公平条款……它能够做到这点，是通过使基本结构之首要正义原则成为协议的对象，而不是像洛克那样使特殊的政府形式成为协议对象"（第27页）。一旦基本结构的正义原则确定，只要承认和履行这些原则以及相应的合作规则，就可以导致正义的结果，正是在这个意义上协议也表达了"我们可以称为纯粹背景程序正义（pure background procedural justice）的东西"（第81页）。

联想起本章在前面提出的那个命题：程序的非程序性基础是契约；程序以承认或同意为自身的正当性根据。但是，回到罗尔斯正义论的语境中来审视这样的变化就会发现，相互性是一个与实践经验以及唯名论式主观体验密切联系的概念，很难与公理演绎方法相洽，也很难排除非理性因素的影响甚至决定性作用，还未必能达到稳定性要求。也就是说，一旦以相互性理念来替代程序性理念，那么就未必能合理地推导出正义的两大基本原则以及相应的各种逻辑结论。必须把每个人的主观德性加以发扬光大，从而在利他、立公、追求普遍公平那样的伦理实践中发现价值一致的基础，至少减少价值分歧，使合理的要求都能被伦理的要求所吸收消化。在相当程度上，这意味着以公共之理来容纳多元化的利益动机，以普遍之善来化解程序化的价值中立。也就是说，公民可以持有不同的价值观，但必须赞同正义的基本原则。可是，这样的设想在多大程度上具有现实可行性呢？如此就能解决多元化社会的公共哲学问题吗？

5. 面对多元化现实的选择困境

归根结底，导致罗尔斯转向的最根本原因还是世界观、价值观已经多元化了的现实。在《政治自由主义》导论中他是这么表述的：

> 现在，严重的问题是，现代民主社会不仅具有一种完备性宗教学说、哲学学说和道德学说之多元化特征，而且具有一种互不相容然而却又合乎理性的诸完备性学说之多元化特征。这些学说中的任何一种都不能得到公民的普遍首肯。任何人也不应期待在可预见的将来，它们中的某一种学说，或某些其他合乎理性的学说，将会得到全体公民或几乎所有公民的认可……这种合乎理性却互不相容之完备性学说的多元性事实——理论多元性事实——表明，在《正义论》中我所使用的公平正义之秩序良好社会的理念是不现实的。这是因为，它与在最佳可预见条件下实现其自身的原则不一致。因此，《正义论》第三部分关于秩序良好社会的稳定性解释也不现实，必须重新解释。这是我自一九八〇年以来发表的论文所论及的问题。现在，《正义论》的模糊性得以消除，而公平正义从一开始便被描述为一种政治的正义观念……

> 政治自由主义的问题在于：一个因各种尽管互不相容但却合乎

理性的宗教学说、哲学学说和道德学说而产生深刻分化的自由平等公民之稳定而公正的社会如何可能长期存在？易言之，尽管合乎理性但却相互对峙的诸完备性学说，怎样才可能共同生存并一致认可一个立宪政体的政治观念？一种能够获得这种重叠共识支持的政治观念的结构和内容是什么？这些都在政治自由主义力图回答的问题之列。[46]

正如本章在前面就已经指出的那样，面对多元化社会的价值观冲突，政治自由主义的解决办法本来是健全法律程序，通过程序正义来摆脱在实质正义问题上无法达成宗教的、哲学的、道德的共识的僵局，具体的步骤包括区分公域和私域——在公共事务方面通过民主程序做出决定，在私人性或者非公共性的价值方面通过法治程序保障思想信仰的自由、促进对话、商谈以及论证性话语活动以在不同价值之间达成谅解和相互宽容（至少是缩小差距、避免纠纷）。可见随着社会多元化程度的提高，客观中立的合理性程序势必发挥越来越重要的作用，通过满足形式要件而达成实质性共识的程序性方法在政治哲学和法哲学的理论建构中也势必成为日益重要的分析框架。

的确，晚期的罗尔斯也还是继续承认程序和程序正义的重要性，他做了这样的表白：

> 政治的正义原则是一种建构程序的结果，在这一建构程序中，有理性的个人（或他们的代表）服从于理性的条件，采用这些原则来规导社会的基本结构。这些原则源于一种适当的建构程序，恰当地表达了实践理性的必要原则和观念，我把它们看作是合乎理性的。这些原则所支持的判断也是合乎理性的。[47]

尽管如此，罗尔斯更倾心于程序的道德支点以及实质正义的条件。他在1995年年底这样概括自己学说的修正版的宗旨：

> 如果说，一种使权力服从其目的的合乎理性的正义社会不可能出现，而人民普遍无道德——如果还不是无可救药的犬儒主义者和

---

[46]　同前注㉘，〔美〕约翰·罗尔斯书，第4—6页。
[47]　同前注㉘，〔美〕约翰·罗尔斯书，第8页。

自我中心论者——的话，那么人们可能会以康德的口吻发问：人类生活在这个地球上是否还有价值？我们必须从这样一种假设出发：一个合乎理性的正义之政治社会是可能的，唯其可能，所以人类必定具有一种道德本性，这当然不是一种完美无缺的本性，然而却是一种可以理解、可以依其而行动并足以受一种合乎理性的政治之正当与正义观念驱动、以支持由其理性和原则指导的社会之道德本性。《正义论》和《政治自由主义》力求勾画出适合民主政体的较合乎理性的正义观念，并为最合乎理性的正义观念提出一种预选观念。

它们也都考量了公民们需要如何设想建构这些较合乎理性的观念，他们必须以怎样的道德心理学去长久地支持一个合乎理性的正义之政治社会。[48]

在这里，"道德本性""最合乎理性的""预选观念"以及"道德心理学"等寥寥几道泼墨重笔，鲜明地勾勒出了一幅去程序化的政治自由主义前景。

这样的实质性正义观能否使政治社会和法律关系获得稳定性？的确，在实质正义担保法律的价值妥当性，而法律的妥当性又担保社会的可预期性这样的逻辑中，实质正义无论被理解为某种高尚的道德还是优越的价值，都有助于秩序的稳定性。但是，从制度原理的角度来看，实质正义其实可以理解为促使法律适应社会环境的复杂性的动力，因而也可以理解为导致法律系统本身相应复杂化的催化剂。在更常见的具体场合，实质正义反倒是以非稳定化为目标的，不断造成对作为稳定化装置的法律进行改变和调整的运动——这也就是理解价值相对主义者罗蒂欢迎罗尔斯学说转向实质性价值主义这一悖论性现象的关键所在。因此，无论在法律系统内部还是在社会环境之中，真正对复杂性进行克减从而增强稳定的倒是形式合法性以及程序要件。特别是法律程序，可以在实现持续性变化的同时维护稳定。

但在罗尔斯的《正义论》中，程序的形式侧面被理解为由正义的最高原则为公理演绎出合乎正义的结论的形式性自动化装置。这就对程序的本质给出了与众不同的特殊诠释，也导致对正义的某种过于理想化或

---

[48] 同前注[28]，〔美〕约翰·罗尔斯书，第50—51页。

简单化的界定，进而或多或少形成了一些与决定论思维方式相联系的偏颇。实际上，罗尔斯学说真正受到批判的与其说是具有归纳性、可以吸纳化解偶然性和复杂性的程序论方法以及程序正义，毋宁说那种试图通过演绎推导唯一正确结论的纯粹公理体系——例如道德判断的不动点、预期最低限度利益的最大化原理、道德心理学法则，等等。因此，本来罗尔斯应该放弃的并不是可以容纳多元化沟通活动的**程序**及其包含的形式性与实质性，而是试图在多元化的背景下把特定价值判断也作为普遍原则而演绎的那种**推理**及其包含的形式性与实质性。这也意味着不能以两项对立的图式来把握程序正义与实质正义之间的关系，程序化本身就是对形式与实质的扬弃，兼有这两种属性的构成因素。

6. 学术界的一场萧墙里纠纷

哈贝马斯也曾经对罗尔斯学说的去程序化修正进行过尖锐的批评，罗尔斯对此作了反驳，并专辟一节讨论程序正义与实质正义之间的关系。因而这场"家庭内部的争吵"（哈贝马斯的形容）尤其值得关注。

罗尔斯强调程序正义与实质正义互相联系[49]，并认为哈贝马斯尽管提倡程序主义，但后者的学说却是实质性的[50]。他还指出，哈贝马斯本人也承认自己的解释只是在实质性正义的判断上更适度些，"不可能是纯形式的"[51]。这些叙述当然都是可以首肯的，但唯其如此也就未能切中争论的要害。其实哈贝马斯要说的绝非他的观点只是程序的之类，这里问题的关键在于，具有实质性的哈贝马斯学说为什么会把立足点从道德转向程序？哈贝马斯提倡的程序主义的概念涵义究竟是什么？

罗尔斯明确宣布，"我把程序的正义与实质的正义的区分，相当程度地看作一种程序的正义（或公平）与该程序之结果的正义（或公平）的区分"[52]。这是否意味着程序在先、具有本源性，程序可以独立定义，并且对程序的评价能在相当程度上决定对结果的评价？或者反过来，程序

---

[49] 同前注㉘，〔美〕约翰·罗尔斯书，第449页。

[50] 同前注㉘，〔美〕约翰·罗尔斯书，第459—460页。

[51] 同前注㉘，〔美〕约翰·罗尔斯书，第453页。在这里，似乎罗尔斯主要从纯形式的角度来理解程序，因而在考虑程序正义和实质正义的关系时，更强调的是形式性与实质性的对比。

[52] 同前注㉘，〔美〕约翰·罗尔斯书，第448—449页。

是否合乎正义无法独立评价，还需要根据结果来进一步考察？罗尔斯似乎更侧重于实质性共识的可行性及其对程序正义的影响。例如他断定：

> 鉴于所有人类政治程序的不完善性，不可能存在任何相对于政治正义的纯程序，也没有任何程序能够决定其实质性内容。因而，我们永远都依赖于我们的实质性正义判断。[53]

他还援用柯亨在《多元论与程序主义》一文中提示的见解并就此发表如下评论，"一般说来，对实质性问题的重叠共识绝不比人们对程序正义达成一致更具乌托邦性质：一种宪法共识已经在很大程度上意味着对实质性问题的一致"[54]。但是，他没有同时提到在寻求重叠共识的过程中如何防止信息不对称、讨论方式能否保证当事人的对等性、共识形成过程是否存在着合意不纯或者压服等问题——这些程序性条件正是区别实质性共识之真伪的试金石。因此，我们有必要更具体地了解和推敲哈贝马斯的学说。

三、法律程序、论证理由以及主体之间的互动关系

哈贝马斯是从 20 世纪 90 年代初开始逐步转向程序主义的。在此之前，虽然他研究的主要对象是沟通行为系统的合理性，很接近程序论的思路和方法，关注的焦点却一直聚在道德意识、论证伦理学、相互主观的承认等实质性问题上。因而他认为只有经过所有参与实践性议论的公民的一致同意的规范才具有妥当性，这与罗尔斯的立场很类似。但是，与罗尔斯不同，哈贝马斯从一开始就断然拒绝康德式的普遍主义道德原则，而只承认论证规则具有普遍化的意义。其实，论证规则在相当程度上就是调整不同主张之间冲突的程序性规则，可见哈贝马斯的理论已经包含程序化的契机。

与卢曼、威尔玛（Albrecht Wellmer）等学者的激烈争论，终于导致这个本来潜在的契机显露出来。哈贝马斯在 1987 年发表论文《基于合法性的正统性怎样才能实现?》，宣称自己的主张可以与罗尔斯、柯尔伯格

---

[53] 同前注㉘，〔美〕约翰·罗尔斯书，第 457 页。
[54] 同前注㉘，〔美〕约翰·罗尔斯书，第 449 页第 69 项注释。

（Lawrence Kohlberg）的主张并列为三种程序性正义论。⑤ 集中反映哈贝马斯这种程序主义沟通论立场的，是 1992 年首先在德国出版的关于民主法治国家的制度原理的代表作《在事实与规范（妥当性）之间》。

1. 社会批判理论的道义色彩的消退与保留

众所周知，作为法兰克福学派的社会批判理论的旗手，哈贝马斯本来对通过程序的正统化以及以程序为媒介的法制化（主要指韦伯曾经洞察的那种形式性法制的实质化倾向，包括法律本身的日益稠密和法律对社会的入侵等）是不以为然的，认为系统理性阻碍了沟通的实践理性，从而导致法治出现各种病理现象——迫使生活世界因屈从于法律系统而日益贫乏、法律系统则从对自由的保障蜕化为对自由的剥夺。⑤ 在早期的哈贝马斯看来，要改变这种倒错状态必须加强批判精神，使社会通过对话争取解放。从主体与制度之间关系的角度来看，就是加强反思理性以促进社会进化。主体的反思理性之所以重要，是因为批判者自己也置身于作为批判对象的结构之中，非此不能自觉，非此不能进行解释性重构。⑤ 但是，这种反思理性与卢曼强调的系统与环境之间的反思机制、罗尔斯强调的不同价值取向之间的反思均衡有着本质的不同，可以说更接近孟子提倡的自我反省式修养的那种意境，或多或少具有一些使沟通活动带上道德色彩的倾向。实际

⑤　关于这些争论以及哈贝马斯对理论的修正，〔日〕村上淳一：《德意志现代法的基层》，东京大学出版会 1990 年版，做了全面而精当的评述。转向之前的哈贝马斯与主要思想流派的分歧，〔日〕藤原保信等编著：《哈贝马斯与现代》，新评论 1987 年版，有全面的介绍，与这里的主题直接联系的是第 5 章（与卢曼的比较）、第 7 章（与柯尔伯格的比较）、第 11 章（与罗尔斯的比较）。在 20 世纪 70 年代进行的最重要的交锋，详见〔德〕哈贝马斯、〔德〕卢曼：《批判理论与社会系统的理论——哈贝马斯对卢曼争论》，〔日〕佐藤嘉一等译，木铎社 1987 年版。

⑤　参见〔日〕岩仓正博：《哈贝马斯的法制化概念》，载〔日〕河上伦逸、〔德〕弗布里希特编：《哈贝马斯研讨会——法制化与沟通行为》，未来社 1987 年版，特别是第 68—69、82 页。对哈贝马斯早期法制观进行批评性分析并具有一定代表性的法社会学领域的文献是 Koen Raes, "Legalization, Communication and Strategy: A Critique of Habermas' Approach to Law", *Journal of Law and Society* Vol.13 no. 2 (1986) pp. 183–206，其中尤其值得关注的是关于作为制度的法与作为媒介的法的分类以及在相互主观性语言活动中作用的沟通理性的论述。另外，〔德〕贡塔·托依布纳：《法化——概念、特征、界限、回避对策》，〔日〕枥泽秀木译，载《九大法学》第 59 号（1989 年），从不同的角度对这个问题进行了全面而深刻的梳理。

⑤　关于哈贝马斯论反思与解放的主要见解，参见〔日〕山本启：《哈贝马斯的社会科学论》，劲草书房 1980 年版，第 152—153 页。

上，哈贝马斯一直追求的正是以理性的方式奠定道德的基础。

那么，究竟是什么原因导致晚期的哈贝马斯修正自己的立场，志愿加入程序性正义论的阵营呢？东京大学法学院的村上淳一教授认为，最主要的是对威尔玛在《现代和后现代的辩证法》（1985 年）一书中批评——世界观、价值观的多元性以及理性之声的多样性问题——的回应。就是说与罗尔斯的情形同样，导致哈贝马斯转向的动因归根结底也是世界观、价值观已经多元化了的现实。

哈贝马斯不得不承认统一性思考的丧失意味着共识基础的变化，自己一直追求"理想的沟通共同体"与罗尔斯的"无知之幕""原初状态"同样只是一种假设，并且这种假设很难自圆其说；实际上，相互了解都具有暂时性和过程性。这样的论点很像卢曼的了解命题，但不同的是，卢曼承认那种谁也无法说服谁的了解过程及其暂时性结局，而哈贝马斯则坚持主张：无论了解是如何暂时性的，也还属于共识。作为共识的真理只能通过试错过程中暂时性共识的累积才能寻求到，所以与社会契约论不同，沟通论立足于对话和议论的过程以及有关规则⑤⑧。为此，现代社会不得不更加依赖于程序论的理性观念，也就是面对各种不确定性而进行自我反思的程序性调整⑤⑨。正是在这样的脉络之中，公民主权也就程序化了。相应地，包括宪法在内的公共规范不再静止不变了，即使条文字句依旧，其内容的解释也在不断流动和迁徙。民主的法治国家作为一种计划，其内容不外乎逐步改善合理性集体决策程序的制度化作业。⑥⑩

但是，哈贝马斯始终特别强调程序的实质性内容或者道德涵义。在 1986 年的一次讲演中他粗线条地描绘了自己的新理论构想——合法律性只有从某种具有道德内容的程序合理性出发才能取得它的正统性。⑥① 在这里，哈贝马斯初步提出的命题是"程序主义的法律和对于原则的道德论证，是相互蕴含的"⑥②。不过，所谓道德论证本身也"仅仅是

---

⑤⑧ 〔日〕村上淳一：《后现代法的透视图》，东京大学出版会 1996 年版，第 87—89 页。

⑤⑨ 〔德〕哈贝马斯：《在事实与规范之间：关于法律和民主法治国的商谈理论》，童世骏译，生活·读书·新知三联书店 2003 年版，前言第 4—5 页。

⑥⑩ 同前注⑤⑨，第 90 页。

⑥① 见附录一"法律与道德（1986 年泰纳演讲）"，载前注⑤⑨，第 559 页。

⑥② 见附录一"法律与道德（1986 年泰纳演讲）"，载前注⑤⑨，第 581 页。

可错主义的规范论证程序”(63)，因而上述命题也不妨解释为“程序法和程序主义道德可以进行**相互**审核”(64)。那么，道德或者至少是与法律相互蕴含的那种道德本身的程序主义属性应该如何界定？哈贝马斯认为道德论证的程序是对已经失去的法律的道德基础中的超越性价值的顶替，用以防止法律因失去内在制约而恣意化。换言之，“植入实证法之中的道德拥有一种自调节程序的超越性力量，用这种力量它对自己的合理性进行审核”(65)。

2. 程序系统的屏障与主体的诉求渠道

在哈贝马斯转向之后，他的学说与卢曼的系统论之间在程序主义立场上的异同、与罗尔斯的正义论之间在道德论证方式上的异同等，势必引起我们更浓厚的兴趣。

在哈贝马斯看来，卢曼采取了“激进的客观主义”的立场。(66) 这意味着把法律体系当作受客观化机制的支配的一个自组织系统——某种匿名的、冷冰冰的统治方式和权力策略——来把握，而主体、意志以及相互主观性整合作用则失去应有的位置，也意味着在系统的顶部设置了一个高高在上却深藏不露的观察者（不同于公共知识分子的、只关心设计合理性问题的技术专家）的视点。(67) 其结果是，法律系统与社会整体以及其他子系统之间的直接的交换关系被截断了，相应的调节活动不断遭遇功能障碍。系统主要通过学习来适应环境，这当然大幅度提高了实然、认知性的比重，但应然、妥当性等规范的义务论纬度却渐次被消除

(63) 同前注(59)，第 583 页。

(64) 同前注(59)，第 585 页。

(65) 同前注(59)，第 611 页。

(66) 参见前注(59)，第 59 页。

(67) 在自由主义法学那里，可以看到类似的特征，即在规范效力等级的顶部设置了判断者——法官的视点。这个特征在德沃金的理论中表现得尤为突出。然而，自由主义权利观又非常强调当事人作为主体的地位和作用，并制度化为意思自治原则和抗辩制。于是我们可以在其中发现一种内在矛盾，正如德沃金的立场在法官视点与公民视点之间摇摆一样（前注(59)，第 273 页）。由此可见，哈贝马斯的程序主义法治论的本质是消除那个高高在上的视点——无论它是观察者的还是判断者的，而把当事人或者公民之间的横向的视线交错的观察结果作为法律和道德的合理性的保障。用他自己的话来说，就是“在商谈论那里，对权利和义务的相互尊重的基础在于对称的承认关系”（前注(59)，第 334 页）。

了。这一切都可以归结为"社会科学对理性法传统之规范主义的破坏"⑱。对此的反弹当然是强烈的，而罗尔斯的正义论也被认为是向理性法回归、向应然回归的主要动力之一。但是，无论"反思均衡"或"重叠共识"，这些关键性概念表明罗尔斯的学说并没有划清以下两个方面的界限："一方面是对正义原则的哲学辩护，另一方面则是一个特定法律共同体关于其共同生活之规范性基础的政治自我理解"⑲。因此，罗尔斯并没有能够适当地考虑和处理那些内在于政治与法律内部的妥当性规范与客观性事实之间的张力。

根据上述见解，哈贝马斯顺理成章地给自己规定的使命应该包括：为了纠正极端客观主义的社会科学的流弊，需要反过来发扬主观精神，但又不能放弃理性的立场，于是需要在合理性的语境里重构道德话语。

与卢曼系统论设置观察者或技术专家的视点形成对比，哈贝马斯在系统中恢复了主体（当事人）的位置，设置了相互主观（论证性对话以及公共舆论）的视点，并通过意见的沟通网络和互动过程来适当调整事实与规范之间的张力，并对多元化的价值观和社会结构进行整合。早期的哈贝马斯主张通过生活世界（公民之间进行横向沟通活动的、具有直接的确定性的场，或者作为整体的沟通行为网络）来统一各个子系统以及不同的价值取向，但从 20 世纪 80 年代后期开始，他认为只有法言法语才能成为生活世界与系统以及各个子系统之间的普遍性沟通媒体从而发挥整合功能⑳，而程序价值则成为判断论证性对话以及公共舆论的妥当性的重要指标。至于设定议题、参加议论的主体，基本上是那些作为生活者和行为人的公民和作为批判者和代言人的知识分子。

---

⑱ 同前注㊾，第 70 页。

⑲ 同前注㊾，第 73 页。

⑳ 同前注㊾，第 69 页——在这里，原话的表述如下："法律可以说起一种转换器的作用，只有它才能使进行社会性整合的全社会交往之网保持不破。具有规范内容的信息只有用法律的语言才能在**全社会范围内**循环；如果不把信息翻译成复杂的、对生活世界和系统同样开放的法律代码（Rechtskode），这些信息在由媒介导控的行动领域内将是对牛弹琴。"在该书第 135 页，哈贝马斯还提出了这样的命题："在复杂社会里，道德只有转换为法律代码才能具有超越邻近范围的效果。"可见所谓"程序主义道德"的内容，其实也就是把道德规范转译为法律代码——程序规则和论证规则。

不妨这样区别哈贝马斯与卢曼在程序论方面的立场：前者强调的是基于正统性期待而增强法律决定的不确定性和可修改性的程序行为，后者强调的则是克减复杂性和偶然性的程序系统（但程序系统发挥这种简化和确定化的功能时并不采取还原主义的方式）；前者注重主观的语言沟通活动，后者注重的则是客观的自组织和自生成的机制（相互作用的范围不局限于语言沟通活动）。站在社会批判理论的立场上来看关于程序的系统论，就像一种以既定涵义为背景的强制性复合体，未免有些保守化倾向。所以哈贝马斯做出如下尖锐的指责：

> 一旦走到这一步——对社会分化不断加强、社会复杂性不断增长的这种洞见，甚至连这种对于一个工具理性泛滥之抽象整体的逆向指涉也加以禁止——那么，这种系统理论就成为**肯定性理论**，失去其批判性锋芒，并放弃对一个单一的、以等价物交换为中心的社会联系机制的哲学关注。[71]

为了防止程序系统的保守化、维护批判精神，哈贝马斯引进了道德话语、争辩规则、议论主体以及程序行为等概念，并把导致讨价还价和妥协的交涉这一政治性契机也嵌入独立自洽的规则体系之中。

3. 基于利益的妥协，还是基于正义的议论？

但他并不像哈耶克自由主义理论那样依赖于经济性交涉，以自发性互动和基于利益的妥协本身作为秩序和规则的基础，只承认自然的正义，把社会正义或分配正义之类的概念都斥之为幻想。[72] 在这里，哈贝马斯与罗尔斯采取相同的立场，即不把民主政治看成只是为了就利益调整达成妥协而设立的制度，认为面向妥协的相互作用也还是应该以基于正义原则的议论程序为前提条件；只不过罗尔斯主张以先验的社会正义为价值根据。笔者个人的看法是，与社会利益脱节的正义追求很容易流于玄谈，而与社会正义脱节的利益妥协则很容易滑向市侩。为此，必须通过以价值观多元化、判断者中立化为前提的法律程序把权利设定与互惠

---

[71] 同前注⑤，第58页。

[72] 例如〔英〕哈耶克：《哈耶克论文集》，邓正来编译，首都经济贸易大学出版社2001年版，特别是载于第117—149页的论文《自由社会秩序的若干原则》。

性交涉以及政治妥协过程结合起来。

关于交涉程序与议论原则之间的关系，哈贝马斯指出：

> 这种程序把对每个参与者利益的平等考虑，理解为不同实力拥有者之间的程序公正的协议的问题，而不是商谈参与者——他们利用其交往自由对可批判的有效性主张表示态度，以便相互使对方**确信它们的论据的正确性**——之间的相互理解的问题。

> 但是，从规范的角度来说，公平的妥协形成过程并没有独立的地位，因为实际达成的妥协要被假定为公平，是必须满足一些条件的，这些条件必须在道德商谈中加以辩护。此外，谈判要成为可以允许的和必不可少的，只有当起作用的是特殊的——而不是可普遍化的——利益的时候，而这也只有在道德商谈中才可能加以验证。因此，谈判并没有破坏商谈原则，而毋宁说是以它为前提的。㉓

4. 理由交换的双轨制与程序行为

显而易见，哈贝马斯所设想的公民自主的沟通活动的程序化以一种双轨的规范性互动过程为特征，即围绕法律和权利的正式议论以及围绕道德和社会自治的非正式议论，并且这两个不同层次之间也存在着相互审核、相互蕴含的关系（这让人不禁联想到中国式"礼法双行"、刚性规范与柔性规范相反相成的制度安排）。在某种意义上，双轨的理由交换过程应该是通过法律程序实现私人自主和公共自主在共同起源层次上的统合的，但法律程序本身则在上述过程中被政治化和社会化。在这里，法律体系必须具有反思理性，以便在全面实现个人权利的平等保障的同时，也有效地实现对国家权力的实质化判断的限制。

哈贝马斯认为，就像市民社会和形式法构成**自由主义法律范式**、福利国家和实质法构成**家长主义法律范式**那样，民主协商和反思法也构成了一种新的范式——**程序主义法律范式**㉔。在这里，程序既促使立法者关注动员制度资源的条件，也促使行政部门在致力于提高效率的同时为管

㉓ 同前注㉟，第204页。

㉔ 同前注㉟，第9章，特别是第529页以下。

理活动追加一个"合法化过滤器"⑦。对于在后形而上学的思想背景下日益对社会开放的司法机关而言，程序作为正确判断的保障当然显得更加重要。特别是在法院通过违宪审查程序来扮演民主审议制守护人的角色的场合，职业法律家群体不仅可以防止利益集团之间讨价还价带来的政治堕落，并且可以提前察知民意的变化和趋势，从而促进顺着程序推敲理由的公共议论。

但是，对这种程序主义法律范式，我们仍然可以进一步追究如下问题：程序正义的最本质特征是不容许双重标准，在双轨的议论和交涉过程中能否实现规则的统一？怎样才能避免社会化的私人自主与政治化的公共自主之间发生分歧甚至对峙？在平面化的相互主观性沟通活动中，虽然程序规则和议论规则能够防止所谓"双重不确定性"问题的出现，但为达成共识而促进反复议论的理想条件却面临**时间压力**以及无法做出决定的压力，应该如何克服这类困难？无论如何，尽管哈贝马斯更突出地强调了程序的道德性和主观价值判断的侧面，也再次讨论了正义与正统性的区别，但终究还是未能跨出"通过程序的正统化"这一卢曼式命题的藩篱。⑦ 笔者认为，卢曼也好，哈贝马斯也好，或者介于两者之间的托依布纳也好，实际上都在价值观多元化、相对化的潮流之中把程序正义作为"以不变应万变"的规范不动点或者价值锚地。

总之，通过对罗尔斯以及哈贝马斯两位哲人逆向而动的自我修正，可以看到这样的现实：世界观、价值观的多元化导致政治社会的统一化正当性根据的丧失，导致现代国家意识形态的动摇，从而迫使最重要的思想家都不得不探求如何重新建构普遍性公共哲学体系以及摸索秩序的替代性范式的课题。其中最值得关注的正是不同版本的新程序主义计划。

人们对于法律程序兼有形式性与实质性这两个方面基本上并无异议，但在程序正义与实质正义的关系以及各自的属性方面还存在某些不同的认识。罗尔斯正义论的去程序化实际上是要表明：即使在价值多元化的背景下，实质正义归根结底还是应该具有相对于程序的优越

---

⑦　同前注㊾，第 544 页。

⑦　参见〔德〕卢曼：《通过程序的正统化》，〔日〕今井弘道译，风行社 1990 年版。

性，其内容可以通过重叠共识而确认；就实质性价值问题达成重叠共识并不比就程序问题达成共识更加困难。与此相反，哈贝马斯理论的程序化则表明，要形成重叠共识也必须考虑沟通活动的条件和论证规则，这些都还是归结到程序正义；在价值多元化的背景下，相互了解和共识的形成要求道德规范不得不理性化以及被翻译成法律语言，甚至转化为程序正义的构成物。尽管存在学说上的差异和对立，但笔者认为他们其实都在把目光投向同一对象，即作为主体的公民的自主性程序行为。

四、从追踪管理和满意度看到的中国式程序设计

1. 追问法律程序的价值前提的社会前提

公民通过沟通和论证寻求某种共识（无论是暂时性共识还是重叠共识）的程序性行为，毕竟还是以程序性规则体系的存在以及得到遵守为前提条件。在程序系统本身尚不存在或者不完备、不健全的地方，如果超前地侈谈自主性程序行为的实质性价值则未免有些脱离实际。何况无论罗尔斯或哈贝马斯，或托依布纳乃至卢曼，他们考虑程序的道德性内容和正统化功能以及程序正义与实质正义之间的关系，都有一个共同的出发点或者默契，这就是现代的自主性公民及其共同体或者话语空间的客观存在。⑰ 在这种公民社会尚未成形、尚未成熟的地方，虽然存在诸如过程性的"克己复礼"、形式性的"定分止争"、实质性的"仁者爱人"之类的正义观念，也存在与柏拉图、洛克以及卢梭的构思截然不同却令人神往的善治蓝图（例如德治、贤人支配以及民本主义国家），然而正义与道德以及传统文化之间的边界是流动的，平等自由原则的优越地位并未得到认知。

在这样的语境里，如果过度强调与程序系统的输出结果相关的实质性价值判断并反过来以此为启动制度化作业的前提条件，恐怕反倒会刺

---

⑰　关于中国的农民社会与现代公民社会的区别以及不同形态的公共性话语空间，参见季卫东：《中国公论的不同位相——基层秩序生成的动态与话语媒体》，载〔日〕三谷博编：《东亚的公论形成》，东京大学出版会 2004 年版，第 245—278 页。

激人们那种把自己认为正确的道德和正义原则强求他人接受的本性（或许正是鉴于这一点，哈贝马斯才提出了"合理性道德""道德的程序主义"等独特的概念以示防范之意）；作为围绕程序进行实质性价值之争激化的结局，恐怕即使在程序的形式性方面也未必能达成共识，更何况承认对程序正义和程序理性的独立定义或者相应的制度创新。

不言而喻，法律研究者和公共知识分子对程序的实质性价值的追问，目的在于防止程序系统的结构和功能偏离程序正义的要求，为抗议程序瑕疵提供正当性根据。但真正实现这样的意图当会在形式性程序的意义甚至本源性得到承认之后。任何程序的设计固然都是根据一定的道德和正义原则进行的，但作为一种基于反思理性的规则体系[78]，适当的程序系统并不能从根本规范之类的实质性价值、以普遍主义方式合乎逻辑地演绎出来——罗尔斯的理论转向已经证实了这一点。因而不妨认为程序的价值起点就是关于程序价值的共识，也可以进一步归结到在程序和契约之间反复进行的沟通活动的论证规则和说服力。

2. 程序工具论的陷阱与程序价值论的潜在契机

另外，首先强调程序的那个以实质性价值为前提的侧面也意味着是要根据结果来评价程序的实效（这倒很容易滑向以程序作为辅助性手段而追求特定目标的程序工具主义[79]），于是乎首先定义什么是公正的结果并就此形成道德上、正义原则上的共识；即使认为在实质性价值判断上不难达成共识，那也势必得出以下结论——对程序本身的正当性的考察、异议以及改进等，只有在作为手段或工具的程序被定性甚至付诸实践之后才能根据有关结果来评判，离开程序系统的存在和运作而谈论程序的实质性价值并非有的放矢。

即使不考虑目的与手段之间的关系，仅从纯粹的程序正义论的内在逻辑来看，假设正确的结论可以通过满足程序要件而自动获得，这本身

---

[78] Cf. Teubner, "Substantive and Reflexive Elements in Modern Law", op. cit., pp. 219 ff.

[79] 鉴于某些给拙稿《法律程序的意义》轻率贴标签的评论，有必要顺便在此声明：笔者尽管主张以程序化作为法制改革突破口，并强调程序正义的制度设计在推动社会变迁方面的各种功能以及作为操作杠杆的工具性作用，但那篇论文把程序作为制度化的基石和法治秩序的核心的基本立场显然与程序工具主义是完全不同的。在笔者的程序论中并没有把程序的工具性侧面与价值性侧面对立起来的那种两分法图式的存在余地。

就暗示了程序设计的严格要求以及对程序与结论之间关系进行事后检验的标准，也意味着程序的设计和运作本来就无法避免对程序的中立性以及效果的各种考量。况且与社会正义论中的程序相比较，法律领域的程序的实质性评价更加复杂，因为它是一种在分散决定权的同时对决定权的行使进行组织和协调的系统；在考虑法律程序的实质性问题时，除了道德和正义原则的推敲，还必须侧重决定的权限与程序之间的关系以及决定的正统性与对具体案件处理的适宜性之间的关系，为此尤其需要留意实践经验的侧面，甚至不得不像晚期的哈贝马斯那样把道德和正义本身也理性化、程序化、采取法律语言来诠释，并作为论证理由的一部分来相互交换。

3. 三个技术问题与四个发展阶段的悖论

根据上述状况，中国的程序论不得不更多地期待国家机关追求善政的统治良心或者防止"以暴易暴"的反思理性、来自社会的不同价值观和公共舆论的压力以及由此引起的"上层革命"，在有关制度的设计方面应该采取"先得其形，再得其神"的分阶段的渐进方式，并且有理由置信于程序在实践中自我修正和重构的能力以及导致权力作茧自缚的效应。在笔者看来，程序化改革的关键是形成公平、合理、适当而切实可行的初期共识，并以此对以后的一连串公共选择行为施加制约，再通过实践效果的检验以及反思理性来修改、补充基于初期共识的制度设计，逐步实现作为基本结构的正义。

要使这个过程不偏离程序价值的要求，必须注重解决以下三个技术性问题：第一，在形成关于程序的初期共识之际，如何保证当事人或议论参加者各方具有充分的信息并且使信息分布达成对称；第二，明确形成初期共识以及据此进行一系列选择的行为规则和证明规则；第三，致力于完善各种在议论参加者与规则执行者（运动员与裁判员）之间分担角色的具体条件。反过来说，如果相信在舆论以及抗议的压力下国家机关有可能基于合理性判断主动解决上述三个问题，那么自上而下的程序革命就绝不会迹近画饼充饥。

但因为哈贝马斯所揭示的西欧法治化历史的四个发展阶段——绝对王政之下的市民社会、市民自由的法治国家、社会福利的法治国家、程序民主的法治国家⑧——中先后碰到的各种现象和任务几乎同时呈现在当代中国，所以这里的实践问题变得更加复杂和难以捉摸，在笔者看来，人们正面临公共选择上的两大悖论。一个悖论是：市场化、全球化以及公民社会的建构所要求的制度条件为保护自由权的法治，需要减少行政规制、充分发挥作为自由专门职业的法律家群体的中介作用，但要推动这样的转型不得不依赖国家的积极性和强制力量，反而导致科层制因素的增殖，即存在法律人与科层制之间的相反相成的关系。另一个悖论是：法治秩序的建构需要树立实证化规范以及有关机构的权威，但作为法律正当性基础的民主制则促进当事人的主体性参加和公民主权意识，在某些场合下、某种程度上也会引起对权威的怀疑和挑战，即存在遵法性与民主化之间的相反相成的关系。诸如此类的悖论会扭曲中国的程序化改革、相应的制度设计以及实践效果。

4. 程序正义原理与承包责任原理的奇妙结合

正是这样的悖论性现实，导致在 20 世纪 90 年代的中国法制改革以及其中出现的程序设计带有鲜明的特色。例如：现代的程序正义原理本来具有免除决定者对结果负责的重压的效果，与传统的承包责任原理立足于追究决定者的结果责任的思路正好相反，但在中国刷新审判方式的实践中，性质迥异的这两者却被结合起来了。有关当局在促进功能分化和下放自主决定权的场合，借助既存的责任制资源来防止进展失控和裁量的恣意化，并以责任制的指标体系和目标管理方式来弥补程序要件的阙失。

因为程序正义不能从根本规范演绎出来，而只能通过不同层面的交涉和议论中分别实现，所以程序系统具有把一段段、一节节的沟通过程加以衔接递进的**中继技术**的特征，在审级与审级的联结上表现得非常清楚——每个审级都对过去留有总结、对未来留有期待。而层层承包的责任系统实际上也不妨归类于那种把一个个、一组组的实质性结果加以衔接递进的中继技术，在这里虽然有可能达成整体的确定性，但具体案件

⑧　参见〔德〕哈贝马斯：《公共性的结构转换——关于市民社会一个范畴的探索》（第 2 版），〔日〕细谷贞雄、〔日〕山田正行译，平凡社 1994 年版，第 3 章、第 6 章，以及前注㊾，第 9 章。

处理过程的起点与终点之间充满了不确定性，个别结果与个别结果的联系也没有固定的格式可循。可以说，正是中继技术这样的共同点使程序系统与责任系统能够在某种程度上形成互相补充的关系，但也会造成混淆和互相取代。

尤其需要指出的是，1998年之后的法院改革，把责任制与案件流程管理或者说"追踪管理"（traceability）紧密结合在一起，导致程序正义的理念被转化成对审判活动各个环节进行"程序化控制"，程序规则和论证规则被转化成详尽的审判质量指标体系[81]，并且以效率和公平这两项基本标准作为编排的程序语言。这种程序性设计是把案件审理过程分成若干阶段和具体环节，分别根据法定审理期限、办案具体要求、证据规则、法庭技术、诉讼文书的水准以及执行结果拟定目标值，不断进行观测、登记、督促和评价。[82]当追踪管理通过责任系统与说明义务（accountability）相联系时，有可能克服传统承包责任原理所流露的结果指向、"黑箱"操作等弊端，使交涉、议论、审理、执行的整个过程变得透明化了。笔者认为，甚至不妨把这个系统看作书面审理主义（Schriftlichkeitsprinzip）可视化的一种制度设计，与对抗性辩论的可视化模型相映成趣。然而，只有把制度设计的重点从"对内负责""内部监察"转移到"对外负责""外部监督"，程序正义的许多要求才有可能通过上述所谓"程序化控制"来满足。

不能不清醒地认识到，这种方式以及程序性建构毕竟属于行政性管理的范畴，采取的是科层制的技艺，未必能充分容纳自主性议论以及严

---

⑧ 参见《最高人民法院关于开展"审判质量年"活动的通知》。关于提高民事审判质量的指标，参见《最高人民法院关于印发全国民事案件审判质量工作座谈会纪要的通知》（法〔1999〕231号）。

⑧ 关于案件流程管理方式形成和发展的经过、实践效果以及具体举措，参见上海市第一中级人民法院：《加强案件流程管理，探索审判运作新机制》，载机关纪要：《法院改革系列综述》1999年10月号，第9—11页；上海市第一中级人民法院：《案件流程管理的基本做法》，载毕玉谦主编：《司法审判动态与研究》（第1卷第1辑），法律出版社2001年版，第82—87页。其他地方实践经验的总结以及全国性改革指针，参见《最高人民法院关于对全国部分人民法院实行立审分立、审监分立、流程管理检查情况的通报》；纪敏主编：《法院立案工作及改革探索》，中国政法大学出版社2000年版，第5章，特别是第261—265页。

格论证的对话[83]，也未必能积极支持那种以形成"对外负责"机制为目标的社会变迁。程序化控制更注重的是法定审理期限规定的落实[84]，这虽然构成对罗尔斯提出的理想化议论中的时间压力问题的一个解答，但很容易变成不断压抑议论的契机，导致选择和确定丧失共识基础。如此结局并不是新程序主义的理想目标。

5. 程序正义与满意度的正比例以及反比例

关于程序正义的实现程度当然存在一些客观的评价标准，并且可以通过经验性事实加以检验和测定。但另一方面，主观的公正体验也非常重要。

根据汤姆·泰勒（Tom R. Tyler）教授对程序正义的社会心理学研究，从集体性价值判断的角度来看某种法律程序是否公平，构成衡量标准的最关键的因素有三个，即涉及身份认同和资格的"个人立场"、涉及权威者的动机和善意的"可信度"，以及决定过程只取决于事实和逻辑而不受到偏见和差异的影响的"中立性"。[85] 调查和实验的数据表明，对程序是否公正的主观体验是决定对结果是否满意的态度的最主要因素，所以在相当程度上不妨通过"满足度"（satisfaction）来把握知觉中的程序公正性。[86] 在这个意义上，在程序化改革中强调当事人对审判制度的满意度乃至人民对法律执行状况的满足度还是切题的。

最高人民法院自 1999 年以来推动"争创人民满意的好法院，争当

---

[83]　中国传统的法庭沟通活动中存在情理议论、教育性对话以及舆评等独特现象，有关话语空间与现代法律推理以及抗辩制中的论证等大异其趣。具体的讨论见诸季卫东：《法律解释的真谛（上）——探索实用法学的第三道路》，载《中外法学》1998 年第 6 期（收入笔者前注①论文集《法治秩序的建构》第 87 页以下以及本书第二编第一章）；季卫东：《中国司法的思维方式及其文化特征》，载葛洪义主编：《法律方法与法律思维》（第 3 辑），中国政法大学出版社 2005 年版；季卫东：《法律体系的多元与整合——与德沃金教授商榷解释方法论问题》，载《清华法学》2002 年第 1 卷第 1 期（收入笔者前注⑤论文集第 101 页以下）。

[84]　这种法定期限本位的审判效率观最典型的体现是《最高人民法院关于严格执行案件审理期限制度的若干规定》（法释〔2000〕29 号）。关于效率判断标准的分析，参见熊选国：《中国法院的效率改革》，载《中国法律》2001 年 8 月号。

[85]　Cf. Tom R. Tyler, *Why People Obey the Law*: *Procedural Justice*, *Legitimacy and Compliance* (Yale University Press, 1990).

[86]　参见〔美〕阿兰·林德、〔美〕汤姆·泰勒：《公正性与程序的心理学——对审判、政治、组织的应用》，〔日〕管原郁夫、〔日〕大渊宪一译，脑库出版 1995 年版，第 74—80 页。

人民满意的好法官"的活动⑧，强调审判机构内部的竞争机制和向社会提供审判服务的市场原理，并以人民的满意度作为评比的依据，可以为落实程序正义原理的制度创新营造声势和施加压力。但不得不指出的是，假如这种满意度最终不能既具体到当事人的层面，又与合理性论证过程密切结合，从而升华为作为基本结构的正义观，恰恰相反，是讨价还价的互惠性以及情绪化的倾向性舆论左右人们的公正知觉，在唯名论式的法律概念中把正义归结为纯粹的主观体验和各自的特殊化评判，那么就会出现这样的尴尬局面：越强调满意度，离程序正义的要求反而越远，也越容易陷入不同世界观、价值观之间的争执。

其结果是，个案决定与舆情公论之间的循环圈作为民主化司法的假想现实而形成和演变，导致特定的实质性价值或者文化遗传基因占据支配性地位，甚至造成某种以人民满意度为名的主观司法模式，使审判结果的可预测性和社会秩序的稳定性因而大幅度减弱。在这种状况下，与法律程序有关的"公平原则"只能导致那种重视情节和特殊条件、对具体情况进行具体分析的"情境伦理"（situational ethics）与基于功利主义的裁量权等因素的不同形态的实质性组合。

6. 程序成本与失误成本的比较分析

强调程序正义的时间压力、结果责任、裁量权以及满意度等制度设计上的特征，除受到社会环境和传统思维方式的影响外，在很大程度上还出于对程序成本的考量。特别是在实务部门，妨碍程序化改革的最主要的理由往往是烦琐的程序规则导致花钱费时以及一些社会代价的上升，使法律决定过程的效率有所下降。然而这种经济性得失计算往往有意无意地遗漏掉一个重要的项目，这就是**失误成本**——因决定错误而造成的资源浪费和各种形式的损害。在中国，以手续代替程序、忽视程序正义的重大后果之一正是国家机关不得不支付庞大的失误成本，在这里可以举出信访制度因案件过多、成本过高而濒临崩溃的危机作为问题的

---

⑧　参见最高人民法院政治部编：《让人民满意》，人民法院出版社 2002 年版。

严峻性和荒唐性的明显证据。⑧ 追溯上访潮的根源可以发现，症结在于那种实质高于程序的制度设计。

如果把法律秩序为社会提供的最基本的公共物品分为实质正义和程序正义这两大类型，从个案解决的角度来看，笔者认为前者不妨被比喻为"期货"，相应地后者则不妨被理解为"现货"。因为实质正义不仅仅满足于形式合法性，需要参酌情节、形势、道德规范、当事人共识等进行裁量与衡平，所以只是对未来审理结果的一种公平承诺。当事人如果以实质正义为博弈对象，必然要面对长期交涉和结果不确定的风险，但可以通过互惠性交涉、自主性和解以及事后性申诉来防止恣意化的决定。与此相对照，程序正义是可以即时获得的，形式和内容是明确无误的，由此获得的结果具有较大的可预测性和既判力，但通过事后变更进行修正的机会则非常小。一般而言，诉讼当事人以及一般公民向法律秩序要求的基本上都应该是作为"现货"的形式正义和程序正义。但为了保证现行实证法适用以及个案判决等"现货"的价值调整和均衡化供应，避免在案情复杂、牵涉面广、决定过程长期化等情况下所引起的不当决定的危险，国家也需要在一定范围内提供约定未来决定以及权利创新或政策调整的公平性的"期货"——实质正义。

正如过于强调"期货交易"或者"现货短缺"都会导致市场价格机制的混乱以及投机性行为那样，过于强调实质正义或者程序正义的匮乏也势必导致法律关系的不稳定，诱发职权主义倾向与反复的交涉和申诉乃至缠讼行为的相互促进。以这样的状况为现实背景，信访制度的膨胀以及超负荷运转也就不足为奇了。面对混乱局面，有关部门往往更容易倾向于打破形式和程序的限制，在实质正义的旗号下大刀阔斧地行使裁量权和决定权，以加快处理案件的速度。这样做或许一时会明显见效，但长远地看，结果很可能进一步引起相对性不满和刺激信访活动，形成棘手的事情越办越多的恶性循环，直到制度承受力的极限或者

---

⑧ 例如报道《农民工维权成本调查：追讨 1 千亿欠薪需 3 千亿成本》，载人民网 2005 年 6 月 9 日（网址：http://politics.people.com.cn/GB/1026/3454662.html），访问日期：2025 年 1 月 1 日；具体的实证分析详见北京青少年法律援助与研究中心：《中国农民工维权成本调查报告》（2005 年 5 月 23 日公布）；报道《农妇伸冤 20 年 2 代记者关注，上访成本何其昂贵》，载新华网 2005 年 8 月 3 日（网址：http://news.xinhuanet.com/focus/2005—08/03/content_3299946.html），访问日期：2025 年 1 月 1 日。

当事人忍耐的极限为止。因此我们可以说，治本的举措归根结底还是在程序正义之中。

结　语

本章通过对 20 世纪 90 年代初期之后欧美政法思潮的重大转折以及中国法制改革的主要实践经验的概括性考察，进一步探讨了在世界观、价值观日益多元化和相对化的社会背景下法律程序对于公共选择以及秩序正统化的深远意义。如果说全球性制度变迁的主旋律在 19 世纪是自由，在 20 世纪是民主，在 21 世纪是沟通，那么在法学领域与此相对应的则依次是各国民法典编纂、社会法的兴隆，以及把法律作为关系调节器和沟通媒体的程序主义范式的浮现。在当今各国法治秩序所呈现的新事态中也的确可以看到这样的趋势：以程序规则和相应的论证规则为条件的法律议论逐步成为实质性决定的起点和终点，即使道德、正义这样的本来是"可以理寻、难以事诘……理或有先合而后乖，有先乖而后合者"（语出东晋高僧慧远）的纯粹主观性的精神境界，也在作为论辩对象和可交换理由的基础上开始进行程序化处理，所谓"详而辩之，指归可见"是也。在罗尔斯的正义学说与哈贝马斯的沟通学说之间发生的逆向而动的修正论述和转换立场尽管都揭示了系统理性的局限，但归根结底还是证实了这样的命题：在涉及价值判断的争执中，固守实质正义的立场并不能解决共识问题，所以有必要通过中立的程序安排来寻求在自主性前提下的相互理解和相互承认。

毫无疑问，程序本身也以一定的实质性价值为基础和内容，并且体现作为法与社会的基本框架的正义原则以及道德规范，程序正义与实质正义之间更存在着密切的联系和交相补充的作用。然而随着普遍主义的超越之力日渐式微，视实质高于程序（形式）的优劣顺位已经不再存续，恰恰相反，程序作为获得初期共识的前提条件的本源性以及在正当化过程中作为超越性价值根据的替代物的功能则越来越显著。因而作为主体参与法律议论的公民个人的权利诉求和程序行为，就构成维持程序系统的公平、效率以及反思理性的最大动力，或者构成以程序为杠杆推动法制改革的道德支点。换言之，追问程序本身的价值的主要方式还是促使公民重视程序以及积极地利用程序进行维权、达到程序的目的。在某种意义上，激活程序就是激活公民与国家之间的互动，同时也是激活围绕程序的各种价值论辩。这时即使不能就实质正义达成共识，也可以通过程序共识做出决定并使之具有正统性，在符合程序正义的基础上反复探索通往实质共识的途径。试图为程序的设计和评价预先提供一套实质性价值的判断标准，不仅很难如愿以偿，反倒有可能回归"重实体、轻程序"的窠臼，甚至蜕化成彻头彻尾的程序工具主义。所谓"程序价值"的内容也只能在程序之中并且通过关于程序的初期共识和基于程序的内容共识来形成、发展以及改善。

中国法制改革的程序化作业的出发点和基本设想是，在人际关系网络非常强韧、交涉、妥协以及达成共识的非正式沟通活动非常活跃的社会环境下，尤其应该借助程序这个形式性操作杠杆把利益的讨价还价以及特殊的价值取向都转化为合乎正义的、以法律语言表达的权利诉求，进而通过程序的过滤装置取得关于公共选择的实质性共识，并把程序正义作为各种法律决定是否妥当的担保。但毋庸讳言的是，在实践中逐步成形的我国程序系统却出现了一些与预期目标很不相同的形式上和内容上的特征。例如：知情权和信息公开方面的制度化作业的滞后导致议论的不对称性等程序瑕疵、以法定期限为参照系的提高决定效率的行政技术比抗辩制下的论证规则更受重视、传统的承包责任原理与办案质量指标的监测、说明义务等结合在一起成为程序系统的基本中继方式、追踪管理带来了过程的透明化但却没有充分反映对外负责的观念，等等。显而易见，在目前的中国，程序仍然主要与科层制而往往不是法律职业主义或民主政治联结在一起，因此程序规则还未能真正体现程序价值。鉴于这样的现状，程序化的下一步目标应该是在司法方面充分发挥抗辩制的作用，在立法方面促进政策竞争和条文竞争，在行政方面使问责制与提高透明度和加强外部监督挂钩。

要实现上述目标，在制度设计方面必须首先导入两项关键性的基本程序。一项是对包括法规在内的一切违宪现象进行司法审查的程序。这不仅有利于提高审判机关的地位和独立性，而且可以促进把讨价还价的互动转化成以法律推理、解释、证明以及说服为机轴的合理性议论，更重要的是为公民直接参与实质性价值的推敲以及共识的形成或修正提供必要的话语空间，可以更充分地保障程序价值以及程序目的。另一项是根据程序主义范式把一切国家机关的活动都纳入法治轨道，不给超程序的权力行为留有余地。在现代社会，任何国家权力的行使都受到程序规则的束缚，而容许摆脱这些束缚的例外只能是紧急事态，为此提供正当性根据的只能是实质正义、道德以及其他超越性价值根据。由此可见，在社会力量对比悬殊、制度条件尚未完备的结构中，过分强调实质性价值的结果不仅未必能堵塞程序设计的漏洞，很可能反倒为超程序的权力提供存续理由，甚至通过"不全则无"那样的连锁反应造成程序系统的瓦解。其实，即使发生紧急事态需要当机立断，也还是应该通过事先明确非常规性决定的前提条件和权限、事后追究责任等程序性安排来防止滥用权力的危险。

总而言之，要向新程序主义追问作为程序的基础的价值，那么回答就是对照保障公平的论证性对话和议论的程序性要求来检验现行的程序规定，使之实现所谓"程序价值"——程序内在的价值中立的价值，包括与严格的形式要件、合理性的实质判断以及正当的手段有关的各种基本规范——的衡量标准。因为根据这一立场，与法律程序相关的实质性价值基本上都可以通过程序价值的范畴本身来体现，而不必另行求诸其他外在的、先验的、超越性的价值根据；甚至还有必要把其他不同层面的实质性价值尽量都转化为可以用法律语言表达的形式，以便纳入程序之中进行可比较性和可沟通性的处理，从而有利于在多元化背景下达成更广泛的共识。

第三章

纯粹程序背景下的互惠关系[*]

关于罗尔斯的政治哲学和法哲学主张，国内外的研究、讨论以及批评的文献已经汗牛充栋了。本章无意重复已有的论述，也不想面面俱到，而是仅仅聚焦罗尔斯的晚期著作——更强调分配公平性的《正义新论》，特别是其中的纯粹程序主义的思想实验、具有某种决定论色彩的差别原则、兼顾偶然和道德根据的互惠性或相互性概念以及关于分配公平OP曲线的形式化论证，从不同视角考察国家与法律理论创新的契机以及对程序正义与实质正义之间关系重构的借鉴意义。

一、前提条件：理性的建构与合理的选择实践

罗尔斯的思想渊源，主要是穆勒式自由和宽容的思想以及在此基础上接纳的康德式构建主义。一般而言，他的学说因为致力于社会合作系统以及良好秩序的构建，所以难免些许设计理性的倾向。另外，因为注重自由、宽容以及相应的互惠性，所以设计理性又会留有合理选择和调整的空间，从而需要对"理性的"（rational）与"合理的"（reasonable）这两个概念进行更加细致微妙的区分。

"理性的"与"合理的"这一分类在罗尔斯正义理论成形的早期阶

＊ 本章源于作者在 2020 年上半年研究生读书班对罗尔斯正义论的讲解内容，由听讲博士生衣俊霖整理成初稿并进行技术调整。原文发表于《现代法学》2021 年第 1 期。

段就已经出现了①，但似乎没有得到具体而明确的表述。在《正义论》这本书中，两者之间并没有明确的界限；罗尔斯仅在为数不多的场合同时使用"合理的"和"理性的"这两个概念，而且基本上视它们为同义词。直到《政治的自由主义》发表时，这一对概念才有了精确的、完整的展开。②《正义新论》成书之际，罗尔斯引入西布里（Sibley）对这两个概念所做的区分③，并通过康德的纯粹实践理性与经验实践理性的分类以及完全自律与合理自律的区别等媒介，与政治意义上的人的两种道德能力的概念相呼应。在这里，人的第一种道德能力是指正义感觉，第二种道德能力是指善良构想④，前者属于理性的范畴，后者属于合理的范畴；前者主要涉及平等的自由原则，后者主要涉及结果不平等的条件、多元性的事实以及适当调整和修正的机制。罗尔斯曾经具体分析判断一个人是否合情合理的标准包括两个层面：首先，人们乐于提出那些能够被所有人都视为公平合作条款的原则，如果别人提出这些原则，他们也乐于肯认；其次，当其他人都遵循这些原则时，他们也会承诺履行这些原则，即使有可能损害其自身利益。⑤不难发现，这两方面的特点正好对应着自由而平等人的两种道德能力中"正的界说"与"善的界说"。⑥一般而言，"正的界说"以及相应的道德能力

---

① John Rawls, *A Theory of Justice*, Cambridge：The Belknap Press of Harvard University Press, 1971, pp. 12-13, 18-19.

② John Rawls, *Political Liberalism*, Cambridge：Cambridge University Press, 1993, pp. 47-54.

③ W. M. Sibley,"The Rational versus the Reasonable", *Philosophical Review*, Vol. 62, no. 4 (October 1953), pp. 554-560. See John Rawls, *Justice as Fairness：A Restatement*, Erin Kelly ed., Cambridge：The Belknap Press of Harvard University Press, 2001, p. 7.

④ John Rawls, *Justice as Fairness：A Restatement*, Erin Kelly ed., Cambridge：The Belknap Press of Harvard University Press, 2001, p. 196.

⑤ John Rawls, *Justice as Fairness：A Restatement*, Erin Kelly ed., Cambridge：The Belknap Press of Harvard University Press, 2001, p. 7.

⑥ See John Rawls, *Justice as Fairness：A Restatement*, Erin Kelly ed., Cambridge：The Belknap Press of Harvard University Press, 2001, p. 19. 值得注意的是，那种纯粹为了自身利益而遵守在原初状态所达成的公平条款的行为，不宜被解释为合理的。因为，对于合理的人（reasonable person），即便在环境迫使他们不得不以牺牲自身利益为代价时，也会承诺履行那些关于公平合作条款的原则。John Rawls, *Justice as Fairness：A Restatement*, Erin Kelly ed., Cambridge：The Belknap Press of Harvard University Press, 2001, p. 7. 关于"正的界说"与"善的界说"的区别以及在法学研究方面的意义，参见季卫东：《互惠的正义——法理学的视角转换及其实践意义》，载《中国法律评论》2018年第3期，第1—5页；季卫东：《中国式法律议论与相互承认的原理》，载《法学家》2018年第6期，第1—15页。

与"理性的"类型相关，而"善的界说"以及相应的道德能力与"合理的"类型相关。[⑦]

在做出以上区分之后，从原初状态出发建构道德以及正义理论的纯粹程序主义思想实验就延伸出两条逻辑进路。第一，理性选择理论，即证明那些掩藏在"无知之幕"背后、不知道自己属于哪个阶层，但却致力于自己利益最大化的人们，他们所做的决策、所立的合约是理性的，在揭开"无知之幕"后也可以通过"反思均衡"的伦理学方法来建构和重构道德，并通过道德稳定性形成正义观念。第二，合理选择的实践理论，即证明在撤除"无知之幕"后的现实条件下，可以通过"重叠共识"的政治学方法来建构合作体系，从而确保制度架构的稳定性。在这里，追求重叠共识的主语是不同的价值观，或者说价值观各异的人们正是通过沟通、合意以及承认来实现不同信仰、思想、伦理的兼容并蓄。因此，重叠共识与暂定的妥协不同，是基于道德根据的一种稳定的政治构想。值得注意的是，罗尔斯曾经多次强调，合理性优先于理性，合理性是对理性的限制条件[⑧]；这种有限理性的立场就使得设计合理主义带有某种进化合理主义的色彩，并且导致"反思均衡"有狭义与广义之别——狭义的反思均衡是指特定主张能一以贯之，或者说是一种正义观实现其内在的整合性；而在广义的或者说完全的反思均衡化过程中，人们还必须在公共正义的构想与其他可选择性正义构想之间进行整合。[⑨]

《正义新论》一再强调合理的优先于理性的，似乎理性逐步失去道德上的中立性而被吸收消化到合理的概念之中，并且还主张那种试图把整

---

⑦　在《正义论》中，罗尔斯将具有这两种道德能力的人定义为道德人，一种具有自己的目标并且具备正义感的理性存在（rational beings），但是理性的与合理的之间没有一个明确的区分。See John Rawls, *A Theory of Justice*, Cambridge：The Belknap Press of Harvard University Press, 1971, p. 12. 到了《正义新论》阶段，罗尔斯的表述更为清晰——作为政治意义上的人，公民的道德能力可以由善（good）和正（justice）两方面构成。或者说，公民具有理性的和合理的能力。John Rawls, *Justice as Fairness：A Restatement*, Erin Kelly ed., Cambridge：The Belknap Press of Harvard University Press, 2001, p. 196.

⑧　John Rawls, *Justice as Fairness：A Restatement*, Erin Kelly ed., Cambridge：The Belknap Press of Harvard University Press, 2001, pp. 81-82.

⑨　John Rawls, *Justice as Fairness：A Restatement*, Erin Kelly ed., Cambridge：The Belknap Press of Harvard University Press, 2001, pp. 29-31.

个正义原则的论证都建立在理性选择理论之上的做法是错误的。⑩但实际上，在罗尔斯论证正义原则的过程中始终贯穿着一种目的理性的演绎逻辑方法，并大量借鉴经济学的形式化技术⑪，俨然把"效用最大化"作为理性的判断标准⑫，而合理的概念反倒更像是对理性在遇到疑难情况时的一种补充。在这里正义观似乎出现了理性的悖论。无论如何，合理与理性总是交错在一起并且显得密不可分，或者用罗尔斯自己的话来说，最终的正义理念是"合理而理性的"（reasonable and rational）人们的选择。⑬在这个理论体系中，一方面，处于原初状态的公民只能是理性的、自律的，不得不停留在目的理性的位置上；另一方面，只有当公民自觉适用他们在原初状态中自由选定的正义原则并以此为动机采取行动时，他们才能完全实现自律。因此，把理性与合理有机结合在一起的是罗尔斯的道德主义倾向，但却对外呈现出一种纯粹程序正义的形态。

二、价值排序：关于正义的思考实验

1. 原初状态与无知之幕

罗尔斯试图从原初状态通过纯粹程序主义的演绎式论证推导出正义原则。他的理想是找到一种深思熟虑并且坚定的信念，以建构一种在自由而平等的公民之间实现公平的社会合作体系。但实际上却只能进行推

---

⑩ John Rawls, *Justice as Fairness：A Restatement*, Erin Kelly ed., Cambridge：The Belknap Press of Harvard University Press, 2001, p. 82.

⑪ 在《正义论》中，罗尔斯非常推崇一种从前提到结论的具有严格形式化特征的道德几何学（moral geometry）。尽管在论证过程中不得不借助高度直觉性的推理，罗尔斯仍认为严格的演绎推理是应当追求的理想目标。See John Rawls, *A Theory of Justice*, Cambridge：The Belknap Press of Harvard University Press, 1971, p. 121, 126. 对于这种严格形式化的推理，罗尔斯在晚年所持的态度明显更加谨慎。在《正义新论》中，他专门列举了两条理由来解释为什么理想状态的演绎推理式是难以达到的。详见 John Rawls, *Justice as Fairness：A Restatement*, Erin Kelly ed., Cambridge：The Belknap Press of Harvard University Press, 2001, pp. 133-134。

⑫ John Rawls, *A Theory of Justice*, Cambridge：The Belknap Press of Harvard University Press, 1971, p. 14.

⑬ John Rawls, *Justice as Fairness：A Restatement*, Erin Kelly ed., Cambridge：The Belknap Press of Harvard University Press, 2001, p. 8.

论，说明处于原初状态的公民会在政治层面的正义原则清单上进行什么样的选择。无论如何，罗尔斯试图用上述信念或者推论衍生出一种恰当的分配原则，据此调整公民之间的不平等。⑭

所谓原初状态，是把公民作为仅仅平等的道德人格来表现的一种思考实验装置，是一种确保缔结任何协议都是公正的、不受主观任意性以及力量对比关系左右的条件设定，由此也是对推论进行限制的选择过滤装置。他借助原初状态这一思考实验装置来模拟参与协议签订的各方的反应⑮，其目的并非对人们的行为进行解释，而是对道德判断进行说明，并解释公民所持有的正义感以便相互理解，进而寻求全体一致的同意。⑯ 实际上，罗尔斯无法证明我们必须接受他关于原初状态的假定，而只是希望通过沟通来说服我们接受——即使不是立刻接受，在考虑之后也会最终接受——这种假定。他希望自己关于原初状态的构想能够确立一种在缔约当事人、公民以及我们自身当中都获得广泛承认的正义观，为此通过"无知之幕"的假定来化约对原则进行选择的过程的复杂性。当然，并不能认为原初状态的构想本身没有道德效力，只是原初状态所依据的概念群集在伦理上是中立的。⑰ 这里更重要的是观察视角的区别。实际上，持有原初状态的构想、讨论其依据的概念群集的只有关注元规则的"我们"。对"我们"而言，原初状态是具有道德意义的。然而对那些身处原初状态之中的缔约当事人而言，原初状态在道德上则是中立的。在这里，为了避免直观的、实质性的道德判断互相冲突引发混乱和冲突，罗尔斯把正义论的第一判断，即我们（公民）作为自由而平等的道德人格这个命题彻底形式化了。在这个意义上也可以说，原初状态构成了与我们的直观的道德判断相对应的一种完全形式化的公理体系。

正因为如此，我们势必倾向于程序主义的正义论。罗尔斯曾经明确

---

⑭　John Rawls, *A Theory of Justice*, Cambridge：The Belknap Press of Harvard University Press, 1971, p. 7.

⑮　John Rawls, *A Theory of Justice*, Cambridge：The Belknap Press of Harvard University Press, 1971, p. 120.

⑯　John Rawls, *A Theory of Justice*, Cambridge：The Belknap Press of Harvard University Press, 1971, p. 120.

⑰　John Rawls, *A Theory of Justice*, Cambridge：The Belknap Press of Harvard University Press, 1971, p. 579.

指出，"原初状态把纯粹的程序正义最大限度具体化了"⑱。不言而喻，所谓程序正义是指不存在关于正确与否的独立标准，正确与否是由程序的结果来定义的正义构想。⑲在这里，程序上的正确性被转换成了结果上的正确性。基于同样的逻辑，原初状态的公平也被转换成了从正义原则演绎出来的公平，因而才有"作为公平的正义"这种说法。把原初状态视为纯粹程序正义的一个场景，就势必导致合理的自律这样一种模型。也就是说，当事人们从给定的选项清单无论选择什么原则都被认为是正确的。⑳因此，在作为形式化公理体系的原初状态当中进行合理计算的结果就可以被理解为程序正义的内容。换言之，程序的内容是由合理的概念计算构成的。由此可见，基于原初状态所能得出的正义理念也不是唯一的，需要进行选择。在理想状态下，通过演绎性推理就可以从原初状态推导出正义原则，但现实情形是，当事人将从政治原则的一长串选项清单中交涉和议论，决定究竟怎样选择。

在《正义新论》中，关于选择的推论实际上采取的是两步比较法。首先把正义两原则与平均效用最大化原则进行比较，其次把正义两原则与带有最大最小规则保障的平均效用原则进行比较。概而论之，最大最小规则是关于原初状态下的当事人在选择正义原则之际应该考虑的各种论点的发现装置以及做出评价和决定的标准。罗尔斯对该规则的适用情形进行了辩护，指出在原初状态这种假设状况下引入该原则是一种合理的选择。但是，他也坦言最大最小规则只是一种启发式算法，用于辅助原初状态的立约人进行慎思。㉑因此，罗尔斯并没有穷尽原初状态下能够成立的所有选项（当然也无法做到），尽管有很多选项被"无知之幕"的论证排除在外，但仍有一些选项通过了原初状态的筛选。此外，不宜适用最大最小规则的情形大致可以举出三种：第一，各种状况的分布概

---

⑱　John Rawls, "Kantian Constructivism in Moral Theory", *The Journal of Philosophy*, Vol. 77 no. 9 (1980) p. 523.

⑲　John Rawls, *A Theory of Justice*, Cambridge：The Belknap Press of Harvard University Press, 1971, pp.85 - 86；John Rawls, *Political Liberalism*, Cambridge：Cambridge University Press, 1993, p. 73.

⑳　John Rawls, *Political Liberalism*, Cambridge：Cambridge University Press, 1993, p. 72.

㉑　John Rawls, *Justice as Fairness：A Restatement*, Erin Kelly ed., Cambridge：The Belknap Press of Harvard University Press, 2001, p. 8.

率至少在一定程度上是已知的；第二，最坏情形在采取最佳选项时产生的结果（保证水平）是无法令人满意的；第三，未选择的选项导致的最坏结果并不会低于保证水平太多。[22]毫无疑问，这些情形无疑限缩了最大最小规则的适用范围。但无论如何，最大最小规则对正义两原则的正当化而言并不是一个决定性的因素。[23]

　　一般认为，"无知之幕"是对公民在不清楚自己所属阶层的状况下选择使自己利益最大化的正义原则的思维方式的一种概括，以此作为实验的条件设定。无知之幕的假设不等于一种理性选择理论，但却有利于选择的理由论证以及在重叠共识的基础上进行正当化。但是，也有学者认为无知之幕的设定对于论证平等原则没有帮助，这一批判的代表人物便是罗纳德·德沃金，在政治哲学和法哲学领域内他通常被认为是与罗尔斯、诺齐克齐名的人物。德沃金认为，罗尔斯隐藏在无知之幕背后的深层理论乃是一种抽象的权利理论——基于抽象性的权利观。这一抽象权利既不指向某种特殊的个人权利，也不可能指向特定个人目标的权利。换句话说，虽然有关于各种自由的具体权利，但是并不存在某一种关于自由的抽象权利。[24]德沃金认为，在政治理论中，这一比自由更加抽象的一般性概念，便是"平等"。从平等可以演绎出自由，却不能从自由演绎出平等。[25]在德沃金看来，罗尔斯正义理论的基础实际上是具有两种道德能力——做出人生的合理计划和拥有正义感——的人们所拥有的平等权利，因为平等关怀和尊重权利已经暗含于原初状态（纯粹程序正义）的先决条件中，是无知之幕背后的立约人展开谈判的前提，而不是契约订立的结果。[26]德沃金还认为，实现分配正义的前提是资源平等，这种平等应该通过符合完全程序正义的拍卖市场模型来实现；在资源平等基础上的分配正义则应该通过作为纯粹交换机制的保险市场模型以及以平等关怀为

---

[22]　罗尔斯描述了三种可以使用最大最小规则的情况，如果从反面的角度来看待这些情况，便是最大最小规则不一定适用（或者说，使用该规则很有可能是非理性的）的情况。See John Rawls, *Justice as Fairness*: *A Restatement*, Erin Kelly ed., Cambridge: The Belknap Press of Harvard University Press, 2001, pp. 98-99.

[23]　John Rawls, *Justice as Fairness*: *A Restatement*, Erin Kelly ed., Cambridge: The Belknap Press of Harvard University Press, 2001, p. 98.

[24]　参见何怀宏：《公平的正义——解读罗尔斯〈正义论〉》，山东人民出版社 2002 年版，第 215—216 页。

[25]　参见前注[24]，第 215 页。

[26]　Ronald Dworkin, *Taking Rights Seriously*, Cambridge: Harvard University Press, 1978, pp. 181-183.

原则的行政举措来实现（详见本书第一编第四章）。㉗ 值得注意的是，德沃金借助运气与选择这个关键性的概念区分，把责任观念和问责机制嵌入运气和风险分配之中，进而把选择自由、责任自负的自由主义原则也嵌入平等的正义理论之中，与罗尔斯的正义新论有异曲同工之妙。

2. 反思均衡与判断整合

"反思均衡"是罗尔斯正义理论的一个独具特色的伦理学方法，也被理解为一种正义原则和道德观念的建构以及正当化机制，其本质在于通过交涉、沟通、议论实现判断的整合化。在《正义论》一书中，罗尔斯认为反思均衡，就是要让原初状态下选择的正义原则与我们直观的、经过深思熟虑的道德判断达到均衡。博弈论学者宾默尔（Binmore）对于反思均衡这一概念的理解非常有启发性，他说："这是发展科学模型时的一种基本方式，即理论模型与实证数据之间的互动。"㉘换言之，如果理论模型和数据演算的结论不相符，要么更改模型，要么对数据进行更仔细的检查㉙。反思均衡所使用的"数据"其实就是罗尔斯所提到的在相互作用中达成的暂定不动点（provisional fixed points）㉚。对于思辨性的科学探索（speculative scientific investigation）需要运用形式化方法（formal methods）来约束思考过程，能够在一定程度上避免因解释的任意性而造成空中楼阁。这对于道德哲学也适用，而且更加不能马虎㉛。需要指出的是，反思均衡并不旨在寻找一个认识论上的真理，而是说在一定的历史时期内，我们在互动关系中获得的某些观念可能是非常带有确信属性的。㉜例如，罗尔斯将林肯关于奴隶制的判断作为一个不动点。这并不是

㉗ 参见〔美〕罗纳德·德沃金：《至上的美德：平等的理论与实践》，冯克利译，江苏人民出版社 2003 年版，特别是第 67—129 页。

㉘ Ken Binmore, *Playing Fair: Game Theory and Social Contract Volume* 2, MIT Press, 1998, p. 319.

㉙ Ken Binmore, *Playing Fair: Game Theory and Social Contract Volume* 2, MIT Press, 1998, p. 319.

㉚ John Rawls, *A Theory of Justice*, Cambridge: The Belknap Press of Harvard University Press, 1971, p. 20.

㉛ Ken Binmore, *Playing Fair: Game Theory and Social Contract Volume* 2, MIT Press, 1998, pp. 319-320.

㉜ John Rawls, *Justice as Fairness: A Restatement*, Erin Kelly ed., Cambridge: The Belknap Press of Harvard University Press, 2001, p. 19.

说林肯的判断就是绝对正确的，而是说该判断目前被人们内心所坚信，因此不妨在开始探索反思均衡时视之为正确判断的起点。㉝当然，无论我们对于起点本身有多大的信心，随后的反思过程都有其必要性。在这个意义上，反思均衡并不依赖一个不证自明（self-evident）的起点，也就是说它是一种非基础主义的（nonfoundationalist）论证㉞。值得留意的是，罗尔斯的理论其实是把正义两原则当作实现反思均衡的原则，为此必须调和超越性演绎与经验性归纳、理性与合理之间的关系。

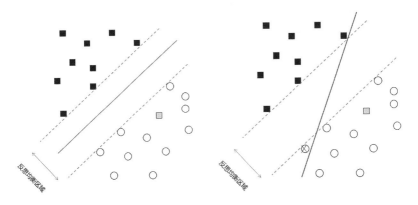

图 1　反思均衡示意图㉟

不妨将图 1 中的点状符号理解为特定历史环境和社会中人们所持有的常识性判断，即"不动点"。其中，矩形点表示人们普遍内心确信是错误的判断，而圆形点表示普遍被相信为正确的观点，那么反思均衡可以理解为一种筛选机制——对那些使用正确/错误的编码对常识性判断进行分类操作的政治理论主张加以甄别。例如，图 1 中的虚线描绘了基于常识性判断所能达到反思均衡的区域，某一种政治主张如果落入这一划定的区域之内，便可以被视为通过了反思均衡的考验。图 1（右）展示了

㉝　John Rawls, *Justice as Fairness*：*A Restatement*, Erin Kelly ed., Cambridge：The Belknap Press of Harvard University Press, 2001, p. 29.

㉞　John Rawls, *Justice as Fairness*：*A Restatement*, Erin Kelly ed., Cambridge：The Belknap Press of Harvard University Press, 2001, p. 31.

㉟　本图的绘制受到一种经典机器学习算法"支持向量机"（Support Vector Machine, SVM）的启发，该算法中的支持向量，即位于决策边界上的正类与负类样本，与反思平衡中的不动点非常类似。关于 SVM 算法的更多介绍，可参见张学工：《关于统计学习理论与支持向量机》，载《自动化学报》2000 年第 1 期；丁世飞、齐丙娟、谭红艳：《支持向量机理论与算法研究综述》，载《电子科技大学学报》2011 年第 1 期。

一种未通过反思均衡的情况。图中的实线表示某一种政治理论主张，该主张将某一圆形点——不妨认为其代表了"劳动者有休息的权利"这样一种被普遍确信的判断——错误地置入了直线的左侧，即直线所代表的政治主张与人们的常识性判断产生了冲突。换而言之，如果无法推翻常识性判断，那么该政治主张便不能通过反思平衡的检验。值得注意的是，常识性判断并非永远正确。图1（左）的反思平衡区域右下方有一个方形的灰色点便展示了这样一种罕见的情况，即某一个不动点与反思均衡状态中得出的主张发生了冲突，但是并未造成主张的修改，反而是引起人们对于该不动点判断的改变。从这个意义上，我们可以理解为什么反思均衡是非基础主义的论证方式。也就是说，处于原初状态的人们在揭开"无知之幕"之后需要通过反思均衡的互动来整合价值判断、确立道德并且实现道德的稳定性，进而确立社会正义的观念。而在现实生活中，则是在均衡化互动的基础上以达成"重叠共识"的方式来形成社会合作体系、实现社会稳定性，进而建立和健全政治和法律的制度。上述两个稳定性的实现在相当程度上有赖于理由论证以及正义感的陶冶，为此必须把合理的道德心理学（reasonable moral psychology）也纳入正义论的视野之中。㊲

三、正义焦点：差别原则和财富分配

众所周知，罗尔斯理论的主旨是论述正义的两个原则，即平等的自由原则与关于应对结果不平等的例外性原则。后者又细分为两种设定条件限制的原则：第一，机会的公平平等原则；第二，"差别原则"（difference principle）。在这里，以经济发展的较高水平为前提，上述原则的优先顺序是作为宪法必要条件的第一原则以及机会的公平平等原则、差别原则——差别原则的排序在最后。但是，仔细推敲其中的思想内容和演变路径，我们可以发现其实差别原则才是罗尔斯关于正义学说的核心观念或者生命线。那么，差别原则是矫正或者缩小贫富悬殊的原则吗？是回应最不利者的利益最大化诉求以缩小差距的原则吗？回答为是，但又

㊲ John Rawls, *Justice as Fairness: A Restatement*, Erin Kelly ed., Cambridge: The Belknap Press of Harvard University Press, 2001, pp. 429–434.

不全是。例如，足球或者棒球运动员以及艺术明星的巨额报酬并不违反差别原则，因为正义原则并不适用于私人团体或者结社组织。又如，在发展中国家出于生存权的考虑而限制某些自由权利也被认为没有违反正义的排序标准，因为对于饥寒交迫的人而言，自由显得太奢侈。当然，罗尔斯本人曾经指出过，把基本自由的优先性完全限制在繁荣程度较高且足以使它们被"实际"享有的社会，还是有所不足的。从原初状态的角度来看，缔约当事人也许会坚持认为，他必须相当富足，能够实际享受这些自由。由于存在着无知之幕，便设定了一个条件：为了使基本自由的优先性得到落实，每个公民必须在物质上相当富足，使他们能够实际享受这些自由——虽然没有明说，但论证中一直存在着这层含义。

既然罗尔斯承认这个前提条件，即要想使第一条正义原则成为一条固定的优先原则，"需要公民的基本（物质）需要得到满足"㊲，那么我们就可以用四条原则来表述罗尔斯的"特殊的正义概念"。㊳这些适用于财富足以给全体成员提供基本物质需要的任何社会的原则，按照优先顺序排列如下：

（1）必须满足每个人的基本物质需要。

（2）在一个与人人自由的诉求相类似的、实现恰当平等的关于基本自由的方案中，每个人都应该享有平等的权利。

（3）在如愿获得社会地位的机会的分配之际，这个社会体系必须尽量增加处境最不利的阶层的机会。

（4）对经济的不平等必须做出这样的安排，以尽量增加最贫穷阶层的财富。

在这里，显然是用差别原则来解决社会和经济的不平等问题。关

㊲　罗尔斯承认，涉及平等的基本权利的第一原则也有可能让位于公民的基本需求，前提是这些需求对于公民理解以及充分行使其基本权利是必要的。此外，罗尔斯甚至明确指出，有时牺牲一定的自由来换取长期的收益是合理的。不过，从长远来看，权利优先于善，仍然是一个公正系统内在的长期均衡（long-run equilibrium）。换言之，按照罗尔斯的正义理念，如果一个社会的情况最终无法带来权利的平等，那么这是不可被接受的。John Rawls, *A Theory of Justice*, Cambridge：The Belknap Press of Harvard University Press, 1971, p. 247-248；John Rawls, *Political Liberalism*, Cambridge：Cambridge University Press, 1993, p. 7.

㊳　罗尔斯关于两条原则作为四部分的表述受到了佩弗的启发，参见 Rodney Peffer, *Marxism, Morality, and Social Justice*, Princeton University Press, 1990, p. 14,尽管罗尔斯不认同其中的 3（b），这一条要求一种经济组织的社会主义形式。John Rawls, *Political Liberalism*, Cambridge：Cambridge University Press, 1993, p. 7.

于差别原则的讨论，需要考虑它与其他原则之间的关系以及差别原则适用的对象（限制什么样的分配）、标准（按照什么尺度进行调整）、手段（采取何种方法再分配）以及正当化的理由。差别原则是狭义的分配正义原则，因此只针对基本善（primary goods）的下位具体分配问题，也就是说只涉及收入与财富的分配。为了向每个人提供基本需要，为了符合差别原则，就需要政府的干预和财富的再分配。[39]政府必须用"家庭津贴以及疾病和失业的专门支出"，或是通过消极的收入税，来保证某种"社会最低标准"[40]。机会的公平平等原则（或尽量增加机会）则要求政府通过公立教育制度或补贴私立学校的举措来保证教育机会的公平。

罗尔斯的正义两原则适用于基本善的全面分配，既包括基本的权利和自由、迁徙和择业的自由，也包括与职务和地位相伴的权威以及与责任对应的权力或特权、收入和财富、尊严，等等，都是客观的、看得见摸得着的，但是这种公平分配的对象不包括主观的幸福感。差异原则仅仅适用于收入和财富的分配，包括以下两层含义：第一，在机会公平平等的前提下承认竞争以及作为其结果的差别；第二，对结果的差别还要进行适当的调整，而调整的方式是让最不利者的利益得以最大化。在这里，如何判断最不利的阶层或群体、如何对不同阶层或群体进行比较、他们的人生期待收入如何确定等就成为不可回避的问题，需要客观而精准的计算。罗尔斯试图通过 OP 分配曲线等经济学的分析方法和技术手段来改进差别原则的适用，类似的尝试当然也可以举出中国政府推动的精准扶贫的实例。

根据差别原则，我们应该对社会和经济的不平等做出一种适当的安排，能最大限度地使最不利阶层获益[41]；如果出现比这种安排更严重的不平等那就是不正义的。但是，比这更小的不平等又如何呢？例如，通过劫富济贫的方式缩小贫富差距就是过分的行为，实际上也会让穷人更

---

[39] 参见〔英〕迈克尔·H.莱斯诺夫：《二十世纪的政治哲学家》，冯克利译，商务印书馆 2002 年版，第 314 页。

[40] John Rawls, *A Theory of Justice*, Cambridge：The Belknap Press of Harvard University Press, 1971, p. 275.

[41] 参见前注[39]，第 319 页。

穷，显然不是最好的状态。[42]采用福利经济学的表述，可以说它不是帕累托最优；而采用差别原则所规定的分配方式，富人和穷人的命运都会得到改善，这既是帕累托最优，也是公平的，因此是"最佳的正义安排"。罗尔斯主张的差别原则是要兼顾经济效率与分配正义，为了达到两者之间的平衡，也为了更清晰地说明正义观念，他导入了关于分配正义的 OP 曲线的工具性分析框架。

四、OP 分配曲线的分析框架

尽管 OP 曲线只是用于辅助分析而非一种形式化的论证工具，但它对于理解罗尔斯的正义原则，特别是根据差别原则进行分配的思路具有重要的意义。罗尔斯的 OP 分配曲线在区分更有利群体（More Advantaged Group，MAG）与更不利群体（Less Advantaged Group，LAG）的基础上建立差别原则适用场景的分析坐标，为差距的指数测量提供了包括最高正义直线、公平分配最大值、纳什点（Nash Point）、边沁点（Bentham Point）、封建点（Feudal Point）等基本概念或指标[43]，形成了一个理论分析的初步框架，既可以进一步探索数理化的分析，也可以进行更深入的理论说明。

图 2 是《正义新论》中用来诠释差别原则的一张经典图片。其中，横轴代表的是社会合作中的更有利者群体（MAG）的福利；纵轴代表的是更不利者群体（LAG）的福利。将社会合作形成以及变化过程模拟为仅仅两个群体之间的博弈，显然忽视了社会群体的多样性和复杂性，并且没有考虑群体相互之间的动态转化以及各群体内部的差异性。但是，这一简化后的模型仍然捕捉到了分配正义中的主要问题，同时避免了陷入过于复杂的数学证明。

---

[42]　John Rawls, *A Theory of Justice*, Cambridge: The Belknap Press of Harvard University Press, 1971, pp. 78–79.

[43]　John Rawls, *Justice as Fairness: A Restatement*, Erin Kelly ed., Cambridge: The Belknap Press of Harvard University Press, 2001, p. 62.

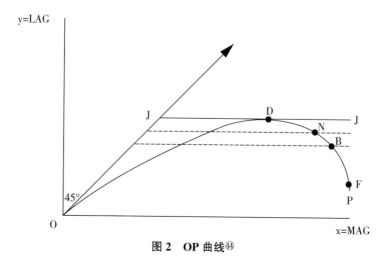

图 2　OP 曲线④

1. 社会合作中的效率和公平

值得注意的是，罗尔斯运用 OP 曲线的分析框架时隐性地采用了博弈论中的合作博弈（cooperative games）来模拟社会更有利群体与更不利群体之间的竞争与合作关系。这反映了关于社会作为公民之间合作框架的理念，即"没有合作，就没有任何东西被生产出来"⑤。基于这样一种假设，相较于非合作博弈（non-cooperative games），采取联合博弈的模型确实更符合罗尔斯对社会的理解。⑥在罗尔斯看来，社会合作体制具有以下特征：首先，合作体制由公共规则决定，后者包括组织生产互动、规定劳动分工、派定各种角色；其次，所分配的对象包括从产品中分配的应付的薪酬和收入。每一种特定形状的 OP 曲线对应于一种特殊的合作体制。OP 曲线起点 O 是平均分配点，两个群体在此处得到了相同的报酬，但是社会生产效率极低，随着分配差异的产

　　④　参见〔美〕约翰·罗尔斯：《作为公平的正义：正义新论》，姚大志译，中国社会科学出版社 2011 年版，第 79 页。

　　⑤　同前注④，第 77 页。

　　⑥　关于联合博弈与非合作博弈的辨析，参见 Martin J. Osborne and Ariel Rubinstein, *A Course in Game Theory*, Cambridge：The MIT Press, 1994, p. 255. 此外，联合博弈模型中有一个假设，博弈的结果必须得到双方的共同认可。如果任何一方不合作，就会导致无法达成合意。无法合作（disagreement）的结果被假定为最差的结果，是双方应尽力避免的，同样参见前 Osborne 书，第 300 页。

生，社会效率得到提高，P 点向右上方延伸，并开始偏离了代表平等分配的 45 度斜线。

显而易见，唯有提供差别原则这样的公平基础作为条件，那些处境更好的或财富更多的群体才能期待他人来与之进行合作。[47] 这似乎是在暗示，任何合作条款如果被更不利群体视为不公平的，那么他们就有理由可以选择不合作，这使得情况回到了没有合作的僵局（例如，OP 曲线中代表完全平等但效率很低的 O 点）。这种僵局显然是更有利群体和更不利群体都想竭力避免的情况，否则双方各自的收入和财富都会被减损。一般而言，在给予更有利者的报酬既定的情况下，给予更不利者的报酬更多，则合作体制更为公平。例如，图 2 中的一系列平行于横轴的直线（例如，J—J）是平等—正义线（equal-justice line）反映了"互惠性"的理念。较高的平等—正义线，意味着更不利群体的基本善指标更大。相反地，从较高的平等—正义线向较低方向的移动，则表示更不利群体的基本善被减损。虽然此时更有利群体的基本善指标得到增加，但无法将这一现象正当化，因为此时"相互交易"（trade-off）[48] 不被允许，互惠性遭到破坏。不难发现，差别原则在 OP 曲线上所对应的 D 点引导社会达到 OP 曲线上的最高点，达到最高的平等—正义线。

除了 OP 曲线上代表差异原则的 D 点，还有多个点值得注意。特别是 OP 曲线中反映纳什均衡的纳什点（N 点）。所谓合作博弈下的纳什解是指这样的一种合作协议，即如果一方提出与该协议不同的合作方案，并声称，"如果你不同意，我就会采取一些举措，从而按照一定概率导致我们无法达成合作"。另一方仍可以回应，"即便你采取措施，造成无法达成合作的危险，对我而言坚持之前的协议仍是更好的选择"。[49]数学上可以证明，更不利群体的基本善指标与更有利群体的基本善指标之乘积在 N 点达到最大值（几何平均值最大）。如图 3（右）所示，LAG 与 MAG 的基本善指标之乘积即 N 点与 O 点所确定的矩形面积，大于曲

[47]　John Rawls, *A Theory of Justice*, Cambridge：The Belknap Press of Harvard University Press, 1971, p. 103.

[48]　John Rawls, *Justice as Fairness：A Restatement*, Erin Kelly ed., Cambridge：The Belknap Press of Harvard University Press, 2001, p. 63.

[49]　Martin J. Osborne and Ariel Rubinstein, *A Course in Game Theory*, Cambridge：The MIT Press, 1994, p. 302.

线上其他点与 O 点所构成的矩阵面积。[50]

此外，边沁点（B 点）关于更有利群体和更不利群体的基本善指标之总和达到最大[51]，意味着算术平均最大。所以，B 点代表着一种关于社会最大多数人最大幸福的累加式功利计算。[52]在数学上可以证明，OP 曲线在 B 点的切线斜率为 1，任何对 B 点的偏离都会导致基本善总和的减少。比如，从 B 点向右下方往 F 点方向移动，则每 1 个单位的 MAG 的增量伴随着大于 1 单位的 LAG 减损，基本善总和小于边沁点。如果从 B 点向左上方往 D 点移动，则每 1 单位的 LAG 的增量伴随着大于 1 单位的 MAG 减损，基本善总和也小于 B 点。因此，更不利群体和更不利群体的基本善之和在 B 点达到最大值。此外，OP 曲线上还有一个封建点（F 点）。在该处，OP 曲线变成几乎垂直，这意味着社会分配以牺牲更不利群体的

---

[50]　对于基本善指标乘积取得最大值时得到联合博弈的纳什解，相关证明参见 Martin J. Osborne and Ariel Rubinstein, *A Course in Game Theory*, Cambridge：The MIT Press, 1994, pp. 300–304. 简单来说，当 LAG 和 MAG 的基本善的乘积达到最大值的时候，如果任何一方如果提出 N 点以外的分配结果，并且暗示出于己方利益最大化的考量，将有一定概率 p（0 到 1 之间的一个数值）停止合作，对另一方而言，在考虑了合作失败的概率 p 之后，坚持 N 点的方案仍然是最优选择。举一个具体的例子，假设 MAG 和 LAG 的基本善在纳什点分别是 6 和 4，如果 MAG 对 LAG 提议，"我想分配 7，你分配 3，如果你不愿意，我会采取一些措施，使得最终合作失败的概率是 10%"，对 MAG 而言，这一提议显然是理性的（rational），因为在考虑失败的风险之后，MAG 的预期收益为 $(1-0.1) \times 7 = 6.3$，比纳什点的收益 6 更高。但是，LAG 不会受这种风险的影响，考虑 10% 的失败概率后，如果 LAG 坚持此前的方案，其预期收益为 $4-0.1 \times 4 = 3.6$，仍比新方案中的 3 更高。因此，LAG 仍会坚持纳什点，MAG 想要用新方案取代纳什点将无法奏效。以下图片摘自 Martin J. Osborne and Ariel Rubinstein, *A Course in Game Theory*, Cambridge：The MIT Press, 1994, p. 304；图中两条曲线的交点即纳什解，此时博弈双方的基本善乘积（v1* v2）最大。对于联合博弈的纳什解有更复杂而详尽的论述，参见 Roger B. Myerson, *Game Theory：Analysis of Conflict*, Cambridge：Harvard University Press, 1991, p. 379。

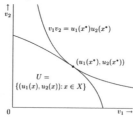

[51]　参见前注[44]，第 78 页。

[52]　博弈论经典文献将边沁点视为一种基于最大善原则（the greatest good principle）之下，通过磋商所得到的一个功利解（utilitarian solution），参见 Roger B. Myerson, *Game Theory：Analysis of Conflict*, Cambridge：Harvard University Press, 1991, p. 381。

基本善为代价，极度偏向更有利群体。

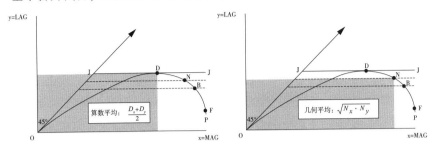

图3　几何平均和纳什均衡

2. 几个关于差别原则的批评

借助 OP 曲线的分析框架，我们可以对关于差别原则的几个经典批评进行讨论。第一种批评认为，最有效的 OP 曲线上升到最高点之后向右侧变化的斜率会非常缓慢[53]，形如图 4 中 O—D1—P1 曲线。在曲线从 O 向 D1 上升的过程中，MAG 的收益远大于 LAG，因此 D1 点对更不利群体来说是不公平的。不难发现，这一批评没有对更不利群体实际获得的基本善指标进行比较，而是聚焦于对更有利群体和更不利群体所获收益的比例进行讨论，因此如果要在合理性上进行分析，有可能涉及关于嫉妒的概念，这让我们联想到德沃金以嫉妒测试作为资源平等的判断标准的契机。[54]但是罗尔斯采用了一种更加简单直接的回应方式，即 O—D1—P1曲线在一个秩序良好的社会中是不可能存在的。[55]差别原则和在先的正义原则共同作用之下，背景制度拥有机会的公平平等和有效竞争，将缩小分享份额的比例差距，更有利者无法作为一个群体来联合行动以借助市场力量强行增加收入。因此，从 O 到 D1 那种分配额度极度不平等的情况将不会发生。

第二个批评的意见与前一个批评的 OP 曲线刚好相反，认为 OP 曲线到达最高点后下落的速度将会非常缓慢，形如图 4 中 O—D2—P2 的曲

[53]　John Rawls, *Justice as Fairness*：*A Restatement*, Erin Kelly ed, Cambridge：The Belknap Press of Harvard University Press, 2001, p. 66.

[54]　参见前注[27]，第 69—73 页。

[55]　John Rawls, *Justice as Fairness*：*A Restatement*, Erin Kelly ed., Cambridge：The Belknap Press of Harvard University Press, 2001, pp. 66-67.

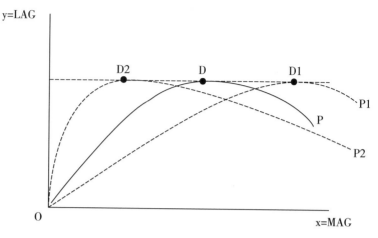

图 4　关于差别原则的两个批判

线。批评者认为，如果曲线能从 D2 点下落，则以 LAG 微小的损失为代价能够带来很大的 LAG 份额的增长（从而也大大增加了社会的基本善总和），因此停留在差别原则所规定的 D 点似乎对更有利群体不公平。[56]罗尔斯对此的回应也与这一假想的 OP 曲线是否可能存在有关。[57]在满足正义两原则的情况下，一定存在某种制度性设置来对财富进行再分配（例如税收制度），因此更有利群体的巨大报酬之中一定有相当部分转移给了更不利群体。所以，从 D2 到 P 点，LAG 的下降非常缓慢的同时 MAG 急速增加这种情况是不可能发生的。

概括来说，罗尔斯认为，坚持了他揭示的正义原则（平等的基本自由＋机会的公平平等），以上两种批评中所假设的 OP 曲线形状不可能实际出现，因此也就没有进一步讨论的必要性。不过，需要指出的是，对于 LAG 与 MAG 之间分享额度的比例，差别原则不规定具体的限度，而是把这个比例作为纯粹背景程序正义的结果，除非发现实际比例非常不公正才需要进行调整。[58]

最后，我们再看一下诺齐克关于更有利群体与更不利群体之间的合

[56]　John Rawls, *Justice as Fairness: A Restatement*, Erin Kelly ed., Cambridge: The Belknap Press of Harvard University Press, 2001, pp. 66—67.

[57]　John Rawls, *Justice as Fairness: A Restatement*, Erin Kelly ed., Cambridge: The Belknap Press of Harvard University Press, 2001, pp. 67—68.

[58]　参见前注[44]，第 85 页。

作问题的一个批评意见。罗尔斯强调，普遍社会合作能够给各方更大的利益，尽管各方所得将出现差异（对应 OP 曲线中 O 点即平均分配点）。但是，除了普遍的社会合作，诺齐克指出也可以有范围较狭的局部社会合作，比如 MAG 群体内部相互之间的合作。因此，把 O 点作为最差情况显然有些脱离现实。更进一步，诺齐克甚至认为，更不利群体无疑能从普遍合作体系中得到比更有利群体更大的利益，因为更有利群体内部的局部合作本身就是非常有利的。所以，差别原则试图使更不利群体更加得益的做法（例如对少数族群的优待措施）是不公平的。差别原则提出要最大限度地促进那些例如因才智较低而处境最差者的利益，但这种安排会损害更有利群体的利益从而可能使他们宁愿退回到该群体之内的局部合作中去。诺齐克因此断言，差别原则实际上会降低社会成员间的普遍合作。[59]

因此，仅仅使用社会合作这一概念，尚无法论证更有利群体需要向更不利群体让利。如果更不利者有权利提出以给他们尽可能多的份额作为合作条件，更有利者不也有权利提出以给他们尽可能多份额作为合作条件吗？OP 曲线这样一个基于合作博弈的框架，对于 LAG 和 MAG 来说，双方都能够对等地以拒绝合作为"底线"，从而迫使对方做出一定妥协，但这种妥协的限度在哪里呢？如果认为更有利者提出要获得尽可能多的份额这类条件是任意专横的（确实如此），那么更不利者提出类似的条件为什么就不是任意专横的呢？罗尔斯认为更不利者没有理由抱怨，因为每个人的幸福都依赖于社会合作，没有合作，任何人都难以过上一种满意的生活，因为生产寥寥，分配就更加捉襟见肘了。[60]但是，这并不构成更有利者就应当让利的理由，因为正如诺齐克试图论证的，同样的逻辑也同样可以用于让更不利群体向更有利群体让利。所以，基于 OP 曲线的论证框架最多只能为社会合作提供理由，而不能为差别原则提供理由，实际上并没有证明差别可以成为社会合作的公平条件。[61]在晚年，罗尔斯对于差别原则的正当化论证主要借助下一节我们将详细讨论的互惠性。

[59] Robert Nozick, *Anarchy*, *State*, *and Utopia*, New York: Basic Books, 1974, pp. 192–197.

[60] John Rawls, *Justice as Fairness: A Restatement*, Erin Kelly ed., Cambridge: The Belknap Press of Harvard University Press, 2001, p. 61.

[61] 参见前注[24]，第 194—195 页。

五、差别原则的正当化：互惠性

互惠性是《正义新论》区别于早前的《正义论》的最大特色，也是罗尔斯阐述差别原则并对之进行正当化处理的重点。㉒互惠性的思想渊源或许可以追溯到穆勒式的自由和宽容，其外延也不妨包括暂定协议，并通过重叠共识以及相互共识与社会契约精神对接。晚年的罗尔斯认为，对正义两原则进行正当化处理的根本基础是互惠性。在这一点上我们很容易联想到富勒，他认为社会的黄金律是互惠。㉓实际上，《正义新论》的根本规范就是互惠性。互惠性最鲜明地表现在差别原则中，但是在这里并没有做出很清晰的区分。本来互惠性对正义两原则都是有效的，但是它对第一原则和第二原则的第一部分的影响并没有得到充分的说明和论证。因为罗尔斯不得不借助差别原则来说明互惠性，很容易让人产生误解，似乎互惠性仅仅与差别原则有关，其实《正义新论》的目的是论证正义两原则的正当化根据在于互惠性。

罗尔斯对互惠性的格外关注，在一定程度上与他对《正义论》所做的一个重要更正相关。㉔在该书第一版中，正义理论被视为理性选择理论的一部分（a part of the theory of rational choice），但罗尔斯在后期认为这一说法是一种错误。理性选择理论只是处于纯粹程序主义原初状态的缔约当事人所使用的一种推理理论，用来对合理的正义原则给出理性化解释，并不是正义理论的全部。㉕在这里，我们可以看出关于理性和合理的区分的意义，这一区分正是罗尔斯后期思想的重要发展。在罗尔斯看来，合理优先于理性，后者对前者可以起到一定程度的解释作用。与这

㉒ 在《正义论》中，互惠性概念只是作为差别原则的一个优点被提及，并未被置于特别重要的地位。罗尔斯假定社会合作中有 A 和 B 两个人，并且假定 A 是处于更有利位置的人，B 是处于更不利位置的人。说服 B 接受差别原则似乎并不困难，因为如果不允许 A 处于更有利的位置，B 的情况就会比现在更糟。但是，如何说服 A 接受差别原则呢？罗尔斯的论证由两条线组成：第一，两个人的生活都依赖社会合作，否则没有人能过上更好的生活；第二，只有在合作条款合情合理的时候，我们才能要求每个人进行合作。详见 John Rawls, *A Theory of Justice*, Cambridge：The Belknap Press of Harvard University Press, 1971, p. 103。

㉓ 参见〔美〕富勒：《法律的道德性》，郑戈译，商务印书馆 2005 年版。

㉔ John Rawls, *Justice as Fairness：A Restatement*, Erin Kelly ed., Cambridge：The Belknap Press of Harvard University Press, 2001, p. 82.

㉕ John Rawls, *Political Liberalism*, Cambridge：Cambridge University Press, 1993, p. 53.

种更正相关联，最大最小规则对差别原则的证明不再发挥关键作用，罗尔斯转而诉诸互惠性和公共理性，特别是通过相互作用的关系来论证差别原则。[66] 在这个意义上，其实也不妨把互惠性理解为程序与关系之间的一个具有关键意义的衔接点。

概括地说，互惠性的概念内容包括对等性、相互利益以及利他指向这三个层面。当人们认为平均效用原则不包含互惠性时，其实是把互惠性与相互利益大致等同起来了。但在其他很多场合，互惠性可以理解为相互利益与利他指向的中间形态。[67] 也许我们可以对互惠性的观念进行更具体的分类：第一，把相互利益界定为一种弱互惠性，主要通过 OP 分配曲线中从 O 到 D 之间的表面变化或者帕累托改进来体现；第二，把利他指向界定为一种强互惠性，主要通过在相互利益基础上的相互贡献来体现；第三，把天赋才能的公共物品化（智商税）界定为高互惠性，主要通过"能者多劳"或者处于有利位置的人们向处于不利位置的人们的单向贡献来体现。当然，更有利者群体与更不利者群体之间的力量对比关系或者互动关系会影响互惠性的实现程度或状况，甚至造成互惠性的扭曲和偏颇。另外，互惠性还涉及道德心理学的问题，例如嫉妒、仇富的心理如何反映到差别原则中也是饶有趣味的研究课题。

毫无疑问，差别原则是具有规范含义的。差别原则也是社会稳定化的一种重要力量，可以增进公民之间的互信和协调的德性。差别原则在政治和法律领域应用的最显著的实例可以举出税收制度或者税法的设计方案，是采取平均税制还是累进税制、遗产税的轻重程度如何把握，等等，都会对贫富差距产生影响。但是对罗尔斯而言，差别原则与其说是立法指针，毋宁说是说服的逻辑和修辞。换句话说，从实现社会正义的角度来看，差别原则也许可以成为每个公民的行为指针，但却未必能成为立法指针。德沃金试图弥补这个缺憾，所以通过假想的保险市场模式来解决平等分配、供求平衡、福利改进等一系列问题，并把保险制度设

[66] John Rawls, *Justice as Fairness：A Restatement*, Erin Kelly ed., Cambridge：The Belknap Press of Harvard University Press, 2001, p. xvii.

[67] John Rawls, *Justice as Fairness：A Restatement*, Erin Kelly ed., Cambridge：The Belknap Press of Harvard University Press, 2001, p. 77. 详细的解释见 John Rawls, *Political Liberalism*, Cambridge：Cambridge University Press, 1993, pp. 16–17。

计与税收制度设计对应起来，为分配正义的实现提供立法的基本指针。[68]然而对于罗尔斯而言，要使差别原则成为个人的行为指针还有一个不可或缺的前提条件，即自由的公共理性。[69]在法与社会的实践中，这种自由的公共理性只能通过由公正程序保障的论证性对话、沟通、议论以及达成共识的方式来确立。也可以说，互惠因公共理性而超越暗盘交易，公共理性则因互惠而具有现实可行性——因为只有对各方都有利的时候，才能说服各方。特别是在无知之幕揭开之后，发现现实与原初状态下确立的正义原则是不一样的，在这种情况下，公正的程序设计和互惠性关系的逻辑就可以显示出说服力。[70]因此，罗尔斯晚年在《正义新论》中阐发的理论观点就已经与那些仅仅基于理性的概念（concept of rationality）来推导正义原则的理论观点区别开了，后者的推理主要建立在理性人的假设之上。例如宾默尔认为，相较于理性而言，合理性应该没有任何位阶上的优先性。[71]相反地，罗尔斯论证个人为什么要遵守原初状态达成的协议时，涉及了公民的正义感，这正与两种道德能力中与合理的（reasonable）部分相对应，也与在公正程序条件下的主张和理由论证相联系。

六、理性选择理论的重新定位

前面我们已经指出，罗尔斯从合理的与理性的两个角度来论证正义原则，因此理性选择理论不再是唯一基石。尽管如此，罗尔斯在《正义论》中引入 OP 曲线、博弈规则等工具性分析框架，使得正义理论这类抽象的哲学思考有可能借用经济学等的数理方法进行更具体、更实证的分析，其结果势必加强理性决策理论的作用。为此还有必要再深入探讨一下公共理性观念，并考察罗尔斯遇到的理论障碍以及解决问题的思路。

---

[68]　参见前注[27]，第 96—115、400—405 页。

[69]　John Rawls, "The Idea of Public Reason Revisited", *Collected Papers*, Cambridge: Harvard University Press, 1999, pp. 537–615.

[70]　John Rawls, *Justice as Fairness: A Restatement*, Erin Kelly ed., Cambridge: The Belknap Press of Harvard University Press, 2001, pp. 122–124.

[71]　基于理性的立场，宾默尔对于康德式的定言命令这一具有绝对性（unconditional）的概念持有强烈的批评态度。Ken Binmore, *Rational Decisions*, Princeton University Press, 2009, p. 4; Ken Binmore, *Just Playing: Game Theory and Social Contract Volume* 2, Cambridge: MIT Press, 1998, p. 157.

如果沿着基于理性选择理论对正义原则进行论证这条脉络来看，可以说豪尔绍尼（Harsanyi）和罗尔斯（在正义论中阐述的早期观点）恰好构成两极，而其他学者的主张则分布在其间的不同位置上。[72] 双方的争议主要在于无知之幕的厚度以及人的偏好是什么。[73] 宾默尔的立场介于两者之间，并在两人研究的基础上进一步从理性选择的角度来推动正义理论发展。一方面，宾默尔认为豪尔绍尼所采用的分析框架（基于贝叶斯决策理论）比罗尔斯的最大最小规则更加严谨。罗尔斯式立约人那种对不确定性的极端厌恶（uncertainty aversion）是非理性的（irrational）[74]，所以宾默尔试图抛弃所谓的要遵守原初状态所达成协议的自然责任（natural duty）[75]。或者说，抛弃合理性这一逻辑进路，完全依赖理性选择理论来论证平等意义上的公平。另一方面，他非常赞赏罗尔斯有关分配应尽可能平等的直觉[76]，并被差别原则所吸引而加以弘扬，因为它最大化了最不利群体的福利[77]。从理性选择理论的视角来看，豪尔绍尼和罗尔斯在预设前提假设时都采用了无知之幕这一纯粹程序主义的思考实验装置来模拟原初状态下立约人的情况，但是两人对于立约人会如何进行决策所采用的理论是非常不同的。罗尔斯使用具有决定论色彩的最大最小规则来模拟立约人的决策过程，并基于此对差别原则的优越性进行论证；豪尔绍尼的推理则基于贝叶

---

[72]　参见丁利：《社会正义理论：豪尔绍尼与罗尔斯的比较》，载《思想战线》2006 年第 2 期，第 14—16 页；Ken Binmore, *Rational Decisions*, Princeton University Press, 2009, pp. 73-74。

[73]　无知之幕的厚薄之别，实际上体现了原初状态与功利主义传统上不偏不倚的旁观者之间的实质区别。后者可以说从休谟和斯密等古典功利主义者一直传承至像森和豪尔绍尼。豪尔绍尼为不偏不倚的旁观者提供了两种不同的模型：其一，个人具有内在化的道德偏好（internalized moral preferences），这种偏好可能通过第三方的视角表达出来，然而，这些偏好也可能是因人而异的；其二，不偏不倚的旁观者相当于参与到一个思想实验中，他将试着去考虑每个人的主客观条件，并且想象自己有同等的概率来成为任何一个他人，同时也能够忽略自身的实际境况。由于第二个模型包含从一种假想情境中得出判断的过程，因此和原初状态有近似之处。观察者模型一见 John C. Harsanyi, "Bayesian Decision Theory and Utilitarian Ethics", *American Economic Review*, Vol. 68, no. 2, 1978, pp. 223-228；模型二见 John C. Harsanyi, "Cardinal Welfare, Individualistic Ethics, and Interpersonal Comparisons of Utility", *Journal of Political Economy*, Vol. 63, 1955, pp. 309-321。

[74]　Ken Binmore, *Just Playing: Game Theory and Social Contract Volume* 2, Cambridge: MIT Press, 1998, p. 319.

[75]　Ken Binmore, *Just Playing: Game Theory and Social Contract Volume* 2, Cambridge: MIT Press, 1998, p. 431.

[76]　Ken Binmore, *Rational Decisions*, Princeton University Press, 2009, pp. 73-74.

[77]　Ken Binmore, *Just Playing: Game Theory and Social Contract Volume* 2, Cambridge: MIT Press, 1998, p. 316.

斯决策理论，侧重相互作用中的概率性。一般而言，最大最小原则被认为是求解博弈论问题时的一种特殊解法，它在二人零和博弈（two-person zero-sum）这一情形中碰巧是纳什均衡解，但其适用场景具有局限性，因此无法取代一般性的、基于期待效用最大化的求解方式。[78]宾默尔认为，罗尔斯舍弃贝叶斯决策理论的原因在于他不能接受豪尔绍尼基于该理论做出的关于功利原则的论证，因此选择了基于最大最小规则的论证路线。[79]但是，罗尔斯关于原初状态所设定的纯粹程序主义条件，在宾默尔看来是非常契合贝叶斯决策理论所适用的应用场景的，因此，挑战正统的理性选择理论并不是一个好的选择。[80]

在罗尔斯设想的正义原则选择之际，最大最小规则的作用究竟有哪些？首先，罗尔斯设定了假想的原初状态，罗尔斯试图通过演绎式的论证，推导出正义原则。在这里其实存在一个默示的前提条件，即进行康德式的解释，把某种道德规范作为所有公民都可以接受并服从的命令或义务。我们知道社会契约式的论证基本上都是这么做的，从确信推论出正义。但是，在合理的多元化社会，在一个后形而上的时代，正义理论的论证需要非康德式的公共理性以及政治的正义观念，需要实证的分析。因此，罗尔斯不得不考虑存在一份正义原则的清单，并假设原初状态的当事人接到这份清单会进行怎样的选择，然后再对正义观念进行公共论证。首先要考虑人们如何获得正义感，其次还要考虑如何实现社会合作体系的政治构想。为此，罗尔斯着重分析了通过相互作用达成重叠共识的理由（包括原则与妥协、暂定协议的稳定化和恒久化）以及过程。在罗尔斯看来，重叠共识的目标是实现善治，因而需要根据正义构想形成一种秩序良好的社会。对秩序良好社会的判断标准主要有三条：一是所有公民都接受统一的正义原则，即存在基本共识；二是作为社会合作体系的制度能实现正义原则；三是公民都具有正义感。在这个意义上，善

---

[78] Ken Binmore, *Just Playing*: *Game Theory and Social Contract Volume* 2, Cambridge: MIT Press, 1998, p. 319.

[79] Ken Binmore, *Just Playing*: *Game Theory and Social Contract Volume* 2, Cambridge: MIT Press, 1998, p. 316.

[80] Ken Binmore, *Just Playing*: *Game Theory and Social Contract Volume* 2, Cambridge: MIT Press, 1998, p. 316.

治意味着对每个人都是善，同时对社会也是善。[31]

由此可见，所谓重叠共识是以交涉和沟通的公共理性为前提的。对应于合理的多元化社会现实，公共理性应该包括"正确或正义的界说"（conception of right or justice）与"善的界说"（conception of the good）这两个不同侧面，这也恰好对应于公民的两种道德能力，即具有正义感的能力以及具有向善心的能力。从政治和法律的角度来看，这两个侧面分别对应于"公域"与"私域"、"公法"与"私法"。在分析重叠共识时，罗尔斯的关注点是暂定协议、宪法共识、全体一致同意以及重叠共识等不同类型共识之间的逻辑关系，而不是某种实际的历史演进过程。关于正义原则的理性选择以及重叠共识的说明，罗尔斯在《正义论》中是把正义两原则与古典的功利主义以及平均效用最大化原则进行比较，论证正义两原则的正当性。但在《正义新论》中，罗尔斯做了一个方法论上的改变，主要是导入了另外两种比较的方法。第一种比较是让正义两原则与平均效用最大化原则进行对峙，看谁更有说服力。第二种比较是用带有最大最小保障的平均效用原则（有限的平均效用原则）与正义两原则来比较。

在原初状态下，通过最大最小规则的应用可以发现支持正义两原则的论据或者选择正义原则时应该考虑的论点，但却未必能使正义两原则正当化。也就是说，最大最小规则构成在原初状态下缔约当事人发现有利论点的装置，但并非正义原则正当化的决定性因素。[32]这个最大最小规

---

[31] John Rawls, *Justice as Fairness: A Restatement*, Erin Kelly ed., Cambridge: The Belknap Press of Harvard University Press, 2001, pp. 8-9.

[32] 罗尔斯在《正义新论》中提到，很多学者用"最大最小原则"（the maximin principle）或简单的"最大最小正义"（maximin justice）来指代差别原则。但是，罗尔斯强调，差别原则与在不确定情况下进行决策的最大最小规则（the maximin rule）是非常不同的，并在后者使用了"规则"（rule）一词，以与差别原则中的"原则"（principle）相区分。在论证差别原则比其他分配原则更具优越性时，并不诉诸最大最小规则。罗尔斯坦言，对最大最小原则存在一个普遍的误解，即认为该原则是基于对不确定性的极端厌恶的假设，尽管正义论在描述方面的缺陷是形成这一误解的根源之一。罗尔斯在《正义新论》中承认了最大最小规则的局限性——它无法作为一个针对所有风险和不确定性情况的一般性的理性决策原则，特别是豪尔绍尼已经对此有了充分的论证。但是，罗尔斯对于最大最小原则在其理论中的地位仍然在摇摆。一方面，他认为考虑到原初状态非常特别、极端特殊的状况，最大最小规则是一个非常有价值的启发式经验法。另一方面，罗尔斯又提到最大最小规则被用于将差别原则与平均功利主义的比较中，这似乎意味着最大最小规则是论证差别原则的必要条件。参见 John Rawls, *Justice as Fairness: A Restatement*, Erin Kelly ed., Cambridge: The Belknap Press of Harvard University Press, 2001, pp. 43, 97。

则与博弈论有一些相似之处，实际上罗尔斯的论证框架也有一点像博弈论的分析框架，当然也存在一些实质性差异。在论证过程中，罗尔斯的叙述好像有些重复和循环。但是如果把罗尔斯的主张从相反的方向来理解，考察一下罗尔斯究竟在排除什么、否定什么，就会获得启迪并更加透彻地理解他的主张。把适用最大最小规则的条件反过来看[83]，就是不能适用最大最小规则情况，大致分为如下三种：第一，各种状况的概率分布基本上是知晓的，也就是说在不知道概率的情况下才能适用最大最小规则；第二，采取最佳选项的保证水平是没有被满足的，如果保证水平已经得到满足也就没有必要采取最大最小规则；第三，未选择的选项导致的最坏结果并不会低于保证水平太多，这时也没有必要用最大最小规则。这三种情况已经暗示，在一些场景设定之下，坚持最大最小规则有可能是非理性的。

此外，即便承认最大最小规则在无知之幕下并不是一个非理性的决策，也还是存在其他广泛接受的、类似贝叶斯决策理论那样的带有概率论色彩的理性选择模式，例如对效用期待的最大化。按照这种模式，处在无知之幕后面的理性选择者会最大限度追求平均（average）的好处而不是追求最低限度好处的最大化。豪尔绍尼曾以此为根据批评罗尔斯并且赞成平均效用最大化的功利主义原则。然而这样做的结果很可能造成一个非常不平等的社会，至少与罗尔斯构想相比较会不平等很多。罗尔斯理解这种论点并力求驳倒它。[84]他提出了若干反对的观点，这里只考虑其中的两个。一个是罗尔斯所说的"承诺的强度"（strains of commitment），其内容要点在于原初状态下的缔约当事人不仅进行选择，而且也在明确一种承诺，对此他们必须建立一定的信心。[85]这也正是社会契约的性质所决定的。如果他们不能使自己服从这样的原则，运气不好的话就会产生他们无法接受的灾难性后果。另一个是在拒绝功利主义的前提下，对整体良好的社会进行理性选择时应该聚焦处于最不利位置的群体。从罗尔斯的立场来看，在原初

---

[83]　关于可以适用最大最小规则的条件，参见 John Rawls, *Justice as Fairness*: *A Restatement*, Erin Kelly ed., Cambridge: The Belknap Press of Harvard University Press, 2001, pp. 97-98。

[84]　John Rawls, *A Theory of Justice*, Cambridge: The Belknap Press of Harvard University Press, 1971, pp. 164-183.

[85]　John Rawls, *Justice as Fairness*: *A Restatement*, Erin Kelly ed., Cambridge: The Belknap Press of Harvard University Press, 2001, pp. 103-104.

状态下选择功利主义是不理性的，甚至可以说是一种鲁莽行为，即使有可能因而产生巨大的财富。在中国社会背景下，这个观点倒是特别值得重视和推敲。另外，在一定意义上，使最不利者的利益最大化是把偶然的机遇或者制约个人选择的遗传、出身等状况性条件这个与运气相关的因素也纳入效用概念的范围之内，存在着相当的合理性。而与差别原则的正当化密切相关的互惠性的说服力也有利于增强具有不同价值观的人们讨论社会正义问题时的公共理性。

结 语

如果我们从差别原则这个特别的视角来考察罗尔斯关于社会正义的理论构成，特别是分析《正义新论》对《正义论》所做的一些重要修改补充，就会发现在正义原则的价值序列上排在第三位的差别原则其实是理解罗尔斯正义理论的关键。在 21 世纪的世界结构大转型的过程中，面对欧美各国的族群裂变和发展中国家的贫富悬殊，差别原则似乎变得越来越重要。不言而喻，正义原则的适用对象是社会的基本结构，即分配社会合作的利益以及明确权利义务的主要制度；如果把作为罗尔斯正义理论的核心价值和生命线的差别原则作为立法指针，宪法共识以及程序公正原则应该进行什么样的重构，这是一个饶有兴味的研究课题。

本章留意到差异原则限制的只是社会基本善的基层分配，即收入和财富的分配，使政府对结果不平等的矫正尽量向处于最不利位置的阶层或群体倾斜，在一定条件下使他们的利益最大化。为此需要对社会基本善进行指数测量、对阶层的收入状况进行分析和排序、形成作为机会收入的人生期待收入的阶梯，并在这些作业的基础上进行 OP 分配曲线分析。虽然我们希望在 OP 曲线中找到立法指针，但实际上却做不到；罗尔斯描述的 OP 曲线提供的只是对处于有利位置的阶层或群体进行说服的逻辑或修辞，充其量只是提供了个人行为的规范性指针。如果要把 OP 曲线与立法指针联系在一起，就必须深入分析税收和财政制度对分配的影响，这是另一个富于现实意义的研究课题。在这里，把罗尔斯正义理论与德沃金正义理论进行对勘和深入的比较分析也是饶有兴味的。

从中国的语境出发，特别值得重视的是罗尔斯在《正义新论》中对互惠性的强调，这是对《正义论》的一个最重要的修正。晚期罗尔斯的正义理论把互惠性作为说明差别原则并使之正当化的主要抓手，并推进了互惠性的类型化——从单纯的相互利益到互利加贡献，再到利他指向的贡献。尽管罗尔斯认为互惠性是正义两原则得以正当化的根本基石并试图论证这一点，但在实际上互惠性在差别原则上的体现最为鲜明。互惠性对正义第一原则以及第二原则中的机会平等原则的影响机制究竟如何，罗尔斯本人语焉不详，因此也就在此留下了一个非常复杂的研究课题。笔者以为，对于中国法学界而言，互惠性的正义理念正是与各国进行学术的深度对话、用世界可以理解的语言讲述固有秩序原理和制度设计思路的一个极其重要的切入点，或许构成我们一直在上下求索的社会最大公约数以及重构人类普遍共识的基础，当然也可以成为探讨关系与程序之间不同组合方式的一个重要的指引。

规范：从公理体系到概率计算[*]

众所周知，现代社会的风险性与不确定性大大增加。特别是突如其来的新冠疫情，使或然的危害在世界范围内如影随形。一方面，人们可以在社交媒体及公共传媒上看到关于新冠疫情（包括感染人数、治愈率、致死率等）的不同数据，这些数据又会反过来影响关于整个社会医疗资源投入的决策；另一方面，通过保持社交距离与隔离的方式来防范疫情的扩展，又会将疫情防控与日常的经济活动以及社会生活之间的张力放大。在这两方面的共同作用下，相关决策变得非常困难。由于紧急事态的出现，防止国家权力膨胀、保护个人隐私和权利的各种程序性规范也都纷纷被束之高阁。

与此同时，法律秩序本身的不确定性和风险性也在日益增大。中国的崛起、英国的脱欧、美国对既有全球体制的破坏性重构，都成为大动荡、大分化、大改组的动因。在国内与国际社会不确定性同时增加的过程中，法律系统究竟是在简化、压缩、减少、防止这样的不确定性与复杂性，还是随之变得同样复杂化、复合化、相对化？在频繁而急剧的社会互动过程中，所谓的双重不确定性，将以何种方式呈现，又会对法律制度和程序规则的设计产生怎样的影响？随着不同价值观和利益诉求的碰撞，法律沟通应该怎样进行才能缓解矛盾、凝聚共识？这些都是值得

---

[*] 本章主要基于作者在 2020 年上半年研究生读书班对德沃金平等论的讲解内容，以及 2020 年 10 月 10 日在东方明珠大讲坛第 11 期的演讲记录稿。原文发表于《地方立法研究》2021 年第 1 期。

我们深入考虑的问题。以上述一系列问题为背景，本章将从三个方面展开探讨，同时也在宏观理论层面深入思考法律决策程序中确定性与盖然性以及偶然的去随机化处理之间的关系。

一、法律决定论与科学决定论的思维方式

一般而言，近代法律本身带有一种决定论的特征。在16世纪的欧洲，学者们考虑合理化问题时所依据的模型，与其说是科学，不如说是法律。因为近代科学发展的过程中强调自然法则，而自然法则的前身是自然法；近代科学试图通过严密的理由论证找出一个正确的答案与既定的秩序。从上述意义来看，近代法律的思维方式与近代自然科学的思维方式确实颇有些相似之处。

被马克思称为实验科学的始祖、英国的启蒙思想家，同时也是法学家的培根，曾经以归纳法为基础，推动普通法走向了系统化的道路。他强调，法律是不能任意使用的，"法官的职责乃是宣告和解释法律，而不是制定法律"①。培根特别反对法官在行使自由裁量权时率性而为。孟德斯鸠也持有类似观点，并且提示了严格乃至机械地适用法律的法官人物像。他认为法官乃法律之喉舌，只能发出法律的声音，不能扩大法律所包含的内容。② 德国在罗马法学说汇纂体系的基础上建构的潘德克顿法律体系和法教义学，特别是普赫塔（Georg F. Puchta）的概念法学，坚持严格应用形式逻辑三段论和涵摄技术进行周密的概念计算，其核心理念是将具体的事实按照法律要件进行处理并纳入抽象的规范体系当中，通过可以逐层推演和还原的方式推理出结论。③ 法教义学乃至概念法学强调的是一环扣一环的逻辑演绎和法律概念的精密计算。显而易见，这种法律观具有非常明显的决定论特征。实际上，不论是欧陆成文法传统，还是布莱克斯通（William Blackstone）《英国法释义》以后的英美判例法传

① 〔美〕E·博登海默：《法理学：法律哲学与法律方法》，邓正来译，中国政法大学出版社1999年版，第554页。

② 参见〔法〕孟德斯鸠：《论法的精神》（上卷），许明龙译，商务印书馆2009年版，第81—82页。

③ 参见舒国滢：《格奥尔格·弗里德里希·普赫塔的法学建构：理论与方法》，载《比较法研究》2016年第2期。

统，法教义学的理想目标都是参照近代科学的原理，建立起一套公理体系，使得法律规范具有森严的效力等级，并可以从具体到抽象逐层进行还原化处理。这种操作不断追溯高阶规范，最终可以将法律决定还原到一个根本规范，乃至自然法这个价值判断的原点。从法律功能的角度来观察近代法律思维和制度设计的决定论特征，可以发现最重要的是通过法律体系运作的确定性，尽量实现市场和社会的可预测性、可计算性，从而使现代社会中的个人能够预知自己行为的后果。

从思维方式上来看，近代法律的运作的确具有非常明显的决定论的特征；与之类似，近代科学和形而上学也具有决定论的特征。这种决定论思维的基本前提，是自然的法则无处不在、无所不能，并且事先决定了任何事物的存在方式与运行轨迹；人类可以在经验的帮助下，通过理性来发现这种自然的法则。因此，只要了解世界现在或者过去的状态，就可以合理地计算和预测未来发生的现象。对于科学的决定论而言，普遍的因果关系以及对这种因果关系的证明责任，都具有决定性的意义。由此观之，近代的法律与科学当然是有相通之处的。但是，形而上学的决定论主要是基于对宗教性真理的确信，无法通过理性或经验来检验。

牛顿的万有引力定律是科学决定论的一个典型。根据牛顿运动定律，单一的重力既决定了天体运动的轨迹，又决定了落体运动的轨迹。牛顿的学说同时为认识和检验根据定理所演算出来的结果（比如预测行星的轨道、预测落体运动的速度）提供了具体的技术与方法。在近代物理学当中，另外一个非常重要的发明就是麦克斯韦的电磁理论，即将电磁场的属性归结为四个微分方程（见图 5）。[④] 麦克斯韦方程组实际上不仅仅立足于决定论，甚至可以说展现了一种"超级决定论"的特征，他预测了电磁波的存在并计算出它的传播速度和频率，揭示了支配物质的各种各样相互作用的统一规律、电磁转化的对称性以及新的公理表达形式，并把计算和预测的尺度从宏观转向微观，提出了"场"的概念。牛顿力学理论和麦克斯韦电磁理论都非常明显地体现了决定论的思维方式。

---

④　如果对麦克斯韦的电磁理论有所了解，就会发现这里表述的形式可能与通常有所不同；实际上，根据计算单位及条件设定的不同，方程式的表述方式也会有变化，图 5 显示的是其最常见的表述方式。

可以看出，与此前"以法律为模型考虑合理化问题"不同，近代科学体系的发展又对法律产生反作用、推动法律本身的科学化，使法律思维服从科学的客观规律。由此可见，近代的法学和科学互相作用的结果，呈现出不断补强的决定论特征。

$$\nabla \times H = J + \frac{\partial D}{\partial t}$$

$$\nabla \times E = -\frac{\partial B}{\partial t}$$

$$\nabla \cdot B = 0$$

$$\nabla \cdot D = \rho$$

图 5　微分形式的麦克斯韦方程组

但是，在 19 世纪和 20 世纪之交，情况发生了一些变化，波澜壮阔的非决定论指向的法学运动和科学运动开始登场。在欧洲，这种非决定论指向的法学运动，主要表现为对概念法学的批判以及在此基础上形成的自由法学派。自由法学派的代表人物欧根·埃利希（Eugen Ehrlich）提出了与"国家的法律"相对应的"活法"理论以及"自由的法律发现"新口号。正是在他的思想影响下，德国和欧洲其他国家出现了赫尔曼·康特洛维茨（Hermann Kantorowicz）所倡导的"自由法运动"。后来，为了对自由的法律判断进行适当的限制，德国又出现了作为概念法学之修正产物的利益法学，探究立法时对社会利害关系的权衡，强调司法在法律的基本框架内对不同利益诉求进行考量。利益法学强调法官应该对法律采取一种"有思想的服从"态度。[5] 在法国同样存在着非决定论指向的法学运动，最典型的如马尼奥现象（le Phénomène Magnaud）。《拿破仑法典》颁布之后，整个法国的司法体系都强调必须严格适用法典，这无疑具有强烈的决定论倾向。但是马尼奥作为巴黎上诉法院的院长，却反其道而行之，采取了

---

　[5]　对于这里诸多流派与学说的内容和相互关系，可以参见〔日〕碧海纯一、〔日〕伊藤正己、〔日〕村上淳一：《法学史》，东京大学出版会 1976 年版；〔日〕田中成明等：《法思想史》，有斐阁 1988 年版。中文材料可参见舒国滢：《法学的知识谱系》，商务印书馆 2020 年版，特别是第五编；顾祝轩：《制造"拉伦茨神话"：德国法学方法论史》，法律出版社 2011 年版。

一种脱离法典、脱离判例，甚至脱离学说进行自由裁量的司法风格，只根据案情、社会的道德、习俗以及社会正义感进行审判。尽管这种现象持续的时间不是很长，但在也曾风靡一时，受到群众的欢迎。⑥ 同样的立场在美国表现为批判法律形式化特征的法律现实主义，或者说现实主义法学，提倡一种经验指向和以法律为工具的思维方式。例如霍姆斯大法官强调"法律的生命不是逻辑，而是经验"⑦。哈佛大学法学院院长、美国主流法学的代表人物罗斯科·庞德则提供了社会学的法理学以及作为社会控制的系统工程的法学观。⑧ 顺便说一下，在中国社会革命中出现的对继受法制做出批判并重视群众意见的马锡五审判方式，也属于非决定论思潮的一种表现形态。

决定论与非决定论的基本前提是对立的，即自然法则与自由意志之间的对立。与近代法学类似，近代科学强调的是自然法则以及人对自然法则的探索、发现以及服从。但是，非决定论指向的科学运动则更强调人的自由意志，其实也与近代法学的某种理念心有灵犀一点通。自 19 世纪以来，陆续出现的一系列崭新而重要的理论，也助长了科学领域中的非决定论倾向，例如爱因斯坦的狭义相对论对"时间"概念的颠覆性理解。这种对于时间维度的重新诠释进一步导致了预测无法适用于未来，而只能适用于过去；更准确地说，从系统内部的视角来看，未来是不可预测的。狭义相对论还间接推动了科学研究范式的变化。例如波普尔的经验证伪主义则指出：合理性并非事先就能够决定，需要通过试错过程来确认；人类的理性有限，因此预测能力也是有限的；还原主义不能取得最终的胜利，但可以作为知识增长策略而采用；对于概率计算的结果不宜进行客观解释，而只能进行倾向性解释。波普尔曾明确表示："我试图通过引进对概率的倾向解释来与主观主义斗争。这不是一个特设性的引进，相反，它是对频率论

---

⑥ 参见〔日〕大木雅夫：《异文化的法律家》，有信堂 1992 年版，第 80—81 页。

⑦ Oliver W. Holmes, *The Common Law*, Boston: Little Brown, 1881, p. 1, cited from William W. Fisher I, Morton J. Horwitz and Thomas A. Reed (eds.), *American Legal Realism*, Oxford: Oxford University Press, 1993, p. 9.

⑧ See Roscoe Pound, "Law in Books and Law in Action", *American Law Review*, Vol. 44 (1910), pp. 12 ff.

的基本证据作仔细修正的结果……它们是对意向的度量。"⑨

此外，在非决定论的科学一般理论层面，还可以举出普利高津的耗散结构学说，论证了子系统之间的相互作用是非线性的。1996 年，普利高津出版了一部名为《确定性的终结》的著作，虽然这个书名不免有"标题党"之嫌，但他非常敏锐而准确地把握了非还原主义的整体自然观和演化理论，并提出了"人类生活在一个概率世界中，确定性只是一个错觉"的命题。从卢曼的观点来看，法律系统的主要功能就在于克减社会复杂性、为人们提供明确的行动预期，从而使社会运转的秩序性与确定性得到保障。倘若决定论的思维方式已成明日黄花，甚至确定性本身都面临着"终结"之虞，在这种情况下，我们就不得不正视并回应这种"确定性的动摇"所带来的理论和实践的各种问题。

二、法律中的不确定性、风险与概率计算

1. 非确定性问题

"非确定性"（indeterminacy）是司法实践中经常遭遇的问题，对这一概念本身的理解也是一件比较复杂的事。为了与后文所讲的"不确定性"（uncertainty）加以区分，此处将 indeterminacy 表述为"非确定性"——这一概念的要义在于：它并不否认找到确定性解答的可能性，但同时也强调相反情形存在的可能性。也可以说，非确定性介于确定性和不确定性之间，而以确定性为指向和归属。众所周知，在司法流程的运作中，特别是在新程序主义的语境下，诉讼程序的规则是确定的，但它的结果是不确定的。诉讼在本质上具有某种程度的盖然性，存在败诉的风险，而逐步展开的程序正可以化解非确定性、给既定的事实和判断逐一贴上封条，"成为无可动摇的真正的过去，而起初的预期不确定性也逐步被吸收

---

⑨　〔英〕卡尔·波普尔：《波普尔思想自述》，赵月瑟译，上海译文出版社 1988 年版，第 216 页。对波普尔"倾向性解释"的进一步探讨，参见季爱民：《波普尔的概率观评析》，载《学术论坛》2007 年第 6 期。

消化"⑩。因此，在主流的法学理论看来，司法本身就是在对偶然因素做"去随机化的处理"，克减复杂性和非确定性，找出一个案件的正确解答。

德国著名的社会学家卢曼曾经指出，程序和契约都具有盖然性，其未来的结果都是开放的，需要将判断和决定的机会留待今后。这也正是新程序主义的出发点。正如卢曼本人所言："所谓程序，就是为了法律性决定的选择而预备的相互行为系统。法为了从人们脑海中浮现的具体行为的映象中解脱出来，为了具有更抽象的概念性质，需要实现内在于概念性质之中的选择作用。正是这一缘故导致了程序这样一种特有的行为秩序的发展。"⑪ 不言而喻，法律不可能完全像近代科学那样，对诉讼上的因果关系做出精准的证明。诉讼程序上因果关系的论证，始终是以高度盖然性的证明作为目标的；在一定程度上，它也是以法官、陪审员们对真实性的确信作为目标的。在这个意义上，法庭上的事实也就是法律上虚拟的、拟制的事实，而法官内在的自由心证只是对真实性的一种确信。显然，在"确信"与"客观的因果关系证明"之间，存在着相当大的差异。当人们试图在法律上对因果关系做科学的证明时，基本上都是以对真实性的确信作为出发点，然后不断找出能够证明或者修正这种确信的证据与暂时性的主张。因此，诉讼程序上因果关系的证明本身也是具有盖然性的。比如在侵权类民事案件中，举证责任的分配规则具有非常重要的意义。负有举证责任的一方，容易处于不利的地位。"谁主张，谁举证"的证明规则主要是要求受害者承担举证责任，这实际上是一个颇具难度的负担，同时这也意味着在司法实践的过程中，证明活动或多或少具有某种固有的盖然性。当然，在科学发达的当代社会，出现了作为补救手段的科学鉴定程序以及专家陪审员制度，这使得因果关系的证明与证据的确认能够变得更加科学与明确。但不可否认，司法实践还是先天地存在"非确定性"的问题，这也使得程序带有概率论的色彩。

正是在上述背景下，法学领域出现了"作为科学的法学"运动以及法律实践的科学化倾向，试图克服司法的非确定性。这个运动主要的推动者

---

⑩　季卫东：《法律程序的意义——对中国法制建设的另一种思考》，中国法制出版社2004年版，第29页。

⑪　N. Luhmann, *Legitimation durch Verfahren*, Luchterhand, 1975. S. 141. 〔德〕卢曼：《通过程序的正统化》，〔日〕今井弘道译，风行社1990年版，第158页。

是曾担任过哈佛大学法学院院长的兰德尔（Christopher C. Langdell），他也曾推动过著名的"判例教学法"，"作为科学的法学"运动使得法律实践越来越科学化。[12] 比如，刑事审判程序中强调科学证据的勘验匹配，特别是随着科学技术的发展，对于弹孔、指纹、声纹、血液等证据样本的勘验匹配，与之相适应的即是科学证据理论的不断发展。再如，在民事审判程序中应用大数据的科学审判和关于物证的法庭科学（forensic science）。科学鉴定往往会邀请很多专家，但不同的专家对科学鉴定的结果可能会做出不同的解释，而在不同的解释中间最终做出取舍的是法官——虽然法官在科学判断的领域是外行。由此观之，虽然证据的科学化进程已经取得了不小的成就，但根据司法的终局性判断原则，在对法律与审判问题最后做判断的时候，仍旧不得不依赖法官自身。在日本著名的判例"东京大学附属医院腰椎穿刺案件"中，日本最高法院明确指出："与自然科学上的证明绝不容许任何疑义的标准不同，诉讼上的因果关系证明是对照经验法则来综合考察所有证据，确认特定事实引起特定结果的关系，从而证明一种高度概率性。后者的标准是只要能达到普通人能对真实性确信无疑的程度，就必须而且足以做出判定。"这一论述颇具代表性，也广为日本法学界反复引用、提及。[13] 在此意义上，司法程序中的科学鉴定实际上处于一种两难境地：一方面，人们不断通过科技手段来预防和减少司法实践中的非确定性问题；另一方面，即使在导入了这样一系列的科技方法之后，司法的"非确定性问题"仍然难以克服。

2. 不确定性与风险问题

在"非确定性问题"之外，法律还不得不面对"不确定性"与概率计算可能性的难题，与之紧密关联的是作为风险治理术的法学。最近三十几年来，这个话题一直受到广泛的关注，主要的缘起是1986年德国社会学家乌尔里希·贝克的《风险社会：新的现代性之路》的出版。在

---

[12] See Christopher C. Langdell, *A Selection of Cases on the Law of Contracts*, Boston：Little, Brown & Company, 1879, p. vii.

[13] 日本最高法院昭和50年10月24日判决，民事判例集第29卷第9号，第1417页。参见〔日〕龟本洋：《审判与科学的交错》，载《岩波讲座·现代法的动态》（第6卷），岩波书店2014年版，第47页；〔日〕津田敏秀、〔日〕山本英二：《疫学的因果关系》，载《岩波讲座·现代法的动态》（第6卷），第99—102页。

中国对风险社会问题的公开讨论还仅有十余年的历史，但突如其来且席卷全球的新冠疫情，使得这一话题的讨论热度不减，社会的不确定性与风险问题也再一次浮现出来。

在日常生活中被谈论的风险，指的是一种不确定的状况，在这种状况下就会出现行为的风险、决策的风险；但严格来讲，社会的不确定性与风险概念不能混为一谈。完全的不确定性表现为偶然、无知以及出乎意料。根据卢曼风险社会学的分析框架，如果从一开始就没有把灾难纳入设想之中，那么这种完全的不确定性所造成的危害便主要是源自环境，跟人的主观因素没有太多的直接关系，因此难以进行问责。风险的发生固然也具有不确定性，但是，风险与完全的不确定性之间存在一点最大的不同，即风险可以通过概率来把握。换言之，人们可以对风险进行预期值的估算。如风险所造成的危害和预测是否准确、防范举措是否适当、及时和相关等，唯其如此，才能对风险管理追究责任。与此不同，完全的不确定性则无从进行概率计算、预防，因而无从履行注意义务。正是以这种问题状况为背景，卢曼曾对"风险"和"危险"这两个概念进行如下区分："一种是在有些场合或许产生的损害被认为是决定的后果，因而归咎于决定。这样的场合就称之为风险。更准确地说，这就是决定的风险。另一种场合是或许产生的损害被认为是由外部因素引起的，即归咎于环境。这种场合称之为危险。"[14] 在这里，危险的本质在于完全的不确定性，而风险则具有一定的概率计算的可能性。

结合此次新冠疫情所带来的风险社会与不确定性问题，我们不妨从以下两方面加以审视：

一方面，是预防原则与规制举措可能导致的新型风险或潜在风险问题。比如，在新冠疫情的防控过程中，过于严格的隔离措施可能会导致经济衰退等严重问题，也有可能挤压其他疾病治疗的空间，这时便可能造成新的风险：因新冠病毒感染而产生的患者减少了，或者致死率下降了，但是其他疾病所导致的致死率可能反倒增加了。对于政府而言，采取预防和规制措施的费用是确定的，但是防治风险的收益却是不确定的，这会导致政府在防疫措施方面处于犹豫状态。比如从疫情暴发之

---

⑭ 〔德〕乌尔里希·贝克：《风险社会》，何博闻译，译林出版社 2004 年版，第38页。

初，欧美很多国家就已围绕着新冠疫情的防控出现了尖锐的意见对立，这进一步使得防控举措迁延日久、带来更严重的后果。

另一方面，则是社会互动关系中的风险意识与风险沟通问题。在政府采取和推行的防控举措之外，我们也可以发现新冠疫情导致社会内部出现的一系列新现象与新难题，尤其体现在"风险沟通"的维度上。专家关注损失的概率与数额，而群众却更关注损失的多少、痛苦的轻重以及风险分配的公平性。在风险评估方面，群众与专家的想法常常是不一样的，大众传媒对风险发生的概率和实际危险的误判或忽视也具有不均等性和非对称性，如传媒和舆论对于某些特殊危害的高度关注可能会引发疫情判断上的偏差，导致"主观危险的先行"。与此同时，在风险沟通过程中还会出现所谓"群体极化"的现象，如相同价值观的群体就某一现象发表类似的意见，这种意见经过反复的积累、交织与共振，导致原有的价值取向越来越鲜明，甚至越来越极端化，这在微信朋友圈、微博、抖音等社交平台上时有发生，也是在风险社会的治理中必须面对的问题。笔者曾经指出："现代社会是根本就无法完全回避风险的，我们所能做的只能是甄别、权衡、减少以及管控风险。因此，围绕风险的沟通活动必然成为决策过程中最重要的环节……要避免风险沟通过激化，演化为层出不穷的抗议运动，那就必须加强决策的民主参与程序，以预先划定政治系统的内在沟通与外在沟通之间的边界线。"⑮ 社会的不确定性增大，导致社会治理变得更加复杂了，决策和司法判断都应该考虑这些不同的因素，注重风险沟通；同时，这些因素又会反过来影响法学，使在法律程序内进行的交涉、沟通、议论本身发生非常深刻的变化。

3. 概率计算问题

风险治理与概率的计算和解释是密切相关的。在决策的过程中，需要将概率的计算纳入风险治理的视野之中。从科学技术的层面来看，所谓概率，指的是某种现象发生的可能性或可信度及其数值；从数学上来看，它的数值不会大于 1，也不会小于 0，而且不为负数。概率意味着某种不确定性，但也具有实现可能性。在这样的情形下进行决策，首先要对概率或不

⑮　季卫东：《决策风险、问责以及法律沟通》，载《政法论丛》2016 年第 6 期。

确定性的现象进行观察及预测，然后在这个基础上来考虑社会治理和法律判断。

一般而言，概率计算的概念存在着四种类型：第一种是人们通常最熟悉的算术概率。法国的天文学家与数学家拉普拉斯（Pierre-Simon La-place）曾就同等可能性做出定义[16]，例如在抛掷骰子的游戏中，骰子的 6 个面中每个面出现的投掷概率是 1/6，在此基础上，人们可以根据已经出现的情形做计算，对出现的频度做出解释。第二种是统计概率。统计概率在现代社会的应用非常普遍，由奥地利著名数学家理查德·冯·米塞斯（Richard von Mises）提出。[17] 具体做法是通过不断的试行，然后根据经验性的数值来为相对频率下定义。因此，统计概率的本质是针对一种现象以什么样的频率出现所做的解释。值得注意的是，算术概率和统计概率，都属于频度解释。例如在新冠疫情的防控过程中，涉及感染率、入院率、治愈率、致死率等数据，就都是统计学上的概率。第三种是公理概率。它由俄罗斯数学家柯尔摩戈洛夫（Andrey von Kolmogorov）提出，并根据三个公理来定义，这里涉及上文波普尔所提到的倾向性解释。公理概率的运作逻辑在于：从公理出发并通过概率的计算最终找出事物演变的倾向。

与上述三种情况稍有不同的是第四种类型，即主观概率，它是人们根据经验、知识和信息所做的对可能性的判断，此时对概率的解释是主观化的。在涉及法律决策和司法裁判的场合，经常使用的便是主观概率，因为法官会根据自己的专业知识和经验，结合观察所得的信息，首先产生"这个人是不是犯罪了"的心证或者内心确信。然后，他再找证据来否定、修正或证实自己的判断，并不断通过事实验证或者理由论证

---

⑯　同等可能性决策是指，当决策人在决策过程中不能肯定哪种状态容易出现，哪种状态不容易出现时，可以判定各种状态出现的可能性是相等的。例如若有 n 个自然状态，那么每个自然状态出现的概率即为 1/n，然后按收益最大或损失最小的期望值来进行决策，带有一定的主观因素。因为这个想法是拉普拉斯首先提出的，所以又叫作拉普拉斯方法，是不确定型决策的准则之一。

⑰　冯·米塞斯分布（von Mises distribution）作为一种圆上连续概率分布模型，也被称为循环正态分布（circular normal distribution），路德维希·冯·米塞斯在其生平最后一部著作《经济科学的最终基础：一篇关于方法的论文》中从人类行为的角度对此做出更加全面的诠释，参见〔奥〕路德维希·冯·米塞斯：《经济科学的最终基础：一篇关于方法的论文》，朱泱译，商务印书馆 2015 年版，特别是第四章"确定性与不确定性"。

来使主观性逐步缩减，最终确定真实性。在概率用于判断和决策的方面，贝叶斯定理及其推定方法在近些年受到非常广泛的关注。在某种意义上，贝叶斯方法就是一种主观概率的计算类型，跟法律判断是密切相关的。

在上述四种概率中，主观概率看似最缺乏确定性与可预测性，但却具有公理概率所无法替代的作用："如果强调某种测度作为先验的原则，这与波普尔可错主义的立场是冲突的，而主观贝叶斯主义却是与可错主义立场相容的。与演绎逻辑的形式类比表明，主观概率（除了概率演算的限制）并非需要确定的指派规则。"[18] 由此，我们可以设想这样一个流程：首先，根据过往的经验和知识并结合现在获得的信息，提出一个先验概率或假说，即法官的内心确信；其次，根据假说来搜集各种各样的证据，一般情况下也就是所谓的数据；再次，求得在一定条件下可能形成的概率，即条件概率；最后，再根据这些数据来验证自己的假说，即内心确信，此时得出的判断就是后验概率。由此可见，在风险社会，法律程序中的概念计算往往伴随着概率计算，甚至可以说概念计算其实就是以概率计算为前提条件。

在这里，我们可以发现"不确定性"与人的行动以及相应的决策机制是紧密关联的，而且社会的不确定性状况也需要做出更加精密的类型分析。它至少可以区分和表述为下列五种情况：第一，确定性，即已知的某一事物确实已经发生或者肯定会发生。第二，风险，即在复数的事物当中，某一事物可能发生或已经发生，我们虽然不确定它是否已然发生，但却知道其发生的概率，比如各种事故的概率，这也就是上文所述的"风险"。第三，真正的不确定性，也就是在复数的事物中，不知道哪一事物可能发生或者已经发生，也不知道其发生的概率，这就属于真正的不确定性。第四，在此基础上，如果无法列举所有可能发生或已经发生之事物的话，那就是预想之外的不确定性。第五，最终，如果完全不知道哪一事物可能发生或者已经发生，那就是无知。此处，确定性、风险、真正的不确定性、预想之外的不确定性、无知等概念都可以从概率论的角度做出更加明确的界定，尤其是将风险和不确定性做出更加清晰

---

⑱〔英〕C. 豪森：《波普尔、验前概率和归纳推理》，胡浩译，载《世界哲学》2012年第2期。

的区分，这样一来，对很多问题的把握都会变得更加精准。

在清晰界定的基础上，如何在风险和不确定性的状况下做具体的决策？对此，经济学曾经给出过精彩的分析，其对于法律问题的解决也颇具参考价值。芝加哥学派的创始人之一弗兰克·奈特（Frank H. Knight）就对风险的不确定性以及在这种状况下所做的经济决策进行过详细的分析，其中展示的分析框架也可应用于法学研究。[19] 在奈特的分析框架里，特别重要的一点在于对"目的和复数手段选项"的分析。一般而言，在对一个目的存在复数的手段选项的情况下，需要找出一个最优的手段、一个最优的解决问题方案，这是一个决策最优化的问题。但是，在不确定性的情况中做决策，其实很难做出最优方案的选择。对此，奈特给出了一些具体的"决策辅助线"，如满足度标准、最低限度最佳标准、后悔最小化标准，等等。比如，所谓的"最小最大后悔值法"（萨凡奇决策准则）就需要首先将决策矩阵的重心从利润转向机会损失，确定每种可选方案的最大机会损失，然后在这些方案的最大机会损失中选出一个最小值——显然，从风险规避的角度，与这个最小的损失值对应的方案便是决策选择的方案。

此外，在风险状况下的决策面对盖然性，还可以根据一个期待值来进行判断，比如买房、炒股的行为路径在于买涨不买跌，结果很容易导致悔不当初或者不敢出手的局面，此时唯有大致确定一个期待值，按照这个期待值来计算盈亏。同样的道理，公共决策可以根据期待效用来进行判断。这种对于效益和费用的计算和比较分析，如美国政府部门在进行规制之前全面统计人们的风险命价（VSL = the Value of Statistical Life）的做法，事实上就是一种贯彻了最大风险最小化原则的风险决策。[20] 法律决策往往还要进行更加广泛的社会成本效益分析（Social Cost-Benefit Analysis，简称 SCBA）。当然，除此之外还存在着如何回避不确定性、怎么减少或者避免损失等一系列问题。

在风险和不确定性状况下进行法律决策，也会具有不同的特点，需

---

[19] 参见〔美〕弗兰克·H. 奈特：《风险、不确定性与利润》，安佳译，商务印书馆2006年版。

[20] 对于风险命价及与之相关的风险决策问题，参见季卫东：《通往法治的道路——社会的多元化与权威体系》，法律出版社2014年版，第181—199页。

要采取不同的应对举措和机制设计。从这个角度来看，中国针对不确定性问题的一些传统做法反倒颇有启发意义。例如，德沃金司法裁定论主张审判者要在万全的法律体系中寻找一个正确的解答，甚至是唯一的正解；但是，中国古代关于司法的话语中就完全没有这样的观念。在《名公书判清明集》里反复出现的论题是：如何通过商谈或调解寻找更好的解决方案，让当事人各方都满意，避免依法判决后造成的后悔。[21] 这样就势必促进当事人在法律的阴影里进行交涉和沟通。实际上，奈特经济学所揭示的最低限度最佳标准、满足度标准以及后悔最小化标准在这里竟都可以找到类似的表现，似乎中国传统的司法面临一种日常与例外相颠倒的事态，总是在进行风险决策。而在当今，法院提出将当事人满意不满意以及人民满意度作为一个判断标准，也是由于社会的不确定性和法律本身的不确定性，要求司法决策充分考虑政治大局、社会变化、具体情节、决策风险，等等。换言之，如果司法机关必须在一种不确定性的状况下进行决策，那就势必强调比较意义上的更好而不是唯一正确解答、势必强调体现为满意度的社会效果而不仅仅是严格服从法律，于是在审判程序中就不得不嵌入更多选择的契机、不得不拓展选择的空间。提出这些口号、采取这些政策举措的人未必知道奈特的理论框架，甚至根本不了解在不确定性中进行决策的判断标准，但两者之间的高度类似性的确饶有兴味。

三、侥幸均等正义论的思考实验

不确定性和概率计算问题与资源分配，特别是基于"运气"的角度来理解公平的资源分配的问题之间，其实存在着密切的联系，这也是法哲学与法社会学长期关注的重要领域。我们可以经由德沃金关于平等的正义理论来对这一问题展开具体的分析。1981年，德沃金发表了一篇题为"资源的平等"的重要论文，后来收入他的著作《至上的美德：平等

---

[21] 笔者曾以《名公书判清明集》中的"女家已回定帖而翻悔案"为例，探讨过此处通过话语博弈来达成"两造皆服、各给事由"的具体情形，参见季卫东：《法律解释的真谛——探索实用法学的第三道路》，载《中外法学》1998年第6期、1999年第1期；中国社会科学院历史研究所宋辽金元史研究室点校：《名公书判清明集》，中华书局1987年版，第346—348页。

的理论与实践》之中。立论的背景当然是罗尔斯关于平等的《正义论》发表后所引发的热烈的学术讨论。与罗尔斯颇为不同的是，德沃金的学说并不基于无知之幕的假想实验，而是强调以自由市场为前提条件，从法哲学的角度提出关于平等问题的新视角，将资源的平等以及风险、运气等偶然因素纳入正义理论的视野之中。为了诠释资源的平等，他提示了一个同时拍卖市场的模型：

> 假设一条遇难船只的幸存者被海水冲到一个荒岛上，岛上资源丰富，没有人烟，任何救援只能发生在多年之后。这些移民接受了一条原则：对于这里的任何资源，谁都不拥有优先权，而是只能在他们中间进行平等的分配。[22]

显然，这样的资源拍卖市场除竞标的结果之外并没有独立的价值判断标准，实际上是人们将不同的价值进行兑换的过程，是通过竞争达到平衡的过程，体现了一种完全的程序主义。但是，德沃金对竞标的结果还是确立了事后性价值判断标准的，不是以形式上的、客观的结果平等为标准，而是以带有主观性的羡妒测试（envy test）作为判断标准：

> 在这个缓慢的（拍卖）过程结束之际，人人都表示自己很满意，物品各得其主。现在，妒忌检验得以通过。没有人会妒忌别人购买的东西，因为根据假设，他可以用自己的贝壳不购买自己的这一份而购买另一份。[23]

一旦分配完成，如果有任何居民宁愿选择别人分到的那份资源而不要自己那份，则资源的分配就是不平等的；而如果依然有人认为自己的所得不及他人，那么就说明还没有完全达到资源平等，需要继续调整。换言之，拍卖程序不允许推翻重来，但允许反复调整，最后实现竞争性均衡，这与罗尔斯的反思均衡概念相映成趣。当然，反复调整是有成本的，对于谁来承担这个成本，德沃金的思考实验没有涉及，他的理论实际上假设了交易成本为零的条件。我们知道，现今一系列矿产、林地、国库券、无线电频率的开发权与销售权的划分与定价皆与拍卖程序有

㉒　〔美〕罗纳德·德沃金：《至上的美德：平等的理论与实践》，冯克利译，江苏人民出版社 2008 年版，第 63 页。

㉓　同前注㉒，第 65 页。

关，它已然成了分配商品和服务资源的一种重要方式，而 2020 年的诺贝尔经济学奖也被授予了"对拍卖理论的改进和对新拍卖形式的发明"方面做出了贡献的保罗·米尔格罗姆（Paul R. Milgrom）和罗伯特·威尔逊（Robert B. Wilson），他们也正是同步多轮拍卖（SMRA）形式的提出者。这种拍卖的优势在于：除却能为买卖双方设定最佳价格，他们的工作"还有助于拍卖创造尽可能多的价值，并鼓励建立一种体系，将重要的商品和服务授予最能使用或管理这些商品和服务的竞标者"㉔。这似乎也印证了德沃金将拍卖程序和市场自由交易场景纳入平等考量领域的先见之明。

在德沃金的思考实验里，除了拍卖市场模型，还有一个保险市场模型，目的是实现与风险相关的社会公平。事实上，通过拍卖程序平等分配的资源，还会因为经营不善、运气不佳、生活不幸等引起变化，产生各种各样的风险、机遇以及结果的不平等，所以需要通过入保程序和分散风险的保险机制设计来进行善后处理。于是，根本性问题在这里发生了转换——从资源平等转到了风险平等。从保险市场模型的视角来看，通过同时拍卖会、拍卖程序实现的是资源分配的纯粹程序正义，而通过保险制度、入保程序实现的是则风险分配的完全程序正义。既然不同的风险都可以做出预期值计算，因此人们的生涯安全可以进行预先筹划，风险的应对举措和治理方式也可以进行理性设计。例如，社会为了实现确定性、加强福利保障，开发了强制保险、任意保险、共同保险，以及作为保险功能替代物的所得税（如累进所得税）。从某种意义上可以说，上述两个思考实验前后衔接，刚好是配套的。

德沃金的拍卖市场模型有点类似于罗尔斯所设想的纯粹程序主义的原初状态，但德沃金认为，"拍卖程序"比"无知之幕"更为现实，更具有合理性。㉕ 保险市场是针对风险、危险、结果责任以及再分配问题而设的，有点类似罗尔斯所强调的差别原则，但拒绝了其中的决定论立场和道德根据，坚持把程序主义理念贯彻到底。在社会治理方面，德沃金通过把保险、博弈与税收联系起来的理论尝试，为解决风险分配的正义

㉔ 贺斌：《拍卖理论为何赢得诺贝尔经济学奖?》，载《中国新闻周刊》2020 年 10 月 19 日。

㉕ 同前注㉔，第 117 页。

问题提供了富有启示的思路。保险制度在相当程度上成为德沃金所说的"原生运气"（brute luck）与"选择运气"（option luck）之间的一种转换器，导致法律责任的原理发生深刻的变化。[26]

对于法律来说，责任是最重要的范畴之一。德沃金把"选择自由"与"责任自负"的理念嵌入关于平等以及公平分配的正义理论之中，是具有重要意义的，也非常符合美国主流社会的价值取向。在新冠疫情中，美国有那么多人感染、那么多人死亡，美国民众虽然不无非议，但却没有导致社会的失序，这在自由选择与自我负责的语境里是完全可以理解的，普通民众在采访中大都从运气好坏的角度来理解病毒感染的风险。而把与偶然相联系的"运气"这一观念纳入社会正义理论以及法理学的视野则是德沃金颇为重要的贡献，由此还成长出了所谓"侥幸均等主义"（luck egalitarianism）的思想流派。[27] 德沃金在他的论述中将运气区分为"自然的但却无情的原生运气"和"在主观判断的基础上形成的选择运气"。所谓原生运气指与人的主观意志无关的不确定性，所以没办法追究责任。至于选择运气，是个人选择而导致的结果，所以需要自我承担责任。因此，原生运气无责任，选择运气是有责任的。[28] 笔者认为，这是考虑风险、概率与法律问题的一个很重要的切入点。

尽管有些学者对德沃金的理论进行了这样或者那样的批判，但是如果把他的主张与卢曼的理论联系起来，他所谓的原生运气和选择运气的概念就变得很好理解了。卢曼曾主张"（与决策无关的）危险"是无责任的，而"（与决策有关的）风险"是有责任的，也是指选择的后果责任。虽然德沃金没有引述卢曼，卢曼也没有引述德沃金，但是比较两者的风险理论则可发现：德沃金强调的是市场，卢曼强调的是系统，视角虽然很不同，却都试图处理在不确定性与风险中进行选择或决策的责任

㉖　参见前注㉒，第 70 页。

㉗　See Carl Knight, *Luck Egalitarianism: Equality, Responsibility, and Justice*, Edinburgh University Press, 2009. Alexander Brown, "Luck Egalitarianism and Democratic Equality", Ethical Perspectives 12, no. 3 (2005), pp. 293–339.

㉘　关于"钝于天赋，敏于选择"问题的进一步讨论，还可参见 Colin Macleod, *Liberalism, Justice and Markets: A Critique of Liberal Equality*, Oxford University Press, 1998. Richard Arneson, "Equality and Equal Opportunity for Welfare", *Philosophical Studies* Vol. 56 (1989), pp. 77–93; G. A. Cohen, "On the Currency of Egalitarian Justice", *Ethics* Vol. 99 (1989), pp. 906–944。

问题。有些法哲学研究者觉得原生运气与选择运气的概念难以理解、有失严谨甚至没有必要区分，但这似乎并未领会德沃金或卢曼在此处进行的深入思考。

在关于运气的正义论分析之外，德沃金还探讨了其他一些与正义相关的问题。比如关于风险意识与入保的选择、保险公司对遗传风险进行处理的公平性问题——保险公司往往要根据个人的家族疾病史、基因信息等进行分类，在入保的时候根据遗传风险做出差别待遇（换作当今大数据保险的场景则被称为算法歧视），这当然涉及平等和公正的问题。在这里，德沃金的侥幸均等正义论的意义以非常明确的形式呈现出来。德沃金的正义理论显然是对罗尔斯正义理论的批判性发展，德沃金自己并不否认这一点。他认为罗尔斯在论证正义原则的正当性时假定存在社会契约并具有约束力，但其实还应该更进一步探讨独立于上述假定的深层次理论及其特征。在德沃金看来，这样的深层次理论包括目的本位、义务本位、权利本位等不同类型，强调契约就势必强调权利，所以罗尔斯正义理论的深层次理论应该是权利本位的理论。

这里还需补充的是，罗尔斯的正义学说，特别是晚期的《正义新论》其实强调的是互惠性对于正义原则进行正当化处理的意义（详见本书第一编第三章）。众所周知，罗尔斯通过纯粹程序主义的思考实验所论证的正义原则有两条：第一原则是平等的自由原则，第二原则是关于结果不平等的限定条件的原则，其中又细分为机会的公平平等原则与差别原则（参见图6）。这三者的表述顺序就是价值排列的顺序，排在最后的是差别原则。但是实际上，差别原则才是罗尔斯正义理论的核心观念和生命力之所在。在论证差别原则的时候，罗尔斯特别强调互惠性这个概念，他在《正义新论》中做出如下界定："公平的合作条款表明了互惠性（reciprocity）与相互性（mutuality）的理念：所有人都按照公众承认的规则所要求的那样尽其职责，并依照公众同意的标准所规定的那样获取利益。"[29]罗尔斯甚至还进一步将互惠性视作正义诸原则的基石："我相信，差别原则这个理念在最深的层面上涉及互惠性……两个正义原则，包括意味着参照平等分配为基准的差别原则，表达了公民之间的互

　　㉙〔美〕约翰·罗尔斯：《作为公平的正义——正义新论》，姚大志译，上海三联书店2002年版，第13页。

惠性观念。"㉚ 此外，他在《万民法》《政治自由主义》等著作中也反复围绕互惠性的概念展开自己的学说，可以说，这一概念是划分罗尔斯前后学术生涯中一个重要的转捩点，也是支撑起他正义理论的一个重要基石。

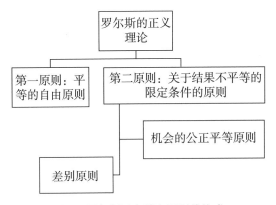

图 6　罗尔斯正义基本原则的构成

我们知道，互惠性与权利在本质上是截然不同的：权利是既定的、明确的，而互惠性与讨价还价、妥协、互利如影随形，带有偶然和概率的色彩。互惠往往被理解为在特定的情况下双方通过讨价还价、暂定协议而达成的一种均衡状态。笔者曾经指出："互惠的本质是在特定场景中对双方有利，利他的契机与利己的契机总是交错在一起，并且不断地重新组合。为此，互惠关系具有很大的不确定性、不稳定性。为了真正实现互惠并使双方理解和满意，必须加强反复的沟通和谈判。"㉛ 由此看来，德沃金对罗尔斯深层次理论的理解似乎还有商榷的余地。不过，对比德沃金的竞争均衡与罗尔斯的反思均衡，我们也还是可以找到两者的连接点。在《至上的美德：平等的理论与实践》中，德沃金强调对公民的平等照护是主权者的最高德性和正义的目标。但是，"照护"（care）是否意味着一种行政式实质性的平等观？这个问题是可以进一步推敲的。但是，德沃金的正义主张又与通常所理解的那种行政性平等照护不一样，他明确地对福利平等体制做出了批判，试图从自由交换的市场机制

㉚　同前注㉙，第 64 页。

㉛　季卫东：《中国式法律议论与相互承认的原理》，载《法学家》2018 年第 6 期。

中发现资源平等分配的最佳原理。㉜ 对这一立场的展现便是完全程序主义的拍卖市场模型。例如，上海的车牌号拍卖以及与其形成鲜明对比的北京车牌摇号制度都是资源分配的方式，一般来说是都是基于平等的原理以及选择的运气。然而，车牌号拍卖显然更符合德沃金所追求的那种完全的程序正义，也反映出了供求关系的变化以及价值兑换的可能性；相比之下，摇号方式则是简单的抽签，犹如凭借运气的赌博，这就很难反映市场交换和价值兑换的机制。

谈到资源平等分配的实践，我们还可能联想到政治和法律方面的事例。比如 20 世纪 40 年代末到 50 年代初的中国土地改革，是通过政治强制的方式实现资源的平等；20 世纪 50 年代后期的工商业社会主义改造，虽然没有拍卖程序，但却通过赎买的方式实现资源平等。这里还可能联想到苏联、东欧体制转型的过程中曾经推出的休克疗法以及激进的市场化改革方案，也就是将全民所有的资产按照估值转化为资产券，平均地分配给每一个公民。这也是资源平等分配的一种方式，强调的只是规模、数量上的等额，但没有反映各自不同的需求和价值取向。有些人收到资产券后立即转让给其他人，但企业的经营机制却被破坏了。后来资产券通过自由交换逐渐集中到了一部分人的手中。

德沃金的法学理论是非常强调权利的，《认真对待权利》是他最著名的代表作之一。但是，从《至上的美德：平等的理论与实践》这本书中，我们可以更清楚地发现德沃金权利观的特征——在他看来，究其本质而言，权利不外乎一种行为理由，也是判断的依据。过去的法学理论大都认为权利是从自然法、自然权利演绎出来的，存在既定的、明确的权利体系，但德沃金理解的权利其实与此不同。作为行为理由与判断依据的权利，当然也就具有一种相对性、可变性，即具有偶然性、概率性。但是，就在这样的语境下，德沃金试图确立起平等主义的立法指针，这是罗尔斯的《正义论》或《正义新论》尚未解决的任务。罗尔斯在《正义新论》中借助 OP 曲线（参见本书第一编第三章图 2）来说明分配正义的内涵以及差别原则的正当性。罗尔斯的 OP 分配曲线在区分更有利群体

㉜　参见前注㉒，特别是其第二章"资源平等"；〔加拿大〕威尔·金里卡：《当代政治哲学》，刘莘译，上海译文出版社 2011 年版，第 99—102 页。

和更不利群体的基础上建立了差别原则适用场景的分析坐标，为差距的指数测量提供了包括最高平等—正义直线（JJ）、公平分配最大值（D）、纳什点（Nash Point）、边沁点（Bentham Point）、封建点（Feudal Point）等基本概念或指标，形成了一个理论分析的初步框架。[33]

罗尔斯的 OP 曲线基于互惠性而提出了资源分配的几种理想类型，囊括了功利主义、纳什均衡在内的各种情形并在此基础上阐明了差别原则的要义，堪称精彩，但这个图形本身却并未提供立法指针，而只是提供了对处于有利位置的阶层或群体进行道德说服的逻辑或者修辞，至多只是提供了个人行为的规范性指针。与之不同的是，德沃金试图提供平等主义的立法指针。有趣的是，他从保险费的角度来理解税金，提供了税收制度设计的立法指针。对于一个现代法治国家来说，税法是非常重要的，因为税率就等于公共物品的价格，公民以税金来购买政府提供的公共物品。特别是在强调社会保障、社会福利的时候，税法就变得更加重要。税率是高是低，税种针对哪类对象，其实就是另一种形式的资源分配，当然也是负担分配。德沃金认为，赌博的本质就是用很小的成本来购买那些收益很大但概率很小的机会，而保险的本质则是用很小的成本来购买那些针对不太可能发生或一旦发生后果十分严重的赔偿。而"如果能够利用保险的手段，倒是提供了一个把无情的运气和选择的运气联系起来的纽带，因为决定购买或不购买灾难险，是一种经过计算的赌博"[34]。同时，结合前面的竞拍模型，德沃金举出了购买"失明险"的例子来说明这种资源与风险的分配安排："如果有一个人选择用自己的一部分初始资源购买这种保险，而另一个人没有这样选择，或者，如果这个人买的保险金额大于那个人，这种差别反映着他们对自己未来

---

[33]　事实上，罗尔斯早在《正义论》的第 13 节中便已提出了 OP 曲线的构想，其中横坐标 x（MAG）代表"更有利者群体"，纵坐标 y（LAG）代表"更不利者群体"。随着罗尔斯本人思想的深化并参与一系列论战，他不断改良这一分配曲线图形，它表达了由合作所产生的利益应该如何在这些生产出它的人们之间进行分配，而且罗尔斯特别指出：这也就意味着"它们反映了"互惠性的观念。较高的平等—正义直线意味着 LAG 更大，也即基本善的指标更高；而从较高的平等—正义直线向较低方向的移动，意味着减损 LAG 的基本善但增进 MAG。但很显然，即便 MAG 的功利价值增加，该现象本身也无法获得合理化，因为此时"相互交易"被允许了，互惠性被破坏。罗尔斯对 OP 曲线的具体阐明，参见前注㉙，第 77—80 页。

[34]　同前注㉒，第 70—71 页。

的生活方式或内容的相对价值的不同看法。它可以反映这样的事实：这人比那人更看重视力……或者简单地说，一个人对风险的关切不同。"㉟ 显然，这与之前那种无差别的"天赋人权"理论有较大的差异，而且为个人选择偏好的不同及其承担后果和风险的不同保留了空间。

理解入保的意义，也就不难理解纳税的意义，因为公民通过小额定期的纳税可以获得巨大的社会保障和公共服务。在福利国家，税收制度对于保险水平的影响就更加直接、更加明显。德沃金强调平等照护是一种权利，这就涉及了国家的责任问题。前面已经讨论过风险社会的责任与决策，在这方面德沃金的观点非常明确：对于那些不是因为个人选择而产生的危害，个人没有必要承担责任，但政府有责任去解决相关的问题。在这个意义上可以说，原生运气概念本身是没有问责契机的。换言之，无选择即无责任。但是，如果个人的选择错误导致了损失，那就要承担后果责任，而不应该由政府来承担责任。尽管如此，政府从平等、社会稳定以及悲悯的角度来看，也不妨适当地进行补偿。比如，在碰到天灾时政府当然也应该进行救济，但是这样的补偿和救济应该设立法律标准，明确限制的条件。㊱

总而言之，德沃金强调的是市场指向，但是他的理论也存在自相矛盾的地方。他认为，拍卖程序和保险市场也都需要通过电子计算机，才能对欲望、偏好和风险之间的互动关系进行与市场结果相等的经济计算和预测，似乎存在一种经济理性计划的假定，与强调自由交换的市场指向是矛盾的。另外，在考虑缩小贫富悬殊的政策指针中，德沃金提出了一个平均值的概念。在某种意义上可以把这个概念与目前正在热烈讨论的大数据结合在一起，通过对大数据的人工智能分析和处理来解决平均值问题。当然，对于德沃金侥幸均等正义论的概念和命题，学界也有这样或那样的批判意见。㊲

㉟　同前注㉒，第73页。

㊱　另外，此处还涉及"个人特质或心理倾向"所导致的补偿自然劣势的保险方案问题，对此进一步的展开，可参见前注㉜，〔加拿大〕威尔·金里卡书，第81—96页。

㊲　德沃金曾就此参与过数次论战，关于德沃金的理论设计及其批评，特别是围绕侥幸均等主义的主要批判，参见 Elizabeth Anderson, "What is the Point of Equality?" *Ethics* no. 109 (1999) pp. 287-337. Marc Fleurbaey, "Egalitarian Opportunities", *Law and Philosophy*, Vol. 20 (2001) pp. 499-530. Robert van der Veen, "Equality of Talent Resources: Procedures or Outcomes?" *Ethics*, no. 113 (2002), pp. 55-81。

结 语

以上三个部分的内容立足于法律实践和法律制度设计，探讨了不确定性、概率乃至运气之于资源和风险分配的问题。我们可以发现：由于风险社会和意志自由的条件设定，从决定论到嵌入盖然性思维是近代以来法学乃至科学演进的基本路径。风险社会的治理以及决策合理化的基本特征在于概率计算、贝叶斯推定方法、权衡沟通以及相应的问责机制；而在无法进行概率计算或者风险评价的完全不确定状况下，想要做出选择或法律判断，则需要采取立足于满足度、期待值、后悔最小化等一些特殊的准据标准。此外，德沃金侥幸均等正义论的原生运气和选择运气的概念区分与卢曼风险社会学的危险和风险的概念区分是相对应的，通过卢曼的分析框架可以更好地理解德沃金的运气观——卢曼的风险处理思路是系统指向，德沃金的风险处理思路是市场指向，两者的结合在于对沟通与信任的重视，转化为立法指针就是保险原理，这也体现出了欧陆式社会理论与英美式社会理论的差异与共识。

那么，这对未来的法律制度设计又会带来哪些影响呢？如前所述，司法实践其实本来就潜伏着概率思考，比如法官的自由心证对于判决的影响，当事人双方叙述的故事也往往是公说公有理、婆说婆有理，这就导致不同故事之间的说服力竞争，竞争导致的结果当然不是确定的，具有一定的盖然性。在这个意义上可以说，法律程序本身就带有偶然，只不过随着程序展开而不断对偶然进行去随机化的处理。尽管如此，法官在审理案件的过程中还是可以根据带有盖然性的经验反思来对逻辑推论进行修正，往往会强调特殊的情节和例外，这种强调其实也是具有概率性的。更进一步地，有关因果关系的推定往往需要通过不同群体之间的比较和归纳才能进行，例如公害案件、涉及新冠疫情的诉讼责任划分，判决大都需要在归纳式推定的基础上来做出。

因此，程序对因果关系的确认其实也是一种盖然性的证明，法律上的因果关系未必就一定是事实上的因果关系。虽然人们应该、也有可能通过科学鉴定寻找证据，不断追究事实上的因果关系，但由于审判期限、认知能力等条件约束，司法判断只能基于法律上的因果关系。

另外，在未来指向、权利创造型的审判当中，司法判断与政治判断其实是互相交错的，也就是德沃金所说的疑难案件的处理，需要统筹考虑法律、原则以及政策，同样也会存在决策风险的问题。当现代科技手段用于审判时，还存在跨学科所导致的可变性，如数据安全、电磁波的影响，磁悬浮的辐射，等等。人们经常提到的科学审判，往往是对问题群进行集体性决策。在判断形成过程中，不同专家的主张互相作用会形成合力，导致最终的结论。不言而喻，这种合力形成过程是充满变数的。更何况各个领域的专家都会把大量的科学假说、暂定的结论带到法庭之中，使情况变得更加复杂。

因为以上这些问题在法律上原来是没有明确规定的，需要进行权利和规范的创造，这就势必增大法律判断的流动性和暂时性。日本东京大学的太田胜造教授是致力于纠纷解决制度和法律经济学研究的专家，也是笔者的一个老朋友，他鉴于上述状况提出了一个关于民事诉讼制度的创新型设计，即以非确定性为前提，强调根据公理性概率论来重构民事司法体系，案件审理注重证据上的试错过程和可撤销性，最后以法律经济学强调的期待效用最大化为指标来做出司法决定。显然，这样的民事审判程序具有相当大的概率性，这里所展现的，也正是不确定性和风险性不断增强的社会中司法制度演变的一种趋势。在考虑法律与概率的关系之际，制度设计的基本原则还是偶然的去随机化处理方式，而从司法系统来看，此处的关键正在于程序与议论。在这一方面，笔者从 1993 年提出新程序主义，到现在探索与倡导"议论的法社会学"，亦是希望聚焦法律秩序中的结构与话语之间互动关系，关注法律的不确定性与概率问题，注重风险决策、风险沟通及责任分配问题，为中国的法治建设提供一种坚实而富有生命力的新范式。㊳

㊳ 关于法律不确定性问题的控制以及在不确定性条件下制度设计的进一步讨论，参见季卫东：《法律议论的社会科学研究新范式》，载《中国法学》2015 年第 6 期，第 7 页。

审判：从概念计算到数据计算[*]

一、问题意识：如何克服权力的任意性

中国的国家治理体系现代化，关键在于法治。权力结构的合理性取决于限制恣意的规范思维以及社会的和谐稳定，为此，法学必然对决策和执行机制设计提出中立、客观、公正的要求，必然尽量提高审判的可预测程度。这种努力涉及价值与事实两个根本方面。在价值层面，应当立足于沟通、共识以及承认，主要解决法律与案例的正当性保障问题；在事实层面，应当立足于勘验、调查以及推理，主要解决证据与功能的真实性保障问题；与价值判断相关的知识形态是法律的实践技艺，与事实认知相关的知识形态是法律的科学体系。

在现代化过程中，为了限制法律适用过程中的裁量权，人们试图借助自然科学乃至社会科学的分析框架，特别是数学思维方法来重新认识法律的经验睿智，试图建构规范的公理体系，并通过逻辑演绎三段论和涵摄技术来厘清各种规则之间的关系，以确保在**概念计算**和利益衡量的基础上做出理性而公正的判断或决定。这是一种理性主义的法律范

———————————

* 本章系作者主持的国家社科基金重大项目"大数据与审判体系和审判能力现代化研究"（17ZDA130）的阶段性成果之一，原文发表于《社会科学辑刊》2021年第3期。

式，产生了广泛而深远的影响。① 当然，这种基于推理或计算的科学法律观也遭遇来自空间复杂性、时间复杂性以及人群复杂性的挑战，作为应对之策也引发了实践哲学、决疑术、论题术、修辞术、辩证术的回潮甚至复兴。② 显而易见，本章讨论的信息与通信技术（Information and Communications Technology，简称 ICT）时代的计算法学③，当然也是科学法律观的一种必然结果或者新型表现形态，也具有公理体系和逻辑推理和概念计算的特征。然而计算法学与人工智能结合在一起，就不得不面对计算机在模仿人类思维和判断时常识储备残缺的框架问题（the frame problem，由人工智能的巨匠约翰·麦卡锡在 1969 年提出）和价值符号接地问题（the symbol grounding problem，由认知科学家斯特万·哈纳德在 1990 年提出）。因此，计算法学要突破发展的上述"瓶颈"，必须在算法，特别是机器学习算法不断生成和进化的新型生态系统中寻找质变的契机，进而把法律与社会带进 AIoT 网络共生的混沌、数字形态多样性的爆发以及代码框架不断创新和进化的智能"寒武纪"。在这个过程中，随着语言大模型在司法领域的应用，计算法学越来越呈现出对海量数据进行计算和深度学习的特征。

本章首先将分别考察法学在克服复杂性、不确定性方面的规范主义与科学主义这两种完全不同的思路，侧重在从莱布尼茨对法律知识的数学化尝试到当今的"数字黥刑"的历史进程中，通过算术监控、几何布局、机器思维、符号演算等多彩多姿的思想实验和试错的实践活动来分析计算法学的来龙去脉。其次，在这样的条件设定以及信息技术普及的背景下，笔者将具体论证计算法学拓展的四个专业维度，即 1960 年以来流行的基于案件数据资料的计量法律学（Jurimetrics）、1970 年以来的法

---

① 关于理性主义法律范式的不同侧面，不妨参见季卫东：《法律议论的社会科学研究新范式》，载《中国法学》2015 年第 6 期，特别是第 27—32 页；季卫东：《法律与概率——不确定的世界与决策风险》，载《地方立法研究》2021 年第 1 期。

② 参见舒国滢：《法学的知识谱系》，商务印书馆 2020 年版，第 1185 页以下。

③ 相关论述参见钱宁峰：《走向"计算法学"：大数据时代法学研究的选择》，载《东南大学学报（哲学社会科学版）》2017 年第 2 期；邓矜婷、张建悦：《计算法学：作为一种新的法学研究方法》，载《法学》2019 年第 4 期；于晓虹：《计算法学：展开维度、发展趋向与视域前瞻》，载《现代法学》2020 年第 1 期；申卫星、刘云：《法学研究新范式：计算法学的内涵、范畴与方法》，载《法学研究》2020 年第 5 期；蔡维德主编：《智能合约：重构社会契约》，法律出版社 2020 年版。

律推理计算机化（computerization of legal reasoning）、1980 年以来的法律信息学（Legal Informatics）、1990 年以来的互联网发展和网络空间法（Cyberspace Law）。另外，从 2016 年开始，各国开始意识到人工智能不仅仅是计算机科学的问题，像人那样进行推理和判断的信息系统不得不吸纳人的复杂性和不确定性，因而不得不把社会价值观也嵌入其中，同时还应该为算法设计提供伦理框架以防止算法偏见。这意味着计算法学还有一个伦理之维，即具有超越性的第五维度，我们必须认真对待。

二、法律的回应：从决疑术的概率计算到逻辑学的概念计算

古罗马人在开疆拓土的过程中不断建立管理机构、完善法律制度，显示了一种广域统治的天赋。但是，只有在从被征服者希腊人那里汲取哲学和艺术的营养之后，罗马才形成了真正意义上的法学理论。特别是著名的哲人政治家和法学家西塞罗（Marcus T. Cicero）关于开题、演说、论题术的著作，不仅把亚里士多德的修辞学发扬光大，还把关于决疑和裁决的论题学也引进了法学领域。西塞罗应古罗马法律家特雷巴求斯之请而撰写的《论题术》，为司法实务提供了具有可操作性的技术指引和重要论题的清单。这份格式化论题目录的应用包括两个方面：一个是特定主题本身及其组成部分或者直接相关部分的内部论证，另一个是与主题没有直接联系的关于权威或条件的外部论证。所以，西塞罗认为论题术的本质就是一种**寻找判断前提的程序**[④]。换言之，这种程序就是要建立论题目录并确定论点的位置，根据对立、近似、层级进行议论，并通过在多样性中进行排序和选择的决疑术（casuistry）为法律判断赋予"随机的确定性"，寻找"或然的真理"。论题术和决疑术通常与盖然说（probabilism）联系在一起，所以也不妨理解为根据经验和睿智对各种利害关系进行的一种**初级的概率计算**。西塞罗在《论共和国》（De republica，3. 22. 33）以及《论开题》（De inventione，2. 53. 161）中还对自然法给出了一个著名的斯多葛学派的定义，即"真正的法是服从自然

的正确理性"⑤，因而法与宗教、真理同样铭刻在人们心中，但前提是必须在整理争点的基础上进行充分的论证以解决各种"意见"（价值）之间的冲突，同时还要通过案件分类的方法寻找实践理性和类推的依据。

到了古典时代晚期，古罗马帝国最后的统一者查士丁尼一世为了实现一个帝国、一部法典、一个领袖的新秩序构想，试图把既定的所有条规敕令都改编为成文法典，并通过权威学者的解释和著述使之升华为法学原理的体系。后面这种法学经典构建的重大成果就是法学百科全书式的《学说汇纂》和法学入门统编教材式的《法学阶梯》。从529年到534年颁布的《查士丁尼法典》《法学阶梯》《学说汇纂》，再加上535年到565年颁布的《新律》，构成浩瀚的《民法大全》(Corpus Iuris Civilis)（罗马法大全），呈现出法律的"成文理性"和"有说服力的权威"等特征，旨在树立一整套确定不变的规范以及类似电话号码簿那样明晰的操作细则。⑥这种法典结构设计的结果，使得学说汇纂式的法学理论有可能明确地指导司法实务，因而法律规范的书卷气、师承性非常强，并形成一体遵循的"共同法"（Ius Commune）传统作为欧洲大陆中西部规范制定的基本模型。

但是，由于日耳曼部族和拜占庭王朝基于宗教、语言以及本土法律的抵制，《民法大全》在颁布完毕之后就基本上被束之高阁乃至篡改，在一直到11世纪的漫长岁月里渐次湮没消逝。这五百余年在历史上被称为中世纪的法律文明黑暗时代。时至11世纪末，《学说汇纂》才以"博洛尼亚手抄本"的形式被神秘地重新发现，接着通过博洛尼亚大学法律学校的注解、传授以及研究，还有15世纪末以后人文主义学者对《学说汇纂》文本的鉴别、校勘、评释以及重构，引发了罗马法在西欧的文艺复兴。其结果是，一些主要国家开始推行"罗马法的综合继受"（Rezeption in complexu）以及注释的标准化和体系化。⑦尤其是16世纪中叶之后两

---

⑤ See Paul Foriers & Chaïm Perelman,"Natural Law and Natural Rights", in Philip P. Wiener (Editor in Chief) *Dictionary of the History of Ideas：Studies of Selected Pivotal Ideas*, New York：Charles Scribner's Sons, 1973, 引自野島一郎訳「自然法と自然権」『ヒストリー・オヴ・アイディア叢書16——法・契約・権力』（平凡社，1987年）22頁。

⑥ Alan Watson, *Roman Law & Comparative Law*, Athens：The University of Georgia Press, 1991, 引自アラン・ワトソン『ローマ法と比較法』（瀧澤栄治、樺島正法訳，信山社，2006年）99—103頁を参照。

　⑦　参见前注②，第466页以下。

百年间的德国"学说汇纂的现代应用运动"（usus modernus pandectarum），进一步彰显了罗马法在私人领域自由进行民商事法律推理的技术优势，加强了对职业法律家的吸引力和影响，形成了作为公理体系而构建的法教义学。法教义学的宗旨是实现判断的确定性，在规范适用过程中严格进行逻辑的推理演绎，并且强调把具体事实逐一纳入法律要件之中的涵摄技术。在这种"逻辑法学"的基础之上，法律判断和决定实际上完全可以理解为概念计算的作业。用一个简单的公式来表述概念计算，就是"判决＝形式逻辑三段论＋涵摄技术"。我们也不妨说，法教义学的本质就是发明了现代社会规则之治的基础性算法。

　　法教义学的公理体系指向，在萨维尼（Friedrich Carl von Savigny）早期关于几何学的法律技术性表达、以概念进行推理和计算的论述中已经显现，在普赫塔（Georg F.Puchta）的概念法学中则表现得尤其突出，乃至趋于极端化。普赫塔认为法律家无论进行理论思考还是进行实务操作，都必须按照科学原理进行纯粹的逻辑演绎，并且认为法律规范应该屈从逻辑结构的概念，为此他建构了极具特色的金字塔式"概念的谱系"。通过这种形式主义的逻辑方法，他试图让事实都符合概念的界定，从而克减事实的复杂性，实现极其精密的概念计算；并且通过层级化的概念来以小运大、以少驭多，从而达到法律支配社会的目标，进而实现法律的确定性、明晰性以及公正性。早期的耶林（Rudolf von Jhering）也是概念法学的提倡者，他把法律的概念体系想象为"化学元素表"，可以按照逻辑进行排列、配对、合并以及重组，在这个意义上他认为概念具有孕育和创新的功能，可以赋予法律条文以生生不息的活力。这种立场在他的代表作《罗马法的精神》第一部和第二部里表现得非常明确。但从该书第三部（19 世纪 60 年代前期）开始，他进行了一个大回旋，强调概念取决于现实生活而不是相反，在法律判断之际经验比逻辑更重要[8]——也许因为不惜扭曲事实而适应逻辑关系需要的概念法学已经名声败坏，也许因为深入研究导致全新的感悟。

　　在耶林转变学术立场的这种思路上，后来又出现了以 Ph. 赫克（Philipp von Heck）为代表的利益法学派，认为法律是互相竞争的各种利益的产

---

　　⑧　田中成明ほか『法思想史』（有斐閣，1988 年）116—127 頁、笹倉秀夫『法思想史講義（下）——絶対王政期から現代まで』（東京大学出版会，2007 年）145—168 頁を参照。

物，法学的意义就在于厘清各种利益之间的关系，根据生活需要找出解决具体案件的法律规范，并据此形成社会秩序。因而在法学方法论应该嵌入利益及其衡量的概念，这也意味着法官不能盲目地严格服从法律，司法实践的方式势必在相当程度上从概念计算转移到不同利益的评价、比较以及衡量，并且注重法律共同体的价值判断，而不限于逻辑三段论和涵摄技术。从概念计算到**利益计算**，也意味着逻辑法学的范围被扩展到涉及实质性价值判断的辩证推理层面。另外，凯尔森（Hans Kelsen）的纯粹法学体系虽然与概念法学有类似的层级结构，呈现出以根本规范为顶点的金字塔几何学形状，但他明确否定具体规范可以按照逻辑或数学原理从根本规范演绎出来的观点，因为特别法的制定行为是一种意志表达，而不是基于推理的思考。⑨ 换言之，在这里目的和手段的计算取代了概念的计算。

三、科学的回应：逻辑机器、组合算术以及法律数学

从基于论题目录和决疑术的概率计算，演变到以公理体系和形式逻辑为前提的概念计算，正是上述演变导致法教义学的盛行。这种法律学发展的趋势固然反映了科学主义的影响，与此同时，试图直接运用自然科学（尤其是数学）的概念、符号、公式以及方法重构法律学科的各种努力也长盛不衰。早在 14 世纪初，西班牙哲学家卢勒（Raimundus Lullus）就构想了一种"逻辑机器"，由五个可以围绕同一轴心旋转的圆盘构成，每个圆盘包含九个基本概念或问题，通过机械操作各个圆盘得出互相交错的不同组合方式来进行自动化的推理和判断。⑩ 在这里，我们可以发现根据最简朴的、具有某些神秘色彩的问题组合术尝试人机对话以及构建专家系统的雏形。从 17 世纪开始，在科学和技术的范式里解决法律和正义问题的尝试越来越频繁，直到 19 世纪还有英国功利主义哲学家边沁（Jeremy Bentham）认为伦理就是对幸福（效用）总量的计算，试图把数学作为道德的指针；为此他提出了测量痛苦（恶）与快乐（善）的不同指标以及幸福计算程序（felicific calculus）的设计方案，把

---

⑨　Hans Kelsen, *Reine Rechtslehre*, 1934, S. 64, 引自ハンスケルゼン『純粹法学』（横田喜三郎訳，岩波書店，1935 年）104—105 頁。

⑩　参见前注②，第 611 页。

最大多数人的最大幸福作为立法的基本原理。⑪ 在这条思路的延长线上，有些心理学家（如积极心理学之父塞利格曼）和经济学家（如诺贝尔奖得主萨缪尔森）还在经验考察的基础上提出了幸福计算公式（Happiness Calculation Formula）。时至今日，在福利经济学以及政策科学的效益成本分析方法中，我们仍然可以依稀看到幸福计算的影子⑫。

二进制和计算器的发明者，17 世纪德国伟大的数学家、哲学家以及法学家戈特弗里德·莱布尼茨（Gottfried W. Leibniz）乃视理性法律为近代科学产物的第一人，并且试图对《民法大全》以及法律学进行彻底的数学化改造和重构，使罗马法的所有内容都能够从极其简洁的基本原理中根据逻辑的传递方法推导出来。在法学博士论文《论组合术》中，莱布尼茨把几何学图形以及组合算术应用到法律现象，把法学理解为"一门由简单术语构成的复杂化组合技艺"。他还认为根据决疑术和论题目录进行的法律议论完全可以置于算法的监控之下，因而可以消除法律当中的不确定性。⑬ 这种雄心勃勃的"新罗马法大全"（Novum Corpus Juris）革新方案可以称之为法学的"莱布尼茨公理"（Leibnizian axiom），与两百年后边沁在英国推出的法制改革宏大计划，特别是暗喻现代权力结构本质属性的全景一览式监狱建筑（Panopticon）的蓝图、万全法（Pannomion）的概念以及幸福计算器的立法学思路相映成趣。

进入 20 世纪后，美国在"作为科学的法学"口号鼓舞下，采取经验科学的方法研究法律现象的学术活动蔚然成风。最有影响力的法学理论家罗斯科·庞德（Roscoe Pound）从社会控制（social control）以及社会工程学（social engineering）的角度来理解法律的本质，创立了社会学的法理学流派。⑭ 他还重视不同利益的竞争以及国家机关在比较评价的基础

---

⑪ 参见〔英〕边沁：《道德与立法原理导论》，时殷弘译，商务印书馆 2011 年版，第 87 页以下。

⑫ 宮川公男『政策科学の基礎』（東洋経済新報社，1994 年）97—105 頁を参照。例如 2007 年设立效益成本分析学会（The Society for Benefit-Cost Analysis, SBCA）是一个理论界与实务界进行交流的国际平台，旨在推动关于成本与效益、成本与效率、风险与回报的分析、计算、研究以及损失评估，不仅致力于福利经济学的发展，而且还支持实证的政策决定。

⑬ 参见前注②，第 734—743 页。

⑭ 参见〔美〕罗斯科·庞德：《通过法律的社会控制》，沈宗灵译，商务印书馆 1984 年版；王婧：《庞德：通过法律的社会控制》，黑龙江大学出版社 2010 年版，第三章第三节。

上进行选择，为此必须在调整社会关系的过程中实现有序化。由于实验产生了自然科学的程序性秩序，有些法学家也试图通过**科学实验的程序**来推进法律制度的合理化。例如现实主义法学的代表弗兰克（Jerome Frank）就认为"实验的方法在法律领域特别有用，因为法律实务就是调整人际关系和解决人际纠纷的一连串实验或者探险"[15]。实际上，美国联邦司法中心、州的立法机构、兰德公司都曾进行过法律方面的实验，当然这种实验的概念应该从广义层面来理解。[16] 正是在这样的背景下，彪特尔（Frederick K. Beutel）提出了他的实验主义法学体系，重点在立法领域，即对被认为在理性上、逻辑上都很健全的法案应该施行实验（如地区对照的实验），在社会中观察其效力和效果。[17] 把科学实验方法应用于个人或群体行为及其动机的研究（如刺激—反应式的行为实验和定量分析），就形成了法与行为科学、法心理学以及与法律有关的认知科学等专业领域；到现阶段，认知神经科学以及相关数学方法已经成为人工智能开发的重要基础。

实际上，早期耶林的"法律数学"（Mathematik des Rechts）[18]之梦也并没有破灭，德国出生的社会学家盖戈（Theodor J. Geiger）提出了独特的现实主义规范理论，试图建立一个可以进行符号演算的模型。[19] 在他看来，关于规范产生效力的逻辑关系不妨归纳为如下公式：

---

[15] Jerome Frank, *Law and the Modern Mind*, New York: Coward-McCann, 1930, 引自 J. フランク『法と現代精神』（棚瀬孝雄、棚瀬一代訳，弘文堂，1974 年）158—159 頁。

[16] J. Monahan & L. Walker, *Social Science in Law: Cases and Materials*, 2nd ed., New York: The Foundation Press, 1990, p. 61.

[17] Frederick K. Beutel, "Relationship of Natural Law to Experimental Jurisprudence", *Ohio State Law Journal* Vol. 13 no. 1 (1952) p. 172. Cf. F. K. Beutel, *Some Potentialities of Experimental Jurisprudence as a New Branch of Social Science*, Lincoln: University of Nebraska Press, 1957. 及川伸『法社会学と実験主義法学』（法律文化社，1980 年）を参照。杜宴林：《法理学实验研究的兴起与中国法理学观念的更新》，载《法制与社会发展》2020 年第 1 期，也做了详细的阐述和分析。

[18] Rudolf von Jhering, *Scherz und Ernst in der Jurisprudenz*, Darmstadt: Wissenschaftliche Buchgesellschaft, 1964, S. 274, 引自ルードルフ・フォン・イェーリング『法律学における冗談と真面目』（眞田芳憲、矢澤久純訳，中央大学出版部，2009 年）307 頁。

[19] Cf. Theodor J. Geiger, *Vorstudien zu einer Soziologie des Rechts*, 1947, 4. Auflage, Berlin: Duncker & Humblot, 1987, SS. 33-55. 東大ガイガー研究会「法律学の経験科学の基礎：デオドール・ガイガー著『法社会学のための準備研究』の紹介①~⑩」『法学セミナー』第 160 号以下（1964~1965 年）を参照。

$$(s \to g)V\frac{AA}{\div} = s - \left|\begin{array}{l} \to g \\ \\ \to \bar{g} \to r\frac{\Omega}{Ac} \end{array}\right.$$

公式左边意味着状况 s 中的行为 g 对属于对立阶级 A 的人们具有约束力（V），作为分母的÷是包括经济基础和上层建筑在内的社会关系整体，公式右边意味着属于阶级 A 的成员或者在状况 s 中采取行为 g，或者在采取非 g 的行为而成为越轨者 Ac，结果接受制裁性反应（r）。在这里，人们按照合法与非法的两项对立方式进行选择，制裁 r 是通过公众 Ω 来进行的。根据盖戈的分析，现实中制裁 r 未必总是起作用，所以规范的约束力应该表示为不同程度的变量。因此，V = e/s，且 e=b+（c→r）。在这里，e 表示实效性的比率，s 表示作为前提的状况，b 是在状况 s 中行为 g（s→g）发生的频度，c→r 是非 g（越轨行为ğ）和 r 出现的频度。也就是说，规范的效力就是在状况 s 中出现越轨行为ğ，或者ğ出现后进行制裁 r 的数量与状况 s 出现的整个频度的比值。在这里，状况 s 中进行越轨行为ğ制裁性的反应 r 是盖然性的，因而势必产生预测性解释。[20] 显而易见，盖戈规范学说的出发点是奥斯丁式的法律实证主义概念，并且留下了在法学思考中生搬硬套数学模型的明显痕迹。

与此形成鲜明对照的是，斯蒂芬·图尔敏（Stephen Toulmin）试图从法律本身的思维方法，特别是 "可撤销性"（defeasibility）概念出发，把议论样式内在的逻辑关系和正当性论证机制通过符号而图式化，建立起具有普遍意义的推理演算模型。图尔敏模型的问题切入点是形式逻辑关于大前提、小前提以及结论的简单化推理结构并不能适当而充分地反映法律实践。他认为法律的理由论证其实是以某个主张及其潜在的反驳意见为前提的，在遭遇异议时主张者必须对自己的论点进行正当化，举出作为根据的事实；如果用 C（claim/conclusion）来表述主张或结论，那么举证的话语就可以表述为 D（data），即数据或事实资料。因

---

[20]　对于这个符号演算模型的内容，东京大学法学院六本佳平教授进行了非常具体的介绍和说明。六本佳平『法社会学』（有斐阁，1986 年）118—122 页。但笔者在引用时进行了若干补充和调整，即追加了关于 AA 表述、÷符号、作为前提的 s 状况与 s→g 行为频度的区分等涵义解释。

此，区别 C 和 D 就是法律议论的第一步。对立的那方势必关注从 D 到 C 的证成过程，追问究竟根据什么、如何才能得出相应的结论，这时议论的要求不是追加新的事实（数据），而是要对论证过程进行正当化，即为暂定命题提供保证 W（warrants）。因此，区别 C 和 D 以及 W 就是法律议论的第二步。图尔敏认为，在法律议论中对数据的要求是明示的，而对保证的要求是默示的；对事实正确性的数据是特指的，而对论证正确性的保证是泛指的；所以两者应加以区别——这正是在审判程序中区别事实问题与法律问题的理由所在。

从上述分析中可以发现法律议论的理由论证图式比形式逻辑推理复杂得多，但仍然不止于此，图尔敏还要强调保证 W 对从数据 D 到结论 C 的论证过程进行正当化的程度问题，确实准确无误还是带有例外、保留、推测等限定条件。表述正当化保证的程度差异的符号是限制保证可信度的 Q（qualifier 限定词乃至 modal qualifier 模态限定词）与否认保证一般正当性的 R（rebuttal，抗辩）。在这里图尔敏又进行了两种重要的概念区别：一种是区别保证的言说与关于保证适用可能性的言说（与抗辩发挥同样的功能），这种区别不仅对法律适用，而且对自然法则的应用也具有重要意义；另一种是区别为论证而提出事实的目的，这种区别表明不同的言说也许都与某个要件事实相关，但关系样式各不相同——或者使某个推定得以正当化，或者使某个抗辩被推翻。在这里能够支撑和加强保证的正当性及权威性的言说是 B（backing，佐证）。根据上述分析，图尔敏描绘了一个比较复杂的论证模型（见图 7）：

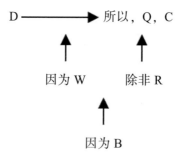

图 7　图尔敏论证模型的基本特征

与上述论证模型相比较，图尔敏认为形式逻辑的论证模型实际上只采取了单一的概念区别，即前提与结论的区别，导致推理具有过分的雷同性，而无法正确地推敲实际的议论；特别是三段论的大前提作为"普遍性前提"会导致话语空间变得非常贫匮。㉑需要特别指出的是，最近三十余年来，由主张或结论、要件事实、论据、证明、反驳这五个因素以及可靠性程度变量构成的这种图尔敏论证模型在法学界声誉日隆，尤其是对司法人工智能的推理算法研究产生了重要的影响。实际上，这个模型实际上也为司法程序从牛顿力学时代的概念计算转向信息技术时代的**数据计算**提供了重要的契机。如果也用一个公式对数据计算进行简洁的表述，即"判决＝规范案件大数据＋AI算法"。

另外，如果我们把博弈理论也应用于法律领域，那么不仅可以建立宏观结构的分析模型，而且可以对法律原则和具体规则的效果进行数量计算，有利于在不确定的状况下进行预测和决策。例如，关于交通事故的侵权责任，不同的制度设计导致利害关系的不同计算结果，会影响相关各方的动机和行为方式，这意味着数学方法有可能对行为与结构进行塑形。根据芝加哥大学道格拉斯·拜尔等人在《法律的博弈分析》一书中的矩阵示例，过失责任原则、严格责任原则以及比较过失原则对司机和行人履行注意义务的程度会分别导致非常微妙的变化。㉒中国的民事审判高度重视并广泛应用公平责任原则，在比较过失的基础上让当事人适当分担责任或损失，其结果也的确很像该书所描述的那样（表6所示）。

表6

行人	司机		
	不谨慎	有点谨慎	高度谨慎
不谨慎	−50，−50	−99，−2	−100，−3
有点谨慎	−2，−99	−51，−51	−101，−3
高度谨慎	−3，−100	−3，−101	−5，−3

㉑ See Stephen Toulmin, *The Uses of Argument*, Cambridge：Cambridge University Press，1958，pp. 146 ff.，参见〔英〕斯蒂芬·图尔敏：《论证的使用》（修订版），谢小庆、王丽译，北京语言大学出版社2016年版，第135页以下。

㉒ 参见〔美〕道格拉斯·G. 拜尔、〔美〕罗伯特·H. 格特纳、〔美〕兰德尔·C. 皮克：《法律的博弈分析》，严旭阳译，法律出版社1999年版，第1章。

在这里，假设高度谨慎的成本是司机和行人都承担 3 元，有点谨慎的成本是 1 元。当双方都高度谨慎时，事故发生的概率大幅度降低，而行人承担的事故预期成本为 2 元。如果双方都不谨慎，每人承担 50 元损失。如果双方都有点谨慎，那么他们都承担 50 元的事故损失加上 1 元有点谨慎成本。如果一方不谨慎而另一方有点谨慎，那么前者承担 99 元的事故损失，而有点谨慎一方则只承担 1 元的事故责任和 1 元的有点谨慎成本。于是，对相关各方的激励机制变得相对化了，任何一方都很难采取显著占优的行为策略。[23] 因而司机和行人往往都倾向于采取高度谨慎的态度，这也或许正是中国民法公平责任原则的宗旨所在。无论如何，在博弈理论用于法律现象分析的场合，还有法律经济学的一些微观研究成果上，我们可以看到"法律数学"构想的演进及其不同的崭新版本。

四、数字化信息通信技术与计算法学

基于图灵（Alan M. Turing）提出的关于智能机器的数理逻辑模型，世界第一台庞然大物的通用计算机 ENIAC（Electronic Numerical Integrator and Computer）终于在 1946 年情人节诞生于美国宾夕法尼亚大学。十年之后，在达特茅斯研讨会上，经过长达两个月的探讨，出席者们虽然未曾达成普遍共识，但却一致同意把模仿人类思考和判断的计算机系统称为"人工智能"。从此信息与通信技术（ICT）不断发展和普及；到 1995 年之后，计算机还使互联网和物联网以及社会的智能网络化成为现实，让人类真正进入了算法的时代。不言而喻，所谓"法律数学"的构想也随之开始具有完全不同的涵义：计算机不仅大幅度提高了信息处理和检索的效率，还试图使法律推理的过程自动化，甚至在一定程度上让代码框架和算法逐步取代法律发挥行为规范的作用；计算机科学要求的是对数据或信息进行精确的处理，但机器学习却要求统计思维，使人工智能系统可以进行**高级的概率计算**，这意味着使推理和判断的自动化本身也能自动化。

---

[23]　参见前注[22]，第 16—17 页。

正是在这样的背景下，"计算法学"（computational law or computational legal studies）的概念应运而生，并成为一个颇受重视的文理交叉学科。迄今中国已经涌现了一些关于计算法学的研究和教育活动[24]，但不得不承认这些努力仍然处于初级阶段，还需要进行更有组织的、更体系化的理论建构以及技术实践，还需要法学界与计算机学界乃至相关的科技企业进一步加强交流与合作。笔者以为，从专业的角度来看，与物联网、大数据、人工智能交织在一起的"计算法学"的基本架构应该具备四个不可或缺、相辅相成的维度，即计量法律、自动推理、数据算法、网络代码。实际上，这些维度也与数字信息技术在法律领域中运用的历史阶段相对应，并非纯理论的假设。以下沿着实际状况展开的过程，对计算法学的四个维度逐一进行简要的叙述和分析。

1. 数量分析方法的应用与计量法律学

英国的威廉·配第（William Petty）在 1676 年完成的著作《政治算术》中，通过数据对比的方式分析英国与其他主要欧洲国家的国力，可谓统计学的一脉滥觞。他还建议通过调查犯罪者人数以及民事诉讼案件数来测量公民的守法和道德水准。[25] 从 19 世纪 30 年代开始，以曼彻斯特和伦敦设立跨界性质的统计协会为标志，欧洲出现了"社会的统计化"现象，数据资料的洪水汹涌而来，犯罪和司法的统计数据也被大量印刷和公布，为改变法与社会的认识方式和记叙方式创造了前提条件。实际上，现代统计学的创立者之一朗博·凯特勒（Lambert A. Quetelet）在代表作《论人》（1835 年）中就运用了当时刚开始发表的西欧各国的刑事司法数据，西摩恩·泊松（Simeon-Denis Poisson）也是在分析法国刑事司法统计的基础数据之际发现著名的"大数定律"的。[26] 另外，借助科学的方法来确保法律判断的客观

---

[24]　初步的研究成果和教材可以举出张妮、蒲亦非：《计算法学导论》，四川大学出版社 2015 年版。另外，清华大学法学院在 2018 年正式启动计算法学方向全日制法律硕士教育项目。

[25]　Sir William Petty, *The Petty Papers: Some Unpublished Writings of Sir William Petty*, London: Constable & Co., 1927, Vol. I, p. 197, no. 17 and no. 18.

[26]　Ian Hacking, *The Taming of Chance*, Cambridge: Cambridge University Press, 1990, 引自イアン・ハックング『偶然を飼いならす』（石原英樹、重田園江訳，木鐸社，1999 年）138 頁。

性和公正性的想法，也推动了对法律现象的田野调查、对照实验、统计分析以及法社会学的发展。对于重视定量研究的学者而言，正因为法与社会现象非常复杂多变，才有必要通过定量的语言来描述和说明，从而克减其复杂性，使事物的本质及其规律变得更加清晰可见。例如在 20 世纪 50 年代，威廉·艾德洛克（William O. Aydelotte）利用电子计算机研究英国议会在制定谷物法时议员们的投票行为，把 815 名议员对 114 个提案进行表决的结果记录在卡片上，采取古特曼尺度构成法进行分析，发现对政党的归属性比通常认为具有决定意义的阶级、出身等因素更重要。[27] 又如在 20 世纪 80 年代，沃尔舒雷戈（Wollschläger）通过考察德国 19 世纪民事诉讼案件数变化来研究经济增长与民事诉讼类型之间的关系，开拓了"计量法律史学"（quantitative Rechtsgeschichte）这一新的专业领域。[28]

在数据资料呈几何级数增加的基础上，利用统计学的方法、数学模型以及算法等在复杂性中寻找最优或次优的解答，从而为决策提供客观的科学根据、提高系统运行的效率就是政治算术的题中应有之义，作为其结果是，20 世纪 30 年代运筹学（operations research，简称 OR）应运而生。运筹学的主要认识框架是系统论（包括一般系统分析、系统工程、组织论、信息论、管理控制论），主要分析工具是定量方法（包括线性规划方法、动态规划方法、队列理论、马尔科夫链、网络分析、博弈理论、模拟）。与此相关的还有作为概率分析图解方法的决策树预测框架"似曾相识燕归来"，让我们联想起传统法律推理的"二叉树形图"[29]。随着计算机技术的发达，对包含大量变数的复杂系统进行模拟并预测各种影响的操作也成为可能。在一定意义上也可以说，运筹学的本质其实就是作为指令和标准的算法，尤其要**把数据转变成算法**；模仿配第"政治算术"的表述，也就是"政治算法"

㉗　据文献概述：《数量方法与美国历史学》，宋成有、沈仁安译，载《国外社会科学动态》1983 年第 8 期，第 37 页。Cf. William O. Aydelotte (ed.), *The History of Parliamentary Behavior*, Princeton：Princeton University Press, 1977.

㉘　佐藤岩夫「19 世紀ヨーロッパと近代司法統計の発展」、和田仁孝・樫村志郎・阿部昌樹（編）『法社会学の可能性』（法律文化社，2004 年）334 頁以下、とりわけ 343—349 頁を参照。

㉙　同前注②，第 691 页。

或者"法律算法"。

以统计学与运筹学的发展为背景，在计算机技术的推动下，基于判例分析的计量法律学（Jurimetrics，也译作判例法理学或司法统计学）在20世纪40年代末出现[30]，从20世纪60年代初开始获得广泛承认。[31]这种研究方向属于对法律问题的科学探究，重点是司法行为的定量分析，包括采取电子的和机器的手段对案件的数据资料以及相关的信息进行检索、统计、分析、评价并对判决进行预测，同时还把信息和沟通理论运用于法律表达，在法律系统运作中贯彻数学逻辑以及对可能的结果进行计算和建立公式。[32]在计算机技术进一步发展之后，计量法律学还尝试对司法程序建模，分析和评价判决的合理性、合法性以及预测政策性调整的影响[33]，并且注重对证据的证明力进行测量和计算。不言而喻，计量法律学构成计算法学的重要支柱，也为司法过程的重点从概念计算转向数据计算提供了重要的前提条件。

2. 计算机与法律推理智能系统

法律推理的计算机化尝试，应该以1970年布鲁斯·布坎南和托马斯·黑德里克合作发表的一篇代表性论文为标志。[34]当时计算机可

---

[30]　Lee Loevinger, "Jurimetrics: The Next Step Forward", *Minnesota Law Review* Vol. 33 no. 5 (1949) pp. 33 ff.

[31]　Lee Loevinger, "Jurimetrics: Science and Prediction in the Field of Law", *Minnesota Law Review* Vol. 46 no. 1 (1961) pp. 255 ff. Lee Loevinger, "Jurimetrics: The Methodology of Legal Inquiry", In Hans W. Baade (Ed.), *Jurimetrics*, New York and London: Basic Books, 1963, pp. 5-35. See also Layman E. Allen, "The American Association of American Law Schools Jurimetrics Committee Report on Scientific Investigation of Legal Problems", accessed March 14, 2021, https://digitalcommons.law.yale.edu/do/discipline_ browser/disciplines.,参见屈茂辉：《计量法学基本问题四论》，载《太平洋学报》2012年第1期，第26—33页；屈茂辉、匡凯：《计量法学的学科发展史研究——兼论我国法学定量研究的着力点》，载《求是学刊》2014年第5期，第98—106页。

[32]　Cf. Lee Loevinger, "Jurimetrics: The Methodology of Legal Inquiry", *Law and Contemporary Problems* Vol. 28 no. 1 (1963) pp. 5-35.

[33]　屈茂辉：《违约金酌减预测研究》，载《中国社会科学》2020年第5期，第108—134页。

[34]　Bruce G. Buchanan and Thomas E. Headrick, "Some Speculation about Artificial Intelligence and Legal Reasoning", *Stanford Law Review* Vol. 23 no. 1 (1970) pp. 40-62. 参见〔美〕布鲁斯·布坎南、〔美〕托马斯·黑德里克：《人工智能与法律推理之展望》，陆幸福译，载《法律方法》2019年第2期。关于这方面的世界最新动向，参见〔美〕凯文·D. 阿什利：《人工智能与法律解析——数字时代法律实践的新工具》，邱昭继译，商务印书馆2020年版。

以通过推理和探索解决一些比较简单的技术性的特定问题，但却很难应对复杂的社会现实中层出不穷的法律现象，所以在人工智能第一波热潮退去之后，法律推理的计算机处理并无显著起色。到 20 世纪 80 年代，把知识储存到计算机以提高智能化程度的方法迅速普及，于是人们开发了大量的知识应用软件，被称为"专家系统"，其中也包括一些法律专家系统，例如兰德公司民事司法中心的研究人员 D. A. 沃特曼和 M. 皮特森开发的审判辅助系统（Legal Decision-making System，简称 LDS）[35]，可以用计算机的信息处理算法对案例或者规则进行法律推理。但是，在专家系统研发过程中，庞大而复杂的知识如何记叙和管理等问题的严重性逐渐明朗化，到 1995 年左右，人工智能第二波又开始退潮。直到检索引擎的发明以及运用大数据进行机器学习的技术成熟，才使得包括法律专家系统在内的应用软件开发再度繁荣起来。

由于行政力量的推动，中国在法律专家系统的软件开发和应用、智慧法院建设方面的步伐很快，但是对法律推理及其计算机化的研究和技术操作还不很深入、细致，最后颇有可能导致"人工智能加简易审判"的司法方式成为主流，降低法学思考的水平。因此，计算法学在中国的一个重要目标应该是改进智能化法律推理的机制，其具体内容包括法律专业知识的整理和计算机语言表达、语义网络的构建、从各种数据发现概念之间的关系并生成轻量本体的机器学习、训练数据的特征量设计、符号接地问题的解决等。一般而言，法律推理中涉及演绎式理由论证和

---

[35] D. A. Waterman and M. Peterson，"Models of Legal Decision Making"，*Report R-22727-ICJ*，Rand Corporation，Institute for Civil Justice，1981，and their "Evaluating Civil Claims：An Expert Systems Approach"，*Expert Systems* Vol. 1 no. 1 (1984)，pp. 65-76. See also D. A. Waterman，J. Paul and M. Peterson，"Expert Systems for Legal Decision Making"，*Expert Systems* Vol. 3 no. 4 (1986) pp. 212-226. 关于其他国家动向的概述以及日本的成果，参见吉野一「法適用過程における推論へのコンピュータの応用」『法とコンピュータ』第 3 号（1984 年）77—99 頁、吉野一（編著）『法律エキスパートシステムの基礎』（ぎょうせい，1986 年）。关于中国的进展，参见季卫东：《人工智能时代的司法权之变》，载《东方法学》2018 年第 1 期（创刊十周年纪念特刊）。

基于要件事实的证据推理部分还是相对比较容易处理的[36]，因为逻辑法学与计算机语言的契合度比较高。但是，法律推理除了形式逻辑三段论和涵摄技术，还有情节复杂性和疑难案件等例外事项（涉及裁量、选择以及价值判断的符号接地问题），以及调整、统筹兼顾、大致判断等实践智慧（涉及常识库贫匮的框架问题），都很难通过既有的人工智能系统进行处理，需要大力推动复杂系统智能技术的研发。尽管图尔敏论证模型由主张或结论、要件事实、论据、证明、反驳这五个因素以及可靠性的强度变量构成，比形式逻辑的论证方式更能反映法律议论复杂性，也更有利于法律推理的计算机化作业，但是，涉及价值的辩证推理以及对不同价值取向进行排序和判断的可撤销性推理等仍然构成智慧司法以及智慧法律服务的巨大障碍。

需要指出的是，虽然价值判断具有主观性、反映着个人的选择偏好甚至特定意识形态的成见，但仔细推敲后可以发现：人们对价值进行评价的标准其实在相当程度上是可以被客观化的。另外，作为价值判断的基础的原则、命题、共同意见也会体系化、形成某种具有一定客观性的结构，甚至可以被设计、塑造以及重构，因而也可以通过道义逻辑（deontic logic）以及霍菲尔德（Wesley N. Hohfeld）式的八种相对概念（权利、义务、无权利、特权、权力、责任、无资格、豁免）的法律关系矩阵进行处理。[37] 但是，在复杂的人际关系和具体语境中对不同的利益和主张进行评价、选择，势必凸显社会价值的复数性和相互冲突，需要进行价值取向的排序和取舍。怎样才能从知识数据库中抽取那些决定某个价值群的优先劣后次序的元规则并适当地描述法的价值函数，这也是法律推理的计算机化必须认真思考的问题。从

---

[36]　例如於兴中：《人工智能、话语理论与可辩驳推理》，载《法律方法与法律思维》2005 年第 3 辑；栗峥：《人工智能与事实认定》，载《法学研究》2020 年第 1 期；〔美〕罗纳德·J. 艾伦：《人工智能与司法证明过程：来自形式主义和计算的挑战》，汪诸豪译，载《证据科学》2020 年第 5 期；熊明辉：《法律人工智能的推理律樟路径》，载《求是学刊》2020 年第 6 期。与复杂的叙事、解释以及论证相关的混合式证据推理，参见〔荷兰〕查罗特·威尔克、〔荷兰〕亨利·普拉肯、〔荷兰〕斯尔加·瑞杰、〔荷兰〕巴特·维黑杰：《犯罪情节的贝叶斯网络建模》，杜文静译，载《法律方法》2014 年第 2 期；秦裕林、葛岩、林喜芬：《波斯纳写错了贝叶斯公式吗？》，载《交大法学》2016 年第 4 期；〔荷兰〕弗洛里斯·贝克斯：《论证、故事与刑事证据——一种形式混合理论》，杜文静、兰磊、周兀译，中国政法大学出版社 2020 年版。

[37]　参见王涌：《道义逻辑、人工智能与法律——霍菲尔德法律关系形式理论的应用》，载《经贸法律评论》2020 年第 2 期，第 73—83 页。

理论上来说，根据法律推理的主体、语境以及价值判断的功能之间的关系，基本上就可以确立法的价值函数；为了排序就要对价值进行数值化处理和加权比较。参考专家排名、信任评级、搜索引擎结果排序等确定价值权重的算法，我们也不妨通过西塞罗—舒托卢克式的论题目录（法律价值群）中不同论题（主张）之间的连线关系、各种一般条款（如后法废除前法）或原则（如诚信原则）在法律议论和司法文书中的不同引用频度、价值命题在法律知识网络中的中心性指标等等，形成一套对法律价值进行排序的程序，输入电脑信息系统。㊳

不言而喻，法律推理的计算机化，目的是要让机器像法官、律师那样进行信息处理、思考以及判断，如果把逻辑法学与利益衡量以及正义原则都纳入视野之中，那么法律推理的计算机建模以及算法的设计和执行就是一个前景广阔的研究领域。实际上，在以庭审为中心的智慧法院建设中，文理交叉融合的方法不仅可以加深对法律论证活动的理解，明确法律知识体系的结构和所有组成部分，而且还有可能尽量按照芬兰法学家阿尔尼奥（Aulis Aarnio）所说的"演算的制度"（an institution of calculus）㊴的设想来倒逼那些与法律解释、法律议论、利益评价、利益权衡相关的机制改革。反过来也可以说，只有当法学界关于解释、推理、辩驳、议论的研究提升到更高阶段时，人工智能系统的开发才能水涨船高。总之，随着法与人工智能的快速发展和迭代，原先未曾实现计算机化的深层法律推理活动——例如经验归纳、数据学习、假说生成、类推适用、模糊推理、关系结构型思考、规范和权利的创造——也都可以渐次纳入人工智能的范围内进行研究和应用算法的开发，真正达到智慧法院建设的目标。

3. 多媒体时代的法律信息学与大数据挖掘

在 1980 年之后，计算机开始小型化和普及，各种信息与通信技术也进入综合应用阶段，人们欢呼"计算机时代""多媒体时代""高度信息

㊳ 关于论题目录与智能化法律推理以及计算机对价值问题进行处理的可能性，这里无法具体展开，请参见季卫东：《人工智能时代的法律议论》，载《法学研究》2019 年第 6 期，尤其是第 40—46 页。

㊴ 同前注②，第 1526 页。

化时代"已经来临。当个人持有计算机时，突然发现它不仅具有打字、复制、编辑、检索、计算等极其方便的功能，还能大幅度提高学习、研究以及从事实务的效率，并且可以储存大量的文书资料和数据，使工作的条件发生质的飞跃。如果把大量的法规、案例、学术文献都储存在计算机里，无异于拥有一座可以移动并且不断扩容的个性化图书馆，更重要的是可以灵活地进行利用，俨然成为应对 20 世纪后期的"知识爆炸""诉讼爆炸"局面的一件强大利器。正是以这样的基础设施为前提，法律信息学成为大学法学院的教学科目以及研究对象。[40] 在这里，我们特别重视的是法律信息学与计量法律学密切相关的一个侧面：如何在大量的法律文件数据中进行检索和研究，如何对司法以及法律服务相关的数据进行统计学分析和高级的概率计算。

根据宾夕法尼亚大学沃顿商学院阿德里安·马可多诺（Adrian M. McDonough）教授广为人知的梳理和 DIKW 等级化说明，数据（data）是指没有进行评价的消息（message）；信息（information）是指数据加特定状况下的评价，即在特定状况下提供给决策者的消息；知识（knowledge）是"数据加将来"的一般性应用的评价；智能（wisdom or intelligence）则是具有解决实际问题的能力、获得深刻理解的知识。[41] 由此可见，法律信息学的目标是在收集、储存、分析数据的基础上进行应用，以改进法律运行的机制、提高辩护和审判的效率、实现社会正义。在过去很长一段时期，数据是通过统计、问卷调查、对照实验等严格控制的方式搜集的高度结构化的样本数据，这也是法律实证研究或者经验法社会学的基础。但在 20 世纪后期电子数据的海量生成和多样化，使得分析小型结构化数据的技术已经不能满足"数据爆炸"时代的需要。数字化技术的发达和普及使我们能收集到现存的所有数据、从其整体来读取信息和获得知识，而不必完全依赖于抽样数据。当然，小数据与大数

---

⑩ たとえば、加賀山茂、松浦好治（編）『法情報学——ネットワーク時代の法学入門』（有斐閣，1999 年）。参见王金祥：《法律信息学研究概述》，载《法律文献信息与研究》1995 年第 2 期，第 1—3、7 页；熊明辉：《从法律计量学到法律信息学——法律人工智能 70 年（1949—2019）》，载《自然辩证法通讯》2020 年第 6 期，第 1—9 页。

⑪ 大澤光『社会システム工学の考え方』（オーム社，2007 年）32 頁。实际上，DIKW 模型的渊源是复数的，甚至可以追溯到英国诗人托马斯·艾略特在《岩石》第一段的句子。在管理学方面的发展，米兰·泽勒尼（Milan Zeleny）和鲁瑟尔·艾克夫（Russell L. Ackoff）有开拓之功。

据之间仍然存在相当程度的互补关系。

根据美国嘎特纳（Gartner）咨询公司市场分析师道格·莱尼（Doug Laney）在 2001 年给出的著名定义，所谓大数据，以数量大、种类多、速度快为基本特征。[42] 在数字化信息通信技术在不断升级的同时，数据量也随之成倍增长，因为计算机在高效处理数据的同时也快速生产数据。互联网构成一个全球化的信息通信系统，其结果是大幅度提高了数据形成、积累以及流转的能力。尽管八成左右的大数据是非结构化的，但通过适当的数据挖掘技术和方法，任何形式的数据都可以转化成有用的信息，发挥作为资源的价值。通过人工智能系统对大数据的机器学习以及相应的算法设计，可以从大数据提炼各种知识，对行为趋势和选择偏好进行预测，从而做出更正确的决策。因此，大数据对法律机制的合理运作以及司法判断也具有重要的意义。[43] 当今的法律信息学已经与大数据密切结合在一起，可以通过计算机建模以及机器学习算法不断把数据转化为信息并进行计算和预测。由于中国在数据收集和利用方面具有体制优势以及规模优势，使得法律人工智能的算法精确度不断提高，在数据向信息和知识的转化以及法律增强可预测性等方面形成了某种正比例关系。甚至可以说近年来中国的司法改革以及法律服务的跨越式发展是由大数据驱动的。人工智能与大数据结合在一起，导致法律信息学发生质变，进而也使计算法学有了极其广阔的用武之地。因此，我们有必要从信息反馈机制的角度来重新认识智慧法院建设和智慧城市治理中的数据计算以及围绕司法程序中数据计算的各种关系和机制设计（见图 8）。

---

[42] 参见〔美〕道恩·E. 霍尔姆斯：《大数据》，李德俊、洪艳青译，译林出版社 2020 年版，第 16—18 页。

[43] 参见白建军：《大数据对法学研究的些许影响》，载《中外法学》2015 年第 1 期，第 29—35 页；白建军：《法律大数据时代裁判预测的可能与限度》，载《探索与争鸣》2017 年第 10 期，第 95—100 页；左卫民：《迈向大数据法律研究》，载《法学研究》2018 年第 4 期，第 139—150 页；王禄生：《论法律大数据"领域理论"的构建》，载《中国法学》2020 年第 2 期，第 256—279 页。

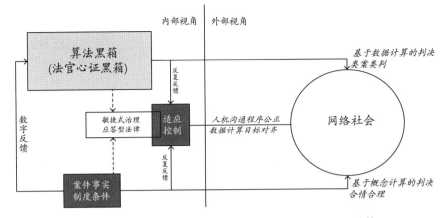

图 8　从信息反馈机制看依法的社会治理与审判的数据计算

4. 智能网络的离散数学与矩阵演算

随着互联网（1969 年出现）、万维网（1989 年出现）的不断发展，形成了一个超越各种物质疆界的巨大数据空间。在个网络社会里，通过信息通信技术，万物逐渐互联互通，并在数字全面覆盖和计算机进行数据处理的过程中生长出智能物联网（AIoT）。[44] 在物联网上，大数据呈几何级数增长，需要人工智能系统进行分析；不同的智能系统互相作用，促成物联网进一步伸张和密集化，也使机器学习变得越来越重要，并且很容易导致算法黑箱化。无论如何，物联网、大数据以及人工智能形成一种相辅相成的大三角架构，不断强化社会与秩序的网状结构和关系性，并使社会网络分析的方法能够广泛应用于行为与结构之间互动关系以及位置、语境、重要度的测算。从计算法学的角度来观察网络社会及其数据空间，图谱是不可或缺的、最基础的数学模型，距离矩阵则是最常见的演算方法，借助马尔科夫链过程模型还可以进行统计学上的概率计算、推测不同因素结合关系的倾向性，进而在贝叶斯理论框架下通过蒙特卡罗模拟的方法来实施法律风险管理。由此可见，计算法学与社会网络分析、法社会学研究以及企业和政府法务的智能化之间也存在很高的亲和度。

作为全球化关系结构的"数据空间"（Cyberspace，或译为电脑空间、

㊿　参见〔日〕福田雅树、〔日〕林秀弥、〔日〕成原慧编著：《AI 联结的社会：人工智能网络化时代的伦理与法律》，宋爱译，社会科学文献出版社 2020 年版，第 3—24 页。

网络空间）的概念最早出现在赛博朋克运动之父、科幻小说家威廉·吉布森的《神经漫游者》（1984 年）之中，现在已经成为广为人知的表达电子网络社会本质的术语。关于数据空间在法律秩序方面的特征，劳伦斯·莱斯格教授在《代码》（1999 年）及其修改版（2006 年）中做了开创性的考察。[45] 多语言翻译软件对通信障碍的突破、以互联网协议为产业基础的电商等新经济形态的繁荣、网民以及电子群众构筑的舆情公共空间、在信息高速公路上狙獗的国际犯罪、黑客之流无政府主义的蔓延、计算机上瞬间行为的管辖权之争……这一系列新的现象，要求国家采取网络征税、网络自治、网络服务提供者归责等新的政策以及承认网络权、数字人格权、电子隐私权等新的权利，势必进一步推动国家治理以及法律范式的创新。随着计算机科学和技术的飞速发展，数据空间中人工智能系统之间的互动和机器学习算法的迭代正在不断导致网络结构的自生变异、带来混沌以及脱轨和失控风险，为此需要不断改进代码架构以及法律规制方式，尤其是开发更好的学习算法以及类脑计算系统。这就是我们当下所处的大变局。

为了开发更好的算法乃至探索所谓"终极算法"[46]，人类的大脑如何学习、神经如何布线和反馈受到越来越多的关注。如果说知觉就是在包围自己的光影中寻找出不变因素，并在情动的理解与共鸣的前提下进行沟通，进而形成同频共振，那么人工智能的目标无非就是通过信息处理的算法来再现这样的机制。20 世纪 70 年代以来，脑科学的发展进一步揭示了反射脑与情动脑（两者构成生存脑）、理性脑（社会脑）与共鸣的神经线路，得以解析沟通以及形成认知地图的原理，因此对人工智能的研发产生了逐渐增强的影响。[47] 既然人工智能是要模仿人的观察、思考、判断以及行动，那么在一定意义上也可以说，脑的神经网络其实就是让人工智能在数

---

⑤　Lawrence Lessig, *Code and Other Laws of Cyberspace*, New York：Basic Books, 1999, his *Code Version 2. 0 and Other Laws of Cyberspace*, New York：Basic Books, 2006. 中文版参见〔美〕劳伦斯·莱斯格：《代码2.0：网络空间中的法律》，李旭、沈伟伟译，清华大学出版社2009年版。Cf. David R. Johnson and David G. Post, "Law and Borders：The Rise of Law in Cyberspace", *Stanford Law Review* Vol. 48 no. 5 (1996) pp. 1367–1404.

⑥　〔美〕佩德罗·多明戈斯：《终极算法：机器学习和人工智能如何重塑世界》，黄芳萍译，中信出版社2016年版。

⑦　松田雄馬『人工知能の哲学——生命から紐解く知能の謎』（東海大学出版部，2017年）とりわけ14—25頁、82—86頁を参照。

据空间里加速进化的算法。众所周知，利用神经网络进行的机器学习就是深度学习，即人类不事先设计数据的特征量，电脑可以从输入的数据自动抽出数据特征量的技术。正是深度学习构成目前这一轮人工智能热的主要驱动装置，也为语言大模型和多模态大模型的发展奠定了基础。

然而，在这里我们不得不指出的是，深度学习带来了一个深刻问题，即算法变得难以理解和说明，很容易形成黑箱[48]，在语言大模型和多模态大模型的加持下甚至还会失控，无论如何最终都很有可能导致作为法制基础的问责机制瓦解。这就涉及数据和算法的正义原则的确立、伦理底线的划定、人际价值的对齐以及确保人工智能系统安全和社会安全的各种验证方法和技术工具箱的研发。由此可见，如何对网络混沌和失控风险进行评价、管控正在成为智能网络社会的治理，以及制度设计的一个核心问题。

五、数据伦理与计算法学的超验之维——代结语

概而论之，通过物联网收集的大数据势必被过去的行为和偏好支配，造成系统偏误；同时也导致新的信息无法反映，造成所谓"过滤气泡"（the filter bubble）[49]。如果人们都被封闭在数据空间的过滤气泡里，那就逃不出既有代码架构的如来佛掌心。换句话来说，过滤气泡将形成一个信息被控制的完全世界，与无限定环境不能建立适当的对应关系。但是，在这里却俨然可以生产出一架法学的万能机器——自我完结、自我准据，在数据空间里进行永无止境的推理或计算，或者无限循环的语言游戏，直到我们意识到图灵停机问题的发生。一般而言，为了对抗这种熵增定律，必须致力于系统的开放、信息的自由，这就涉及社会价值问题。因此，必须把网络治理、数据治理、算法治理、应用系统治理、大模型治理，以及与数据、算法、算力的伦理相关的原则性问题纳入研究的射程，由此构成计算法学的超越之维。

---

[48]　沈伟伟：《算法透明原则的迷思——算法规制理论的批判》，载《环球法律评论》2019 年第 6 期，第 20—39 页。

[49]　Cf. Eli Pariser, *The Filter Bubble: What the Internet is Hiding from You*, New York: The Penguin Press, 2011.

非常巧的是，世界各国从 2016 年开始不约而同地注意到逻辑推理、机器决策之外的复杂性，开始把社会价值编织到人工智能研发过程之中，试图形成一个多样化的新型生态系统。例如美国政府从 2016 年 5 月开始研讨，同年 10 月白宫就发表了题为《为人工智能的未来做好准备》报告书，提出人工智能的相关系统必须可控、公开透明可理解、有效发挥功能、与人类的价值和愿望一致等原则。2016 年 10 月美国的国家科学技术会议网络和信息技术研究开发小组委员会发表关于运用联邦政府预算研究人工智能的方针《美国人工智能研究开发战略》，提出了副作用最小化的要求。欧洲议会法务委员会在 2016 年 4 月召开关于机器人和人工智能的法律和伦理问题的听证会，并在 5 月公布了与机器人相关的民事法律规则的报告书草案，在 2017 年 2 月正式通过这项提案，准备设立专门的机构负责相关事宜、采纳智慧机器人登记制、明确严格的损害赔偿责任、确立研发者的伦理行动规范。日本政府的总务省信息通信政策研究所通过系列研讨会在 2016 年 10 月起草了《人工智能开发指针方案（征求意见稿）》，在 2017 年 7 月正式公布，标题改为《提供国际讨论的人工智能开发指针方案》。欧美的产业界也在 2016 年 9 月缔结关于人工智能的伙伴关系，发表了关于确保社会责任、采取防护措施等信条。美国电气电子学会还在 2016 年 12 月发表了关于人工智能设计伦理标准的报告书。[50]

中国几乎同步推动了人工智能治理和伦理的规范体系构建。2017 年 7 月，国务院发布《新一代人工智能发展规划》，指出制定人工智能发展的伦理规范是促进人工智能发展的重要保证措施，将构建泛在、安全、高效的智能化基础设施体系等作为重点任务，明确提出人工智能治理"三步走"战略目标：到 2020 年部分领域的人工智能伦理规范和政策法规初步建立；到 2025 年初步建立人工智能法律法规、伦理规范和政策体系，形成安全评估和管控能力；到 2030 年建成更加完善的人工智能法律法规、伦理规范和政策体系。2017 年 12 月，工业和信息化部发布《促进新一代人工智能产业发展三年行动计划（2018—2020 年）》，旨在以信息技术与制造技术深度融合为主线，构建标准测试及知识产权服务平台、智能化网络基础设施、网络安全保障等产业公共支撑体系，进一步完善

50　福田雅樹ほか（編著）『AIがつなげる社会』78—98 頁を参照。

人工智能发展的制度环境。2019 年 6 月，国家新一代人工智能治理专业委员会发布《新一代人工智能治理原则——发展负责任的人工智能》，宣告以促进新一代人工智能健康发展，人工智能安全可靠可控，更好服务经济发展和社会进步，增进人类社会福祉为使命，确立了人工智能研发必须遵循和谐友好、公平正义、包容共享、尊重隐私、安全可控、共担责任、开放协作、敏捷治理这八项基本原则。

从计算法学的角度来考察可以发现，关于数据和算法研发的原则和政策，国际社会已经达成了如下基本共识：第一，对国际通用的指针、标准、规格采取合作态度。具体包括为了确保数据空间互联互通，必须共有相关信息；参照国际标准和规格进行人工智能系统以及算法的设计；数据格式的标准化；应用程序编程接口以及协议的公开；知识产权的特许合同条件的公开。第二，实现技术的中立性以及透明性。为此需要实现人工智能系统输入和输出的检验可能性，并对演算结果要履行说明义务。第三，实现可控性。主要举措是由其他人工智能系统进行监视和警告，实现技术与技术之间分立和制衡的结构；为系统的停止、人工智能网络的切断和修理预做准备。第四，优先保护人的安全。具体的价值取向优先劣后的顺位为生命、身体、财产；对于数据和算法的安全性要对利用者和利益相关者履行充分说明的义务。第五，数据和信息的机密性、安全性的保障。第六，在数据收集和计算过程中要切实维护隐私权。包括私生活的安宁、个人信息保密、通信保密等原则在算法设计阶段就要予以充分考虑。第七，在推理和计算过程中贯彻以人为本的精神。人工智能的研发必须始终慎重对待生命伦理，不得毁损人性的价值，并且要确保算法公正。第八，保障客户进行选择的自由。在逻辑演算的数据空间，没有严密描述的算法就无法开始动作，但也要通过模糊计算等方法把复杂性、盖然性纳入人工智能系统的研发。第九，确保问责机制的有效运行，关键在于有效防止算法的黑箱化。

现在需要进一步思考的问题是如何使人工智能治理的原则具体化和落到实处。(51) 为了检测法律规则是否符合原则，应该在国际比较的基础上

---

(51) 参见杨庆峰：《从人工智能难题反思 AI 伦理原则》，载《哲学分析》2020 年第 2 期，第 137—150 页；丁晓东：《论算法的法律规制》，载《中国社会科学》2020 年第 12 期；〔荷兰〕玛农·奥斯特芬：《数据的边界——隐私与个人数据保护》，曹博译，上海人民出版社 2020 年版；中国信息通信研究院、中国人工智能产业发展联盟：《人工智能治理白皮书（2020 年）》。

拟定与物联网、大数据以及人工智能相关的问题清单和权利目录，并在执法和司法层面形成解决问题、保障权利的合理机制。鉴于人工智能治理与人工智能产业发展之间存在微妙的紧张关系，哈佛大学法学院桑斯坦（Cass R. Sunstein）教授曾经主张的"助推"（nudge）方法对于行为变化的数据空间乃至国家的治理都具有特别重要的意义[52]，这其实就是注重综合治理、因势利导以及渐进主义的中国感到驾轻就熟的一种秩序原理。在这个过程中，既需要重视数据安全、隐私保护、算法公正、互惠共享等实质性价值，也需要重视对大型网络科技公司的反垄断、大数据中心的中立化、以技术制衡技术等结构性价值，并应该在规则约束、企业试错以及政府协调之间达成不同价值取向的最优化组合，或者设计某种基于程序主义价值的算法。

正如佩雷尔曼早就指出的那样，离开价值判断，我们根本无法理解法律思考。[53] 如果围绕价值存在争论，那就势必以争取价值共识或者达成适用价值的妥协为目的开展沟通，这时的法律议论通常具有辩证推理的特征。作为围绕价值判断的复合型话语博弈的法律议论，必然是一种对规范解释的预测以及对事实认知的预测，并且还有对上述两种预测的预测乃至"预测的预测的预测"等不断反馈过程。在对规范解释的预测与对事实认知的预测这两个系列之间，还存在相互作用以及不断递进、无限选择的互动关系，导致追求无限多样化的长尾效应。因而人工智能系统对法律判断的过程进行模拟时，为了克服复杂性的挑战，应该采取核心价值最大化方法。这意味着法的基本价值判断应优先于逻辑推理、概念计算以及数据计算，以确保在具体场景中的法律议论可以摆脱无穷反复的语言游戏而顺利进行。[54] 为此，计算法学必须留意价值的数值化处理和加权比较，确立关于价值排序和价值函数的元算法或者"结构性元规则"（structural meta-rule）。

---

[52] Richard H. Thaler and Cass R. Sunstein, *Nudge：Improving Decisions About Health, Wealth, and Happiness*, New Haven：Yale University Press, 2008. Cf. Will Leggett, "The Politics of Behaviour Change：Nudge, Neoliberalism and the State", *Policy & Politics* Vol. 42 no. 1 (2014) pp. 3–19.

[53] ペレルマン『法律家の論理——新しいレトリック』（江口三角訳，木鐸社，1986年）15頁。

[54] 参见季卫东：《人工智能时代的法律议论》，载《法学研究》2019年第6期，第43—47页。

数字时代行政的程序正义[*]

序　言

对于现代法治而言，程序正义是一个核心概念。因为法律程序要件可以限制政府的主观任意性，从而使国家秩序具有更充分的正当化根据。在 20 世纪 90 年代前期我国法学界热烈讨论法律程序的独立价值和程序性正当过程之意义的氛围里，各种诉讼法的制定或修改也都进一步强调程序公正原则。以 2002 年 11 月 8 日宣读的中国共产党第十六次全国代表大会报告为标志，"制度化、规范化、程序化"被提升到社会治理基本目标的高度，从此频繁出现在我国各类规范性文件和权威话语中。[①] 然而在

---

[*]　2022 年 7 月 26 日—8 月 2 日在大连香洲隔离酒店完成本章大部分内容的写作，8 月 15 日初稿成，2022 年 10 月 4 日改定。原文发表于《中国政法大学学报》2023 年第 1 期。

[①]　参见季卫东：《法律程序的意义——对中国法制建设的另一种思考》，载《中国社会科学》1993 年第 1 期；江伟：《市场经济与民事诉讼法学的使命》，载《现代法学》1996 年第 3 期；陈桂明：《诉讼公正与程序保障——民事诉讼程序之优化》，中国法制出版社 1996 年版；陈瑞华：《刑事审判程序价值论》（上、下），载《政法论坛》1996 年第 5 期、第 6 期；吕世伦、贺晓荣：《论程序正义在司法公正中的地位和价值》，载《法学家》1998 年第 1 期；蒋秋明：《程序正义与法治》，载《学海》1998 年第 6 期；肖建国：《程序公正的理念及其实现》，载《法学研究》1999 年第 3 期；陈卫东、刘计划：《论刑事程序正当化》，载陈光中、江伟主编：《诉讼法论丛》（第 3 卷），法律出版社 1999 年版，第 51—79 页；左卫民：《刑事程序问题研究》，中国政法大学出版社 1999 年版；汤维建：《关于程序正义的若干思考》，载《法学家》2000 年第 6 期；曹建明主编：《程序公正与诉讼制度改革：全国法院第十四届学术研讨会获奖论文集》，人民法院出版社 2002 年版；韩强：《程序民主论》，群众出版社 2002 年版；田平安：《程序正义初论》，法律出版社 2003 年版；樊崇义主编：《诉讼原理》，法律出版社 2003 年版；孙笑侠：《程序的法理》，商务印书馆 2005 年版。

实践中，程序公正的理念却并没有真正贯彻到底。② 近些年来，尽管依法治国已然成为基本方略，但忽视以及践踏程序规则的现象甚至反倒有愈演愈烈之势。因此，在社会大转型之际，我们还是有必要重新强调并深入讨论法律程序，特别是程序性正当过程与技术性正当过程互相组合的意义，充分发挥数字程序正义的作用。

影响法律程序发挥作用的因素，除中国特有的传统文化观念、政治行为方式以及程序设计的漏洞之外，特别值得注意的是一些更具有普遍性的外部条件变化。首先，可以举出中国快速进入风险社会后不得不面对的问题状况。在这里，过去威胁人类的那些无从回避的自然灾难和危险，因科技和经济的发展而转化成能够应对的风险，从而使社会的安全度大幅度提高；但是，应对风险的举措本身又会导致新的风险，形成风险扩大再生产的循环圈，带来层出不穷的不确定性和棘手难题。诸如此类的情形在新冠疫情防控期间屡见不鲜，迫使政府必须在盖然性、流动性很强的背景下临机应变，在不断进行成本和效益的比较权衡的基础上做出决定，并且更倾向于采取统筹兼顾、综合协调的治理方式而不拘泥于形式理性，因而也就比较容易脱离法律程序的既定轨道，忽视与时俱进的法律程序建设，践踏程序性正当过程原则。③ 显然，如何防止程序空白和程序失效是风险法学要思考的一个重大问题。

其次，风险社会的特征势必进一步加强中国传统的家长制和家产制官僚机构的既有运行逻辑④，使行政权的主导地位更加巩固，因而在现代化过程中渐次形成的代表民主性的立法权和代表专业性的司法权都不得不随之弱化或者虚化。为了应对复杂多变的形势，在特定体制机制的促进下，各地政府能做出政治决断的"一把手"的裁量权会大幅度膨胀。

---

② 例如高敏：《程序正义在中国的缺失和实现——佘祥林案和刘涌案的启示》，载《杭州电子科技大学学报（社会科学版）》2006 年第 2 期；曾绍东、俞荣根：《程序：正义还是不正义——司法改革中的文化传统影响》，载《华东政法大学学报》2010 年第 2 期。

③ 参见季卫东：《风险社会的法治》，载《中国法律》2009 年第 1 期；季卫东：《风险社会与法学范式的转换》，载《交大法学》2011 年第 1 期。

④ 关于家长制官僚机构的行政集权化、自由裁量高于一般法律以及实质主义伦理的特征，马克斯·韦伯曾经进行过经典的分析。参见〔德〕马克斯·韦伯：《中国的宗教：儒教与道教》，简惠美译，远流出版事业股份有限公司 1989 年版，第 165—169 页；世良晃志郎译『支配の社会学Ⅰ』（創文社，1960 年）第四節「家父長制の支配と家産制の支配」，239—246 頁。

这样的趋势固然有利于行政的弹性和效率，也有利于根据结果进行高度聚焦的问责，但却也为管理者的主观恣意留下了较大的流转空间，并在无从对个人问责的情况下造成无人负责的局面，甚至有可能最终严重削弱国家权力结构的合理性及合法性。由此可见，行政裁量与程序要件之间存在某种反比例关系：肥大的裁量权会压抑公正的程序规则适用，反之，强有力的程序规则将制约放肆的裁量权行使，降低或者分散决策风险，并根据权限和责任所在而逐一进行问责。因此，如何重构裁量与程序之间的关系，就是实施法治行政的关键。

最后，最近二十余年来，数字信息技术日益普及，形成了巨大的智能网络空间。物联网产生大数据，人工智能系统可以对这些数据进行收集、计算、分析以及应用。在这样的基础上，企业根据机器学习的模型不断改进营销策略，进行量身定制的信息推送并提供个性化服务；政府同样可以实施广泛的监控、精准管理以及预测式警务；俨然构成一个"数字占优者得天下"的局面。与此同时，个人也通过区块链缔结互联网协议，尝试各种形式的自治和共治，以抗衡企业和政府的数字化规制。其结果是，公共领域呈现出多层多样、纵横交错的特征，规制主体复数化了，不同机构和主体通过沟通或博弈来做出共同决定的场景频繁出现并逐渐成为新常态，但数据的系统性偏误以及算法的黑箱化现象却使进行决策的权限关系、因果关系变得模糊化了。[5] 因此，社会的数字覆盖以及网络结构的多元化治理方式也在不同程度上妨碍着法律程序的严格履行，程序性正当过程的理念需要通过"技术性正当过程"[6]的机制设计另辟蹊径。

本章拟把上述新情况、新问题作为基本线索，进一步探究程序正义的外延和内涵究竟发生了哪些变化、应该怎样与时俱进改善关于程序的制度设计、如何纠正实际上违背程序公正原则的偏颇。笔者在1993年发表的拙稿《法律程序的意义》及其详编，主要以现代化转型社会为背景，以审判程序作为基本模型，而把对于更复杂多样的行政程序的深入

---

⑤　参见季卫东编著：《AI时代的法制变迁》，上海三联书店2020年版，第7、125—127、250—251页。

⑥　Danielle Keats Citron, "Technological Due Process", *Washington University Law Review* 85 (2008)：1249–1313, https://openscholarship.wustl.edu/law_lawreview/vol85/iss6/2.

探讨留待日后。⑦ 本章根据当今社会的现实调整了法学理论的视角，侧重考察与行政活动相关的公正程序，并以疫情防控以及数字信息技术在治理方面的应用为典型实例，把风险社会、风险的全球化扩散以及借助人工智能算法的危机应对作为论述的主要语境。

一、权利保障机制在风险社会的变化

站在保障公民基本权利的宪法学立场上来看，现代法治秩序的基本特征是分权制衡，主要是严格区别事先的政治决策与事后的司法救济。实际上，迄今为止的程序正义论，重点落在对基本权利受到侵害的公民提供司法救济方面。例如公正程序原则的主要内容包括：第一，禁止对自己的案件进行审理，即运动员不得当裁判员；第二，非经程序性正当过程不得剥夺公民的生命、健康、自由或财产等基本权利⑧；第三，充分听取对立各方的主张及其论证，当事人享有获得律师帮助和提交证据的权利，裁决必须说明理由；第四，应当对行政活动的合法性乃至立法的合宪性进行司法审查。⑨ 这些具体要求其实都是着眼于司法领域，强调审判权的独立性、客观性以及由此确立的公平性。审判机构被认为享有法律问题的终局性决定权，是捍卫公民基本权利的最后堡垒，因此特别强调处理案件、做出司法判断的程序要件。基于同样的理由，现代立宪主义体制也把对行政权乃至立法权的司法审查程序作为实施宪法的核心要素。

但是，在风险社会，正如反恐以及新冠疫情防控等事实所彰显的那样，在公共利益受到威胁的状况下，个人自治与集体责任、自由与安全之间的张力变得更加紧绷；一般而言，在恐惧心理的驱使下，公民可能反倒更倾向于安全保障，与此相应也就更能容忍自由的收缩，特别是容

⑦ 参见季卫东：《程序比较论》，载《比较法研究》1993 年第 1 期。

⑧ 这里值得注意的是，洛克把健康也列为不可侵犯的自然权之一。〔英〕洛克：《政府论·下篇——论政府的真正起源、范围和目的》，叶启芳、瞿菊农译，商务印书馆 2011 年版，第 4 页。

⑨ 参见〔英〕丹宁勋爵：《法律的正当程序》，刘庸安等译，法律出版社 1999 年版；〔美〕约翰·V. 奥尔特：《正当法律程序简史》，杨明成、陈霜玲译，商务印书馆 2006 年版。

忍限制个人权利的公共卫生措施。⑩ 换句话说，在风险较大的情况下，安全优先、公益至上以及功利主义的思维方式会占上风。因此，在现代法治国家本来比较单纯明快的那种限制公权力的制度安排，在风险社会很可能被相对化，在很大程度上被转变为通过风险的概率计算对自由与安全之间关系进行调整和讨价还价的作业，程序性正当过程让位于实质性权衡过程。

不言而喻，如果公权力以安全或公益的名义对自由的限制有所增大，那么法律程序对个人权利的保障也就随之有所削弱。这时权利保障在很大程度上将取决于社会整体的成本效益分析⑪，取决于因政府行使权力所获得的安全利益与所丧失的自由利益之间的比较考量，取决于采取风险对策的支出与维持经济运转的收入之间的差额计算。在这个价值兑换的过程中，限制公权力就从"或是或非"的问题转变为"或多或少"的问题，法治的存在方式也将受到经济学比较优势观点的影响，事先性政治决策与事后性司法救济相对峙的图式也会在很大程度上被相对化。这时最关键的问题就是：如何让安全与自由之间的关系达成适当平衡？通过程序能否实现个人权利保障的合理程度？

在风险、风险防范以及防范风险举措的风险之间，各种不同类型的风险相生相克、不断循环、呈现出螺旋式上升的状态。⑫ 为此，所有公共部门都不得不进行敏捷的紧急响应，国家与社会之间不得不通力合作，民众出于安全利益的考虑也可能更拥戴一个积极有为的政府。在这种状况下，为了确保行政机构进行更加富于弹性、更加具有实效性的规制，人们难免会自觉或不自觉地放松对权力行使的程序限制。尤其是在仅凭科学知识和法律规则无法克服不确定性的场景之中，公共

---

⑩　参见〔英〕约翰·科根、〔英〕基思·赛雷特、〔英〕A. M. 维安：《公共卫生法：伦理、治理与规制》，宋华琳等译，译林出版社 2021 年版，第 233—241 页；〔美〕凯斯·R. 桑斯坦：《恐惧的规则——超越预防原则》，王爱民译，北京大学出版社 2011 年版。

⑪　参见戴昕、张永健：《比例原则还是成本收益分析：法学方法的批判性重构》，载《中外法学》2018 年第 6 期；金自宁：《风险中的行政法》，法律出版社 2014 年版，第三章。

⑫　关于风险的概念以及进行风险沟通和决策的法社会学分析框架，参见〔德〕尼克拉斯·卢曼：《风险社会学》，孙一洲译，广西人民出版社 2020 年版；郑作彧、吴晓光：《卢曼的风险理论及其风险》，载《吉林大学社会科学学报》2021 年第 6 期。关于风险螺旋式扩张问题，参见〔美〕史蒂芬·布雷耶：《打破恶性循环：政府如何有效规制风险》，宋华琳译，法律出版社 2009 年版，第二章。

选择不得不更依赖政治决断，民众也不得不寄希望于当局统筹兼顾、乾纲独断的洞察力和行动力。

但是，需要指出的是，在事态很难预测而又非常紧迫的状况下做出的政治判断，难免伴随着这样或那样的次生风险，难以打破风险的恶性循环。因此，我们不能鉴于上述新情况就简单地否定现代法治的制度安排、程序性正当过程原则以及对公民权利的基本保障，恰恰相反，应该固守法律程序正义的底线。甚至可以说，只有通过程序的制度走廊进行风险沟通，具体决策才能摆脱风险恶性循环。在这里，当然也不必局限于人大的立法程序和法院的审判程序，还可以通过更加多样化的程序以及互动关系来追究风险决策的政治责任和法律责任，从而确保权力行使的客观性和稳健性，并对受决策影响的公民进行及时而充分的权利救济。为此，有必要探讨多元化公正程序的机制设计。

总之，风险社会提出了一系列特有的问题，使现代法治范式，尤其是公正程序原则面临严峻的挑战。如果这种挑战只是暂时的，那么在紧急事态下的危机管理无论具有如何不同的特征，都可以在卡尔·施密特提出的"例外与日常"的分析框架之内进行解释和处理，不必改变理论和制度安排。[13] 但是，就像反恐维稳压倒一切或者疫情防控的常态化那样，如果例外与日常的关系被颠倒，紧急响应和危机处理反倒成为一般化管理方法，并且无法终止和矫正，那就不得不考虑法与社会的范式变革。无论如何，为了厘清相关的情况和思路，首先应该对新冠疫情防控中亲身经历或真切见闻的各种现象进行客观的、冷静的考察和分析，探索风险社会中实现法律程序公正、有效保障个人基本权利的可能性。

二、新冠疫情防控凸显的法律程序问题

1. 在疫情防控中崛起的"机器官僚主义"

新冠疫情的全球大流行已经历时将近三年，病毒还在不断变

---

⑬ 参见何包钢：《保卫程序：一个自由主义者对卡尔·施密特例外理论的批评》，载《浙江学刊》2002年第2期；李学尧：《应急法治的理想类型及其超越》，载《中国法律评论》2021年第2期；宾凯：《系统论观察下的紧急权：例行化与决断》，载《法学家》2021年第4期。

异，感染者的数量还在不断增加。捐赠者私利的影响以及地缘政治之争导致世界卫生组织无法充分发挥国际协调功能⑭，所以各国实际上一直都在分别采取不同的应对策略，实际上也就形成了制度和政策的对照实验。⑮ 有些国家抗疫成功并维持了经济增长，但也有些国家为错误的防范政策付出了巨大代价。由此可见，因疫情防控成效的差异而引起的国家之间的贫富悬殊势必日益扩大，最终将导致国际关系以及产业链分布格局的重新洗牌。

另外，为抑制疫情所采取的一些新方式和新举措还将深刻影响社会治理和经济运作的机制，甚至有可能导致国家体制以及法律秩序的范式转移。米歇尔·福柯 1974 年 10 月在巴西的里约热内卢联邦大学社会医学课程第二次讲座"社会医学的诞生"中，曾经把公共卫生和医疗也理解为一种统治社会的技艺。从这个观点来看，自 15 世纪以来，存在、人体以及行为已经成为越来越密集的医疗网络的组成部分，医学就是一种"生命政治"的策略；观察发病率的系统、医疗理论和实践的标准化、控制医疗的行政组织及其权力的发达，实际上可以理解为国家"医疗警察"的主要内容。在历史记忆中，法国以及其他欧洲国家的疫情防控应急计划，以隔离、监视、消毒、登记以及驱逐为主要特征。⑯

当今的新冠疫情防控，世界各国实际上仍然采取了同样的生命政治的模式：通过各种方式使社会得到某种医疗化的行政管理。在欧美，很多人拒绝防疫措施实际上并非出于无知或宗教信仰，也不仅仅在乎关于预防效果和安全性的争论，而是试图抵制借助公共卫生和医疗这种特殊的权力关系来进行监控的做法，目的是反对伦敦大学学院公共卫生学教

---

⑭ 在〔美〕索尼娅·沙阿：《流行病的故事：从霍乱到埃博拉》，苗小迪译，译林出版社 2021 年版，第 166—170 页中，可以读到关于世界卫生组织的领导力衰退的实证性叙述。

⑮ 参见季卫东：《疫情监控：一个比较法社会学的分析》，载《中外法学》2020 年第 3 期；戴昕：《"防疫国家"的信息治理：实践及其理念》，载《文化纵横》2020 年第 5 期；川上高司·石井贯太郎编著『パンデミック対応の国際比較』（東信堂，2022 年）。

⑯ 这篇讲演录由蓝江教授翻译成中文，参见〔法〕福柯：《社会医学的诞生》，蓝江译，载"欧陆思想联萌"微信公众号（网址：https://mp.weixin.qq.com/s/YIvTKOYP8G286mxV1SV5DA），访问日期：2025 年 1 月 1 日。通过防疫和医疗进行规划及社会统治的具体阐述，参见〔法〕福柯：《临床医学的诞生》，刘北成译，译林出版社 2011 年版。关于医疗行政与近代国家权力"利维坦"之间的关系，参见蓝江：《疫病、生命政治与现代主体的诞生——从霍布斯到福柯的治理体系》，载《求是学刊》2020 年第 3 期。

授麦可·马穆（Michael Marmot）爵士所说的那种"健康不平等"以及抵抗所谓"健康极权主义"⑰。但毋庸讳言，在很多地方，安全优先、公益至上已经成为社会最基本的价值取向。

从目前的事实和趋势来看，中国及其他不少国家和地区的实践证明，疫情防控还促使日常生活的数字化转型大幅度提速，甚至达到数字信息技术对社会进行全覆盖的程度。例如外卖、团购、快递、移动支付以及手机银行已经支配了日常生活的几乎所有场景，并且不断收集着个人的收入和消费等经济数据，不断进行有针对性的算法推荐或算法规制。可以断言，在后新冠疫情时代，人类社会将基本完成数字化转型，物联网、大数据以及人工智能会全面主导经济乃至群体行为方式。在这样的基础上，某种基于机器理性的、带有威权主义色彩的"数字国家"或者"智慧城市"也已经隐约可见，很有可能导致程序公正原则和权利保障机制在不同程度上遭到"机器官僚主义"的忽视甚至践踏，也有可能通过机械化操作的"程序闭门羹"让侵权行为的受害者求告无门。那些程序失效、程序扭曲的现实问题不妨从新冠病毒感染的模拟式遏制与数字式监控这两个不同层面分别进行考察，这里论述的侧重点还是数字监控的潜在危险。

2. 数字技术滥用与比例原则以及公正程序

不言而喻，隔离、隔绝以及封锁等为疫情防控而采取的物理性强制措施，势必极大地限制人们的行为，剥夺某些日常生活权利，甚至危及财产和生命，因此会在疾控中心与确诊患者、检测阳性者、密接者乃至次密接者之间形成某种极不对称的特殊权力关系。特别是在强制隔离的场合，自由与安全直接对峙；关乎社会整体安全的公共健康（公共利益）具有优先性，而保障个人自由和权利的程序正义很容易被蔑视。

然则在安全优先思维导致法律程序也完全失效的场合，可以发现如下两种最常见的负面影响：第一，预防措施和强制措施超出抑制疫情的合理合法性和最小限度成本，在实践中违反了现代法治所要求的

---

⑰　〔英〕麦可·马穆：《致命的不平等——社会不公如何威胁我们的健康》，洪慧芳译，香港中文大学出版社 2021 年版，第 55 页以下。

"警察（行政）比例原则"[18]；第二，没有充分考虑防范风险的举措本身的风险、没有适当权衡利弊，因而违背了现代法治所要求的"预先衡量义务"。[19] 如果上述法理问题没有得到适当而有效的解决，就势必造成国家权力对社会的过度监视和压制，侵害个人的自由、隐私、财产乃至健康权和生存权。因此，无论疫情防控多么重要而紧迫，隔离的要件是否客观具体以及做出相关决定的程序规则是否完备就成为建设法治政府承诺的重要试金石；即便有公共安全的大义名分，践踏程序规则的过度做法必将并且已经造成深远的负面影响乃至严重的后果。

对于某些不当的防疫举措，现行制度上的主要救济方法还是诉讼，包括停止侵权行为、撤销命令的诉讼，也包括请求损害赔偿的诉讼，还包括根据司法审查结果以及比例原则进行调整和纠正的诉讼。[20] 这意味着对风险对策的重大失误，特别是违法的不作为或作为不仅要追究政治责任，而且还要追究法律责任。

3. 通过程序和论证性对话实现风险分配的正义

根据《中国疾病预防控制中心周报》2022 年 6 月 19 日发布的华山医院等多家医疗机构的合作研究报告，从该年 2 月末到 6 月 17 日，上海共有本土确诊病例 58101 件、本土无症状感染者 591499 人，其中重症率为 0.065%（高危组重症率为 0.238%、非高危组重症率为 0%）。另外，根据到 5 月 29 日为止的统计，累计本土确诊病例 57980 件（治愈率 96.22%）、无症状感染者 568716 人（占比 90.22%），其中重症者死亡率 0.094%，平均去世年龄为 82.73 岁。从这一组简单的数据就可以得出基本结论：只要给那些没有不稳定基础疾病的感染者一定程

---

[18] 作为公法"帝王规范"的比例原则对警察以及其他行政权力都适用，是保障个人权利的重要机制设计。有关具体内容参见蒋红珍：《论比例原则——政府规制工具选择的司法评价》，法律出版社 2010 年版；刘权：《比例原则》，清华大学出版社 2022 年版。

[19] 参见王旭：《论国家在宪法上的风险预防义务》，载《法商研究》2019 年第 5 期；关保英：《论行政主体的利益注意义务》，载《江汉论坛》2019 年第 5 期；王贵松：《风险行政的预防原则》，载《比较法研究》2021 年第 1 期。

[20] 参见何海波：《行政诉讼法》，法律出版社 2011 年版。

度的基础医疗支持，就可以避免流行高峰期的医疗资源挤兑；只要医疗系统不崩溃，就不必担心病毒流行；因而，科学的疫情防控政策应该是针对高龄者、未接种疫苗者以及罹患基础疾病较多的脆弱人群实施精准防控，尽量降低重症率和病死率，并把感染人数的规模始终控制在医疗资源能够承受的范围之内。[21] 这样就可以最大限度降低疫情防控的成本、最大限度减少疫情防控对经济以及日常生活的影响。

由此可见，为了更加合理而有效地防控新冠疫情，特别有必要大力加强风险沟通。[22] 在风险沟通之际，政府和疾控中心应该公开信息和履行说明义务，还要让专家和利益攸关者在公正的程序中进行论证式对话和法律议论，以便通过参与决策的程序把风险评估以及预防的适当比例原则也嵌入决策，避免一刀切。鉴于新冠病毒非常诡异，从防疫学或公共卫生学专业的角度来看，应该根据病毒的变异及时调整应对的方法和举措，因而不得不临机应变；为此当然还要防止现场的裁量权被滥用，加强合法性监督并为相关公民提供申诉和寻求救济的通道。在这里，如何把握适当的平衡度始终是疫情防控的一大难题。但无论如何，都应该摒弃长官意志支配和强制命令的做法，要尊重科学，注意比较和借鉴其他国家的成功经验，充分发挥专家在理性抗疫、风险沟通方面的作用。

风险沟通还能防止疫情防控中出现风险分配不公正的问题。从现代法治精神的角度来看，对于疫情防控而言，最重要的显然不是财富的分配正义，而是风险的分配正义。[23] 不合理的防疫举措只有通过公正程序中的听取不同意见、进行理性议论以及在此基础上的民主决策才能

---

[21]　参见蔡健鹏等：《识别轻症患者，找出脆弱人群，降低奥密克戎伤害》，载"华山感染"微信公众号（网址：https://mp.weixin.qq.com/s/_tTcds2qeyRUH8iHflTdtw），访问日期：2025 年 1 月 1 日。

[22]　风险沟通具有有效解决问题的实用性与重新界定风险的建构性的双重功能。Cf. Laura N. Rickard, "Rragmatic and (or) Constitutive? On the Foundations of Contemporary Risk Communication Research", *Risk Analysis* Vol. 41 no. 3 (2021) pp. 466–479.

[23]　参见〔德〕乌尔里希·贝克：《风险社会》，何博闻译，译林出版社 2004 年版，第二章 "论财富分配的逻辑和风险分配的逻辑"；〔英〕珍妮·斯蒂尔：《风险与法律理论》，韩永强译，中国政法大学出版社 2012 年版，特别是第四章；彭錞：《突发公共卫生事件中紧缺公共医疗资源分配的伦理方案与法律规则》，载《环球法律评论》2021 年第 3 期。

得到矫正。由此可见，要实现风险分配的社会正义，依法行政的"保障权利程序"，还需要通过学习型政府的"反映民意程序"来进行辅助和补充。

4. 就业歧视里折射出数据和算法的法律程序问题

对防疫数字技术的滥用除郑州红码案余波未平之外，还有对病毒感染者就业的算法歧视也刚刚露出冰山一角。根据 2022 年 7 月 9 日"上观新闻"和 7 月 11 日"法治日报"微信公众号的报道，核酸检测曾经呈现阳性、进过方舱的公民以及新冠病毒感染康复者在求职时屡屡碰壁，有些企业在招聘广告中也明确要求"历史无阳"。据国家卫生健康委员会官网公布的统计数据，到同年 6 月底为止，全国新冠肺炎患者治愈出院的人数共有 22 万多。考虑到郑州红码案、核酸检测寻租问题等造成的大量"假阳"人数，波及面将更大、更广。如果这么多群众在莫名其妙的状况下连谋生的基本权利都得不到充分保障，那可真是"兹事体大而允，寤寐次于圣心"（语出东汉班固《典引》）了。因此，同年 7 月 13 日召开的国务院常务会议特别强调要保障劳动者的平等就业权，严禁在聘任上歧视曾经核酸检测阳性的康复者，并要求加强劳动保障监察，严肃处理就业歧视实例。

公民享有劳动的权利和义务，就业不得因民族、种族、性别、宗教信仰、生理状态不同而受到歧视是一项宪法性权利，也在《劳动法》《就业促进法》《妇女权益保障法》中做出更详细的规定。《残疾人保障法》还明确保障残疾人劳动的权利，规定在招用、聘用、转正、晋级、职称评定、劳动报酬、生活福利、劳动保险等方面不得歧视残疾人。《传染病防治法》也禁止对传染病原携带者的就业歧视。实际上，早在 2020 年 3 月，国务院就专门颁发规范性文件禁止对新冠疫情严重地区劳动者的就业歧视，最高人民法院也做出相应的司法解释，以便通过审判程序来进行救济、切实保障平等就业权。

因为这次新冠疫情防控广泛使用数字信息技术，推广了健康码、行程码、场所码、核酸码等数字管理系统，积累了海量数据并利用人工智能进行分析和预测，所以如何防止数据的收集、储存、分析、应用侵害个人信息安全和隐私，如何防止企业或保险公司利用疫情检测数据对公民进行分类贴标签，如何防止智能化管理和决策被算法黑箱和算法偏见左右，就成为防止康复者遭受就业歧视的关键性问题。[24] 也可以说，虽然对感染者和治愈者的就业歧视问题出在社会性权力方面，但根源却在威权主义数字国家那种方兴未艾、变幻莫测的权力结构之中。与新冠疫情相关的就业歧视，实质上是在毫无法律依据的状况下，仅仅通过数字技术的操作，就剥夺了相关人群的行动自由（工作），同时也剥夺了他们应该拥有的财产（收入）。这样的做法彻底违反了程序正义原则，也严重侵犯了公民的基本权利。

综上所述，我们可以汲取一条非常深刻而重要的法学教训：在诸如新冠病毒传染之类的风险社会，在数字覆盖的"机器官僚主义"的机制下，有必要重新强调法律程序的意义，采取切实的举措来防止程序失效。在自由与安全直接对峙之际，实际上更需要通过公正程序来保障权利、通过程序的公正体验来提高对决策的满意度，只有这样才能使法治政府的制度安排进一步优化，真正增强国家秩序的正当性。

三、如何通过程序制约行政裁量权

与司法过程中两造当事人在法律上地位平等、审判者居中裁决的格局不同，作为执法者的行政主体与行政相对人本来就处于不同地位并且存在力量对比上的悬殊。在风险社会，特别是在类似新冠疫情这样大规模风险迫在眉睫的形势下，行政权的地位和作用还会显著加强。因为与国家的其他机关相比较，行政机关的目的和手段都很明确，具有充分的资源调度能力，能根据具体情况进行政策权衡，比较有弹性和效率来应对不确定性。这也意味着在风险社会，行政机关酌情而定的裁量权将日益膨胀。另外，随着社会的流动性、复杂性、网络性的增大，行政管理方式也由传统的令行禁止转向当今的统筹兼顾、软法侧重、因势利导以及桑斯坦们所倡

㉔ 参见季卫东（访谈）：《电子手环、"历史无阳"就业歧视背后：如何防止数字技术滥用?》，载"知识分子"微信公众号（网址：https://mp.weixin.qq.com/s/7XAP4URb5UdHsu3gulC4YQ），访问日期：2025 年 1 月 1 日。

导的政府与社会合作式"助推"(nudge)[25]。显然易见,行政的助推也会助长审时度势的裁量。

正因为如此,为了防止裁量权被滥用的流弊,还是需要在行政活动中强调程序公正原则,以便通过程序的外部规制和行政自我规制双重作用,尽量在更强势的政府权力与更容易受到侵害的个人权利之间达成适当的平衡。[26] 然而,紧急处置状态下通过程序来协调权力与权利,往往缺乏明文规定。这时按照依法行政和法治政府的逻辑,应该遵循保护人民信任(维持公信力)的原则。对政府而言,信任利益其实也构成落实程序性正当过程原则的一种动力。在这里,基于社会合作的助推与基于社会信任的程序也是有可能相辅相成的。

1. 制约裁量权的具体标准和程序性正当过程原则

概而论之,裁量权是应对不确定性(风险)所需要的,但也会反过来带来新的不确定性(风险),所以需要特别防范这种风险的螺旋式变局。在中国,限制行政裁量权的主要方式可以列举出四种:第一,按照承包的逻辑追究决策者或执行者的结果责任,不具体追问达成目标的手段,也不考虑行政活动的过程是否正当,只在终点对裁量权的绩效进行评判和问责;第二,通过普遍化观众那种无所不在的视线交织而成的意义之网来对裁量权进行舆论监督,实际上是鼓励行政当局与群众之间进行风险沟通,允许权力与权利之间的话语博弈;第三,通过不断细化的具体规则和裁量标准来压缩裁量的空间,虽然能够切实防止对裁量权的滥用,但其代价是会在不同程度上削减行政的弹性和效率;第四,通过行政程序的完备和适当履行来确保裁量权行使的慎重性以及酌情判断的合理性,防止公权力对个人权利的侵害,进而增强行政决策的民主正当

---

[25] 关于政府和社会的助推,参见〔美〕理查德·塞勒、〔美〕卡斯·桑斯坦:《助推——如何做出有关健康、财富与幸福的最佳决策》,刘宁译,中信出版集团 2018 年版;〔美〕卡斯·R. 桑斯坦:《助推:快与慢——人类行为与行为经济学》,王格非、路智雯译,中国人民大学出版社 2021 年版。

[26] 系统的研究成果可以举出姜明安:《论行政自由裁量权及其法律控制》,载《法学研究》1993 年第 1 期;姜明安:《行政裁量的软法规制》,载《法学论坛》2009 年第 4 期;姜明安:《论行政裁量的自我规制》,载《行政法学研究》2012 年第 1 期;章剑生:《行政程序正当性之基本价值》,载《法治现代化研究》2017 年第 5 期。参见〔美〕杰瑞·L. 马肖:《行政国的正当程序》,沈岿译,高等教育出版社 2005 年版。

性。本章聚焦后面两种方式。

通过细则化的立法方式来否定乃至消除执法和司法中的裁量权，是中国传统性制度设计的一条重要思路。[27] 但是，现代行政程序中制定、告知以及公开裁量基准，其本质不是否定裁量，而是要把裁量纳入一定的制度化框架之中，使裁量权的行使有规可循，使对行政行为的司法审查也获得充分的依据和判断标准。[28] 在审批事项上的裁量基准，例如为疫情防控可以把实施交通阻断的期间限定在 72 小时之内，以免影响城市的生活必需品供应和妨碍其他疾病患者的就医；根据病毒的类型把个人隔离的期间分别限定为 7 天、14 天、21 天，等等。在不利处分事项上的裁量基准，例如隔离期间超过 30 天就可以直接向上级主管部门申诉、要求行政复议，针对入室消杀可以提起针对具体行政行为的司法审查之诉，等等。另外，在数字信息技术已经广泛应用于行政的当今，还应重视与裁量相关的数学模型、量化评价等技术性标准的完善。

在对行政裁量进行司法审查之际，如果缺乏明文的法律依据和裁量基准，也应该允许动员宪法、主流学说以及习惯的约束力。这就难免会把沟通和谈判的互动关系以及政治契机嵌入行政以及司法过程。实际上，行政的政治化也是与裁量权增大相伴的必然趋势。按照民主法治的构想，通过沟通和博弈把民意更充分地反映到行政活动之中，其实也是提高行政可预测程度、加强法律体系稳定性、维护政府公信力的题中应有之义。诸如此类的裁量基准以及过程正当化的制度安排可以在保持行政活动的弹性和效率的同时，大幅度限制权力行使的主观恣意。

2. 行政程序的基础设施建设以及互动关系

另外，就行政程序的完备和适当履行而言，要特别注意"作为基础设施的程序"与"作为互动关系的程序"这样两个基本维度，充分发挥程序在信息收集、争点整理以及利害调整等方面的功能。迄今为止，中

---

[27] 参见季卫东：《程序比较论》，载《比较法研究》1993 年第 1 期。

[28] 参见章剑生：《对违反法定程序的司法审查——以最高人民法院公布的典型案件（1985—2008）为例》，载《法学研究》2009 年第 2 期。

国的行政程序规定散见于各种行政法规乃至规章、通知之中，难免出现重复、抵牾以及疏漏，缺乏整合化的体系性，因此有必要尽早颁布一部行政程序法。很遗憾，行政权力似乎不愿意被束缚住手脚，再加上涉及的事项也非常繁杂多变，行政程序法草案一直停留在讨论审议阶段，尚未颁布。㉙

从行政程序法专家建议稿（2015 年 10 月版本）的内容来看，中国的行政程序法将明确规定正当过程原则，其中特别强调有可能影响行政活动公正性的利害关系者回避、对行政行为的告知和理由说明以及行政相对人的陈述申辩权（第 8 条）。在风险社会的视域里，可以发现行政程序法专家建议稿试图确立的比例与利益平衡原则，不仅要在公共利益与行政相对人的私人利益之间保持平衡，而且还要在实现行政目的之际选择对私人利益伤害最小、成本最低的方案和行为方式（第 6 条）。虽然根据《突发事件应对法》《传染病防治法》《食品安全法》《防洪法》《戒严法》等法律的有关规定，采取应急行为时可以变通或者部分省略有关行政程序，但还是应当履行表明身份、说明理由等程序义务（第 202 条）。这些条文实定化的重要意义，在新冠疫情防控期间公民面对层层加码的强制隔离措施时自发维权的行动中展示得非常清楚。

这个专家建议稿在行政程序基础设施建设方面，除行政主体通过政府公报、政府网站或其他形式贯彻公开原则（第 7 条以及第三章第二节）之外，最重要的是为行政相对人形成陈述和申辩的机会结构，为此应该建立听证程序（第三章第六节）、申辩程序（第 91 条、第 144 条）以及听证会制度（第 117 条、第 129 条）。这些制度装置的主要目的是确保行政决策的公正性和透明性，以便保护行政相对人和利害攸关者的权利并适当反映民意诉求。在行政程序互动关系促进方面，特别要注重充分的沟通以及相互作用整个过程的妥当性，此乃程序性正当过程的

㉙　参见人民日报 2010 年 6 月 10 日时事观察聚焦专栏"程序法制"的两篇专家约稿，姜明安：《建设法治政府必须健全程序法制》和季卫东：《没有程序就没有真正的法治可言》，载中国新闻网（网址：https://www.chinanews.com/gn/news/2010/06—10/2334243.shtml)，访问日期：2025 年 1 月 1 日；参见中国新闻周刊 2010 年第 17 期封面专辑"程序治国"的系列文章，特别是：《〈行政程序法〉难产 25 年背后：权力不愿自缚手脚》，载中国新闻网（网址：https://www.chinanews.com.cn/gn/news/2010/05—14/2283088.shtml)，访问日期：2025 年 1 月 1 日。

精髓所在。

需要指出的是，行政强制、行政处罚等活动与刑罚有很多类似之处，因此不能仅仅满足于依法行事，还要从宪法秩序的高度来严格审视，特别注重达成目标的手段和过程是否符合程序公正原则，加强对公民基本权利的程序性保障。从这个观点来看，不得不承认，对于新冠疫情防控越过法定的疫区认定程序而采取紧急措施的做法是不能苟同的。另外，按照行政程序法专家建议稿，紧急措施对行动自由和营业自由的限制尤其应该受到程序正义的严格约束（参阅第七章），满足适当性要求（第 203 条）和科学性要求（第 204 条），绝不能放任基层执法人员"八仙过海、各显神通"。

综上所述，在社会风险化、数字化的背景下，为了让法治政府的宏伟目标落到实处、切实保障公民的基本权利、防止裁量权滥用的弊端，希望酝酿多年的行政程序法能尽早颁布。此外，在这里还要特意提出对有利害关系的第三者进行程序保护的课题，以便在法案审议阶段弥补专家建议稿的这一点不足。当然，如果行政法典编纂之议得到接纳，则统一的行政程序法当然构成其骨干，并且行政法体系也势必按照程序主义思路进行重构。

四、数字网络与公正程序之间的互动

1. 算法助推、人工沟通以及技术性正当过程

因疫情防控而大幅度提速的数字化，形成了一张几乎无处不在的智能物联网。在这样的电脑空间里，通过巨型网络平台收集大数据，通过人工智能对大数据进行计算、分析、预测，社会监控真正实现了"天网恢恢、疏而不漏"的目标。新兴科技的广泛应用，导致公共部门多层多样化以及通过互动的合力进行共同规制，行政机构也不得不在超国家的、复杂的非正式网络中进行实质性政策决定以及自动化决策。

在机器学习的条件下，人工智能的功能与数据的规模和质量成正比，与此同时，人工智能的功能又与算法的可理解性和可说明性成反比。

当算法变得难以解释时，就犹如一个黑箱；基于黑箱化算法进行自动化决策，因果关系和归责关系也就随之模糊不清了。因此，在数字覆盖的社会，决策风险会不断增大，但问责机制却有可能瓦解。为了控制风险、加强问责，行政机构与社会之间的风险沟通、公共选择不同主体之间为了克服多元性引起的相互无知而进行的论证性对话将具有越来越重要的意义。这种点亮黑箱的对话和沟通，正是以程序为前提条件，并且构成程序的实质内容。为语言行为而形成适当的互动关系，就是实质性正当过程的基本表现形态。在某种意义上也可以说，数字时代的程序公正主要体现为合理而充分的沟通。当然，还需要用计算机也能懂的语言进行沟通，还要通过程序规则和技术规则来解决算法语言复杂性问题，并且按照"技术性正当过程"和透明化的要求来重构算法设计方案，打破所谓"算法黑箱"。㉚

所谓"技术性正当过程"，主要是解决代码及其框架应该如何适当规制、代码的作者究竟是谁、谁能控制代码的作者、对代码的妥当性是否存在事先的论证程序或事后的纠正程序、作为中介机构的网络服务提供商的权力和责任应该如何配置、应用数据流的软件开发受到什么样的规制、数字监视和网络搜索是否设定了限制性条件等一系列涉及过程正当化的问题。一言以蔽之，技术性正当过程的本质是规制代码。如果这种对代码的规制也采取法律的形式，那么就可以发现技术性正当过程与法律程序正义或者"程序性正当过程"之间的交集和组合。

在由数字信息技术编织的网络之中，与程序密切相关的沟通却存在前所未有的如下特征：通过对各种大数据的机器学习形成的模型和算

㉚ 从程序性正当过程的角度来理解和分析算法治理之间关系的主要论述，可以举出陈景辉：《算法的法律性质：言论、商业秘密还是正当程序?》，载《比较法研究》2020 年第 2 期；Cary Coglianese & David Lehr, "Transparency and Algorithmic Governance", *Administrative Law Review* Vol.71 no.1 (2019) pp. 1–56；Min K. Lee and others, "Procedural Justice in Algorithmic Fairness: Leveraging Transparency and Outcome Control for Fair Algorithmic Mediation", *Proceedings of the ACM on Human—Computer Interaction* Volume 3 Isisue CSCW no. 182 (2019) pp. 1–26；沈伟伟：《算法透明原则的迷思——算法规制理论的批判》，载《环球法律评论》2019 年第 6 期；刘东亮：《技术性正当程序：人工智能时代程序法和算法的双重变奏》，载《比较法研究》2020 年第 5 期；汪庆华：《算法透明的多重维度和算法问责》，载《比较法研究》2020 年第 6 期；丁晓东：《论算法的法律规制》，载《中国社会科学》2020 年第 12 期；衣俊霖：《数字孪生时代的法律与问责——通过技术标准透视算法黑箱》，载《东方法学》2021 年第 4 期。

法，企业和政府可以充分掌握特定个体和群体的偏好和行为方式，形成用户画像或公民画像，并据此提供有针对性的解决方案或者进行自动化决策，也会与行政程序发生摩擦。[32] 这种基于算法的决策机制能够大幅度节约资源和提高效率，使产品、服务以及处理方法更符合个人需求，提高对象的满意度。然而这种机制实际上也是在纵横交错的关系中对社会进行柔性监控、对人们的行为和互动进行因势利导，并给公民的基本权利保障带来风险。从社会治理的视角来观察，在硬法与软法不断重组的规制过程中，人工智能系统的算法俨然成为一只隐形的手，在不公然限制当事人自由的状况下，千方百计把事态诱导到与行政目标相符合的方向。

借助桑斯坦们的术语和分析框架，不妨把上述机制表述为"算法助推"。[33] 但是，不得不指出，这种通过网络空间的沟通实现算法助推的过程很可能是不透明的、无法解释和问责的。在这种背景下，人们根据自己价值取向进行互动和选择，还会逐渐形成所谓"信息茧房""群体极化"现象[34]，终究难以获得程序性法治国家所要求的那种合乎正义理想的对话条件和沟通场域。为此应该特别重视在数字网络空间和算法助推实践中的程序公正问题，也包括与诉讼程序中的言词原则、直接原则以及亲历性原则进行对接和替代的可能性探讨。毫无疑问，这里讨论的是法律的程序（procedures），是符合公平和正义理念的正当化过程，是确

---

[32] 参见张凌寒：《算法自动化决策与行政正当程序制度的冲突与调和》，载《东方法学》2020 年第 6 期。

[33] 关于算法助推，参见〔美〕克里斯托弗·斯坦纳：《算法帝国》，李筱莹译，人民邮电出版社 2014 年版；〔美〕卢克·多梅尔：《算法时代：新经济的新引擎》，胡小锐、钟毅译，中信出版集团 2016 年版；谢尧雯：《网络平台差别化定价的规制路径选择——以数字信任维系为核心》，载《行政法学研究》2021 年第 5 期（基于笔者在 2019 年 11 月 15 日中国政法大学中欧法学院主办的国际学术会议上所作的主题发言"算法助推：个体选择与平台责任"）；Mateo Mohlmann, "Algorithmic Nudges Don't Have to Be Unethical", *Harvard Business Review*, April 22, 2021。关于行政领域的助推及其法制化，参见张力：《迈向新规制：助推的兴起与行政法面临的双重挑战》，载《行政法学研究》2018 年第 3 期；苏宇：《算法规制的谱系》，载《中国法学》2020 年第 3 期；王本存：《法律规制中的助推：应用与反思》，载《行政法学研究》2021 年第 5 期，张吉豫：《构建多元共治的算法治理体系》，载《法律科学（西北政法大学学报）》2022 年第 1 期。

[34] 〔美〕凯斯·R.桑斯坦：《信息乌托邦——众人如何生产知识》，毕竞悦译，法律出版社 2008 年版；〔美〕卡斯·R.桑斯坦：《助推 2.0》，俸绪娴、孙梁、李井奎译，四川人民出版社 2022 年版。

保论证性对话在自由而平等的条件下顺利进行的制度性装置，当然不是指电子计算机的程序（programs）或者通过人工智能系统进行的程序性控制。但在数字时代，程序的法律（law）往往需要转换成计算机程序的代码（code）来运行。正如马克斯蒂菲克所指出的那样："代码决定了什么样的人可以接入什么样的网络实体……这些程序如何规制人与人之间的相互关系……完全取决于做出的选择。"⑤ 非常有趣的是，正是代码把程序与选择以及人际关系串联在一起，这也昭示了代码具有通过技术性正当过程对算法助推进行制约和改进的可能性。

事实上，近些年来在线沟通取代传统的对面互动、人工智能补充和增强既有的社会关系，已经成为全世界的普遍现象。也就是说，人们的沟通越来越以数字信息技术为媒介，越来越受到智能物联网的影响，越来越把与编程和算法的沟通也纳入沟通的互动关系之中，还使之呈现出借助"数字肢体语言"的线上交流以及代码化"人工沟通"的特征。⑥在人工沟通活动中对公正程序的算法助推，实际上就是要把伦理和正义的标准也纳入算法设计和机器学习，使沟通的过程能够充分正当化。这意味着把公正程序的原则和规则嵌入算法设计之中。如果说这种公正程序导向的算法助推可以改善用户体验和行政服务对象的满意度，那么可想而知，与之密切结合在一起的人工沟通实际上也不妨根据心理主观上的程序公正体验以及重叠共识的概念来对基于代码的人工沟通行为以及由数字网络构成的沟通场域进行考察。⑦

2. 数字网络空间的中立性与频率拍卖的透明化

关于网络中立（network neutrality）以及平台透明治理的讨论以及

⑤ 转引自〔美〕劳伦斯·莱斯格：《代码2.0：网络空间中的法律》（修订版），李旭、沈伟伟译，清华大学出版社2018年版，第7页。

⑥ Erica Dhawan, *Digital Body Language: How to Build Trust & Connection No Matter the Distance*, St. Martin Press, 2021, Elena Esposito, *Artificial Communication: How Algorithms Produce Social Intelligence*, The MIT Press, 2022.

⑦ 关于主观的程序公正体验，参见〔美〕艾伦·林德、〔美〕汤姆·泰勒：《程序正义的社会心理学》，冯健鹏译，法律出版社2017年版；郭春镇：《感知的程序正义——主观程序正义及其建构》，载《法制与社会发展》2017年第2期；冯健鹏：《主观程序正义研究及其启示》，载《环球法律评论》2018年第6期。

立法和政策举措也特别值得关注。㊳ 网络中立性是指对利用者平等开放、确保通信自由、不允许沟通的歧视，确保网络成本负担的公平性，例如美国的相关规范举措包括禁止网络服务提供商对合法的网站和服务进行屏蔽、降低网速、对特定的网站提供有偿优待等行为。平台透明性是要通过平台运营的公开化和用户意见表达系统的建构来确保数字市场竞争的公平性，例如欧盟的相关规范举措包括相关合同条件的明确化、利用要求和优待标准的公布、数据政策的明示、平台服务中止或停止的通知和理由说明义务、受理用户投诉的制度建设、纠纷解决方式的约定，等等。这些讨论及实践与法律程序的中立性和透明性之间颇有些异曲同工之妙，可以理解为技术性正当过程的重要体现。

作为沟通媒介的数字信息技术与法律程序之间的联系，在无线电波频率拍卖模式以及电波利用状况的可视化中表现得非常典型。由于互联网和智能手机的普及以及人类生活越来越增强数字依赖的特征，最近十余年来移动通信量激增，无线电波利用的规模也不断扩大。电波的物理学特征是频率越低，传播损耗越小，覆盖距离也越远；反之，频率越高，传播损耗越大，覆盖距离也越近。因此，低频段频率资源有限，很容易造成利用挤兑；高频段频率资源丰富，但在利用之际不得不克服技术难点、提高系统成本。为了更有效率地利用有限的优质频率资源，迄今为止很多国家采取了无线电机构开设的比较审批制、频率配置制、电波收费制，不仅行政业务量日益繁重，而且还很容易引起纠纷。因此，从1989年起新西兰首先采用频率拍卖这种完全程序主义的电波分配

㊳ 网络中立概念的提出及其内容，See Tim Wu, "Network Neutrality, Broadband Discrimination", *Journal on Telecommunications and High Technology Law* Vol. 2 (2003) pp. 141 ff. 奥巴马政府在2014年提出了关于网络中立的五项原则，并促使美国联邦通信委员会在2015年通过了关于网络中立的法案。但是，这个法案在2017年被特朗普政府废止。关于美国在这方面的最新政策和立法动向，参见白起：《"网络中立"与互联网平台监管：拜登政府的新动向》，载复旦发展研究院网站（网址：https://fddi.fudan.edu.cn/51/e0/c21253a283104/page.shtml），访问日期：2025年1月1日。另外，关于中国的平台透明治理，参见21世纪经济报道：《九部门发文规范平台经济：增强经营透明度 严管投资入股金融机构》，载新浪财经网站（网址：https://finance.sina.com.cn/roll/2022—01—20/doc—ikyamrmz6242398.shtml），访问日期：2025年1月1日；张欣：《"点亮"行动——平台透明治理的中国方案》，载中国经济网（网址：http://www.ce.cn/cysc/zljd/yqhz/202206/01/t20220601_37699318.shtml），访问日期：2025年1月1日。

模式，至今已被欧美近三十个国家接受。[39] 美国的新型频率拍卖制度从2016 年开始实施。[40] 与此同时，作为通信治理透明化的一环，通过在地图上标注无线电机构信息等方式使看不见的电波的利用状况可视化也成为日本法制改革的一项内容。[41]

上述这些机制设计和举措都是数字时代应用程序性正当过程原则和技术性正当过程原则的典型实例。

3. 自动化决策的法律程序规则再嵌入

实际上，数字时代的沟通活动与法律程序之间的主要联系倒是把相关规则以及技术标准嵌入各种智能系统和互动过程，在对他者的期待和行为进行监控以及对他者如何因应自我行为的反应进行监控的同时实现各种社会活动的目标的机制设计和运作。与对面沟通相比较，以数字信息技术为媒介而进行的沟通存在更加复杂多样的界面和局域性，因而呈现出更显著的关系本位的特征。[42] 如何使个人通过完全程序主义的方式进行更加充分的自我呈现，如何使对面沟通与线上沟通的不同组合实现更加适当的社会组织，如何通过法律的接口革命来构建更加畅通无阻的"走廊式制度"，就成为法律程序公正的崭新内容。当然，在受到数字技术冲击和挑战的既有法律领域，也需要重新探索坚守和捍卫公正程序底线的制度化路径。[43]

特别值得注意的是，在数字信息技术嵌入旧的权力结构之后，因历史而造成的文化偏见或者大数据的系统性失误会形成和助长算法歧视，并且能够绕开正当过程原则的制约而进行不平等的自动化决策。[44] 在算法行政的场合，决策的责任人是匿名遁形的，相对人没有机会进行辨明、

[39] 山條朋子「無線ブロードバンド時代の周波数オークション」『クラウド産業論 流動化するプラットフォーム・ビジネスにおける競争と規制』（勁草書房，2014 年）149 頁。

[40] Federal Communications Commission, *Broadcast Incentive Auction and Post-Auction Transition*, accessed, https://www.fcc.gov/about-fcc/fcc-initiatives/incentive-auctions.

[41] 総務省『電波有効利用の促進に関する検討会 報告書』（2012 年 12 月 25 日），5頁。http://www.soumu.go.jp/main_content/000193002.pdf

[42] 参见季卫东：《元宇宙的互动关系与法律》，载《东方法学》2022 年第 4 期。

[43] 参见裴炜：《数字正当程序——网络时代的刑事诉讼》，中国法制出版社 2021 年版。

[44] 参见〔美〕弗吉尼亚·尤班克斯：《自动不平等——高科技如何锁定、管制和惩罚穷人》，李明倩译，商务印书馆 2021 年版。

申诉以及参与，对理由的解释也很不充分。在这个意义上，数字时代的沟通和决策很有可能以一种让人难以察觉的方式削弱程序公正、损害平等，特别需要技术性正当过程以及公正程序规则再嵌入的视角。由此亦可见，确保人类对自动化决策过程的介入和审视，让算法反应和代表其他观察者的视点，对算法的公平性进行充分的论证并提供救济的渠道，通过"谷歌优化"之类的方式让那种根据结果和体验而不断调整的网络动态本身来评价以及改进人工沟通的运行方式，应该成为在新兴科技崛起的背景下实现程序正义的基本原理。

4. 大数据流程的权利保障和法律程序

在数字时代，作为经济和社会动力的数据具有重要的资产价值，甚至可以理解为生产要素和新型资源；个人数据涉及隐私和信息安全，是自由的基础。因此，程序性正当过程原则势必在数据权利保护方面发挥非常重要的功能，应该在包括数据收集、分析、应用、交易等环节在内的整个大数据流程中贯彻法律程序的理念和标准，确保数据主体的信息价值所有权、意思自治能力、社会信用、言论自由（除屏蔽和封号外，也包括因个人信息泄露而引起的表达寒蝉效应）以及不受歧视等基本权利，即便在公共数据领域也要留意并解决其中潜在的隐私权问题。

在欧盟各国，1995 年通过的《数据保护指令》、2009 年起全面实施的《欧盟基本权利宪章》第 7 条和第 8 条，以及 2018 年起正式生效的《通用数据保护条例》共同形成了数据权利保护的法律框架，通过个人的信息自决权来实现大数据流程的透明化以及对数字经济的公正程序控制。在数据处理之际，数据主体有权获知相关背景、数据来源、数据处理目的、可能的第三方受益者、数据留存的期限及其确定标准等，数据主体还享有对数据的个人访问权、更正权、删除权、撤回同意权以及申诉机会。特别是对通过大数据形成的个人画像或企业画像，数据主体有权表达异议并请求中止数据处理；对仅仅基于自动化处理就做出决策，数据主体可以进行抵制并要求相关人员进行实质性介入和监督。总之，数据处理的程序性正当过程的判断标准主要是透明和同意。⑤

其中规定的个人数据携带权，也已经在我国《个人信息保护法》第45条实定化。然而数据的可携带性条款，既能扩大数据主体的选择自由、体现对信息价值的处分权，促进数据的流通和再利用，同时又有可能引起通过个人数据相连接的多元主体之间的权利冲突，引发利益分配公平之争，尤其需要注重相关过程的正当性以及法律程序的公平性。⑥ 在这里，考虑到人工智能时代的算法助推已经普及的现实，也许应该适当放宽对"个人"概念的理解，把它扩大到"以人为本"的那个泛化的"人"，从而使对个体尊严和自由的保护能与数字国家的公共秩序以及数字经济的共同利益相协调。在这里，个人数据携带权就可以通过程序性正当过程和实质性合同关系，与数据信托制度不同设计方案进行最优化组合。

结　语

本章在新的时代背景下重新认识法律程序的意义，设定了风险社会与数字国家这样两个基本坐标。

在以新冠疫情防控为典型的"风险社会"，自由与安全的紧张关系成为关注的焦点，对灾害的恐惧导致安全指向和公益指向非常显著，个人权利保护的意识容易随之淡化。虽然法律对危机管理也有特殊的程序安排，并对强制性举措提出了比例原则，但很多情况下往往被忽视、被扭曲。在风险应对之际，成本效益分析成为决策的合理性依据，其结果势必倾向于功利主义、威权主义以及旨在平衡和妥协的关系调整。在这样的状况下，行政裁量权被过分放大，而法定的程序要件以及关于正当过程的理念很难落到实处。鉴于风险社会公民基本权利正在面临各种威胁和践踏，有必要在风险防控中坚守法律程序正义的底线，并根据复杂多

---

⑤　对欧盟个人数据权利保护法律体系进行全面考察的代表作，可以举出〔荷兰〕玛农·奥斯特芬：《数据的边界——隐私与个人数据保护》，曹博译，上海人民出版社2020年版。关于欧盟模式与中国经验及制度设计特征的比较，参见季卫东：《数据、隐私以及人工智能时代的宪法创新》，载《南大法学》2020年第1期；季卫东：《数据保护权的多维视角》，载《政治与法律》2021年第10期。

⑥　参见汪庆华：《数据可携带权的权利结构、法律效果与中国化》，载《中国法律评论》2021年第3期；王锡锌：《个人信息可携权与数据治理的分配正义》，载《环球法律评论》2021年第6期。

变的现实情况和不确定性，探索程序性正当过程或者公正程序的多元化表现形态以及相应的机制设计。

新冠疫情防控极大地促进了人类社会的数字化进程，甚至形成了经济和生活被数字全覆盖的形势。以此为背景，互联网、大数据、人工智能等数字信息技术广泛应用于治理活动，电子政府、智慧城市已经基本普及，一种具有技术威权主义和机器官僚主义特征的"数字国家"正在崛起。所谓算法助推，不仅成为企业进行量身定制化经营的主要方式，而且成为政府实施精准细密化行政的主要方式。在机器学习不断提高功能的同时，算法黑箱化也日益成为严重的问题，不仅正在助长自由裁量以及算法歧视，还有可能导致问责机制形同虚设。为此，有必要强调与法律程序在功能上可以替代的"技术性正当过程"以及网络中立、人工沟通、平台透明等具体构成因素。鉴于行政决策自动化的现实，还需要通过法律程序规则再嵌入的方式进行改良，把法治精神编织到技术规则之中。在数字国家，程序公正原则发挥重要作用的典型场景主要有两种：一种是数据权利保护，特别是大数据流程的正当化；另一种是算法的可解释性和可信性验证，以便根据能对人工智能的过误进行问责。

通过风险社会和数字国家这样两个基本坐标来考察和定位行政程序法，可以发现权利保护程序、决策参与程序以及信息公开程序在风险社会以及数字国家都呈现出新的特征，制约裁量权成为更加复杂而重大的问题。为了有效制约裁量权，除重构司法审查制度之外，还必须在法律程序之中进一步加强相互沟通以及关系协调，借助在反映民意的装置以及维护权利的过程等不同层面上的机制创新来形成某种"关系—沟通—程序"三位一体的机制。此外，制定更明确而具体的裁量基准并把它们转化为技术标准和代码嵌入行政系统的算法之中，也是数字时代制约行政裁量权的重要方式。鉴于防止数据泄露以及隐私和个人信息安全保护正是当今迫在眉睫的重大问题、数据监管也已经成为行政机关的核心职责、数据权利保障又属于行政过程正当化的关键，因此，在加快行政程序法制定进程的同时，还应该从规制数据与算法之间关系的公正程序体系构建这个统一视角来对电子政务和个人信息保护这两个部分的内容进行深入推敲和整合，落实程序性正当过程和技术性正当过程的双重理念。

// 第二编 //

对等议论

第一章

法律的解释与议论[*]

司法权的行使总是以实现立法机关的意志，即法律规范为目的，而绝不能受法官个人意志的丝毫影响。

——约翰·马歇尔[①]

法律解释有许多种可能性，作为法院判决基础的只是其中的一种，如何取舍选择当然取决于进行解释的人的主观性价值判断……（所以）审判规范不能从法律条文中靠逻辑演绎出来，而应该通过观察和分析现实的社会关系去归纳之。

——来栖三郎[②]

无论立法者多么高明，规章条文也无法网罗一切行为准则，无法覆盖一切具体案件。因此，在某种意义上可以认为：法律的天然局限性就是法律解释学的根源。反过来说，法律只有通过解释来发现、补充和修正，才会获得运用裕如、融通无碍的弹性。[③] 虽然我国的传统观念强调"法无二解"，当局也一直担心法律诠释和与此相关的律师活动会导致"操两可之说，设无穷之辞""是非无度""所欲胜因胜，所欲罪因罪"

---

[*] 本章基于作者1998年9月在北京大学法律系的演讲，原文发表于《中外法学》1998年第6期、1999年第1期。

[①] See Osborn v. *Bank of the United States*,22U. S. (9 Wheat.)738,866(1824).转引自 Benjamin N. Cardozo,*The Nature of the Judicial Process* (New Haven：Yale University Press,1921) p.169。

[②] 〔日〕来栖三郎：《法律的解释与法律家》，载日本《私法》1954年第11期，第20、23页。

[③] 参见沈宗灵：《论法律解释》，载《中国法学》1993年第6期，第58页。

等后果，但正如梁启超早就指出的那样，法律解释的学术"禁之终不可得禁"④也。时至今日，间或有人对那种了无生气、疏于研究和思虑的条文说明书泛滥成灾不以为然，却没有一个人会否定加强法律解释工作的必要性和迫切性。

然而，关键的问题是怎样进行解释、怎样认识解释。法律只有在"万物皆备于我"的前提下才能允许法律家进行推理吗？换言之，解释仅仅是一种形式逻辑三段论推理加涵摄技术的概念计算，还是兼有在一定前提条件下创造规范的功能？制度化的法律解释到底应该是封闭的系统还是开放的系统、是等级结构还是平面结构？完全客观的法律解释是否可行？正确的解释以及相应的法律决定究竟是唯一不二的还是可以再三再四的？在我国，在立法已经初具规模、司法改革正在深入的现阶段，很有必要围绕这一系列的问题进行认真的讨论。⑤

近年来，在法律解释方面已经有许多论述问世。⑥其内容包括学理和实务的方方面面，还涉及我国特有的立法与司法解释相混同、行政解释优越于司法解释等问题。在这里，笔者特别感兴趣的倒是一个简单的事实，即与欧美各国以及日本不同，关于法律解释的两种基本立场——客观主义和主观主义，或者说"严格解释"和"自由解释"——在我国并没有形成对峙之势。虽然梁慧星教授强调"要保障法解释的客观性"⑦，而苏力教授则强调解释的主观性甚至"无法解释"、在规范相对化方面走得很远⑧，但是，与此同时，前者也承认法律解释主观说"值得

---

④　梁启超：《论中国成文法编制之沿革得失》，载梁启超：《饮冰室合集·文集第六册》，中华书局 1936 年版，第 60—61 页。

⑤　法律文化研究中心在 1997 年 1 月召开了关于法律解释的专题研讨会，这是颇有象征性意义的一项学术活动。

⑥　参见郭华成：《法律解释比较研究》，中国人民大学出版社 1993 年版；蔡定剑、刘星红：《论立法解释》，载《中国法学》1993 年第 6 期；陈斯喜：《论立法解释制度的是与非及其他》，载《中国法学》1998 年第 3 期；周道鸾：《论司法解释及其规范化》，载《中国法学》1994 年第 1 期；董白本：《私法解释之管见》，载《政法论坛》1997 年第 6 期；梁慧星：《民法解释学》，中国政法大学出版社 1995 年版；陈兴良：《法律解释的基本理念》，载《法学》1995 年第 5 期；苏力：《解释的难题：对几种法律文本解释方法的追问》，载《中国社会科学》1997 年第 4 期；刘星：《法律解释中的大众话语与精英话语——法律现代性引出的一个问题》，载《比较法研究》1998 年第 1 期；等等。研究现状的综述，参见张志铭：《当代中国的法律解释问题研究》，载《中国社会科学》1996 年第 5 期。

⑦　同前注⑥，梁慧星书，第 188 页。

⑧　同前注⑥，苏力文，第 32 页。

赞同",后者也"并没有否定作为一种思维活动的法律解释（或法律推理或法律适用或其他任何名字）的可能性、意义和作用"。一位法官说得更直截了当：我国司法解释的理论应该是"主客观相结合的解释论"。⑨

本章就把这种在法律上"天人合一"的思想状态作为讨论问题的出发点，并由此去探索解释学在主观主义和客观主义之间别开生面的第三道路。笔者为自己设定的课题只是如何在承认解释的主观性的前提下排除适用法律、做出决定过程的恣意，怎样为客观的规范秩序提供制度化的条件，并且使其在实践中具有技术上的可操作性。基于这种问题意识，本章首先比较两种对立的思维模式，并指出德沃金最有代表性的那些主张在本质上还是决定论。其次，介绍法律解释方面的几种新观点，特别是关于兼顾主张和理由论证之法律议论的诸学说（theories of legal argumentation）、论证性对话的学说（discourse theory）以及建构法学（Strukturierende Rechtslehre），同时分析它们在中国语境中的不同位相。最后，从判决理由这一视角来考察在司法的现实中改善法律解释和法律沟通的具体措施。

一、两种法律解释观

1. 法律决定论的思维模式

要把握某种法律秩序的基本特性，其实只需看法官和法律条文的关系。大陆法系的传统是致力于把法官禁闭在条文的牢笼之中。英美法系的传统是让法官通过先例机制作茧自缚，条文主要发挥对惯性结果进行矫正的作用。而中华法系的传统是"礼法双行"，法官需要兼顾条文和情理。

无论在哪一种社会中，按照国家强化统治效率的逻辑都会出现不同形式的严格限制解释和裁量的余地的法律决定论。在古代中国，申不害的刑名学的本质是"循名责实"（《韩非子·定法》）、"以一御万"，以

---

⑨ 参见罗庆堂：《论刑法司法解释的解释理论及基本原则》，载第六届学术讨论会论文评选委员会编：《中国司法制度改革纵横谈——全国法院系统第六届学术讨论会论文选》，人民法院出版社1994年版，第133页。

及"任法不任智"⑩，慎到主张过"法制礼籍，所以立公义也"（《慎子·威德》）及"辩者不得越法而肆议"⑪，韩非更进一步强调"其言谈者必轨于法"（《韩非子·五蠹》）的绝对实证主义。在美国，引领法学界二百年风骚的霍姆斯（Oliver W. Holmes）坚信只有立足于客观主义的法律才能实现社会的安定性和可预测性。⑫不过，在法国和德国，条文至上的倾向更加突出。法国的现代法学，特别是在19世纪后期占主导地位的注释学派信奉法典万能主义，强调注释必须严格忠实于法典条文。德国私法学之父萨维尼（Friedrich Carl von Savigny）宣称：法律解释学的任务无非是合乎逻辑的"概念计算"。按照这一思路，以数学体系为模范而建立的学说汇纂式法律体系和法教义学体系也一直被人们当作法律领域的"圣经"。⑬

到了20世纪，人们不再像孟德斯鸠那样指望法官都变成"无生命的存在物"，在不增减法律的内涵和力度的条件下机械地复述法言法语。但是，至少到20世纪70年代前期为止，现代法学理论的主流仍然"尝试着从一个根本的规范中推展出所有的法律规范"⑭。最典型的是凯尔森（Hans Kelsen）的纯粹法学，它通过法律等级体系的构想把一切决定的根据还原到作为金字塔顶端的"根本规范"，当然也不否认存在国家意志的摄动。凯尔森并不认为法律的解释只能得出一个别无选择的正确结论，但主张复数的解释中能成为规范的只有一个。换言之，法律给予法官的正确的决定是独一无二的，法官只能通过司法程序来发现这个唯一正解。

按照决定论的思维模式，法是全知全能的；法官不能以无法可依为

---

⑩　欧阳询：《艺文类聚》，卷五十四；李昉：《太平御览》，卷六百三十八。转引自王晓波：《先秦法家思想史论》，联经出版事业公司1991年版，第225页。

⑪　据钱熙祚辑校：《慎子》（守山阁本）所附佚文。《慎子》一书内容是否完全出于原作者是有疑问的。这里重在对思想倾向的考察而不是文字的考据。

⑫　CF. Morton J. Horwitz, *The Transformation of American Law* 1870-1960；*The Crisisi of Legal Orthodoxy*(Oxford：Oxford University Rress, 1992), "Subjective versus Objective Standards", pp. 110 ff.

⑬　尤其是温特塞得（Bernhard Windscheid）的民法学名著 *Lehrbuch des Pandektenrechts*，1862—1870。参见〔日〕碧海纯一：《法与社会——新法学入门》，东京中央公论社1967年版，第151—155页。

⑭　K. H. Ilting, "The Structure of the Hegel's Philosophy of Right", in Z. Pelezynslzi(ed.) *Hegel's Political Philosophy*(Cambridge University Press, 1971), p. 19.

理由来拒绝做出判决，而必须通过解释发现包含在法律体系之中的具体的规范。法被理解为一个自我封闭、自我准据、等级森严的体系，一切事实关系都能够而且必须包含其中。严格区分立法和司法的功能对于维护该系统的自足性具有重要的意义，立法不妨相对自由地追求国家的政策目标，但司法只能在严格的法定条件之下进行判断。司法中的法律解释必须尽量排除主观的价值判断，通过形式逻辑三段论的推理保持法律决定的首尾一贯、无懈可击。法律规范被认为具有普遍性和永恒性，可以"放之四海而皆准"，因而只有合乎法律规范的决定才是客观正确的。不言而喻，这是一个按照牛顿力学原理建立起来的法律空间。英国的古典分析法理学，德国的历史法学、概念法学以及普遍法学，法国的注释学派，甚至包括苏联的维辛斯基理论，都不过是对同一空间景象的不同描绘而已。

法律决定论的核心在于通过"概念计算"来预测审判结果的理论前提以及相应的制度设计。这种"可预测性"概念正是韦伯关于经济、法律以及社会的宏观理论的基石，并成为描述现代法特征的最基本的指标。即使在今天，即使对于承认主观性价值判断会对决定施加重大影响的许多人来说，法律原理的一贯性、法律执行者行为的确定性仍然不失其意义。

2. 法官主观论的思维模式

与法律决定论立场相反的是主观论，不承认法官的决定具有真正的客观性。采取这种立场的人们主张：做出判决的活动其实只是一种主观性行为，法庭的辩论以及法律解释只不过是掩盖其主观任意性的伪装。

在讨论主观主义思潮时，首先有必要指出的是耶林（Rudolf von Jhering）的理论变节。在耶林的早期名著《罗马法的精神》（1858 年）第二卷第二部中，他对正统的德国法学的看家本领——"概念计算"技术还是一赞三叹、推崇备至的。仅仅三年之后，他就在一篇匿名发表的评论中对民法解释的神秘性、主观性进行热嘲冷讽并且借用他人的口吻做了一点"自我批评"，不过这时的他还没有考虑到洗手不干的问题。有例为证：在1861 年发表的另一篇论文《缔结契约上的过失》中，耶林还是在那里把"概念计算"的解释方法运用得虎虎生风。但是，到19 世纪70

年代以后，他开始公然对概念法学提出挑战，主张克服片面强调形式逻辑而无视实践经验的弊端，根据功利的需求进行社会利益的衡量和调整。⑮

19 世纪和 20 世纪之交，欧洲出现了自由法学运动，在德国和奥地利表现为埃利希（Eugen Ehrlich）的"活法"论和"自由审判"观、康特洛维茨（Hermann Kantorowicz）关于"自由法"的学说，还有与自由法学略有不同的赫克（Philipp von Heck）的利益法学，以及稍晚些时候强调政治神学和主权意志的施密特（Carl Schmitt）的决断主义（Dezisionismus）；在法国则表现为萨雷尤（Raymond Saleilles）和杰尼（François Gény）的科学法学。⑯ 这些思想流派的共同点在于容许法院不仅仅适用法律条文，而且还可以根据社会上的各种利益要求和国家的实质性判断从现实中归纳和创造出法律规范来，承认判例作为法源的地位和作用。当然，也不是说法官可以摆脱羁勒、为所欲为。司法者造法的标准是经验、常识、正义观乃至科学的方法。

霍姆斯的学术生涯也发生过与耶林相类似的立场转变。根据哈佛大学法学院著名教授霍维茨（Morton J. Horwitz）的分析⑰，这种变化发生在 1894 年发表题为《特权、预谋以及意图》的论文到三年之后发表题为《法的道路》的论文的期间。追踪从 1881 年的著作《普通法》到 1897 年的论文《法的道路》的思想轨迹，可以看到前后不同的两个霍姆斯：前期的他反对主观主义，坚持法律规范的客观性；后期的他则反对演绎思考，接受直接的政策性判断作为司法决定的基础。的确，在《普通法》一书中，霍姆斯的看法就已经与概念法学的立场迥异，只要想一想那两句脍炙人口的名言就可以明白这一点。他说过"法的生命不是逻辑而是经验"，他还说"一般命题解决不了具体案件"。此人的思维方式与其说是形式逻辑三段论，毋宁说更倾向于利益的比较权衡。尽管如此，他同

---

⑮　据前注⑬，〔日〕碧海纯一书，第 155 页以下；〔日〕村上淳一：《解读〈为权利而斗争〉》，岩波书店 1983 年版，第 221 页以下的叙述。

⑯　关于各种学说的内容和相互关系，可以参阅〔日〕碧海纯一、〔日〕伊藤正己、〔日〕村上淳一编：《法学史》，东京大学出版会 1976 年版；〔日〕田中成名等：《法思想史》，有斐阁 1988 年版。

⑰　Cf. Horwitz, *The Transformation rthodoxof American Law* 1870-1960, op. cit., Chap. 4, esp. pp. 127 ff.

时还确信法律决定必须有客观的合理的根据，规范必须有无视个人的心理状况和道德条件的普遍性。这种内在矛盾的存在，当时并没有妨碍霍姆斯成为一个把法律规范看作外部的客观准则的合理主义者。但在1894年之后，他的思想发生了180度的大转弯。他放弃了对于法律的外部客观性的信仰，否定了绝对权利的观念，甚至不再坚持一些赖以保障审判的中立性和确定性的制约条件，只是在固守严格区分法律和道德的实证主义这一点上他还与自己的过去藕断丝连，使客观主义有可能通过权利的"交换计算"（例如利益衡量以及科斯定理那样的中立的权利分配）代替"概念计算"的方式卷土重来。

后期霍姆斯所强化的经验主义和实用主义倾向，在20世纪从两个不同的方面分别得到了继承。一方面是卡多佐（Benjamin N. Cardozo）、庞德（Roscoe Pound）等的社会学法理学，构成20世纪美国法学的多数派。另一方面，则是卢埃林（Karl Llewellyn）、弗兰克（Jerome Frank）的法律现实主义[18]，它没有成为主流但却起伏不已、波及甚远，先后推动了20世纪50年代的法律推理研究、20世纪60年代的审判过程论以及自20世纪70年代后期至今方兴未艾的批判法学运动。在法律现实主义者当中，把法官主观论推到极端，再进一步揭穿客观规范的神话、砸烂公正审判的偶像，从而在法律界引起一场轩然大波，几乎被当作牛鬼蛇神扫地出门的是弗兰克。

弗兰克身为法官却指责法官们都患了幼稚病。在其代表作《法与现代精神》中，弗兰克运用弗洛伊德的精神分析法来考察法律界的众生相，认为传统的概念法学和法律客观论就像那些坚信父亲全知全能的儿童一样不成熟。他还宣称，在实际的审判过程中，决定判决内容的既不是法律规范也不是逻辑更不是概念，而是"跟着感觉（hunch）走"！换言之，要先根据感觉大胆得出结论，然后到法律和学说中去小心求证——无非是东寻西找、各取所需，而在这个过程中具有决定性的却是法官的个性。因此，判决是无法预测的。后来他又出版《受审的法院》一书，分析了初审法院在事实认定过程中的问题，清楚地表明了对于涵摄技术加工后的要件事实的怀疑（fact-skepticism）。对要件事实的怀疑理

---

[18]　*Ibid.*, pp. 214 ff. See also William W. Fisher Ⅲ, Morton J. Horwitz and Thomas A. Reed (eds.) *American Legal Realism*, Oxford: Oxford University Press, 1993.

所当然地要导致法律科学主义，但是，弗兰克的"醉翁之意"其实不在科学而在批判。

弗兰克的激进观点到了批判法学那里得到进一步的发扬光大。如果说弗兰克们还只是着眼于法官个人的审判活动，那么批判法学的矛头却是直接指向作为整体的自由主义社会及其法治秩序，彻底否定法体系和法律解释学的中立性、客观性和确定性。[19] 就破坏性的解构而言，笔者认为批判法学中最有代表性的人物是昂格尔（Roberto M. Unger）和被称为"嬉皮士幸存者"的邓肯·肯尼迪（Duncan Kennedy）。

在昂格尔看来，一方面，批判法学的靶子主要有两个：一曰对形式主义的批判，要求从法律之外的社会条件以及意识形态的角度来讨论正当性问题；二曰对客观主义的批判，把司法判断与个人的主观愿望以及人与人之间的团结关系结合起来考虑。另一方面，他认为批判法学作为一场左派政治运动还应该对法律实务采取工具主义的态度，以便使法律为自己的意识形态上的目的服务。[20] 昂格尔强调，对于客观主义的批判可以导致社会的固化阶层秩序解体，把人们从既存的抽象范畴中解放出来，打破日常生活与革命运动的二分法图式，进而探求新的制度形态。[21] 为此，他主张建立包括不安定化权利（destabilization rights）在内的权利体系。[22] 在这里规范的不确定性自身被转化成不确定性的规范，"六经注我"的主观主义也升级到"造反有理"的高度。

与法律解释学有更直接关系的是肯尼迪的"布莱克斯通的《英国法注释》的结构"[23]。在这篇被看作批判法学奠基石之一的论文中，肯尼迪重新解读史料和法律话语，从中发现和阐明在教义注释当中巧妙地掩盖并调和了各种矛盾或者紧张关系的概念框架以及文法机制，尤其是"公"与"私"、"法律"与"政治"、"对（权利）"与"错

---

⑲　参见沈宗灵：《批判法学在美国的兴起》，载《比较法研究》1989 年第 2 期；吴玉章：《批判法学评析》，载《中国社会科学》1992 年第 2 期，特别是第 147—148 页。

⑳　R. M. Unger, "The Critical legal Studies Movement", *Harvard Law Review* Vol. 96 no. 3 (1983) pp. 564-567. 这篇论文在略作修订和扩充后，当年还以同名专著的形式由哈佛大学出版社刊行。

㉑　*Ibid.*, pp. 583-586.

㉒　*Ibid.*, pp. 597-600.

㉓　D. Kennedy, "The Structure of Blackstone's Commentaries", *Buffalo Law Review* Vol. 28 (1979) pp. 209 ff.

（侵权行为）"、"主观"与"客观"、"理性"与"意志"等一系列二分法图式的作用。这种揭老底的作业，其目的是要说明法律上的判断其实都是政治性选择的决定，解释、先例的援引以及正当化的论证只用于遮人耳目。因此，判决内容最终取决于法官的不同价值观和价值序列，或者取决于各种主观因素的综合作用。

顺便指出，肯尼迪的解构性解读在观点和方法上都深受法国哲学家德里达（Jacques Derrida）的影响，这也就是批判法学和后现代主义的连接点所在。后现代主义者提出的"解构"，起初多半是巴黎沙龙里优雅的语言游戏，除了才情，"什么都敢说"的勇气也是决定其思想价值的重要因素。但是结局却有一点出其不意，导致了急躁地否定一切传统的知识体系和现代制度的倾向。真正的彻底解构之后，究竟还剩下什么？已经看到的是各种知识杂碎、记忆片段、话语泡沫以及世纪末晚餐券的廉价倾销，或者是尼采所指称的权力意志横空出世，或者只是虚无，如此而已，岂有他哉。那样的种种极限体验对于中国人并不陌生。直话直说，批判法学中的激进派其实就是法律虚无主义。

3. 如何对待司法主观性

平心而论，在审判和法律解释的过程中难免要进行主观的价值判断，这一点现在已经得到比较广泛的承认。何况当代社会日新月异，已经变得这么复杂多元，普适性法律的地盘在缩小，对随机应变的判断的需求在增强，完全的可预测性几乎成了天方夜谭，因而很少有人还要坚持那种法官等于法律拟人化的僵硬公式。但是，还必须看到另一方面，法律之所以为法律就在于它能一视同仁，给熙熙攘攘的人世间提供足够的安定预期。为此，在万变之中确立不变的规范根据，防止具体判断的主观性流于恣意，迄今仍然是法律家不可推卸的责任。只要不否认这一点，那么某种相对的可预测性或者实质上的客观性就会继续成为人们追求的制度化目标。

在承认法律决定具有主观性一面之后，实用法学展现出了几种不同的发展方向。一种方向是在客观性和科学性的统一的理论前提下，通过经验科学的素材、方法来保障和加强审判的客观性（法律解释学的内部视角），以及通过先例、现象的分析来预测判决结果（法律解释学的外部视角）的尝试。例如法国的科学法学，美国的社会系统工程论法学、行为科学的法学、实验法学以及计量法学，日本的川岛武宜所提倡的科学的法律学，等等。特别是川岛作为民法学者和法律实务家终身探究法律解释的科学性，力图把法律的正当性建立在关于客观法则的科学真理之上，通过归纳性经验研究的成果来检验演绎性司法判断，他所留下的许多课题和思索轨迹依然是值得重视的。㉔

另一种方向是在承认主观价值判断和保持演绎思维的结构的同时，通过对于各种价值判断的先后、轻重、优劣进行科学的理由论证和交换计算来实现法律决定的客观性、妥当性的尝试。在自由法学和现实主义法学的影响下，由日本民法学者加藤一郎从价值相对主义的立场和星野英一从新自然法学说的立场分别提出的利益衡量论㉕，以及在美国盛行的法与经济学就是这一学术潮流的典型。虽然法与经济学中有强调功利的波斯纳（Richard Posner）实证主义和强调公正的卡拉布雷西（Guido Calabresi）规范主义之分，但在法律合理人的假定、经济效益最大化、公共选择等具有共性的方面，这一学派试图从外部为法律解释提供具有确定性的根据。波斯纳明确主张过，与权利论不同，效率可以为司法判断提供中立而客观的准则。㉖ 这些学说都倾向于政策科学。非常有趣的是，在加藤一郎和星野英一、波斯纳和卡拉布雷西之间恰好可以找到一个实实在在的最大公约数，这就是东京大学教授平井宜雄的关于司法解释的法政策学。

还有一种发展方向是在 20 世纪 60 年代中期的德国出现的"法律学的阐释学"（Juristische Hermeneutik）的尝试。㉗ 后来传到美国，20 世纪 80 年代以来变得越来越有声有色，在哲学理论以及宪法等领域中还引起

㉔ 详见〔日〕川岛武宜：《作为科学的法律学》，弘文堂 1964 年版。关于川岛学说的演变过程，参见〔日〕田中成明：《何谓法律思考?》，有斐阁 1989 年版，第 70 页以下。

㉕ 关于利益衡量论的来龙去脉和是非得失，可以举出〔日〕水本浩：《民法学中利益衡量论的形成及其成果(1)-(4)》，载日本《民商法杂志》第 62 卷第 6 号，第 63 卷第 2、3 号，第 64 卷第 2 号（1970—1971 年）作为代表性参考文献。另外，梁慧星先生的《民法解释学》（前注⑥）中也有详尽准确的分析。

㉖ 这种观点在 Richard Posner, *Economic Analysis of Law*（3d ed., Boston：Little, Brown, 1984）中阐述得十分清楚。关于这一点，学者当中存在着尖锐的意见对立。

㉗ 对此，〔日〕青井秀夫：《现代德意志法律学方法论的一个断面——"法律学的解释学"的介绍和考察》，载《（东北大学）法学》第 39 卷第 1 号（1975 年）、第 3—4 合并号（1976 年）中有比较详细的叙述。

了所谓"解释性转折"（interpretive turn）。这种思潮把现代法律体系中的文本、作者和读者的位置更换了一下，使作者（author）的权威（authority）相对化，反过来突出了作为制作和解释的对象的文本自身。它设定文本与文本之间存在着错综重叠的关系（intertextuality），因而在文本的背后存在着一种不以作者意志为转移的"客观性结构"。读者可以根据自己的主观价值判断来解释文本，也就是说，读者与文本之间存在着一种生动活泼的相互作用。但是，解释的自由度始终受到目的或者纪律性规则以及"解释的共同体"（interpretive communities）等框架的限制。㉘ 按照阐释学（hermeneutics）的观点，以主体与客体的二分法图式为前提的法律决定论以及利益衡量论都是非解释性的模式，法律学只有在承认读者与文本之间眉来眼去的视线往返和意会言传的互动关系的存在之后，才能真正属于解释性的模式。显然这是通过中介把主体与客体合二为一的思路。

最后，可以指出一种与上述阐释学的主张的确有所不同，但两者的分野有时并不能清楚界定的流派。在这里，研究的焦点既不是作为客观的成文法，也不是作为主观的法官律师，还不是法律文本与读者之间的视线往返的关系结构，而是当事人与当事人之间、当事人和法律家之间以及市民社会内部的主体之间的相互作用。主观与客观之间的互动关系在这里变成了主观与主观之间的互动关系。不妨称之为交涉学的立场，即在考虑司法判断的正当性时，重点被放在促进审判参加者们的交涉方面，交涉的结果被认为是决定的基础。其中又可以细分为两种观点。一种观点侧重于日常性对话、讨价还价和妥协，在某种程度上把法律决定理解为契约关系中的均衡点，在博弈理论的基础上追求纳什（J·F·Nash）式的交涉合理性。另一种观点则把法庭看作有复数的会话者参加讨论的自由论坛，特别强调在交涉过程进行严格的理由论证的意义，主要表现为基于实践理性的法律议论的各种学说。关于第二种观点，我们在后面还要详细分析。

㉘　Cf. Stanley Fish, *Is There a Text in This Class*？; *The Authority of Interpretive Communities*（Cambridge, Massachusetts: Harvard University Press, 1980）, Owen M. Fiss,"Objectivity and Interpretation", *Stanford Law Review* Vol. 34 no. 4（1982）, Stanley Fish,"Fish v. Fiss", *Stanford Law Review* Vol. 36 no. 6（1984）.

4. 德沃金的法律解释观

在笔者所归纳的法律解释论的四大走势——经验科学的、政策科学的、阐释学的、交涉学的——之中，德沃金的思想基本上属于阐释学的范畴。特别是在他的代表作《法律帝国》的关于法律解释的论述中，这一点表现得非常清楚。

德沃金认为，解释有三种不同的类型，即会话性解释、科学性解释以及作为创作性解释（creative interpretation）的艺术解释，比较而言，法律解释与艺术解释最相近。为什么？因为艺术解释把作品与作者区分开来，对作品本身的目的而不是作者的目的进行推论或者建设性（constructive）解释，这种特征也同样表现在法律家的活动中。德沃金把法理解为整合性（law as integrity），即在过去的政治决定的积累和由此推导出来的权利义务之间都保持特殊的一致性的整体结构。因此，作为整合性的法本身就意味着优选了的法律解释。另外，通过法官的理由论证推导权利义务的过程——法律解释的结构——本身也是解释性的。在这里，解释具有二重结构，在不同的层面上的解释其抽象化程度也不一样。德沃金主张，追求法律统合性的法官们在法律议论当中所进行的解释，具有"连锁小说"（chain novel）式的结构：虽然是许多作者你写一章我写一节的系列作品，但角色、情节能连贯成为整体，仿佛作者是一个人。为了小说前后能够衔接得自然，每一部分的担当者必须对过去的写作内容进行阅读和解释。参加连锁小说续写工作的人不妨根据情境和理解加以发挥，其中也可以掺入自己的偏好，但是，他却并没有完全的自由。换言之，作者不得不受到文本的约束，但这种约束不妨碍在整合性的前提下进行合乎作者主观价值判断的创作。㉙

那么，既存文本对于续作者的约束究竟是主观的还是客观的呢？的确，既然文本的约束不能脱离于作者的解读，对于什么是连锁小说的整合性以及怎么把故事接着讲下去等问题的回答当然会因人而异。但是，对于

㉙　See R. Dworkin, *Law's Empire*（London：Fontana Press, 1986）Chap. 2, Chap. 7, esp. pp. 228 ff. Cf. R. Dworkin, *A Matter of Principle*（Cambridge, Massachusetts：Harvard University Press, 1985）Chap. 6；另外，关于德沃金的法律解释观，〔日〕内田贵：《探访〈法律帝国〉》，载日本《法学协会杂志》第 105 卷第 3、4 号（1988 年）有详细分析。

续作是否忠实于过去的故事构成、算不算狗尾续貂的评价还是可以客观化的。试举一例：曹雪芹只完成了《红楼梦》的前八十回，来不及等后半部分定稿就去世了（一说手稿丢失），为了弥补缺憾而写作的续书许许多多，但比较能得到社会公认的只有高鹗（续作者尚无定说）的后四十回，就是高氏续作，也还是被人指责不仅思想和艺术价值较原作逊色，而且还有许多与前八十回的情节不整合的地方。在这样的评判方面，并不存在判断一个续作是否尊重文本、是否妥当的客观标准，只有依靠竞争性选择的客观化机制——"货比三家""优胜劣汰"。需要注意的问题是，这种客观化评价只限于作者圈内是否可行？是否需要读者以及社会舆论的参与？

德沃金所设想的竞争性选择却是限制在一定条件下的，是在法律准则、司法实践以及最能使这两者获得正当性的解释理论之间不断探求的反思均衡。在这种循环反复的过程中，选择的主体始终是法官，其典型是在处理疑难案件等方面具有超人的学识、技能和洞察力同时又不受时间限制的海格立斯（大力神）法官。选择的目标是得出关于权利的正确解答（right answers）[30]而不是政策或者裁量。选择的根据是与既存的法律体系的整合性，例如遵循先例的原则、立法权优越的原则、变更判例的程序要件等。因此，德沃金把法律解释的客观化机制基本上局限在职业法律家的语言共同体的范围之内，甚至也没有考虑律师的解释、检察官的解释与法官的解释的关系，当然更不像麦考密克那样把法院之外的市民个人间的互动关系和社会常识也纳入法律推论的视野[31]，不像富勒那样为司法活动另行设置一个"舆论法庭"（the forum of pubilc opinion）。[32]

---

[30] 值得注意的是，在《认真对待权利》一书中的德沃金认为，正确的法律解答只有一个（"a single right answer"或"one right answer"），但是在出版《法律帝国》时，他修改了这个表述，似乎承认正确的解答不是唯一的。他没有说明这种修改的涵义，但强调法律解释必然有正确解答，而非各种各样。德沃金的权利论与解释论之间的关系和异同，参见〔日〕深田三德：《关于 R. 德沃金的"权利命题"的若干问题》，载〔日〕山下正男编：《法律思考的研究》，京都大学人文科学研究所 1993 年版。

[31] 麦考密克对德沃金的以唯一正确的司法判断为轴心的权利绝对论的批判，见 N. Mac-Cormick, "Dworkin as Pre-Benthamite", *The Philosophical Review* no. 87（1978）pp. 585-607。

[32] 这是富勒在其名著《法与道德》（*The Morality of law*, 2nd ed., New Haven：Yale University Press, 1969）中论及司法参加命题时提出的概念。其根据在于既存的审判方式不能适应解决"多中心的"（polycentric）课题的现实需要。关于这一点，参见 L. L. Fuller, "The Forms and Limits Adjudication", in Kenneth I. Winston（ed.）*The Principles of Social Order*；*Selected Essays of Lon L. Fuller*（Durham, N. C.：Duke University Press, 1981）pp. 90 ff., 111 ff.。

显然，德沃金相信并且也希望别人相信，即使在法律文本有欠缺或者不明确的场合，其背后仍然存在具有整合性的法律秩序，司法判断只要与既存的文本整合就可以万事大吉。换言之，法永远是或者应该是完美无缺的，这既构成解释的前提条件，又导致解释的当然归趋。因此他所构思的法律解释学模型，给人以一切权利义务都源于既存的法律体系、肯定可以从中推导出来的印象。如果真的是这样，新的问题和矛盾都可以由海格立斯法官运用超人的能力统合到既存的法律秩序之中，正确的解答都可以与已经叙述出来的法律故事衔接得天衣无缝，即使在词不达意、解释难以圆融的场合，法律依然能让好的法官心领神会、一般的法官心往神随。总而言之，法还是全知全能的主宰者。表面上看德沃金承认了创作性解释和司法的造法功能，其实他转了一大圈又回到了起点——法律决定论的思维模式。如果说在孟德斯鸠的眼里法官之口是法律的传声器，那么可以说德沃金看到的法官之口就是法律的自动发声装置，两者的区别仅此而已。

二、关于议论的法学理论

1. 法律推理与法律议论

跳出德沃金的理论框架来考虑审判的客观化机制以及正当性证明，可以发现"法律帝国"的首都不仅有王子（法官）们的理性殿堂[33]，而且还可以也应该有普通市民们纷纷议论的阳光广场。与法官汲汲于规范的整合性、审判的统一性的态度不同，市民更关心是公正不公正的道德问题以及司法能不能保障或实现自己切身利益的实用问题。这种现实的关心是如此具体、尖锐而迫切，很难容许法官像解读小说那样超然。一旦法律推理以及相应的判决与市民的公正感觉或者利益要求之间相距过于悬殊，就可能出现法律秩序的正统性危机——被舆论认为不公正的法律决定得不到尊重，被舆论认为缺乏效力的法律手段没有人来积极利用。为了避免这种危机，显然法官有必要倾听市民的呼声。这也意味着除文本与作者的视线往返之外，还应该考虑作者与读者之间的相互

---

[33] 德沃金把法院比喻为法律帝国的首都，把法官比喻为王子。Dworkin, *Law' Empire*, op. cit., at p. 407.

主观的作用以及舆论的力量。舆论法庭的出现并不一定导致"法律帝国"被"选择的共和国"㉞ 所取代的结局，但是无论是法官还是市民都肯定因此获得更大的选择余地。关于实践理性和法律议论的各种学说就是在这种意义上引起广泛注意的。

什么叫议论？你提出一个意见或主张，我站起来反驳或者提出代替性方案来，这种莫衷一是的会话状态就是议论的开端。没有对立就无所谓议论。为了反驳对方或者辩解自己必须摆出事实、理由以及其他根据来证明其正当性，必须重视发言的说服力以及听众的反应。法律议论包括诉因、主张、陈述、证据、证言、质询、辩护、法律解释、情节分析、特例处理的诉求、理由论证、判决等构成因素。

可以说，迄今为止关于法律议论的各种学说只是组成了以司法改革和方法刷新为目标的统一战线，其内部还没有实现"堂上一呼、阶下百诺"的整合性。在被称为议论之理论的阵营里，包括维威格（Theodor Viehweg）的非演绎性的问题思考方式论、佩雷尔曼（Chaim Perelman）的新修辞论、图尔敏的适当理由探索法、麦考密克的特殊实例命题、阿列克西的程序性法律议论观、哈贝马斯的实践性讨论的思想，等等。这些学说分别属于不同的谱系，立场并不完全一致，能否构成特定的学派还大可推敲。然而，其共性也很显然，主要表现为（1）法律可以左右司法判断但不能完全决定之（非决定论）；（2）法律议论不仅仅是演绎性的逻辑推理，还要根据命题进行合情合理的讨论（超三段论）；（3）法律议论除了符合法律还要符合正义（非实证主义）；（4）在法律议论中正当程序和理由论证具有特别重要的意义（过程指向）；（5）承认制度与实践之间存在着互动关系（相互主观的思维模式）；等等。

传统的法律解释的核心是法律推理，推理的方法是形式逻辑三段论。虽然有一些学者站在反对决定论的立场上否认法律议论也具有三段论的结构，但是一般认为，既然合乎逻辑是合理性的最低标准，合理性的法律议论很难也没有必要拒绝三段论的帮助。实际上，在有关法律议论的新近文献中，人们所看到的却是三段论的复兴。当然那是按照法律议论

㉞ 语出 Lawrence M. Friedman, *The Republic of Choice*；*Law, Authority, and Culture*, Cambridge, Massachusetts：Harvard University Press, 1990。

的要求改头换面了的三段论。

例如图尔敏把法律议论中作为根据的事实称为 D（data），把主张或结论称为 C（claim or conclusion），指出连接 D 和 C 的句式是"如果 D 那么 C"，而在实际会话中更准确的表述是"根据 D 可以主张 C 或者得出结论 C"。图尔敏把这种表述本身称为"保证"W（warrant），认为"保证"W 和"证据"D 是应该加以区别的，前者只是一种附带的说明用以表示从 D 到 C 的过程具有正当性。因此，法律议论的基本型式是：根据 D 得出 C 因为 W。其中对 D 的要求是明示的，对 W 的要求是默示的；D 是个别的、具体的，而 W 是一般的、抽象的；D 是事实问题，而 W 是法律问题。图尔敏还强调有必要区别保证的表述和关于保证适用可能性的表述，即进一步分析理由论证的内容及其限制的条件。按照这种区别，W 再细分为推论的规则（SR）和法律根据（S）。⑤ 如果应用到具体的审判之中，法律议论的基本构成如下（图9）：

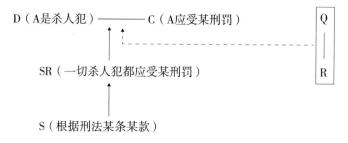

图9 关于法律议论的图尔敏论证模型

注：在这里，根据具体情节或理由 R，对结论 C 可以进行修正或补充（Q）；SR 或许还需要追加若干推论步骤；S 也多半是复数的。

上述法律议论图式与传统的法律三段论图式究竟有什么实质性的不同呢？图尔敏认为，在三段论的论证图式中，只有前提和结论这一种区别，而各个表述都显示出被夸张了的划一性的外观，因此，无法正确地考察实际发生的法律议论。为了发挥表述的功能，必须采纳不同于三段论的分析型式，至少要对证据、结论、保证以及根据进行区别。他还反复说过，"一切 A 都是 B"的表述除非在逻辑学教科书中，否则很少出

⑤ 参见〔日〕龟本洋：《法律议论与逻辑学——以图尔敏的理论为线索》，载〔日〕山下正男编：《法律思考的研究》，京都大学人文科学研究所1993年版，第53页以下。

现，被这种普遍性大前提拒之门外的各种日常惯用语却可以通过保证和根据的不同、各方面的根据相互之间的不同反映出来。[36] 另外，图尔敏特别强调不同领域的议论方式是不同的，有的适宜分析性论证，而有的则适宜实质性论证；法律三段论只管形式和极其单纯而特殊的论证，把各种不同领域的复杂的论证都削足适履地塞进一个框架里，结果会导致议论的贫困化。[37] 总之，形式逻辑三段论的宗旨是通过脱离日常语言来实现逻辑思维的纯粹性和逻辑计算的精确性，而图尔敏的宗旨恰恰相反，即想把日常语言也纳入逻辑学里面，两者之间存在着本质的差异。至于维威格的问题思考方式和佩雷尔曼的新修辞学则走得更远一些，特别强调法律议论中的实质性因素而不是逻辑等形式性因素。

关于法律议论中的逻辑学，还应该谈到反证的问题。对于想通过经验科学的研究来归纳法律规范并保障司法决定的客观性的人们，尤其有必要考虑到波普尔（Karl R. Popper）对于从有限的单称判断推导出普遍的全称判断的归纳原理的批判以及他所提出的通过试错过程来否定整体判断的反证可能性逻辑学。反证思维模式贯穿着批判合理主义。批判法学当然也是一种批判合理主义的思想形态。我国的法律试行制度的深层也或多或少存在着批判合理主义的成分。但是，对于法律解释和司法判断中能否进行反证思维的问题争论一直很激烈。像"天下乌鸦一般黑"这样的全称判断，人们当然可以找出不可胜数的黑乌鸦来印证它，然而一旦有人发现了一只白乌鸦或者灰乌鸦或者花毛乌鸦，哪怕只有唯一的一只，就前功尽弃，全称判断就从证实逆转为证否了。不过，在法律领域中情形却有所不同。譬如说，汉高祖入关之初约法三章，说"杀人者死，伤人及盗抵罪"，但事实上以后咸阳的吏治也未必那么清明，这时你大可不妨指责他手下的主管部门执法不严，有地方保护主义，人情大于王法，因此漏网的歹徒如过江之鲫，云云。但是，你不能以有一桩贪赃枉法的实例就否定法律的普遍效力，你也不能以此为由开脱自己的罪责。

不过，再深入追究下去，偶尔出现一只白乌鸦的可能性就足以否定"天下乌鸦一般黑"的全称判断吗？答曰未必。反过来问，法律上的全称判断一定都不能反证吗？答曰也未必。比如，"精神失常者的行为责任不

---

[36]　参见前注[35]，第62页。

[37]　参见前注[35]，第63页以下。

予追究"的全称判断，就可以被"间歇性精神病患者对自己在心智正常时的行为有责任能力"这一单称判断所反证。当然，反证的结果未必导致该全称判断被完全排除在法律学的命题之外。是否承认反证可能性，取决于对规范的认识是绝对的还是相对的。既然法律议论的学说拒绝法律决定论的思维模式，那么其中存在较强的承认反证的倾向是不奇怪的。㊳ 至于在法律解释中如何应用反证模式，还有待今后的深入研究。

2. 合理性论证与程序

法律议论的学说所设想的法庭辩论是在专业术语与日常语言、法律推理与道德评价相结合的条件下进行的，其结果是，审判的重点势必不落在决定而落在说服之上。说服是摆事实、讲道理的论证过程，其中合理的程序、"普遍的听众"（auditoire universel）㊴ 以及形成共识是三个最关键的因素。合理的程序与合理的听众结合在一起，就构成保障议论的合理性的制度性条件，而共识及其各种翻版（合意、承认、妥协）则是实质性的结果。从这个角度来审视关于法律议论的各种学说，阿列克西的关于程序性合理讨论的观点以及哈贝马斯的关于真理的合理性合意的观点具有典型性，值得深入探讨。两者的共同点是都重视对话的过程。在这里，让我们先简单介绍一下阿列克西的见解。㊵

阿列克西理论的出发点是："只有当规范性判断是按照议论规则制定的程序的结果时，该判断才是正确的。"也就是说，法律议论的质量、论据的适当性以及某一判断或者规范是否妥善取决于合理的议论规则和程序。阿列克西认为，法律判断和经验判断同样可以有真假对错之分；对于司法实践中出现的问题，原则上都可以通过议论来解决；在议论中可以区别好的理由和不好的理由、适当的论据和不适当的论

㊳　例如诺伊曼（Ulfrid Neumann）就颇推崇反证思维模式。同前注㉟，第 84 页。参见〔德〕诺伊曼：《法律议论的理论》，〔日〕龟本洋等译，法律文化社 1997 年版，第 40 页以下。

㊴　语出〔比利时〕钱姆·佩雷尔曼：《法律家的逻辑——新修辞学》，〔日〕江口三角译，木铎社 1986 年版，第 190 页。普通的听众的设定是以关于正义的共识、社会关心以及合理人形象为前提的。这个概念有其暧昧性，但不妨从"听者有心"，议论的说服力能得到社会承认并经得起反复考验这一意义上加以把握。

㊵　据前注㊳，〔德〕诺伊曼书，第 4 章第 2 节；〔日〕山本显治：《关于阿列克西的法律论证理论——〈法律议论的理论〉第二版读后感》；〔日〕山下正男编：《法律思考的研究》，京都大学人文科学研究所 1933 年版，第 515 页以下。

据；而这种区别的合理性是由程序性规则——包括语言沟通的合理化条件、议论参加者的资格、发言者出示根据的义务、议论的责任、议论的形式等内容——来保障的。

按照阿列克西的说法，法律议论是一般性实践议论的特殊事例，包括内部正当化与外部正当化（后者又可以分为一般性实践议论和特殊法的议论）这两个方面。[41] 法律决定的内部正当化的规则是：第一，作为法律判断的根据，至少必须举出一条普遍性规范；第二，法律判断至少必须从一条普遍性规范和其他判断中合乎逻辑地推导出来。按照这两条规则进行的内部正当化的结构如下：

（1）（x）（Tx→ORx）即：一切人（包括法人）x 如具备规范（1）的事实前提 [T]，则 x 应当履行 R

（2）Ta 即：自然人或法人 a 具备规范（1）的事实

（3）ORa 即：a 应当履行 R

然而，大部分规范的适用必须经过若干过渡阶段，需要通过语言应用规则来扩展规范。因此，在一般情形下，上述典型结构被修改为：

（1）（x）（Tx→ORx）

（2）（x）（M^1x→Tx）

（3）（x）（M^2x→M^1x）

（4）（x）（Sx→M^nx）注：S 表示叙述该案件的最直接而具体的宾辞

……

（5）Sa

（6）ORa（1）—（5）

在这种一般性的内部正当化结构之中，决定过渡阶段的数量的规则如下：

---

[41] 这一分类不是阿列克西的首创，而是由乌若布勒夫斯基提出来的。See Jerzy Wrob-lewski, "Legal Syllogism and Rationality of Judicial Decision", *Rechtstheorie* 5(1974)S. 33-46.在这一思路的延长线上，麦考密克提出了演绎正当化与第二级正当化（包括归结主义论法和一贯性论法）的概念框架（Cf. N. Mac Cormick, *Legal Reasoning and Legal Theory*, Oxford：Clarendon Press, 1978），平井宜雄在其连载论文《"议论"的结构与"法律论"的性质(1)——法律学基础论备忘录》，载日本《法律家》1988 年第 919 期，也提出了微观正当化与宏观正当化的概念框架。

A. 在 a 是否为 T 有疑问的时候，或者在 a 是否为 M 有疑问的时候，通常必须出示回答该问题的规则。

B. 这种出示规则的过渡阶段不断追加，直到对该案件的定性不再有疑问为止。

C. 过渡阶段的展开是"韩信点兵，多多益善"。

现在让我们再来看看阿列克西关于外部正当化的见解。外部正当化的议论的核心部分是与传统的实用法学的解释手段相对应的，包括涵义的解释、渊源的解释、目的论的解释、历史解释、比较解释以及体系解释。在运用这些不同形式的解释方法时应该遵循以下规则：

第一，属于解释准则的任何议论形式，其中蕴含的一切前提都应该提示之。

第二，如果没有特殊理由，表述法律的规定内容或者立法者当时意志的推论方法比其他推论方法优先。

第三，各种各样的形式推理方法的比重应该按照衡平规则确定。

第四，凡属于解释准则并能够提出的一切推论都应该得到考虑。

在区分内部正当化和外部正当化的基础上，阿列克西主张把诉讼程序中所进行的法庭辩论看作实践性议论的特殊事例。虽然作为法庭程序本质要素的诉讼指挥权有可能与议论不相适应，虽然当事人及其代理人的议论与其说是探求真理毋宁说是争夺利益，但是同时不能不承认即使在诉讼中当事人也被要求进行理性的议论，因为当事人所举出的论据必须是在理想的议论状态下有可能被对方或第三者承认的。按照阿列克西的定义，所谓合理的实践性议论的规则或形式正是那些区别适当的理由和不适当的理由、区别妥善的论据和不妥善的论据的标准。从制度化的角度来看，实践性议论的程序有四个阶段，即：（1）一般性实践议论的程序；（2）国家法律制定的程序；（3）法律议论的程序；（4）审判过程的程序，其中第（2）、（4）阶段在有法律规范保障其结果的确定性这一意义上是制度化了的，而第（1）、（3）阶段没有制度化。㊷

㊷ 关于阿列克西的四阶段程序模式，参见〔日〕田中成明：《关于法律思考的备忘录——R. 阿列克西与平井宜雄的理论发展》；〔日〕山下正男编：《法律思考的研究》，京都大学人文科学研究所1993年版，第557页以下。

现在我们再把阿列克西的两种正当化的分类以及程序规则与图尔敏的法律议论的基本结构结合起来看，如图 10 所示：

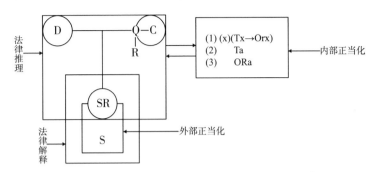

图 10　法律议论与正当化程序的关系

在这里，法律推理、法律解释、法律议论以及其中的正当化机制和程序性结构的安排等各种要素之间的相互关系十分清楚。笔者认为在关于法律议论的各种学说中，迄今为止数图尔敏和阿列克西的学说最接近现代司法的实际，其理论结构最精致，也最有益于我们深化对于决定的主客观性问题的思考。在考虑涉及法律解释的制度改革的方案时，他们的研究成果不妨作为一个合适的起点。

3. 哈贝马斯的对话性论证的学说

与阿列克西的程序性合理讨论的观点相比较，哈贝马斯所理解的外部正当化显然进一步摆脱了实证主义法律学的框架，既考虑程序合理性又考虑实质的合意以及非正式性问题，既考虑法律根据又考虑道德规范以及生活世界的正义问题。虽然他的主张内容以及所强调的重点有调整和变更，然而对话性论证的沟通行为的合理性这一概念始终是哈贝马斯法学理论中不可动摇的基石。

哈贝马斯认为，社会可以区分为系统和生活世界。系统是利用权力和货币这样的非语言性媒体组织起来的行为领域，其中占优势的因素是合理的形式、合理的目的以及具有实效的工具和方法。与此不同，生活世界是通过语言来统合的社会性行为领域，其中占优势的因素是涵义、沟通以及相互理解。在现代社会中，产业经济和行政机构的扩张导致生活世界被系统所支配，日常的沟通实践因此受到阻碍。

为了使生活世界能够防御系统的侵入，有必要重新认识和评价沟通行为的合理性。所谓"沟通的合理性"，是指在不受利益和强制干扰的完全自由的状况下，当事人们通过互相提出论据的方式达成合意的对话过程中所实现的合理性。它在本质上不同于形式合理性和目的合理性，而属于价值涵义的范畴。能够保障沟通的合理性的理想对话状态需要通过法律制度来实现。这种法律制度主要表现为通过调整对立而达到合意的程序。㊸

从法律解释和法律议论的角度来看，哈贝马斯的主张的特点是承认规范具有真理性，并把基于实践理性的相互主观的合意而不是主观判断与客观现实的对应关系作为检验真理的标准，即一切他者的潜在性同意就是某一法律判断的真理性条件。对这种真理合意论，有人或许要进行如下质问：如果把议论参加者在实际上获得的一致意见作为真理的标准，那么怎样才能把真理与集体的错误区分开呢？哈贝马斯的回答是，当人们要求对于更好的论据所具备的不需强制的强制力必须根据议论的形式上的性质加以说明的时候，这种区分就成为可能。换言之，不是一切的合意，而是只有经过了充分论证的合意才能被当作真理的标准。在追求更好的论据的过程中实现充分论证的合意是理性的合意，它通过论据的质量把自己与虚伪的合意或者集体的错误区分开来。而经过充分论证的合理的合意可以看作关于理想的对话状态的程序性规则的一种函数。有关的程序性规则可以表述如下㊹：

（1）具有语言能力和行为能力的一切主体都可以参加议论。

（2）A. 每个人都可以怀疑一切主张；B. 每个人都可以把一切主张提上议论的日程；C. 每个人都可以表明自己的立场、愿望和欲求。

（3）一切发言者在行使上述规则所赋予的权利时，都不得受到支配议论场所内部和外部的强制力的妨碍。

㊸ Cf. J. Habermas, *Legitimation Crisis* (trans. by Thomas MsCarthy, Boston：Beacon Press, 1975), and his "Actions, Speech Acts, Linguistically Mediated Interactions and Lifeworld", in G. Floistad （ed.）*Philosophical Problems Today* Vol. 1 （Boston：Beacon Press, 1994）；〔德〕哈贝马斯：《交往与社会进化》，张博树译，重庆出版社1989年版。

㊹ 有关的论述，参见〔德〕哈贝马斯：《道德意识与沟通行为》，〔日〕三岛宪一等译，岩波书店1991年版，第三章。参见前注㊳，〔德〕诺伊曼书，第4章第1节。

可以看出，哈贝马斯从合意的角度来理解规范的真理性，关键的理论支撑点有两个：一是理想的程序条件，二是严格的理由论证。不过，在哈贝马斯的学说中，由于法律议论的目标是合意或者社会妥当性，因此程序和论证并不具有法律实证主义那样的封闭性系统论的特征。在通过程序追求更好的论据的过程中，只有得到或者可能得到参加者一致同意的规范才是妥当的——这样一种论证命题显然带有道德原理的色彩，不同于形式合理性命题以及目的合理性命题。在 1983 年出版的《道德意识与沟通行为》一书中，哈贝马斯把自己的学说称为"论证伦理学"，其理由也正在这里。

哈贝马斯的论证伦理学所标榜的道德被定义为"普遍化原理"，即被承认具有普遍正确性的有效规范都必须满足这样的条件——为实现个人的利益的该规范因为得到普遍遵守而产生的结果，以及附随结果均能得到一切有关个人的承认。这种强调承认的普遍化原理，颇有几分"从群众中来、到群众中去"的意思，有所不同的是更强调自由论证。因此，哈贝马斯把这种道德的普遍化原理又称为"论证规则"。作为论证规则，道德的普遍化原理难免带有程序性特征。1987 年，哈贝马斯更明确宣言自己的正义理论就是"程序性正义论"，体现了道德和法的交错。他说，道德和法之间出现交错，"是因为在法治国家要分配论证的责任，使与道德论证相连贯的引据活动制度化，就必须采取法律上的方式方法……道德并不是变成法律的一部分，而是渗透到法律中去。不限于与法律分庭抗礼而是要在法律的内部安营扎寨的这种道德，当然具有纯粹程序的性质"。⑤

但是，哈贝马斯在承认通过论证达成合意过程的纯粹程序性的同时，仍然坚持要追求对于合意内容的理解——即使未被说服也需要具备的理解，全体一致的理解。其结果只有两种选择，要么采取传统的立法优越的立场，要么承认不同道德观念的妥协或者并存以及相应的契约关系⑯，因为法律体系实际上只有通过立法和契约才能对外部社会开放。如

---

⑤　关于哈贝马斯在 1983 年至 1987 年之间的思想重点的转移，参见〔日〕村上淳一：《德意志现代法的基层》，东京大学出版会 1990 年版，第 3 章。

⑯　〔日〕村上淳一：《后现代法的透视图》，东京大学出版会 1996 年版，第 84 页以下、第 107 页以下。

果哈贝马斯要坚持他反对法律决定论的立场，那就必须承认妥协。在这样的背景之下，到 1992 年出版法学专著《在事实与规范之间——关于法治和民主法治国的商谈理论》[47] 时，哈贝马斯在把道德与法律、政治重新加以区分的基础上，提出了多元化的法律议论模型。根据这种模型，合理的论证既包括在程序中进行的普遍主义道德的实践理性的议论，也包括关于自我理解和人生意义的存在主义道德的议论，还包括互相竞争的个别利害关系的调整、交涉以及妥协。

于是，对于哈贝马斯而言，剩下的最大问题就是在这样的多元的复杂性中怎样才能获得理性的统一性。为了解决该问题，他曾经把理性的统一性定义为在过程中获得偶然的理解和暂时的合意的一种原理上的可能性，就像提供一张没有标明终点站的长途汽车票。这显然对他的真理合意论和关于普遍主义道德原理的命题的重大修正。同时，该定义也给对话性论证的理论带来了新的麻烦，即合理的合意有可能在无限反复的过程中越来越陷入相对主义的泥潭而难以自拔。

4. 建构法学所指出的方向

在考虑如何避免哈贝马斯理论中出现的合意容易流于无限反复之类的弱点的问题时，值得重视的是德国的建构法学（Strukturierende Rechtslehre）提出的一系列主张。[48] 为了梳理有关的论述，让我们先回到本章所讨论的问题的原始状态。

由于社会流动性、复杂性的日益增强，严格按照条文规定来处理具体问题这一现代法的基本原则很难完全落实，法官们为了做出适当的判断和决定，不得不大胆地进行法律解释。其结果是，司法中的法律创制活动逐步活跃，至今已经到了司空见惯的地步。问题是：当法官们可以根据自己的主观能动性来形成规范时，怎样才能防止恣意呢？司法性立法的正当性根据究竟何在？

㊼ 该书德文原著在 1992 年出版，四年之后英译本出版。See J. Habermas, Between Facts and Norms: *Contributions to a Discourse Theory of Law and Democracy*(trans. by William Rehg, Cambridge: The MIT Press, 1996).

㊽ 该学派的主要旗手是缪勒（Friedrich Müller）。他的主要著作包括《法、语言、强权》和《法律学方法》。关于建构法学的基本观点，参见缪勒编的论文集《法语言学研究》。

对于这个基本问题的各种解答，似乎都在朝着两个主要方向收敛。一个方向是注重文本与作者以及读者之间的客观与主观的互动关系，另一个方向是注重作者与读者以及读者之间的主观与主观的互动关系。前者的方法是解释，后者的方法是议论。前者的代表可以举出德沃金，后者的集大成者则是哈贝马斯。德沃金把解释的整合性推到极致，认为即使规范文本不明确或有缺陷，其背后还是存在一个完美无缺的法律秩序，一切司法决定、权利义务均以此为源泉。这种见解其实与法律决定论只有一纸之隔。相反，哈贝马斯把议论的自由度推到极致，强调规范的真理性取决于合意，有关当事人全体接受的司法决定才是正当的。为了达到一致同意，论证需要无限反复。只是在这一无限的过程中，真理既可能越辩越明，也可能被反反复复相对化。

可以说，建构法学的着眼点正好在德沃金与哈贝马斯之间。根据村上淳一教授的介绍和分析，笔者把建构法学的主要论点归纳如下[49]：

（1）根据文本制作规范

建构法学把法律称作"规范文本"，把实际上的"法律规范"理解为法官从文本出发又并不拘泥于文本的能动性创造的成果，认为法律实证主义的主要错误是混淆了立法者所提供的"规范文本"与司法者完成其制作工序的"法律规范"之间的关系。对于建构法学而言，文本只是一种记号或者语言资料，法律家们有必要通过语法解释、体系解释、历史解释、目的论解释等方法对这些记号或者语言资料进行加工和塑造，从而编排出"规范程序"（规范的基本观念）以及划分出相应的经验性"规范领域"。只有在确定规范程序和规范领域的基础上才能制作法律规范，进而把具体案件的事实关系包摄到规范之中。上述活动当然也属于沟通行为的范畴。然而，一般的沟通行为只要服从语言规则并且不把语言规则本身作为沟通的主题就可以顺利进行，但法律领域的沟通行为却不同。在司法案件里，当事人争执的主题往往涉及法言法语、契约条款的语言涵义，而法官的使命正是要宣示语言规则，不可能囿于既存的语言规则体系的单纯认知。

---

[49]　参见前注[46]，第 7 页以下。

（2）规范结构与论据序列

按照建构法学的观点，法官创制法律规范的活动不能率性而为，其界限、其正当性的根据都必须到法治国家的原理当中去寻求。在形成法律规范的过程中，法官必须尊重从规范结构中抽取出来的各种各样的造型因素或者论据的序列，按照它们与规范文本的距离来决定其效力等级，使最接近规范文本的论据具有最优越的地位。所谓规范结构，就是与法治国家原理相对应的一种上下有序的纵向关系。在这个结构中，与现行规范文本直接相联系的因素比与旧的规范文本相联系的历史因素优越，历史因素比经验性规范领域的论据优越，而规范领域的论据比非规范性学说的因素优越。在这里，建构法学其实包含着一种内在的矛盾心理：一方面要把法官从规范文本中解放出来，另一方面又要能把法官随时收回到规范文本的魔瓶之中。至于到底能不能通过论据序列的概念让有权创制规范的法官们"从心所欲不逾矩"，还有待实验和推敲。

（3）法律论证的整合性

建构法学一方面批判法律实证主义，另一方面又强调法治国家原理的制约，在这一点上与德沃金关于法律、先例以及原理的论据序列的整合性主张非常相似。但是，建构法学不认为在法律规范的背后存在着一个先验的完美无缺的规范文本，也不认为一切权利义务都是按照规范文本的既定方针来决定的，因此，在承认法官创制规范的主观能动性方面，建构法学比德沃金理论更坚决。但是，建构法学更不像哈贝马斯那样把法律规范的真理性完全寄托在相互主观的合意上。所谓规范结构与论据序列的预设，其实还是要求法官在创制规范的过程中必须始终致力于论证适用规范文本的根据以及这种论证本身的整合性。

总而言之，迄今为止的法学理论的发展趋势表明：在复杂化的现代社会中，法律解释必须在程序、议论、合意（既可以表现为权利共识，也可以表现为关系均衡）等"函三为一"的多元结构中来把握。用法治国家原理以及程序性条件来限制法官的专断，用议论以及对话性论证来实现理想意义上的合意，通过各种论据之间的整合性和序列性来协调主观和客观的关系并限制合意的无限反复，这的确是一种巧妙的弹性结构的设计。

三、怎样解释中国的法律解释？

1. 四个话语位相和两种解释方式

在我国的传统制度中，关于法律解释的技术和学说一直得不到重视和充分的发展。从云梦秦简记载的《法律问答》、汉代的"引经解律"和私家"章句"、魏晋的"集解"一直到唐律的"疏议"、宋代的"书判"、明律的"笺释"以及清代的律例辑注，我们都可以看到，律令诠释的基本原则是"审名分，忍小理"⑤。不言而喻，这种抓大放小的做法完全是立足于政策性思考，与德沃金在其"权利命题"中所提出的在法律和先例之外进行的原理的而又非政策性的议论有着根本的不同。所谓"审名分，忍小理"，在具体的审判过程中则体现为法官"量事之大小，推情之轻重"的自由裁量权，可见在帝制中国的历史中，关于法律解释的主流学说的出发点基本上不是法律决定论而是主观主义，或者更准确地说，是通过轻重区分的制度设计把机械的法律适用与随机应变的权衡结合在一起的统筹处理。正因为司法的前提条件是对主观性的承认，所以严格的解释技术难以发达。而对于"操两可之说，设无穷之辞"式的法律相对论的戒备又进一步导致了不容解释的偏向。

为什么在传统中国，一谈到法律解释就容易出现"无穷之辞"的担忧？为什么在解决纠纷时必须让当事人"以吏为师"，让官吏"以法为教"？为什么司法判断要以"审名分，忍小理"为原则，并以取得当事人、关系人的理解和承认为目标？造成这些现象的，除了意识形态是否还存在别的制度上的社会上的原因？显然，对这些问题的解答不仅有益于解读中国的法律历史，而且有助于认识当代的法律现实。在探讨具体内容之前，笔者认为首先有必要分别从四个不同的位相来整理法院中的

---

⑤　西晋时期的著名学者杜预在《奏上律令注解》中把这一原则阐述得十分精辟："法者，盖是绳墨之断例，非穷理尽性之书也，故文约而例直，听省而禁简。例直易见，禁简难犯；易见则人知所避，难犯则几乎刑厝。刑之本在于简直，故必审名分，审名分者必忍小理……今所注皆网罗法意，格之以名分，使用之者执名例趣舍，伸绳墨之直、去析薪之理也。"（《晋书·本传》）

语言交流行为的基本形式和特征。

传统的沟通方式的第一位相是“不可言说”。众所周知，中国社会以特殊指向的关系主义为基本特征，在人与人之间的行为规范中非正式的“情境伦理”占有非常重要的位置。这种非正式的特殊主义的关系性秩序通过正式的制度表现出来就是礼制，因而西汉进行的“以礼入法”之改革(51)，从本质上说是把关系性秩序组合到法律性秩序之中了。从此，普遍的法律适用必须不断留意特殊的关系处理这一事实就具有了制度上的意义。从维特根斯坦哲学中的独我论可以体会到，由于内在的特殊性，在关系结构中、在涉及个别关系的事实中有些内容是可以言说的，而有些内容则是只能参悟而不可言说的。对于不可言说的部分的正义性的判断，很难按照外部的绝对标准来进行。承认有些事情是不可言说的，就等于承认在审判过程中法官不可能掌握案件的全部情节或者信息，也就不得不承认司法判断的局限性，不得不在相当程度上强调身处特殊情境中的当事人独自的感受、理解、承认以及心理满足。

存在于独特的内在关系之中的事实许多是不可言说的，但是，如果法律试图进入这一关系结构，而当事人想竭力找出个有利的“说法”并进行有理有据的辩白，这时就会转到另一个位相，即所谓“无穷之辞”。社会是关系主义的社会，法律是斟酌情理的法律，这样的文化背景使个人虽然不得不“匍匐公庭”却仍然具有某种不从属于国家结构的自然的主体性。国家固然不妨宣示它的应然规范或者强制命令，但是在以“情法兼到”为理想的氛围中，主体却必然进一步追问“我为什么必须这么做”。“是法律就必须无条件服从之”这样的法治原则在中国非常难以通行。于是国家不得不强化说服工作，而关于规范本身的说理就像庄子与惠子的对话，很容易流于推论和前提以及贯穿其中的逻辑规则的永无止境的追加过程。(52) 鉴于这种情形，统治者对于职业法律家以及解释技术可能造成“令无穷，应之之辞亦无穷”的事态忧心

(51) 瞿同祖：《中国法律与中国社会》，中华书局1981年版，第303页以下。

(52) 据《庄子·秋水》的记载，有这样一段对话，庄子曰：“鲦鱼出游从容是鱼乐也。”惠子曰：“子非鱼，安知鱼之乐？”庄子曰：“子非我，安知我不知鱼之乐？”按照这样的语言游戏规则，我们还可以代惠子追问下去：“子非我，安知我之不知子之不知鱼之乐？”如此对话，可以无限反复。

忡忡也是可以理解的。为了避免"无穷之辞"，只有强调儒家"以和为贵"的人生哲学，或者反过来"以法为教""以吏为师"（《韩非子·五蠹》）。

为了终止当事人之间围绕规范正当性而进行的无止境的语言游戏，需要导入并利用第三者的决断力。这就是中国传统法律话语的第三位相"以吏为师"，即通过官吏的职权来保障法令的统一和实效，对强制与道德以及文化秩序加以有机整合。其实，当今中国的法律实务也还是没有摆脱"以吏为师"的思维方式的影响。例如，律师们在处理商事业务时碰到比较复杂的问题，往往首先询问有关主管机构的政策和具体判断；与判例、学说等相比，行政解释明显被赋予较大的优越性。在这里，解释变质为权威机关或者职能部门针对具体问题进行指示或者做出细则化的规定。

怎样防止第三者的决断力失去控制，怎样对依据职权进行的判断进行正当化，这是在承认司法主观性之后必须解决的制度性问题。中国的设计是通过相互主观的反复监查达到全体的一致同意，以此保证审判以及其他法律决定的妥当性。这种"以和为贵""并无异说"的思路与哈贝马斯的真理合意说颇有一些相似的地方。我们把这种以一致同意为目标的沟通机制称为第四位相。在司法过程中能否真正实现"并无异说"，对此恐怕还是难免有异说的。但是，一旦把全体一致的同意作为理想来追求到底，其结果必然要导致某种特殊形态的当事人主义，即固执己见、不肯同意的那一方当事人在相当程度上会决定案件处理的方式和结果。此外，如果"并无异说"被当作僵硬的形式指标加以规定并付诸实行，那就很容易出现职权主义的或者集体主义的价值同化的压力。

以上所叙述的"不可言说""无穷之辞""以吏为师""并无异说"这四个话语位相互相联系、互相补充，构成一个相反相成的整体结构。这种结构化的历史，决定了中国式的法律解释有两种基本方式。一种方式是法官事无巨细、有问必答，并且所有解答都是规范，此外不容许再有其他的解释。最典型的实例是秦国在商鞅变法之后集中立法权并设置官吏统一解释法律的举措。这种方式的解释内容可以从云梦秦简的《法律答问》窥知大概，包括对于某些语句、概念或条文的"说文解字"和具体定义以及在规定不完全或有阙失的情形下解决问题的准则。㊾ 在最高人民法院以行使司法解释权的方式发布的规范性意见中，还可以看到《法律答问》的影子。

另一种解释方式是法官在宣示法律文本和审判规范的同时，还在一定范围内保持沉默，让当事人在法律框架的内外自由寻找更好的处理案件的办法作为审判的实际规范。这种方式可以从南宋的《名公书判清明集》中找到十分翔实的记录。例如，刘克庄的判文"女家已回定帖而翻悔"中有这样一连串的对话：

"［初判］……在法：许嫁女，已投婚书及有私约而辄悔者，杖六十，更许他人者，杖一百，已成者徒一年，女追归前夫。定亲帖子虽非婚书，岂非私约乎？律文又云：虽无许婚之书，但受聘财亦是。注云：聘财无多少之限。然则受缣一疋，岂非聘财乎？况定帖之内，开载奁匣数目，明言谢氏女子与刘教授宅宣教议亲，详悉明白，又非其他草帖之比。官司未欲以文法相绳，仰谢迪父子更自推详法意，从长较议，不可待官司以柱后惠文从事，悔之无及。两争人并押下评议，来日呈。"

"再判：……既回定帖，却行翻悔，合与不合成婚，由法不由知县，更自推详元判，从长较议元承，并劝刘颖母子，既已兴讼，纵使成婚，有何面目相见，只宜两下对定而已。今晚更无定论，不免追人寄收。"

"再判：和对之事，岂无乡曲亲戚可以调护，……"

"再判：定帖分明，条法分明，更不从长评议，又不责出缣帖，必要讯荆下狱而后已，何也？再今晚。"

"再判：公事到官，有理与法，形势何预焉？……"

"再判：……仰更详法制，两下从长对定，申。"

"再判：照放，各给事由。"㊿

㊾ 参见睡虎地秦墓竹简整理小组编：《睡虎地秦墓竹简》，文物出版社 1978 年版，尤其是第 159 页（非推理性的解释例）、第 167 页（追加罚则以及量刑幅度标准的解释）、第 214 页（补充条文内容的解释）等。

㊿ 中国社会科学院历史研究所宋辽金元史研究室点校：《名公书判清明集》，中华书局 1987 年版，第 346—348 页。

在上述反复进行的语言行为中，对于具体案件应该适用的妥当的规范，法官不予宣示，而让当事人在交涉中去猜测和寻找。在这里，法官就像是希腊神话中那个总是让行人回答关于他自己的谜语的女面狮身怪物斯芬克斯：如果当事人提交不出正解，那么无情的惩罚就要临头；而一旦给当事人说中了，法官就会马上放弃判定，从有决断力的职权者一下转变成当事人之间的媒介，而法律也就随之从永恒的制度化解为暂行的合意。在这里，我们也可以发现法律在沟通过程的一瞬间所展示的选择空间。

只举出两种方式当然不是想表明中国传统的法律解释或者法律议论就没有其他形态了，其实，比较、类推、判例分析等许多解释学上的方法和技巧都曾在司法实践中得到不同程度的应用。⑤ 笔者要强调的只是中国在处理司法主观性问题上的基本思路和方法论上的原型，要剖析的是中国式法律解释的深层结构和本质性特征，所以具体的手段可以暂且存而不论。

在两种作为原型的语境之中，如果我们把前一种语言行为方式称为解释的职权主义，那么对后一种方式不妨在一定限度内称之为解释的当事人主义。司法官吏的职权主义解释不同于学识法律家的职业主义解释，它没有发展出法律推理的演绎结构，也没有走向真正的交换计算，而只是对成文法典不断地进行承揽加工或者批发零售。而当事人主义解释意味着可以通过语言交流来对法律规范和个人意志进行某种程度的组合，这也可以说是当局和当事人、关系人联手对法律条文进行操作和修正的一种共犯活动。妙就妙在中国传统的解释把这两种对立的方式结合在一起，使决定论的思考和概率论的思考得以同时进行。

2. 法律议论中的选择与修辞

仔细分析前面引用的刘克庄判文，我们可以归纳出当时法庭中的沟通活动具有如下所列的一些要素：

---

⑤ 关于这一点，不妨参见何敏：《清代私家释律及其方法》，载《法学研究》1992 年第 2 期，第 63 页以下；吴建潘：《清代律学及其终结》，载《法律史研究》编委会编：《中国法律史国际学术讨论会论文集》，陕西人民出版社 1990 年版，第 375 页以下。

第一，法官虽然可以行使审判指挥权，但是在决定过程中并没有固执两分法的对立图式来独断孤行，而是把法律文本和可能的判决作为参照系，促进当事人之间的交涉和谈判。在某种意义上，甚至可以认为法官也作为中间人或者一方当事人参加到交涉和谈判之中。因此，对于涉及社会日常生活的民事案件和轻微刑事案件的处理，中国实行的既不是当事人对抗主义，也不是严格意义上的职权主义，而是某种"三当事人主义"⑯。不过，就尊重传统和先例、容许不同主体参加某一案件的处理、在决定内容上尽量争取全体一致的同意等方面的特征而言，中国的传统司法方式倒很像英国从益格鲁-撒克逊时期到中世纪一直存在的民会式审判，笔者认为其实质或许应该用"会议主义"概括之。由于本章的篇幅和宗旨所限，关于会议主义审判方式只能点到为止，具体的讨论且留待今后。⑰

第二，法官在处理案件时必须"情法兼到"，一方面要执行法律规范，另一方面要因地制宜并充分考虑当事人的意志，这样扮演两重角色很难免在心理上在行动上出现矛盾。例如主观说与客观说相并列（"官司未欲以文法相绳""由法不由知县"），又如交涉、调解与说服的混合（"知县非和对公事之人""仰更详法意，从长较议""只宜两下对定而已""和对之事，岂无乡曲亲戚可以调护"），都是矛盾的表现。当然，这种不整合性与中国的法律思考特点也有关系，实用主义、实践理性受到重视，但缺乏充分的推理论证以及体系化的作业。

第三，无论是法律文本（条文）还是法律规范（可以预见的司法判断），都仅仅是交涉的出发点和参照物，而不是交涉的必然归宿。对于中国法官来说，最重要的不是把具体的事实关系纳入既存的法律关系中去的包摄技术，而是以制度的基本框架为前提协调和形成具体的事实关系，在既存法律的容许范围之内通过试行错误的过程来发现新的规范生长点。可以说，人际关系网络及其抽象形态的关系主义也在司法中、在普遍的法律和特殊的个人意志之间发挥着某种媒介

---

⑯　中国审判制度的"三当事人主义"的观点是由日本著名比较法学家野田良之提出的。参见〔日〕野田良之：《关于观念的起源的一点管见》，载我妻荣先生追悼论文集《私法学的新发展》，有斐阁1975年版。

⑰　参见季卫东：《超近代的法——中国法律秩序的深层结构》，密涅瓦书房1998年版，第四章。

作用。当关系主义的话语在法律和审判的领域中长驱直入时，固定的规范和独立的意志都被纷纷解体，进而被组合成一种解决问题的协定。

第四，法庭的议论以当事人双方的辩驳和讨价还价为主，同时也包括法官的法律教育和说服活动，还容许同一共同体中的关系人的参与。显然，地域社会的舆论对于法庭内部的沟通是有影响的。在议论过程中，本案件的解决无疑是关心的焦点，但是今后的长期影响也受到高度重视。所谓"从长评议"，其目标是寻找更妥当的解决方法，其视野则涉及"既已兴讼"的事实及其对未来的关系结构的影响。另外，在中国的议论之中，除了法规、事实以及利害关系，情理也构成重要的论据。

第五，法律议论是在反复之中达成合情合理又合法的合意的沟通过程。为了保证法律决定的合意性，即使对于"已判"的内容也可以事后交涉、重新考虑，只要发现了新的论据或者更好的解决方案，过去的司法判断就可以随时纠正。在围绕具有可变性的各种解释和判断进行争论、交涉、修改以及纠正的语言交流活动中，我们也可以看到法律的瞬间性变化以及那一刹那所展示的选择空间。

为了把这种稍纵即逝的选择空间用可视的形式描绘出来，笔者要先说明一下中国传统的法律思考结构，然后把它转换成可以通过符号表示的图像。刘克庄判文中所说的"两下对定"，指的是当事人双方的交涉和自我决定，最简单的选择是"合与不合成婚"。如果两个人只能作或"是"或"非"的两者择一的决定，那么选择的可能性只有两种，是非分明。但是，如果"一人一是非"的两个人可以妥协折中，那么把是是非非组合搭配一下，判决的选择对象变成四种不同的形式，即：①是，是；②是，非；③非，是；④非，非。我们知道，中国人不喜欢全有全无的零和游戏，而倾向于或多或少的利益调整以及双赢游戏，因此，个人的选择内容还可以多样化，通过当事人双方的沟通把这四种判决的可能性进行微调组合。其结果，双方的共同选择的可能性组件（module）就是十六种（$4^2 = 16$）。我们还知道，中国的审判具有"三当事人主义"的结构。用同样的方法来考察在当事人为三方的情形之下进行集体选择的可能性，可以得到六十四种不同的司法判断的组件（$4^3 =$

64）。现在分别用○和●来表示"是"和"非"，那么中国审判过程的选择空间可以图示如下：

图 11　中国传统审判过程中的选择空间

明眼人一看就知道，这里的选择空间图其实是易学中的"伏羲六十四卦方位图"的翻版。⑱ 的确，在把握中国传统的法律思考的本质方面，笔者认为《周易》的哲学观具有关键性的意义。古代立法者所向往的那种"自始至终、往而不穷、变动无常、周流四极、不离于法律之中也"的社会秩序，那种法律的"变通之体"⑲，都反映出《周易》的精神。如果说法律解释是变色龙，在中国，其变化的机制就是这种"周还中规，折还中矩"的选择空间中的结构转换——好比玩魔方，好比下围棋，好比看万花筒，基本的组成要素非常简单，构造性形式非常有限，游戏规则也并不复杂，然而通过或多或少的调整和可上可下的组合，关系性形式的表现形态或者记号涵义可以千变万化乃至无穷。

　　按照结构转换的动态思考方式进行法律解释，语言规则和修辞技巧都呈现出独特的属性。例如，把互相对立冲突的两种现象或者概念并列在一起，甚至把它们组合成统一的用语，这样一种符合对称律的修辞方法的应用例，在中国的法律话语里俯拾皆是。安定的"经"与变通的"权"、"治人"与"治法"、"德主刑辅"、制裁的"轻重"、统治的"宽严"、关系的"亲疏"、"教"与"罚"、"预防"与"惩戒"、"治本"与"治标"，如此等等，不胜枚举。这种语言构成，可以用怀疑主义修辞的普遍化这一公式来概括。跳出汉字结构和语法上的原因来考虑该表达方式的存在理由，应该重视修辞与思想以及整个价值涵义体系的关系。怀疑主义的语言构成，其实也反映了在缺乏外在超越的教义和作为绝对根据的个人权利的概念的条件下，法律决定具有中庸的性质，法律关系因

---

⑱　在这里，还可以对传统"伏羲六十四卦方位图"进行形式上的转换与现代化重构：以"1"与"0"替代"○"与"●"，分别代表判断中的"是"与"非"、"对"与"错"，形成"二进位六十四卦方阵图"。

111111	111110	111101	111100	111011	111010	111001	111000
110111	110110	110101	110100	110011	110010	110001	110000
101111	101110	101101	101100	101011	101010	101001	101000
100111	100110	100101	100100	100011	100010	100001	100000
011111	011110	011101	011100	011011	011010	011001	011000
010111	010110	010101	010100	010011	010010	010001	010000
001111	001110	001101	001100	001011	001010	001001	001000
000111	000110	000101	000100	000011	000010	000001	000000

⑲　张斐：《注律表》。

而处于变易不居的状态的现实。另一方面，既然司法主观性的问题在劫难逃，那么防止法官独断就成为题中应有之义，从这个角度来看，怀疑主义的语言规则或许有利于法律加强反思性和利益衡量的调整，有利于在主观与主观的碰撞之中形成客观化的压力。但是，对句性的语言行为却还包含着这样一种危险，即在给议论参加者以某种程度的公平感和心理宁静的同时，可能导致判断的停止，或者说导致法律在相对化的语言游戏的反复当中自毁长城。

在中国式的法律议论中比较引人瞩目的另一特性是广泛采用日常会话的方式和故事性的语言，"引经注律""春秋折狱"的惯例以及法官资格考试侧重文章的科举制度不仅强化了这种倾向，而且使之具有充分的正当性根据。大量的历史资料表明：在法律议论的过程中，特别是在需要通过解释创制规范的场合，常识、比喻、类推、拟制往往会发挥十分重要的作用。与严格要求形式逻辑一贯性的法律推论不同，采取故事性语言所进行的法律议论建立在实践理性和直觉的基础之上，并通过联想、感情等的涵义交换来沟通不同的主观世界。作为法律解释的一种手段的故事性修辞技术有可能发挥的作用是：通过领悟和精神共鸣来强化法的正统性，使更多的人在对规范内容和案件处理结果具有不一致的理解的同时赞成某一法律命题，容许每个人叙说自己的故事并在这一过程中逐步实现理性的对话，等等。

在中国古代，强调"引经注律"显然有强调规范性原理、限制政策性判断的意思。《尹文子》一书以"综核名实"为司法精髓，强调进行黑白分明的判断，但同时又主张变通，"道不足以治则用法，法不足以治则用术，术不足以治则用权，权不足以治则用势；势用则反权，权用则反术，术用则反法，法用则反道，道用则无为而自治"，颇有规范结构的各个组成部分环环相扣、衔接自如、动态均衡的思想境界。阅读《法律答问》和《春秋繁露》，也不免要联想起德沃金的"连锁小说"的比喻。有人甚至指出过，儒家法学与德沃金的法律整体均衡论非常近似。[60] 但是不能不承认，尽管有某些相似之处，但我国的传统法学以及法律解释在本质上还是与德沃金的思路南辕北辙。例如，在德沃金的均衡论中举足

---

⑥　参见〔美〕皮文睿：《儒家法学：超越自然法》，载高道蕴等编：《美国学者论中国法律传统》，中国政法大学出版社 1994 年版，第 118 页以下。

轻重的"权利命题"和整合性要求，在我国的法学本土资源中却无影无踪。显而易见，没有一套与"权利命题"相对应的语法规则，法律就很容易从永久性的制度变质成为暂时性的协议；缺乏充分的整合性要求，法律解释就会在"无穷之辞"和"以吏为师"之间摇摆不定，即便以职权强行确定，也难免会继续出现反复。

3. 当代法律解释的特色

不言而喻，在导入近代西欧式规章制度和学术体系之后，我国解释法律的方式方法发生了根本性变化。只要翻开当代任何一本实用法学的著作，都能够找到学说汇纂式解释体系、包摄技术或者"黄金规则"的或多或少的影响。但是，与此同时，传统的痕迹也还是斑斑点点随处可见，前面所说的两种基本的解释方式至今仍在司法实践占有重要的位置。

笔者已经指出过：最高人民法院以发布规范性意见的方式解释法律，其内容基本上是对法律规定的细则化甚至创新，其形式大多采取与法律本文相同的篇章节条款项的构成，其结果使司法与立法在职权主义的基础上合二为一，这种做法显然与《法律答问》之间存在着承继关系。相类似的实例也可以在法律解释的权限分配以及行政解释的优越性中看到。比如，根据1990年10月1日起施行的《行政诉讼法》（已失效）第53条第1款，人民法院审理行政案件，除依据法律、行政法规和地方性法规之外，还应参照国务院部、委发布的规章以及省会或较大城市发布的规章；该条第2款明确规定："人民法院认为地方人民政府制定、发布的规章与国务院部、委制定、发布的规章不一致的，以及国务院部、委制定、发布的规章之间不一致的，由最高人民法院送请国务院作出解释或者裁决。"这一条文意味着当行政性规范之间存在矛盾或冲突时，法院无权通过解释来整合之；也就是说行政性规范的解释权属于最高国家行政机关，法院对此不得行使司法审查权，职业法律家必须"以吏为师"；也就是说国务院的行政解释优越于司法解释。在这样的体制下，只有立法解释可以对行政解释进行监督和纠正。但是，实际上立法解释并不多见，而且它与补充性立法的界限也很不清楚。[61]

---

61 参见前注⑥，蔡定剑、刘星红文，第41页。

另外，斯芬克斯式的解释方法则因为"两手准备"的民事司法这一制度设计得以延续。我们知道，西欧现代法以"全有全无"的二分法图式为前提，并严格按照"合法"与"不法"的二项对立的编码来区分各种意志和各种行为；但是，在中国的法律传统中，除了"合法"与"不法"的区分之外，在这两者之间还插入了区分"重案"与"轻案"的范畴。由于重案重办、轻案轻办、从重处理、从轻处理等政策性调整，"合法"与"不法"的界限也就或多或少被相对化了。在现代中国，区分"重案"与"轻案"的思路表现为人民调解委员会与人民法院在解决纠纷方面的分工，表现为处理重大案件和疑难案件的审判委员会的组织设置⑫，还表现为等级管辖的法律规定。⑬ 在区别"重案"与"轻案"的条件下，司法可以做出严格适用法律和灵活适用法律这样的"两手准备"。在严格适用的场合，审判主体的裁量几乎被彻底否定，法律解释趋近于绝对客观性；而在灵活适用的场合，法官的感觉和创新以及当事人的合意得到尊重乃至强调，司法判断和决定在互动关系中形成并具有概率性。这种"两手准备"的制度设计可以图示如下：

	正式的程序	非正式的程序
正式的主体	I 法官判定	II 法官调解
非正式的主体	IV 亲友说服	III 人民调解

图 12　中国民事司法制度的"两手准备"设计

---

⑫　笔者认为，审判委员会在相当程度上可以理解为传统的必要复审制的功能等价项。关于必要复审制的概念以及史实，参见〔日〕滋贺秀三：《清代中国的法与审判》，创文社1984年版，第23页以下。

⑬　例如，1991年公布的《民事诉讼法》（已失效）第19条规定："中级人民法院管辖下列第一审民事案件：（一）重大涉外案件；（二）在本辖区有重大影响的案件；（三）最高人民法院确定由中级人民法院管辖的案件。"基于同样的逻辑，该法第20条规定："高级人民法院管辖在本辖区有重大影响的第一审民事案件。"该法第21条规定："最高人民法院管辖下列第一审民事案件：（一）在全国有重大影响的案件；（二）认为应当由本院审理的案件。"在这里，判断有无重大影响的程序和根据并不清楚这一问题姑且不论，令人感兴趣的是司法实践中根据案件性质的轻重分别加以处理的基本行为模式。

需要指出，虽然第Ⅲ象限中的人民调解委员会具有非常明显的正式化的倾向，但是与其他解决纠纷的制度相比，不妨说其主体和程序的性质都还是非正式的。另外，第Ⅱ象限中的法官调解，既包括与法庭辩论相衔接的判决前调解［《民事诉讼法》（1991 年公布）第 128 条］以及第二审调解［《民事诉讼法》（1991 年公布）第 155 条］等在一定程度上组合到正式的审判程序之中了的方式，也包括那些更具有非正式性的"庭前调解""庭后调解""面对面调解""背靠背调解"[64] 以及随时随地进行的法律教育，不过，即使被组合到正式的审判程序之中的那一部分调解，其自身的程序还是具有非正式的特征。至于把第Ⅳ象限中的亲友说服和参与调解定义为非正式的主体进入正式的程序，其法律根据是《民事诉讼法》（1991 年公布）第 15 条（支持起诉条款）、第 87 条（邀请有关人士条款）、第 121 条（就地办案条款），其事实根据是有关个人或者单位的说服活动完全从属于正式的审判程序而不具有人民调解或者法官调解那样的独立性。

在"两手准备"的民事司法结构中，有法官解纷与非法官解纷，有判定加说服与不同主体所进行的调解，有法官的判定与法官的调解，有非制度化的亲友说服与制度化的人民调解，总之，无论从哪个角度来看，法律的实施都有正式的处理和非正式的处理这样两套机制、两道防线，法律的解释也无法局限于职业法律家的推理。尤其是在上图所示的第Ⅱ象限和第Ⅳ象限中，自由议论的话语空间更大，围绕法律规范和个别意志的不同组合方式而进行的相互作用也更活泼，因而概率性决定的比值也更高。一般来说，经过第Ⅲ象限的人民调解这一过滤装置之后送进法院的诉讼案件，按照对轻案和重案进行不同处理的原则分别配置到第Ⅰ、第Ⅱ、第Ⅳ象限中去。普通的案件多半在第Ⅱ象限和第Ⅳ象限之间反复来往，并在此过程中渐次解决或者消化，只有剩下来的案件才在第Ⅰ象限接受"最终审判"。根据 1986 年至 1996 年期间的司法统计资料（见《中国法律年鉴》1987 年至 1997 年期间各卷的统计表），虽然提诉到法院的一审民事案件的受理件数不断增加，但是平均仍有三分之二的案件是以调解的方式结案的，判决结案的件数近年来只有剩下的三分之

---

[64] 关于这些不同的调解做法，详见 1997 年 4 月中旬召开的全国法院民事、经济审判方式改革试点工作座谈会上发布的调查报告和总结资料。

一的案件中的四分之三（整体的四分之一弱）。

可以说，这种流动的状态和选择的机制就构成探索解释法律、解决问题的更好的方案的正义巡礼圈。法官不直接宣示具体的审判规范，而是让当事人去"上下而求索"。在寻找合乎正义的法律决定的巡礼过程中，当事人可望逐步吐尽故事和意思之丝，蜕化成规规矩矩的"法律之蛹"。如果当事人自己妥善地解决了问题，法官和法律就"溶解"在当事人的协议之中仅仅作为媒体（非实体）而存在。但是，如果当事人之间不能达成共识，那就必须即时判决并强制执行之。显然，这样的法律话语空间与刘克庄在《名公书判清明集》中所记述的并无本质的不同。

现在让我们再来看看司法解释权是如何行使的。与立法解释和行政解释的主体规定得较广泛的情形不同，我国的司法解释在制度上高度集权，只有最高人民法院和最高人民检察院可以行使司法解释权。最高人民检察院有权在所管辖的业务范围内进行解释，最高人民法院的刑事司法解释中也有相当大的部分是与检察院联署的，这是现行司法解释体制的一个突出的特点。在此我们只讨论最高人民法院的司法解释。值得注意的是司法解释不限于书面形式，更大量的内容则作为口头答复而存在。一位了解实际运作的法官告诉我们："所有书面司法解释，均经过最高人民法院审判委员会讨论通过，并以文件、规定、意见、通知或者批复等形式印发全国法院和有关部门；口头司法解释，绝大部分也经最高人民法院审判委员会讨论通过，不同的只是以口头答复形式通知有关高级人民法院遵照执行。这部分司法解释中，经过一段审判实践，对其中比较成熟的作进一步修改后，也作为书面司法解释正式印发全国法院遵照执行。"⑥ 从这段叙述就可以看出，口头答复的特点是不定形式，从而有利于"议事以制"和从善如流。在容许下级法院通过试行发现更好的解释这一点上，可以说探测性的口头答复也是一种变相的斯芬克斯式解释。

与德沃金坚持从原理出发解释法律而反对政策性解释的主张适成对照，我国的司法解释受制于政治制度以及社会环境，实际上在很长时期

---

⑥ 张军：《最高审判机关刑事司法解释工作回顾与思考（1980—1990）》，载《法学研究》1991年第3期，第46页。

内一直只不过是一种政策解释。[66]虽然随着立法的发展近年来以成文法为对象的解释学方面的积累已经蔚为大观，但是，不仅政策对于司法解释的影响依然存在，而且在审判中创制法律规范的司法判断本身也非常接近政策性行为。例如，1997 年 3 月 6 日发布的《最高人民法院关于当前人民法院审理企业破产案件应当注意的几个问题的通知》（法发〔1997〕2 号，已失效），按照国务院 1994 年第 59 号文件和 1997 年第 10 号文件以及有关的行政规章（例如国家经济贸易委员会和中国人民银行 1996 年第 492 号联合通知）的内容对《企业破产法（试行）》进行了解释性修改，其中第 9 条把转让土地使用权的所得首先用于安置破产企业的职工的政策确定为审判规范，实际上是承认了担保物权的相对化。在中国的现实条件下，出于社会公正和社会安定的考虑使抵押权劣后于劳动债权的做法是可以理解的，但是，当法院以司法解释的方式进行政策性判断时，问题就变得非常复杂。鉴于目前各家专业银行的贷款中设有抵押权的贷款比率为 30% 左右的事实，抵押权的劣后会造成大量的"呆账"，提高贷款的风险性，导致信用关系的紊乱，因此仅仅以社会公益为由来说明抵押法理相对化的必要性是不充分的。另外，得到广泛承认的抵押权的劣后还势必侵害破产案件中的债权人利益，并引起民法、担保法、破产法等相关法律的部分条文的失效。[67]前引《最高人民法院关于当前人民法院审理企业破产案件应当注意的几个问题的通知》第 9 条也试图对劳动债权的优先性加以限制，特意强调了职工安置费用应当严格按照规定来确定，不得随意提高标准和扩大范围，但这还是政策性的调整。显然，法理整合性问题在此不是司法解释的重点。

　　由于以政策性解释为主，最高人民法院在行使司法解释权时往往还采取与没有司法解释权的行政部门联署的方式。其结果是造成了司法解释权的扩散和法律解释主体的进一步多元化。而且，在司法解释的书面文件中，就个别性问题做出的答复、批示远远多于就普遍性问题做出的

---

　　[66]　周道鸾：《新中国司法解释工作的回顾与完善司法解释工作的思考》，载最高人民法院研究室编：《中华人民共和国最高人民法院司法解释全集》，人民法院出版社 1994 年版，第 4 页。

　　[67]　参见中国工商银行企业破产问题课题组：《关于企业破产问题的调查报告》，载《经济研究》1997 年第 4 期。土地使用转让的有关程序和规范在 1998 年 2 月由国家土地管理局明确化，其具体内容见《国有企业改革中划拨土地使用权管理暂行规定》（已失效）。

通知、意见。这样的法律解释体制，使得审判规范的构成十分零碎复杂，其内部难免存在许多矛盾和冲突。随着经济的发展和国际化，财产关系日益丰富多彩，新的法律问题也层出不穷，因而法律解释的内在矛盾更加明显地凸显出来了。目前最高人民法院解决矛盾的主要做法有两种：一是对现有的司法解释进行清理，发现互相抵触的内容则予以修改、补充或者废止。1994 年 7 月 27 日最高人民法院公布了予以废止的 1993 年年底以前发布的司法解释的第一批 11 件的目录。⑧ 1996 年 12 月 31 日又公布了第二批 69 件予以废止的司法解释。⑨ 二是在进行新的司法解释时附加抵触处理条款，明确规定新解释否定旧解释。例如，1994 年 4 月 15 日发布的《最高人民法院关于审理经济合同纠纷案件有关保证的若干问题的规定》（已失效）第 31 条指出："本院以前关于保证问题的司法解释与本规定不一致的，以本规定为准，但已审结的案件，不得适用本规定进行再审。"⑩ 可以说这基本上是把立法技术应用于司法解释，因为中国的司法解释其实就是细则化的立法。

4. 对在哪里？错在哪里？

让我们回过头来整理一下中国式的法律思考和解释以及议论的内在逻辑。

早在春秋战国时期，中国就经历了"上帝不再，诸神并立"的价值观大变化。虽然在社会秩序方面始终存在着大一统与多元化的矛盾，在司法制度方面始终存在着神秘主义与实践理性的矛盾，总的发展趋势却是力图摆脱外在超越的力量的束缚，试图造就一种具有内省能力的主体性并以此作为法律体系的基石。对于具备内省能力的主体而言，服从道德法则是不必借助外部的强制的。在某种意义上，法律只是正确体会世界和人生的阶梯，一旦领悟了修养的个中三昧，法律也就失去了用途。在这一意义上可以说，强调德治和个人修养的传统法律具有自我否定的倾向，而传统法学最终却不容许法之所以为法的因素的存在。

虽然我国历史上也出现过严格适用法律的客观主义主张，但是思想主

---

⑧ 参见《中国法律年鉴》1995 年卷，第 720—721 页。
⑨ 参见《中国法律年鉴》1997 年卷，第 567—575 页。
⑩ 参见《中国法律年鉴》1995 年卷，第 717 页。

流却一直把司法的主观性作为制度设计的前提，因而也不得不把对主观性的限制作为保障制度正统性的最重要的任务之一。限制主观性的机制包括两个方面：一方面是从内省主体的假设出发，按照"格物、致知、诚意、正心、修身、齐家、治国、平天下"的程序来塑造主体、改变环境，通过贤人来保障法律适用的妥当性。虽然这一思路与通过经验科学或政策科学保障客观性的主张并非完全没有相通的地方，但是应该承认它过于乐观、过于浪漫主义。另一方面是通过相互主观的限制来保障法律适用的妥当性，其手段包括同意和承认的手续、批评和自我批评、互相监察、事后交涉的机会、"有错必纠"的绝对真实主义、申诉，等等。在我国司法实践中真正起作用的是这种现实主义的制衡机制。现代中国的情形更是如此。在立足于相互主观性、强调同意或者合意作为法律决定的正当性根据的意义等方面，我国的法学认识中的确有一些超越时代的先见之明。

在我国法院的相互主观性的话语空间中，主要存在以下不同形式的沟通行为：根据职权进行的权威性判断和规范宣示、教育性语言活动、互相说服的过程、为形成合意而进行的交涉以及谅解、谦让和妥协。不得不承认，从法律解释和法律议论的角度来看，这些沟通行为中的缺陷是十分明显的。

首先需要指出的问题是公平而合理的程序一直没有真正得到建立和健全，形成不了理想的对话环境，语言行为被力量对比关系所扭曲。虽然从 1993 年以后程序的意义得到进一步强调，但囿于现实条件，司法改革一直侧重于传统的承包责任制加监督的思路。⑦ 1998 年 7 月 11 日，中央电视台首次现场直播法庭审理的过程，试图通过公开化、透明化的举措来强化舆论对法院的监督，从而保障司法公正的落实。⑫ 这的确是非常

---

⑦　1997 年 4 月中旬召开的全国法院民事、经济审判方式改革试点工作座谈会上发布的有关材料可以为证。例如审判权"下放"的改革，各地分别采取的主要形式是法官责任制、主审法官责任制、合议庭责任制以及合议庭审判长责任制，并且导入了误判追究制、案件处理审查监督制、院长旁听制，等等。另外，1998 年 7 月 6 日公布的《最高人民法院关于民事经济审判方式改革问题的若干规定》（法释〔1998〕14 号，已失效）第 34 条规定："合议庭、独任审判员审理决定的案件或者经院长提交审判委员会决定的案件，发现认定事实或者适用法律有重大错误并造成严重后果的，按照有关规定由有关人员承担相应责任。"这一条文与国际法律家协会在 1982 年通过的司法独立最低限度标准第 44 条规定的关于法官免责的原则形成了鲜明的对照。

⑫　参见徐来：《庭审纪实走进千家万户》，载《法制日报》1998 年 7 月 12 日，第 1 版。

令人振奋的新生事物。然而同时也应该注意，当庭审中的议论向外部社会全面开放之后，如何确保对话性论证的环境不被情绪化，防止舆论压力左右法官的推理和心证就是制度设计方面的一个非常迫切的课题。在这里，相互监督固然重要，但程序保障更不可轻视。

有必要指出的另一个非常重要的缺陷是我国的司法实际工作中还没有真正建立起有关推理、论证的一系列规则，没有形成整合性概念，没有充分的学理研究的积累。例如，不少法官所理解的司法方式改革只是少调多判或者亦调亦判㉓，还没有完全跳出只从强制命令的角度来把握判决、只从说服教育的角度来把握法庭议论的官僚法学的窠臼。又例如，判断契约的成立和有效性的推理结构应该包括要约行为、要约效力的发生时期、要约取消的可能性及其限制、要约的承诺期间、要约的明确性、承诺行为、承诺效力的发生时期、附带条件的承诺、契约成立的时期、意思表示等的送达定义、契约的效力与契约某一条款的效力的区别、确定契约成立的规范群、确定契约无效的规范群、确定契约效力发生时期的规范群，等等（解释和推理的实践当然不必如此面面俱到乃至流于烦琐），但是，最高人民法院关于各种契约法的司法解释的重点却只落在采用书面形式为契约成立的要件以及判断契约无效的实体性规则之上。这样的处理固然也有简明扼要的长处，但却会失去法律解释技术内在的最可贵的弹性。

总而言之，不克服上述两个关键性的缺陷，不在判决（强制）与调解（合意）以及边际模糊的司法解释权之间插入公正程序和合理议论这两个至关重要的因素，不切实提高法律解释的技术水平，我国法学研究、法治建设以及司法改革都很难取得实质性的进步。其实，本章所说的中国实用法学生成及发展的第三道路，也就是指以程序和议论为双轨的法律解释学的规范化、体系化、制度化。

结语：分析判决理由

在考虑我国自身的法律解释学的发展时，除了学说继受之外，基本

㉓　据最高人民法院（原）副院长唐德华在全国法院民事、经济审判方式改革试点工作座谈会上的讲话。

的出发点或者衡量指标有两个，一个是最高人民法院的司法解释，另一个是法院的判决理由。鉴于法治建设的现状，我国独特的司法解释体制似乎在比较长的时间内还有必要维持下去，但对解释的主体却应该进行一些调整——例如，确立法院解释的优越性、重新认识最高人民检察院的司法解释权、进一步发挥高级法院在司法解释方面的积极性，等等。不过，笔者在这里特别想强调的倒是另外的一个方面，即人民法院，特别是高级人民法院和最高人民法院的判决理由的精致化以及学界的判例研究。

尽管近年来我国法治建设有了长足的进步，但不得不承认，现阶段我国法院判决的内容仍然过于简单粗糙，其中很难读到真正的判决理由。当然，判决书里也有要件事实的叙述，也有法律根据的援引，也有司法判断的宣示，但是大都缺乏充分的研析、论证、推理以及作为决定的根据的命题讨论。没有充分的判决理由，当事人和律师难以提出不服之诉，上级法院的审判效率也势必受到影响。为了尽快改变这种局面，除了加强法理的教育训练、健全资格考试制度、促进学术界与实际工作者的交流之外，还应该确立判决理由高于实质判断的原则。也就是说，首先把判决理由在形式上的有无作为衡量判决是否合格的硬性指标，其次再考虑判决理由写作的质量问题。同时要把最高人民法院的司法解释的重点从法律细则和审判规范的制定逐步转变到判决理由的示范上来。近年来已经公布了不少指导性案例，也出版了一些案例评释的著作，在此基础上提出对判决理由，特别是对最高人民法院以及高级法院的判决理由的更高要求应该说是可行的。

关于判决理由的形式性结构，有不同的模型可供选择，例如逻辑演绎的结构、命题讨论的结构、利益衡量的结构、反证的结构、经验归纳的结构，等等。哪一种结构更适合我国的司法实践，哪一种结构更适合某类案件，是应该首先深入研究和讨论的问题。在这里，法官、律师与学者之间的合作是必要的。缺乏人文主义情怀和学识基础的官僚法学固然不足为训，而缺乏现实主义精神和经验支持的士大夫法学也同样落伍于时代。为了确立适应市民社会需要的现代法学，无论是实权在握的"法律人"还是自命清高的"斯文人"都应该把自己的架子放下来，进行一番扎实的研究、虚心的交流以及通力合作。法官和律师不妨在审判活动中大力吸收学说作为论证的根据，学者也不妨在课堂里书刊里大胆批评判决以改善实务的质量。这种合作一旦得到认真而持续的实行，那么判决理由的研究就既能够成为改变司法管理官僚化倾向的制度革新的突破口，也能够成为发展符合审判实际需要的法律解释学的一个重要的支撑点。[74]

我国正在进行的司法改革过程中，有一个受到普遍重视的问题，即如何在确保审判独立的同时防止审判不公。为了解决这个问题。最近出现了加强监督机制的各种要求和指示。迄今为止已经出台的监督措施主要有重新强调审判委员会、庭、院长们的监督职能，加重误判的责任及罚则，导入"舆论法庭"，等等。显而易见，前两种监督措施只不过是我国传统做法的再现。不否认这么做有这么做的客观需要。但是，不管存在多少理由可以证明恢复甚至进一步强化这些做法的必要性，我们都不能忽视因此而导致的负面效果甚至倒退。何况，在坚持审判独立的同时也监督审判的方面，还可以有其他方式，甚至还会有更好的做法。比如正式出版完整的判例集、使对判决理由的批评和自我批评得以制度化就是其中的最重要的一种。或许应该说，立足于法律解释共同体的内部制衡的这样的监督措施比院长旁听制更能抵制来自权力的干涉，比摄影机进法庭更能保障议论的严肃性和合理性，比直接追究法官个人的误判责任更能防止司法上的陋见和偏见。当然，在我国现实条件下，立即推行这类措施势必会碰到各种实际困难。但是无论如何解释，掌握生杀予夺大权的法院能找出理由来为不给予充分的判决理由的惯例进行自我辩护吗？换一个角度来看，如果法律解释学不能最终落实到判决理由上，那么一切便成为空谈。

---

[74] 日本的法学发展的历史表明，在概念法学和经验法学之间寻找出路的努力导致了判例研究热，而对于判决理由的分析又使法律解释学别开生面，走进一个新的全盛时代。参见〔日〕潮见俊隆编：《战后的法学》，日本评论社 1977 年版，第 113 页以下；〔日〕川岛武宜：《一个法学者的轨迹》，有斐阁 1978 年版，第 58 页以下、第 317 页以下。

议论的溯源与创新[*]

序言：结构—功能范式衰退导致法社会学碎片化

很奇妙，大概从 1980 年开始，在各国社会学界，试图建构具有广泛影响力的一般理论体系的那种雄心勃勃的作业都戛然而止。法社会学界当然也不例外。虽则对法与社会现象的实证研究还在不断地扩大再生产，发表在各类书刊里，但由于不以某种通用的理论范式为前提，缺乏对社会的整体性把握，这些经验分析的成果大都是小颗粒的，带有明显的局部性、表面性。有时甚至只是以琐碎而花哨的数据、图表以及模型来叙述和验证极其简单的结论，很难超出常识的范畴，其中也不乏些许知识泡沫。

这种学术倾向，也有可能在某种程度上受到了罗伯特·K. 默顿（Robert King Merton）关于"中层理论"的主张的影响。① 然而不得不指出，他所设想的中层理论只是一般理论体系与具体的作业假说之间的中介而已，并没有取代一般理论之意。实际上，他也不反对把一般理论体系的建构作为社会学发展的终极性战略目标，并且对狭隘的经验主义以

---

* 原文发表于《中国法律评论》2020 年第 4 期。

① 参见〔美〕罗伯特·K. 默顿：《社会理论和社会结构》，唐少杰、齐心等译，译林出版社 2006 年版，第 2 章。

及实用主义持明确的批判态度。② 更重要的是他始终坚持结构—功能主义的理论范式，并致力于对不同流派的综合和精致化加工，从而在相当程度上把既有的一般理论体系提升到更成熟的科学社会学阶段。所以，公允地来看，社会学一般理论的萎缩其实无法归咎于默顿，充其量只是一场思想的误解。

众所周知，到20世纪70年代末为止，包括法社会学在内的社会学基本范式是结构—功能主义，关注的焦点是社会系统整体与组成部分之间的关系。其渊源可以追溯到法国的埃米尔·涂尔干（Émile Durkheim）、德国的马克斯·韦伯（Max Weber）所代表的西欧古典理论传统。在一定意义上，可以认为美国的塔尔科特·帕森斯（Talcott Parsons）就是这个基本范式的集大成者，其中系统观念来自涂尔干，行为观念来自韦伯。具体而言，特别是他受到韦伯的社会行为四类型说的影响，根据行为的规范性参照框架而明确社会的功能要件（适应、实现目标、整合以及潜在模式维系）及其相互的逻辑关系，独自提出了著名的AGIL图式并以此为核心进行社会系统的结构分析。③ 他重视行为状况、行为连动以及功能关联的立场则接续了涂尔干的思想谱系。④ 然而帕森斯的这个理论体系太庞大、也过于精致，难免反倒显得有那么一些迂阔和脆弱，也容易被人发现瑕疵。

这种与功能要件密切结合、通过目的以及手段的效用来理解现象和分析结构的社会系统论之所以能风靡一时，成为法社会学乃至整个社会学界的主流，是因为该范式符合人们的日常体验和直觉，也符合社会有序化的各种实践需求。例如今天我们说"居家令"和保持社交距离的举措可以减少交叉感染，建设方舱医院可以及时救助新冠感染患者，网络交易平台和快递系统可以统筹兼顾防疫、日常生活以及经济，其实就是很典型的功能主义解释；在这里，社会目的是明确的，实际效果也是可以识别、判断的，所以很容易为人所接受和应用。我国人类学和社会学

---

② 参见〔美〕罗伯特·K.默顿：《论理论社会学》，何凡兴、李卫红、王丽娟译，华夏出版社1990年版，第1章和第2章。

③ See Talcott Parsons, *The Social System*, New York: Free Press, 1951. 参见于海：《行动论、系统论和功能论——读帕森斯〈社会系统〉》，载《社会》1998年第3期，第44—45页。

④ 关于帕森斯理论的来龙去脉和基本构成，参见中久郎编『機能主義の社会理論——パーソンズ理論とその展開』（世界思想社，1986年）とりわけ7-11頁、15-18頁。

的奠基人之一费孝通的研究成果，正是从人类学功能主义的角度来考察中国传统社会的村落秩序、生育制度、生活方式、道德话语、相互行为及其内在逻辑的成功范例，具有很强的可读性和说服力。⑤

但是，毋庸讳言，结构—功能主义也很容易给人留下这样的印象，即似乎总是在通过功能要件的分析来解释和维护现有的体制，甚至有意无意之间在证明"凡是现实的就是合理的"之类意识形态色彩很浓的命题。因而这种范式很难用于说明社会变迁的动力和机制，也很难用于处理频繁发生的社会纠纷。结构—功能分析的方法以社会的共识和团结为前提，强调各种构成因素之间的相互关系和不同组合方式，并根据社会目的对社会状态进行是非得失的评价，评价往往采取复数的功能要件的得分合计的方式。但根据马奎斯·孔多塞（Marquis de Condorcet）的投票悖论以及肯尼斯·J. 阿罗（Kenneth J. Arrow）的不可能性定理，我们其实根本就无法从个人偏好排序合理地推导出群体偏好排序，因此在大多数场合，特别是随着选项和选择主体的增多，很容易导致循环投票而无从做出决定的事态。⑥ 在这种状态里，合理的评价要么取决于一个公共权力机关的强制或者独裁，要么取决于大家都同意放弃一个最佳选项（如阿玛蒂亚·森建议的那样⑦）。不可能性定理揭示的这种悖论，或迟或早，难免要引起对结构—功能分析有效性的质疑。

即便在功能要件很少，甚至是单数的场合，基于阿罗不可能性定理的批判虽然难以成立，我们也会发现，归根结底还是无法根据功能要件能否满足这样的标准来合理地说明社会变迁及其演进方向。换言之，社会变迁的研究必须打破结构—功能主义的窠臼，提出其他假说或者理论范式。在这个意义上可以说，从世界结构开始巨变的 20 世纪 70 年代末

---

⑤ 参见费孝通：《生育制度》，华东师范大学出版社 2019 年版；费孝通：《乡土中国》，北京大学出版社 2012 年版。

⑥ 〔美〕肯尼斯·J. 阿罗：《社会选择与个人价值》（第二版），丁建峰译，上海人民出版社 2010 年版，第 52 页以下。政治学方面的延伸分析，参见陈志武、崔之元：《"不可能性定理"与民主——数学对传统民主理论的挑战》，载《政治学研究》1985 年第 4 期，第 18—21 页；法学方面的延伸分析，参见胡毓达：《多数满意规则的一般陪审团概率及其极限》，载《高等数学研究》2016 年第 1 期，第 20—24 页。

⑦ 〔印度〕阿玛蒂亚·森：《集体选择与社会福利》，胡的的、胡毓达译，上海科学技术出版社 2004 年版。参见刘欣欣：《阿玛蒂亚·森对阿罗不可能定理的发展》，载《经济研究导刊》2010 年第 32 期，第 17—19 页。

起，结构—功能主义理论范式迅速褪去往昔的辉煌也是不足为奇的。本来，在结构—功能主义相对化之后，人的主观能动性以及社会重构的自由度照理应该有所扩张。但是，结果却是社会学以及法社会学丧失了支柱和基本共识而显得有些混乱和碎片化，人们的无力感反倒有所加强。索绪尔（Ferdinand de Saussure）的语言理论、列维—施特劳斯（Claude Lévi-Strauss）的结构主义、皮特·布劳（Peter Michael Blau）的社会交换学说、乔治·米德（George Herbert Mead）的符号分析、保罗·利科（Paul Ricoeur）的现象解释学以及尤尔根·哈贝马斯（Jürgen Habermas）的批判解释学都对法社会学研究的某些方面产生了不同程度的影响，相互间也有不同程度的关联性，但却一直无法从中找到一个最大公约数。这意味着 21 世纪的法社会学乃至社会学仍然没有确立一个主流范式。

一、从行为到沟通：社会系统理论的自创生转向

从理论范式承上启下的视角来考察，笔者认为德国的尼克拉斯·卢曼（Niklas Luhmann）是一个非常关键的人物，正是他把 20 世纪的法社会学理论推上了顶峰，或者推进到了当代知识的最前沿，也为 21 世纪的法与社会研究的范式转换提供了极其重要的思考线索。卢曼在 20 世纪 60 年代初到哈佛大学留学，师从塔尔科特·帕森斯，继承了社会系统论的衣钵，当然也接受了结构—功能主义范式。在与哈贝马斯进行论战的初期，人们都把他理解为轻视个人主体的技术至上论者。但是，从 20 世纪 70 年代中期开始他提出了自我指涉的概念，后来特别强调叙述的重要性，甚至把社会学界定为"社会的自我叙述"⑧，试图由此推动宏观理论的范式创新。在社会学发展史上，通过个人意识和心理系统的过渡把"涵义"这个现象学的概念编织到社会系统论是卢曼的独特贡献，具有划

---

⑧　Niklas Luhmann, "The Self-Description of Society: Crisis Fashion and Sociological Theory", *International Journal of Comparative Sociology* Vol. 25 no. 1 (1984) pp. 59–72. Cf. Niklas Luhmann, *Theory of Society*, *Volume 2*, translated by Rhodes Barrett, Palo Alto: Stanford University Press, 2013 (1997) pp. 167–349.

时代的意义。⑨ 过去，社会系统论与现象学各种流派之间存在势如水火的对立；从此以后，这种对立基本上消解了。正是通过现象学以及生命组织理论的中介，卢曼逐步把社会学主流的关注重点从结构转向沟通的过程、从功能转向涵义的理解，在相当程度上推动了理论的范式转换。他把自己在 1984 年出版的《社会系统》一书作为基本范式革新、即所谓"自创生转向"（autopoietic turn）⑩ 的标志。

在卢曼风格的高度抽象化理论体系中，构成社会系统的基本元素（最小单位）并不是个人行为，而是人与人之间的沟通活动。⑪ 从行为到沟通，这是社会系统理论的一次质变。沟通当然是以语言为中介，但更重要的是包括信息的形成、传达以及理解等步骤，其本质是信息与传达的差异。在法律系统中，信息就是权利主张和规范。一个沟通过程又会与其他沟通过程互相衔接，于是会形成不断生成沟通的动态机制，进而形成沟通的网络。从过程到网络，这是社会系统理论的又一次质变。沟通的网络化势必导致沟通呈几何级数扩大再生产，增强帕森斯的所谓"双重不确定性"，从而导致对共同价值的需求、不确定性的自我催化以及在反复沟通的过程中产生的固定值。⑫ 通过是或者非、合法或者不法等一系列两项对立的二元化编码做出决定、形成价值判断，并且使模拟化（analogized）的信息转换成数字化（digitalized）形态。从模拟思考到数字思考，这是社会系统理论的再一次质变，并且顺应了 21 世纪数字化大转型的前沿动态。

不难想象，正是沟通才赋予社会系统以涵义，并可以通过沟通与沟

---

⑨　参见高宣扬：《鲁曼社会系统理论与现代性》，中国人民大学出版社 2005 年版，第 164 页；泮伟江：《超越"错误法社会学"——卢曼法社会学理论的贡献与启示》，载《中外法学》2019 年第 1 期，第 37—53 页。

⑩　伊娃·科诺特对上述学说的演变过程有具体的考察和分析。See Eva M. Knodt, "Foreword", in Niklas Luhmann, *Social Systems*, translated by John Bednarz, Jr., with Dirk Baecker, Palo Alto: Stanford University Press, 1995(1984), pp. xi ff., esp. pp. xx ff.

⑪　Peter Gilgen, "System-Autopoiesis-Form: An Introduction to Luhmann's Introduction to Systems Theory", in Niklas Luhmann, *Introduction to Systems Theory*, ed. by Dirk Baecker, translated by Peter Gilgen, Cambridge: Polity Press, 2014 (2002) p. xi. Cf. Niklas Luhmann, *Social Systems*, op. cit., pp. 137 ff.

⑫　关于卢曼的沟通概念与帕森斯的双重不确定性问题之间的关系，参见 Niklas Luhmann, "Generalized Media and the Problem of Contingency", in Jan J. Loubser and others (eds.) *Explanation in General Theory in Social Science: Essays in Honor of Talcott Parsons Vol. II* (New York: The Free Press, 1976) pp. 507-532, 馬場靖雄『ルーマンの社会理論』（勁草書房，2001 年）66-83 頁。

通之间的关系来界定社会系统。对于法律系统而言，信息对应于规范，涵义对应于价值，沟通立足于程序要件和理由论证。在卢曼看来，沟通相互间的关系本身是可以克减复杂性的。但笔者不得不在这里补充指出，其实沟通关系也有可能增加复杂性。当然，沟通的本质和存在理由归根结底还是偶然的去随机化。因而我们可以认为各种各样沟通的总和就构成社会系统整体。⑬

不言而喻，法律系统更是完全由各种各样的沟通过程及其相互关系构成。因此，把沟通而不是行为当作社会系统的基本元素的这种见解，导致法社会学理论实现了一次前所未有的飞跃——从主权者意志到自创生机制、从单纯系统到复杂秩序。在这个意义上，也仅仅在这个意义上我们可以说，法与社会的本质是自我创造、自我叙述、自我组织的，而不倾向于借助外部的设计者。换言之，机械需要设计，但生命、精神、法以及社会都是自创生的，无须整体设计也无法真正设计。从话语空间和沟通的角度来理解法律运作的机制，当然这也是一种自创生系统。⑭ 因此，在既成的制度框架之中不断增殖的互动关系是自组织化的，可以理解为通过沟通而不断生成的规范秩序。

需要注意的是，在卢曼的法与社会的系统理论中，沟通、涵义、自创生这三个关键词具有决定的意义。从现象学关于解释和理解的分析框架来考察，涵义的本质在于区别以及否定，从而压缩认知预期和规范预期分别进行排列以及相互组合的链条，并开拓出从涵义到涵义的按照规范处理问题的捷径。但日常生活中不断进行的模拟化沟通过程却使那些被否定的选项并没有被抹杀，而是在进行中立化处理之后束之高阁、备而不用，甚至将来还有可能通过解释性循环重新激活并再次列入选择的范围之内。⑮ 就像在法律议论的基础上做出判决，同时

---

⑬　Niklas Luhmann, *Social Systems*, op. cit., pp. 147-150, 164-171.

⑭　*Ibid.*, p. 376. 参见〔德〕尼克拉斯·卢曼：《法社会学》，宾凯、赵春燕译，上海人民出版社 2013 年版；〔德〕贡塔·托依布纳：《法律：一个自创生系统》，张骐译，北京大学出版社 2004 年版；泮伟江：《作为法律系统核心的司法——卢曼的法律系统论及其启示》，载《清华法治论衡》2009 年第 2 期；陆宇峰：《"自创生"系统论法学：一种理解现代法律的新思路》，载《政法论坛》2014 年第 4 期。

⑮　参见倪梁康：《现象学及其效应：胡塞尔与当代德国哲学》，生活·读书·新知三联书店 1994 年版，特别是下编第 2 章；陈嘉映：《海德格尔哲学概论》，生活·读书·新知三联书店 1995 年版，第 222—232 页。

也记录利益衡量中的少数意见和反对意见那样。这就造成一种现在只能是这样，但将来由于情事变更或者决定优化也可能又成为那样的选择空间。需要留意的是，如果完全按照二元化编码来处理沟通，就有可能流于机械化，并存在极强的既判力效应，很难充分保留事后选择的余地。

解释性循环也意味着偶然性仍然保存着、潜伏着，并没有消亡——这种在决定论与概率论的边沿展开的差异化动态，同样是理解卢曼理论（特别是关于自我指涉与他者指涉之间关系的思想）的一个关键，尽管他更强调法律议论中按照二元化编码进行的数字式处理。由此可见，通过"现在是这样"的方式，系统是在发挥克减复杂性的作用。然而，系统也可能通过"将来是那样"的方式把潜在的构成因素变成显在的，系统可以通过结构的自我翻覆来进行更新。换言之，从内在视点来看，这样的自创生系统既没有输入，也没有输出，只进行类似魔方求解那样的自我结构转换。同时也表明以沟通—涵义为特征的社会系统论势必把系统与环境之间的关系作为核心议题，并在操作层面使系统闭环，让系统囿于自我指涉。⑯ 这样做的前提条件是系统的内部结构必须能够充分反映外部环境并相应地实现功能分化和结构复合化，渐次形成不断调整的反思机制。也可以说，自我指涉系统的各个部分是互为环境的，从而导致结构耦合。

在卢曼看来，环境是复杂多变的，充满不确定性。社会系统通过克减这种环境的复杂性而吸收偶然性，造成可预测的状态，使社会稳定化并呈现出疑似的必然性。区别系统与环境的标志就是复杂性的落差。因而复杂性的克减是系统存续的最重要的条件，也是系统的根本课题。⑰ 但这里存在着如下悖论：复杂性的克减是通过沟通进行的，但沟通又有可能把环境的复杂性重新代入系统之中，使系统本身的结构不断功能分化、复合化从而具有越来越加强的复杂性。系统内部的复杂性增大，可以使选择余地增大、选择能力提高，这就是系统的进化过程，也是社会变迁

---

⑯　Niklas Luhmann, *Theory of Society*, *Volume* 1, translated by Rhodes Barrett, Palo Alto: Stanford University Press, 2012（1997）pp. 49–68. Cf. Jean-Pierre Dupuy, "On the Supposed Closure of Normative Systems", in Gunther Teubner (ed.) *Autopoietic Law: A New Approach to Law and Society* Berlin: Walter de Gruyter, 1988, pp. 51–69.

⑰　同前注⑫，馬場靖雄『ルーマンの社会理論』14–22頁、32頁以下。

的重要动因。这种进化可以表现为分节化、分层化以及功能分化这样三个不同的阶段，在功能分化阶段，社会系统中会产生各种各样的中介，而中介是通过或接受或拒绝这样的类型二元化编码来定义的，往往呈现出仿佛信息和规范的逐次处理二进制那样的塑形特征。显而易见，根据二元化编码进行沟通的那种话语空间，很容易与当今根据数字技术进行沟通的电脑空间相衔接。

另外，当卢曼主张社会和法律系统的要素是沟通时，其实在不经意间把作为个体的人从社会学理论中排除或者淡化了，与此相应突出了人与人的相互作用。[18] 在沟通过程中，个人主体或多或少将溶解到互动关系及其网络之中，因而主观间性成为解决社会纠纷、决定社会变迁的重要因素。这就使得沟通的进行以及沟通与沟通之间的关系带有很大的偶然性。社会系统的这种不确定性是双重的：某个主体的选择可以这样，也可以那样，有赖于对他者选择的观察和判断；而他者的选择也是既可这样又可那样，并且同样随着对方的选择而变化。通过自我与他者的关系，选择的偶然性彰显出来，并成为定义他者的要件。由此可见，对卢曼视域里的社会系统而言，必然是表面形式，偶然是深层真相。因此，系统可以通过某种自我的反转图形，即通过对系统所包含的偶然性的否定和非随机化处理、通过对系统应有的必然性姿态的投射和反省而把系统本身从环境区别开来，并由此形成秩序。[19]

二、法律议论的中介作用与话语的反转图形

笔者认为，这种系统理论恰好可以构成法教义学与法社会学之间的连接点，尤其是在中国的语境里。法律系统的自我指涉其实主要体现在法律推理和法律议论等沟通过程之中。作为大前提的法律规范、作为小前提的要件事实，都是法律系统的内在因素，并非来自外部的输入，充其量只是在一定程度上反映了环境向系统投射的应然镜像。

---

⑱　参见杜健荣：《卢曼法社会学理论研究——以法律与社会的关系问题为中心》，法律出版社 2012 年版，第 223—226 页。

⑲　反转图形是笔者提出的表述，用以说明社会系统演变的一种状态，构成秩序从均衡结构转向耗散结构的契机。季卫东『超近代の法——中国法秩序の深層構造』（ミネルヴァ書房，1999 年）179-180 頁。

作为沟通结果的判决、决定等只是法律系统的自我生成物，也并不进行输出。换言之，规范体系仅仅对主张、辩驳以及理由论证等沟通活动做出反应，但对除此之外的操作都是关闭的。即便对违法行为等外在事实的认定，也是满足于通过法律系统固有的视角来观察和构成的要件事实，即通过沟通就认识形式达成的共识可以构成法律拟定的实在，而不以追究真正的实在为目标，甚至认为不应该把法律系统构成物之外的真实主义作为司法的基础。在这个意义上也可以说，真理以及正义或多或少被系统理论相对化了，基本上取决于法律沟通的形式性标准。这正是法教义学的态度。但是，法律沟通同时也是法社会学的一个核心主题，至少在语言社会学、现象学的社会学之后，特别是在卢曼与哈贝马斯之间的论争把沟通研究推到社会理论的聚光灯下之后。法律沟通作为一种互动关系和社会现象，同样可以从经验科学的角度进行实证研究。从这个观点来看，所谓"社会的法"就意味着社会本身就是从法律角度来认识和建构的一种形式，是由程序化和论证化的法律沟通编织而成的存在物。[20] 因此，在自创生系统理论的基础上，有必要也有可能推动法社会学与法解释学之间的建设性对话。

虽然哈贝马斯的社会理论也以沟通来贯穿整体，但更强调的是理想的言说情景、商谈和论证的伦理以及批判精神。[21] 而在社会学理论范式创新的意义上，与卢曼同样重要并且在思想上互相呼应和补充的则是法国社会理论家福柯（Michel Foucault）。他从知识谱系、权力关系以及个人生活等不同层面进行西欧思想方式的考古和历史研究，因此他的学术生涯也可以大致分为三个阶段，却始终聚焦对现代国家治理机制的剖析和重新认识。卢曼侧重结构，福柯侧重历史——他的主要著作都是描述历史，例如《疯癫与文明》《临床医学的诞生》《性史》《词与物》《规训与惩罚》《知识考古学》；卢曼把沟通视为社会系统的基本元素，福柯把话语视为生物性权力的策略和技艺，当然也是秩序形成的动因以及基本框架。两人都在话语空间中探索秩序形成的原理以及机制设计。或许在

---

[20]　参见〔德〕尼克拉斯·卢曼：《社会中的法》，李君韬译，五南图书出版公司 2009 年版。

[21]　藤原保信ほか編著『ハーバーマスと現代』（新評論株式会社，1987 年）第 II 部「コミュニケーションと進化」とりわけ161 頁以下。参见〔英〕詹姆斯·戈登·芬利森：《哈贝马斯》，邵志军译，译林出版社 2010 年版。

一定意义上也可以说，卢曼与福柯才是在 20 世纪晚期法社会学理论界高耸入云的双峰。我们探索研究范式的创新，不妨把他们的相近主张作为出发点或者前行的路标。

不言而喻，与沟通密切相关的是话语分析。福柯所说的话语（discourse），既指语言，也指语言存在的条件，是作为系统而存在的语言集合。福柯认为人是话语的实际载体，同时也由话语所构成；话语的分布势必产生特定的倾向性；而对话语的出现和存续具有决定性影响的是生物性权力（bio-power）。这种权力不仅仅是压抑的手段，还是建构的手段，因为它可以促进话语的生产并通过话语来塑造结构。[22] 这也意味着话语可以产生结构，语言博弈可以生成秩序，沟通可以实现教化。在福柯看来，生物性权力当中有一种类型就是规训的权力，不妨用英国法律改革运动的先驱杰里米·边沁（Jeremy Bentham）所设计的环形监狱及其中央的一览式瞭望塔（Panopticon）作为这种权力的隐喻。在合理化的上述场域里，通过监视者的普遍性视线，迫使被监视者自律乃至产生坦白的冲动，即进行强制性自我反省。[23] 实际上，边沁所构思的那种无所不包的功利主义法典［被称为"万全法"（Pannomion）］也是一种环形监狱式的监控装置，是一种法律权力、一种密而不漏的法网。透过这种全景敞视主义法与社会的构图所看到的主体显然并非抵制权力的各个据点，而是权力的产物并以不同的方式纠缠和依附于权力。为了摆脱主体客体化的这种悖论，福柯试图在自我关照的生活技艺、在论证（正确的界说）与修辞（美好的界说）的夹缝里寻找出路，力争在微观层面建立某种可以抵抗权力支配的据点。但显而易见，这种抵抗注定是无力的、虚拟的，一不小心就会滑进反讽主义的泥潭。

卢曼与福柯，他们的立场乍一看是相反的，但其实都在按照同样的逻辑来解释社会现象及其内在机制。他们的出发点都是沟通或者话语包含过度的复杂性、偶然性，不得不由此寻找能够还原或克减复杂性、偶然性的某种超越论的契机。在这条思路的延长线上，卢曼找到的是社会系统，而福柯找到的是知识权力，他们试图以社会系统或者知识权力来

㉒　参见吴猛：《福柯话语理论探要》，九州出版社 2010 年版。

㉓　参见〔法〕米歇尔·福柯：《规训与惩罚：监狱的诞生》，刘北成、杨远婴译，生活·读书·新知三联书店 1999 年版，第 224—235 页。

弥补沟通或者话语本身无法驯服偶然性，反倒造成社会复杂性过剩之类的不足。在一定意义上可以说，社会系统就是沟通弱点的反转图形，知识权力就是话语弱点的反转图形——通过反转的方式折射出解决方案：哪里最弱，就把哪里空前加强。通过具有一定超越性的社会系统或者知识权力的"九九归一"式还原的处理来解决沟通或者话语本来无力解决的复杂性、偶然性问题，这种思路也许体现了西欧一神教传统的影响。在卢梭（Jean-Jacques Rousseau）关于超越具体契约关系的"公意"概念中，在罗尔斯（John B. Rawls）关于超越多元化社会现实的正义论差别原则（特别是 OP 曲线）中，都可以发现类似的思路。

与此相映成趣的是，中国的文化传统具有鲜明的多神教色彩和道德指向，所以反转图形的结构表现出来的特征有所不同，具有独特的双重性：在理论上、结构上以大民主与强权力、超当事人主义与超职权主义的短路结合这种折中的处理来弥补沟通或者话语的弱点，而在实践中就像成语"千锤敲锣、一锤定音"所描述的那样采取两手应对方式。㉔ 于是我们或许可以找到中国通往现代法治秩序的一条隐约可见的"终南捷径"，至少当会发现法社会学理论今后发展的基本方向：把既有社会条件中存在的缺点或者较弱的共同本质反转过来，把其中的一个极端加以神圣化和外化，即通过反弱为强的方式形成具有决定性、超越性意义的所谓"第三方评判机制"（例如卢曼所关注的社会系统或者福柯所关注的知识权力），然后以适当的制度安排隐蔽或者化解其中的张力和分裂。在人际关系网络中强调法律程序、在审判监督框架中强调法律议论（议论由自我主张和理由论证的相互作用所构成，在本质上是程序指向的），其实也是试图把强弱关系颠倒过来，在可能的范围内凸显程序和议论作为"第三方评判机制"的地位和作用，造成秩序演变的杠杆效应——这就是笔者提倡"新程序主义"以及"议论的法社会学"的宗旨。㉕

㉔ 同前注⑲，季衛東『超近代の法』326 頁；季衛東『中国の裁判の構図——公論と履歴管理の狭間で進む司法改革』（有斐閣，2004 年）ⅲ 頁、11 頁、77 頁以下を参照。

㉕ 详见季卫东：《法律程序的意义——对中国法制建设的另一种思考》，载《中国社会科学》1993 年第 1 期；季卫东：《法律议论的社会科学研究新范式》，载《中国法学》2015 年第 6 期。参见郑春燕：《程序的价值视角——对季卫东先生〈法律程序的意义〉一文的质疑》，载《法学》2002 年第 3 期；杨帆：《法社会学理论范式的拓展：从"冲突 / 共识"模式到"议论的法社会学"》，载《北大法律评论》2017 年第 1 期。

三、沟通的"第三方评判机制"的建构和解构

在这种反转图形中，当然分别存在向心力作用与离心力作用及其相互间的紧张关系，为此应该加强沟通。与此同时，这种张力本身其实也构成沟通的条件。从现象学的角度来看，以向心力与离心力的对峙为前提的沟通势必加强中介（包括抽象中介与实践中介两种不同的类型）的作用，形成一道身体与身体之间相互作用的主观间性的连锁，进而形成某种多元一体的格局。但换个角度来看，没有真正的对峙和张力，中介也势必流于形式，因而究竟建构一个什么样的话语空间就成为重要的问题。对于以互动关系为中心的法社会学而言，在复数性的背景下保障公正、进行协调的程序以及程序指向的议论当然是不可或缺的。由此亦可推而论之，那种超越的"第三方评判机制"最终还将求之于身体与身体、主观与主观之间的互动关系，并在不断主观间性的连锁中嵌入合法正义的编码，从而让程序要件和议论活动成为公共选择正当化的基本根据。

但是，现代中国秩序重构的反转图形以大民主与强权力、超当事人主义与超职权主义的短路结合或者"矛盾的制度化"为特色，即便关于正确和正义的界定也始终存在某种"三合一"结构，这样的偶然性装置势必在客观上使得那种把程序与议论作为超越性"第三方评判机制"的努力不断遭到扭曲和挫折。[26] 在中国传统的法家式制度设计中，上述那种复数化的"第三方评判机制"早先体现为司法机关内部"疑狱泛与众共之"的会审方式，后来进一步定型为等级化的"必要覆审制"[27]，在另一方面又体现为自上而下层层把关的监察权。无论覆审制还是监察权，都是基于"治国作壹"（语出《商君书·赏刑》）的理念，在否定来自外部或者基层的观察、评议以及监督的同时，不断固化来自内部的复数者视线。因此，自先秦开始政府就设置专门负责解答法律问题、宣示细则内容的官员，以确保规范适用的统一性。这种"以吏为师、以法为教"的做法及其具体内容，通过湖北省云梦县 1975 年年底出土的睡虎地秦简获得实证。在长达两千年的帝制时期，历代王朝统治者都不允许

㉖ 参见季卫东：《中国式法律议论与相互承认的原理》，载《法学家》2018 年第 6 期。

㉗ 滋贺秀三『清代中国の法と裁判』（創文社，1984 年）23 頁以下。

刑名学者以及民间讼师对法律进行学理上的解释和判断，斥之为"操两可之说，设无穷之辞"（语出《列子·力命》）。在这样的条件设定之下，为了落实法律，必须设置专门的权力机构加强对执法和司法的监视和督查，防止倦勤和舞弊。从秦代的御史大夫、汉代的十三州刺史到唐代的御史台、宋代的监司，职责都是监控百官以守法。与此同时，为了防止监督官的势力也趁机坐大，制度设置者除了使之与行政系统区隔而不授予实权，往往还会按照不同职责而分立岗位加以限制，造成权责交错、叠床架屋的格局。㉓ 可想而知，根据这样的中国特色模式，越强调法治，就会越加强监控的权力，进而不断增加国家的监督成本。在监察权不得不日益膨胀的既定条件之下，以法律制度来限制权力的理念也势必与国家机器运作的实践渐行渐远。

而在县级以下的广阔乡镇区域则采取间接管制的政策，容许村落自治，借助地方绅士的引领作用以及左邻右舍"他人之目"的倒摄干扰，让道德、礼仪、习惯、共识以及人际网络成为"有耻且格"意义上的秩序形成装置。地缘共同体内部复数者的交错视线、"耆老一唱众口随"的共振效应、家与国之间的同型放大结构，这些纵横交错的互动关系在产生物质现象的同时也产生价值意义。本来这样的共同体秩序是可以重新捕获那些从覆审制和监察权溢出或逃脱的行为主体，形成法律的基层托盘的，但网络中频繁的互动也会造成话语空间的分裂、包摄、侵蚀、交错甚至"不可言说"，导致前述那种复数化"第三方评判机制"被扭曲、发生裂变以及缺乏实效。最重要的是，这类有序化的社会压力伴随着过度的复杂性、偶然性，无法把"第三方评判机制"转换成安定化的形式，造成规范执行力日益减弱的问题。

从当今中国的生物政治学实践可以发现，执政党的政治决断力以及党内法规似乎正在被当作新的"第三方评判机制"及其安定化形式而得到前所未有的强调，人们试图以此给基于监察权的法律共同体以及基于关系网的礼仪共同体带来更强的确定性、必然性以及规范执行力。与此形成鲜明对照的是，在西欧式现代国家，则是通过普通公民用选票决定元首、让政府也服从司法判断等身份反转的仪式，暂时停止权威者的权

㉓　参见季卫东：《韦伯的宪法设计与国家监督体制——蒙森〈马克斯·韦伯与德国政治〉阅读笔记》，载《中国法律评论》2017年第2期。

威，让他们俨然成为混沌的象征，从而保证权威和秩序形成的正当性和稳定性。类似的做法在非洲原始部落的酋长任命典礼上同样依稀可见，即在这个特定的场合让酋长成为滑稽角色，可以被所有人嘲弄，似乎最高位者瞬间成了最底层的奴隶，然后再实现"从奴隶到将军"的身份反转，获得所有的权威。还有中国农村流行在婚礼当天闹洞房，经过这个无序的手续才确立婚姻不可侵犯的合法性。虽然上述事例的表现截然相反，但都是把秩序的结构与导入混沌的中介并列在一起，法律效力的担保物同时也带有肯定非法律现象的意义，似乎形成了一种类似悖论的循环关系。无论如何，上述不同场景都有一个共同的特征，即秩序与混沌的并存。

四、法律议论的"他者指涉"以及双重处理

这类相映成趣的不同构图似乎表明：有序化机制需要以明显的无序或者混沌为参照或者前提条件，需要保持两者之间的张力和平衡。各种性质迥异的政治社会不约而同地进行如此安排的根本原因何在，还有待法社会学今后的深入探讨。一般而言，无序或者混沌可能因过度均衡或者完全均衡的陷阱效应而导致，但往往是因他者而产生。辩证地看，不存在他者的世界就不存在混沌，当然也就不存在作为其对立物的秩序。简单地说，把混沌与秩序联结起来的是复杂性，把两者区别开来的则是复杂性的差异程度。在一定意义上也可以认为混沌就是过度的复杂性，而秩序就是适度的复杂性。概而论之，复杂性是由构成因素的多元性、相互关系的多样性所造成的。因此，从话语空间的角度来考虑，要克减复杂性，就要对沟通过程中的信息进行定向选择、排除某些因素而保留另一些因素。不言而喻，正是这种定向选择会产生涵义，同时也可以增加人们对未来的预期。从法律系统的角度来考虑，也可以说规范表现为信息，信息就构成规范。我们正是通过信息或者规范来界定和把握法与社会的状态。另外，沟通过程当然也体现为一系列的互动关系，因此复杂性的克减也意味着那些互动关系之间进行网络联结的可能性被压缩了，使各种社会关系得以删繁就简。由此可见，议论的法社会学要进行理论范式的创新，应该以复杂系统以及复杂性秩序为基础。

意识到秩序与混沌的并存格局，再观察沟通过程的问题，这或许就是卢曼在"自我指涉"之外，进一步提出"他者指涉"的问题的原因。众所周知，卢曼社会系统理论的一个核心概念是自我指涉，强调按照系统固有的编码而运行。但在1992年出版的《现代的观察》一书中却频繁使用了他者指涉的概念，指出系统也要参照环境而运行。有必要指出的是，他同时也强调了他者指涉与自我指涉的统一性，并认为系统就像钟摆那样在这两者之间来回振动，从而在隔离之处打开通道。这意味着卢曼开始面对和处理系统封闭性所带来的问题，因而上述微妙的理论修正颇引人注目。㉙ 在自我指涉与他者指涉之间来回振动的信息反馈场域，卢曼称之为"假想空间"，使作为普遍他者的神话与理性能够兼容并蓄，并构成那种把系统和环境都纳入视野之中的"二阶观察"（各种观察的观察）的前提条件㉚。把这样的理论修正适用于法律系统，卢曼改变了过去对法律议论中的"利益衡量"所持的拒绝态度，虽然继续强调系统与环境的区别、限制环境对系统的影响，但认为在与自我指涉的法律解释相洽的前提条件下可以接受"利益衡量"㉛。在这里，卢曼反对沟通的道德化以及为沟通而设立一个综合性高阶规范体系，但承认作为意见交易所的文化的作用。由此可见，"假想空间"在某种程度上也可以理解为法律的"选择空间"或者信息市场。

与这样的理论修正相关联，卢曼虽然仍然坚持二元化编码对于法律议论和法律判断的决定性意义，因而站在司法合理性的立场坚持自创生系统理论，但是同时也承认法律系统通过立法以及合同关系对外部环境开放的可能性。在这里，卢曼是采取中心区域与边缘区域的分类来确保理论体系整合的，很像哈特关于"确定的核心"与"模糊的边缘"的著名分类法。卢曼把审判理解为法律系统的中心，应该严格遵循自我指涉的制度安排；把立法以及合同理解为法律系统的边缘，允许较多的利益衡量㉜。不言而喻，按照二元化编码进行的沟通是一种通过符号和技术操

㉙ 村上淳一『現代法の透視図』（東京大学出版会，1996年）76-77頁。

㉚ 同前注㉙，第78—79页。

㉛ 同前注㉙，第80页。

㉜ 同前注㉙，第114页。参见罗文波：《卢曼法律论证理论探析——系统论视角的法律论证》，载陈金钊、谢晖主编：《法律方法》（第七卷），山东人民出版社2008年版；宾凯：《社会系统论对法律论证的二阶观察》，载《华东政法大学学报》2011年第6期。

作规格进行的语言沟通，强调逻辑论证，与电子计算机依次进行数字化处理的原理有明显的相似之处。在这个过程中，不需要的信息被不断抛弃，因而议论的方向很难被逆转。与此不同，利益衡量则是非符号化的、直观的思考过程，体现了模拟化处理的特征。在这个过程中，日常生活的各种可能性都会呈现出来，需要同时加以考虑和逐项选择，往往很费斟酌。由此可见，基于二元化编码的沟通过程有利于精准传达信息和主张，提高判断和决定的效率，比较适合应用人工智能系统。[33] 而基于模拟化思考的沟通过程更强调日常生活的直观以及各种关系的统筹兼顾，富于灵活性、包容性、创新性。在这里，法律议论势必呈现出某种双重结构，作为推理的话语与作为故事的话语会互相交错，在不同的语境里形成不同的组合方式，很难用按照二元化编码进行的沟通来一以贯之。

结语：在法律议论中化混沌为秩序

既然法律议论不可能完全按照二元化编码进行，不得不对日常生活的各种可能性进行模拟化处理，那么法律系统就应该容许在自我指涉与他者指涉之间进行反复的语言博弈。最早讨论语言博弈问题的是 20 世纪的哲学天才路德维希·维特根斯坦（Ludwig Wittgenstein），语言在产出主体以及世界方面所发挥的作用在他的理论体系中占据最重要的位置。也许我们可以说，在维特根斯坦的眼里，语言博弈就是社会秩序的反转图形；而日常生活中的话语空间充满了任意性、复杂性，只有通过语言博弈才能从混沌中实现有序化。在这个意义上，维特根斯坦的目标就是探索服从规则的本质何在。对于个人而言，自认为遵循规则与实际是否遵循规则其实必须加以区别，但仅有个人自己却又是无法加以区别的，也会缺乏行为的连贯性。[34] 为此，需要建立某种超越的第三方评判机制，在维特根斯坦看来这就是"语言博弈的秩序"，即日常生活的习惯和

---

[33] 参见季卫东：《人工智能时代的法律议论》，载《法学研究》2019 年第 6 期，其中还探讨了对本来属于模拟化思考领域的元规则和价值排序进行数字化信号处理的可能性。

[34] John McDowell, "Wittgenstein on Following a Rule", *Synthese* no. 58 (1984) pp. 325–364, 橋爪大三郎『言語ゲームと社会理論——ヴィトゲンシュタイン・ハート・ルーマン』（勁草書房，1985 年）51–59 頁。参见〔英〕A. C. 格雷林：《维特根斯坦与哲学》，张金言译，译林出版社 2008 年版。

礼仪。在这里，并不是主体控制语言，相反，倒是语言产生主体。

　　站在维特根斯坦的立场上看卢曼和福柯，蓦然间，我们可以发现一个语言社会学派的崛起。显然，语言博弈与沟通、话语都是息息相通的，都被用来覆盖人类的全部活动领域，都构成社会秩序的存在方式。进入 21 世纪以来，文明冲突的频繁发生、身份政治的日益强化、数字化信息沟通技术（ICT）的广泛应用并导致日常生活世界的数字全覆盖，揭示了文明间、种族间、阶层间、网民间的对话和相互理解确实已经成为社会结构的决定性因素，沟通正是这个信息（数据）驱动时代的最大关键词。从语言的角度来观察人们的意思、行为以及相互关系，就可以看到流动性、不确定性、复杂性非常突出，这才是社会的真实面貌，也是需要通过权力、货币、意识形态以及法律制度来对日常生活空间以及叙述方式进行分解和定型的前提条件。因此，通过语言或话语、围绕涵义或价值进行的各种博弈应该也有可能成为社会学理论的主流范式，也是"议论的法社会学"所研究的基本对象。

　　无论是维特根斯坦，还是卢曼或者福柯，其实都具有某种激进的建构主义特征。在他们看来，被认为语言活动主体的人，其实也是语言活动的产物；沟通伴随着社会的复杂性，但也以克减社会复杂性为己任；秩序来自混沌却又与混沌并存……正是这一系列悖论，使我们对法与社会的本质产生了全新的认识。如果说社会的日常生活存在过度的复杂性乃至混沌，那么法律系统的主要功能是克减复杂性，在混沌与秩序的边缘寻找不同因素之间关系的最小多样度；然而沟通的网络又使得法律系统本身会出现涨落，借助沟通而达成的那种高度的，甚至完全的均衡也可能在一瞬间转化为混沌。为此，我们需要在不断生成的社会系统、不断建构的法律秩序的视野里重新探索法社会学的研究范式。在笔者看来，这种范式的切入点和基础就是作为法律现象的议论。包含主张、辩驳、理由论证等在内的法律议论本身是程序指向的，并通过公正的程序达成真正的相互理解和共识，所以也不妨把新程序主义作为"议论的法社会学"的一个响亮标语。

　　总之，从语言社会学派的立场来看，法与社会是一种基于信息反馈的自组织系统，通过自我叙述、自我指涉、自我塑造而不断进化。但是，按照热力学第二定律，自我完结的封闭性系统，其熵将不断增大并且无法逆转，最终导致混乱无序。在这个意义上可以说，自组织系统在物理意义上其实是不可能的现象。这也表明一个闭环系统存在着平衡陷阱，而达到完全平衡就将引起最无序的状态。另外，在逻辑学上完全自我指涉的系统势必引起图灵停机问题，导致不可解。换言之，通过沟通进行选择的决定链完全依据固有的编码时，迟早将出现无法做出决定的事态。正是在这样的背景下，我们可以理解卢曼在1992年进行的理论修正，提出他者指涉的概念，并使之与自我指涉之间形成某种相反相成的关系。这意味着把话语空间进行有条件的开放，笔者认为其结果将呈现出伊利亚·普利高津（Ilya Prigogine）所揭示的那种耗散结构特征，通过非二元化编码的、非线性的沟通引发突变的方式形成新的社会秩序。[⑤] 这也许算得上对卢曼自创生系统理论的又一次合乎逻辑的修正吧。

从"议论的法社会学"的立场来看，通过他者指涉可以使系统远离平衡态，导致制度创新。为此，需要把社会议论嵌入法律议论——使话语空间在局部进行分形化自我复制，在整体上容许大开大阖；或者在微观层面促进创造性破坏，在宏观层面保持结构稳定性；通过沟通的自我催化式反应导致法律秩序的转型。由此可以推而论之，"议论的法社会学"一方面要通过严格的法律解释和推理来形成一个自我指涉的系统，确保对沟通网络进行逐次处理的精确度和效率；另一方面还要以探究复杂性秩序的原理为基本目标，在混沌与秩序的交界处发现沟通网络的最小多样度、沟通过程的机制设计以及沟通活动的临界点。从法律系统的内部视角来看，重点是微观现象的实证研究，测量语言博弈各种要素变化的幅度之和；从外部视角来看，主要是概览整体，测量话语集合变化的幅度。在这里，我们也许可以为中国传统秩序的解释性转换这道法律几何学难题的解答勾勒出一条关键性辅助线。这也正是"议论的法社会学"以及新程序主义的知识价值和实践意义之所在。

---

⑤ I. プリゴジン・I. スタンジュール『混沌からの秩序』（伏見康治ほか訳，みすず書房，1987年）、大澤真幸「混沌と秩序——その相互累進」山之内靖ほか編『社会システムと自己組織性』（岩波書店，1994年）289–346頁。

聚焦沟通：社会科学新范式[*]

序 言

虽然姗姗来迟，但 2014 年发生的中国法学方法论之争的确具有深远的意义。毫无疑问，这样的思想交锋，不仅有利于重新认识事实与规范之间的关系，也能促进关于法律的社会科学研究范式创新。

本次法学方法争论的背景是，近两年法教义学在理论界和实务部门开始抬头，并且对既有的学术潮流，特别是社科法学提出挑战或者做出抵抗。针对有关新动向，属于"社科法学"阵营的一些学者纷纷质疑和反驳。有人甚至还预言，三十年后在中国将有法教义学之殇。于是乎，在 2014 年的春夏间就有了三场两派辩论的擂台，分别在中国政法大学、中南财经政法大学以及上海交通大学凯原法学院举行。北京大学法学院主管的集刊《法律与社会科学》编辑部组织的"社科法学与法教义学对话"，则把这场争论推向高潮。① 但是，披览相关文献，感觉问题状

---

* 2015 年年初稿成，发表于《中国法学》2015 年第 6 期。

① 关于这场法学方法论之争的来龙去脉以及主要观点，参见尤陈俊：《不在场的在场：社科法学和法教义学之争的背后》，载《光明日报》2014 年 8 月 13 日，第 16 版；孙光宁、焦宝乾：《法治中国背景下的法律方法论研究——2014 年中国法律方法论研究学术报告》，载《山东大学学报（哲学社会科学版）》2015 年第 3 期。社科法学与法教义学争论双方的代表性主张，例如苏力：《中国法学研究格局的流变》，载《法商研究》2014 年第 5 期。参见陈柏峰：《社科法学及其功用》，载《法商研究》2014 年第 5 期；侯猛：《社科法学的传统与挑战》，载《法商研究》2014 年第 5 期。参见张翔：《形式法治与法教义学》，载《法学研究》2012 年第 6 期；陈景辉：《法律与社会科学研究的方法论批判》，载《政法论坛》2013 年第 1 期；雷磊：《法教义学的基本立场》，载《中外法学》2015 年第 1 期。

况和思想焦点似乎还没有完全梳理清楚。不得不承认，在一些关键主张上，两派甚至还在继续上演京剧《三岔口》那样的黑暗中乱斗，并没有进行实质意义上的正面交锋。

鉴于中国的公权力缺乏有效约束、规范体系缺乏充分的自我完结性、审判过程受到过多外部影响、法律解释学的积蓄也非常薄弱等问题，笔者始终认为现阶段中国法学研究的一项最重要的任务还是加强法律适用的解释和推理环节，甚至有必要在法律职业共同体当中鼓励法教义学的规范思维方式，让制度担纲者本身树立必要的法律信仰，进而通过示范作用在公民的社会日常生活中酿成守法精神。否则，施密特式的主权决断论或者具体秩序论就会横行无忌，法治原则根本就无法落到实处，作为正义屏障的法律职业精神也难以弘扬。② 当然，在社会体制转型期，法律的形式理性要求势必遭遇特别严峻的挑战，立法质量问题也会妨碍法教义学态度的形成以及法律解释学技术的有效运用。在诸如此类的背景之下，关于法律与社会的关系和相互作用以及问题导向的跨学科研究才有了非常广泛的用武之地。但关于法律的社会科学研究，在笔者看来还是应该与法律解释学形成某种相辅相成（以加强规范的功能实效），或者相反相成（以加强制度的反思理性）的关系。③ 否则，脱离法律规范本身而片面强调经验科学和实证研究技术的社科法学将有可能发生蜕变、流于精巧的素材——数据游戏，或者在法学界被逐步边缘化。

也就是说，法的社会科学研究范式创新的方向是从结构—功能主义转向涵义的分析④，即深入到规范的价值涵义领域——按照尼克拉斯·卢曼（Niklas Luhmann）的概念界定，这种涵义（Sinn，meaning）发挥如

---

② 卡尔·施密特曾经深入分析法学思维模式中决断论与规范论之间的相克关系，但他持反对规范论的立场，而提倡具体的秩序论，并以此作为纳粹政权的法学指导思想。参见〔德〕卡尔·施密特：《论法学思维的三种模式》，苏慧婕译，中国法制出版社2012年版。

③ 从不同角度论述两者互补关系的文献可以举出谢海定：《法学研究进路的分化与合作——基于社科法学与法教义学的考察》，载《法商研究》2014年第5期；熊秉元：《论社科法学与教义法学之争》，载《华东政法大学学报》2014年第6期。具体研究成果可以举出程金华：《四倍利率规则的司法实践与重构：利用实证研究解决规范问题的学术尝试》，载《中外法学》2015年第3期。

④ 有关背景的说明可以参见〔日〕和田仁孝：《法社会学的解体与再生——超越后现代》，弘文堂1997年版。这么说并不意味结构—功能的分析不再被需要，或者无足轻重，只是想强调法社会学应该把规范本身也纳入射程之中，甚至作为研究的重点，而不能仅仅满足于围绕法律的各种现象的研究。

下作用：通过主观与主观之间（主观间性）可以互相沟通并达成共识的方式，把多种多样的体验可能性综合起来，从而使得自己可以有意识地、切实地预期到他者的预期（所谓"预期的预期"正是复杂系统理论和社会博弈理论的核心观点之一）。⑤ 其中特别是要聚焦立法、执法以及审判的沟通行为和话语空间（作为社科法学与法教义学的中介）及其规范的涵义，同时也参与法治秩序的建构并注重法律现象的政策科学研究（作为社科法学与政法法学的中介），而不是相反、脱离甚至排斥法律解释的实践以及相应的制度改革举措。

有心的读者或许从上面的阐述内容中已经关注到了作为中介的法社会学定位。在黑格尔（Georg W. F. Hegel）那里，中介是指经过反思理性化之后向绝对之物发展的过渡。根据缪勒（Johannes P. Müller）的实践辩证法，中介则意味着个别之物通过政治的、实践的调解以及法律程序中的沟通行为等互动关系而实现不断变化的各种因素的动态均衡。这里所说的法社会学的中介作用显然更接近缪勒的概念理解，与《尹文子》把"综核名实"、进行黑白分明的判断作为法律精髓的思路也有相通之处。需要特别指出的是，在这里，无论中介还是动态均衡，并非指回避对立、提倡无我、强调归一的片面化、绝对化的整体性"和谐"，而是以对立的存在为前提的。因为没有真正的对立和张力，中介就会流于形式，法治理念也就会失去立足之地，抗辩的话语空间也就无从构建。当然，上述论断并非简单地等同于激进阶级斗争学说，而是指关于社会和法律的纠纷理论范式，与合意理论范式形成鲜明的对照。

所以，笔者提倡"议论的法社会学"，作为变得日益暧昧不清的"法与社会"研究运动乃至那种偏激化、解构化的"社科法学"今后的一个替代性范式。其宗旨是建立关于语言博弈及其程序条件和寻求权利共识（并非无原则妥协）等建构机制的广义法社会学模型，以便实证地分析和说明法律体系和法律秩序的本质，并推动中国法学理论的创新。这样重新定位后的程序—议论—权利指向的法社会学研究，对克服国家规范体

---

⑤ 参见〔德〕尼克拉斯·卢曼：《法社会学》，宾凯、赵春燕译，上海人民出版社2013年版。

系碎片化、各部门法相互间缺乏沟通渠道、所谓"新的中世纪"⑥在全球规模再现等各种各样的割据局面理当有所贡献。对法解释学（包括法教义学的辩论和修辞、逻辑推理、涵摄技术以及概念计算方法）真正在中国确立其学科地位，当然也是大有裨益的。与此同时，能够兼为实用法学跨部门、跨学科、跨国界交流平台的重新定位也有利于广义的法社会学本身的发展、壮大以及进入法学主流。实际上，只有在提出关于规范适用和制度运行的真问题并有效解决这些问题的基础上，关于法的社会科学研究才能真正凸显自己的认同性和独特意义。

一、法律不确定性问题的不同应对

根据笔者的理解，法教义学与社科法学之争的根本焦点其实是法律的不确定性（indeterminacy）问题。

众所周知，法律规范适用的本质是事实认定、权利判断以及对越轨行为的制裁。因此，客观性、中立性、公正性理所当然地成为法学自始至终所追求的基本目标。在成文法系国家，所采取的方式是特别强调法官严格遵循条文规定的内容，以防止审理案件中的主观任意，其典型表述就是孟德斯鸠描绘的法官理想图像：机械地照本宣科，而绝不对法律内容进行任何修正。⑦ 在判例法系国家，特别强调的先例的约束力、缜密的推理以及议会主权，从而避免判决蜕变成审判机构的命令。正是基于这样排除法律之外各种因素影响的思路和逻辑演绎的操作方式，法教义学、实证主义法学、法的形式性理论才渐次发展，蔚为大观。这是一个把规则逐一嵌入正当化连锁结构之中的推理体系，其基础是对部分规则的公理性和实效性的信赖以及把这种信赖逐层推广到其他规则，编织环环相扣的法律之网的机制。

---

⑥ 关于由主权国家构成的世界秩序将把"新的中世纪"作为替代模式的主张，参见 Hedley Bull, The Anarchical Society：A Study of Order in World Politics, New York：Macmillan, 1977；〔日〕田中明彦：《新的"中世纪"——21 世纪的世界体系》，日本经济新闻社 1996 年版；John Rapley "The New Middle Ages", Foreign Affairs Vol. 85 no. 3 (2006)。

⑦ See Benjamin N. Cardozo The Nature of the Judicial Process, New Haven and London：Yale University Press, 1949, p. 169. 参见〔法〕孟德斯鸠：《论法的精神》（上卷），许明龙译，商务印书馆 2009 年版，第 81—82 页。

法教义学之类的学说和解释技术以及相关的所有努力，从本质上来看，都是要在丧失客观标准的大变动时代，重新确立起一种伦理的绝对标准（ethical absolutes），只不过在这里人们把法律规范本身当作一种形而上学的绝对标准（metaphysical absolutes）罢了。中国的法家在战国时代提倡"夫立法令者，以废私也"⑧的口号，奉法律为公共标准，或多或少，也颇有那么一点异曲同工之妙。而在实践中，法教义学试图通过有限的分析程序来不断简化无限复杂的社会现实和语言博弈；通过稳固的预期设定来使法律关系具有确定性，防止法官的政治信条和个性以及经济和社会背景对审判过程的干扰，从而增大社会行为及其结果的可预测性、可计算性。这种作业理所当然值得适当评价，特别是在中国某些地方、某些时期法律适用太过率性而为的那种语境里。

法教义学的方法论前提是笛卡尔式的主客二元论及其不同翻版或变种。例如主观价值/客观事实、实质理性/形式理性、道德/法律、政策/权利、理念/规则等各种对立概念，都具有非此即彼的零和性。这样的思想传统与始于孟子的"天人合一""道法自然"的观念大异其趣。⑨的确，中国传统的法律话语中也充满了各种对立概念。例如安定的"经"与变通的"权"、"治人"与"治法"、"德主刑辅"、案件的"轻重"、管制的"宽严"、关系的"亲疏"、"教"与"罚"、"预防"与"惩戒"、"治本"与"治标"，等等。但是，中国式的相对概念不是基于或有或无的逻辑，而是处于或多或少的状态，因而不仅没有加强法律的确定性，反倒使得法律的运用更加随机应变，甚至通过极其流动化的修辞和调整最终导致投机心理的蔓延以及对正义进行判断的终结。⑩与中国的对称化修辞方式不同，法教义学或者实证主义法学采取对立化修辞方式，目的很清楚，即通过二元论的一系列概念的严格区分和不同的应对举措来彰显法律的形式性，并强调严格遵循形式要件，以此防止规范应用中的摇摆和扭曲，从而为权利体系以及法治秩序奠定制度设计的

---

⑧　语出《韩非子·诡使》。

⑨　参见张世英：《天人之际——中西哲学的困惑与选择》，人民出版社 1995 年版。

⑩　参见季卫东：《超近代的法——中国法律秩序的深层结构》，密涅瓦书房 1999 年版，第 67 页以下。

基础。⑪

然而现实情况反复证明：即便是关于形式性的讨论，法律家们也都无法避免各种不同的形式要件之间的纠结，特别是原则（法律的一般条款）与规则（法律的具体条款）之间的对峙或者冲突。因为规则在形式上的正当化会导致某种刚性需求，而公序良俗、诚实信用等原则在形式上的正当化则会导致一些弹性需求。换言之，前一种形式是法律确定性的屏障，而后一种形式却会成为法律变动性的原因，在这里不同的形式将产生不同的效应。这就是所谓"法律的形式性悖论"——固守形式要件的结果却有违形式要件。这种形式性悖论也体现了法教义学或者实证主义法学内在的根本矛盾。

美国的现实主义法学派认识到在法律形式性上体现的这种张力会削弱法律适用的确定性和客观性，于是有杰罗姆·弗兰克（Jerome Frank）和卡尔·卢埃林（Karl Llewellyn）分别指出审判机构在规范推理以及事实认定方面的可变性、主观性问题，并把实验和科学创新作为解决之策。⑫ 后来批判法学继承了这条思路但却将之推到极端，彻底否定法律议论的确定性、客观性、中立性、公正性，把认定事实和判断权利的作业都归结为法律之外的政治和意识形态。⑬ 事实上，揭露法律制度以及法律职业隐蔽起来的主观偏向和权力策略始终是批判法学的基本立场。

二、"作为科学的法学"与验证的困境

为了克服司法过程的不确定性和主观性，克里斯托伐·兰德尔

---

⑪　参见夏勇：《法治是什么——渊源、规诫与价值》，载《中国社会科学》1999 年第 4 期。

⑫　Jerome Frank, *Law and Modern Mind*, New York：Bremtano's, 1930, p. 98. Cf. also James E. Herget & Stephen Wallace, "The German Free Law Movement as the Source of American Legal Realism", *Virginia Law Review* Vol. 73 (1987) pp. 399-455, William W. Fisher Ⅲ, Morton J. Horwitz and Thomas A. Reed (eds.)*American Legal Realism*, New York：Oxford University Press, 1993.

⑬　Cf. David M.Trubek and John Esser, "'Critical Empiricism' in American Legal Studies：Paradox, Program, or Pandora's Box?", *Law and Social Inquiry* Vol. 14 (1989) pp. 3 ff.也参见〔日〕船越资晶：《批判法学的构图》，劲草书房 2011 年版。

（Christopher C. Langdell）等一大批学者开始大力提倡"作为科学的法学"⑭，试图以事实验证的确定性来弥补规范的不确定性；尤其是强调把各种社会调查、实验以及经验分析方法运用到对规范现象的研究方面，以便准确地预测和把握判决以及法律推理。例如在 1932 年，美国联邦最高法院的路易斯·布兰德斯（Louis D. Brandeis）大法官在一个判决中发表少数意见指出："物理学中发现和发明的成功证实了试行错误的过程是如何重要。科学的进步大部分是实验的成果……有人认为，现代社会之所以为解决其问题而苦恼，与法院对于社会科学领域中的实验持限制的态度有关。"而该案件的多数意见也承认各州有权进行实验性立法，只是这类法律实验不能突破联邦宪法所规定的自由。⑮在中国的改革开放时期，也有立法预测之议。⑯美国还出现过运用经验科学的数据分析判决行为和运用符号逻辑学（symbolic logic）改进法律解释技术的各种尝试，其中一个典型表现就是借助计算机推动的"计量法律学"（jurimetrics）研究。实际上，法律的科学化成为 19 世纪后期以来的全球大趋势，关于法律的社会科学以及法社会学就是在这样的背景下应运而生的。

进入 20 世纪之后，在刑事诉讼领域，借助确定性、客观性很强的自然科学知识和方法形成所谓"科学的证据"用于事实认定的纠纷处理方式日益普及。在民事诉讼领域，涉及医疗责任、环境保护、建筑标准、知识产权等前沿问题的"科学审判"以及针对社会风险的"预防性科学诉讼"也日益增多。中国从 20 世纪 80 年代初开始也有人借助数学方法

⑭　Cited from Christopher C. Langdell, *A Selection of Cases on the Law of Contracts*, Boston：Little，Brown & Company，1879, p. viii.

⑮　See *New State Ice Co. v. Liebman*，285 U. S. 262，310，311 (1932)．转引自〔日〕小岛武司：《迅速的审判——美国民事诉讼法的研究》，中央大学出版部 1987 年版，第 245—246 页。

⑯　吴大英、任允正认为，为了预测立法的未来状况和发展趋势，需要采用专门的科学方法和手段来获得经验性资料；这也是制定立法计划以及及时进行规范立改废的前提条件。参见吴大英、任允正：《立法制度比较研究》，法律出版社 1981 年版；吴大英、任允正：《立法的预测和规划》，载《政治与法律丛刊》，复旦大学出版社 1983 年版，第 6—12 页。实际上，早在 20 世纪 50 年代，威廉·艾德洛特（William O. Aydelotte）就利用电子计算机分析英国谷物法制定过程中的下院议员投票行为，后来一些投票行为研究还进行过模拟实验。参见宋成有、沈仁安：《数量方法与美国历史学》，载《国外社会科学动态》1983 年第8 期。

和综合评判模型改善公害诉讼案件的审理。[17] 笔者和北京大学法律学系赵震江教授在 1984 年联名发表的关于法律与科学技术之间关系和相互作用的论文，可谓科学法律观在中国的先声之一，在当时引起了较大反响。[18] 欧美法学界以司法应用为目的的科学研究也越来越发达，形成了所谓"法庭科学"（forensic science）的专攻领域。而波斯纳（Richard A. Posner）曾经认为经济学就是一种"接近自然科学的'刚硬'社会科学"（"hard" social science）[19]，试图通过加强目的与手段的分析来提高法律判断和决定的精密度和效率，从而引领了所谓"法庭经济学"（forensic economics）的潮流。即便是基于逻辑演绎的纯粹理论，也被认为与自然科学同样能为政治和法律领域的准确预测提供基础。[20]

但是，事实证明，通过科学以及社会科学的方法和手段未必能够真正克服法律适用过程中的不确定性和主观性。正如意大利出身的著名法学家皮埃罗·卡拉曼德雷（Piero Calamandrei）所阐述的那样：

> 的确，法官并非机械装置或计算机。法官是活生生的人。确定法律的内容并适用于具体事实的工作虽然被理解为在真空试管（in vitro）的三段论推理，但实际上却是在精神封闭的坩埚里进行的颇带神秘色彩的综合性作业过程。要在坩埚里把抽象的法律与具体的事实熔融一体，必须让直觉与感情在不断鼓动的良心之中热烈燃烧。
>
> 也就是说，合法性以及一般的法律规范理论（teoria normativa del diritto）乃有益于法律家的学术尺度。但按照这种方式对判决进

---

[17]　参见邓建熙等：《模糊数学在环境污染案件审理中的应用》，载《中国社会科学》1983 年第 5 期。

[18]　参见赵震江、季卫东：《法律与科学技术》，载《法学研究》1984 年第 1 期。后来这方面的研究有长足的进步，其中，苏力：《法律与科技问题的法理学重构》，载《中国社会科学》1999 年第 5 期，尤其值得赞赏。

[19]　Richard Posner, *Law and Literature: A Misunderstood Relation*, Cambridge: Harvard University Press, 1988, p. 272. 但在该书英文第二版中，作者对经济学的科学目标采取了更中庸的立场，不再固守科学主义判断标准，而对文学叙事和法律修辞等话语行为中体现的涵义处理技艺持理解、同情立场。参见〔美〕理查德·A. 波斯纳：《法律与文学》（增订版），李国庆译，中国政法大学出版社 2002 年版，第 393 页以下和译者解说。

[20]　演绎理论的倡导者、数学家和生物学家阿那托尔·拉伯波特（Anatol Rapoport）就持有这样的观点。虽然纯粹理论通常以理想化的状况为前提条件，未必有直接的实用价值，但却可以启迪和揭示真理，从而对规律进行预测。参见〔美〕爱·麦·伯恩斯：《当代世界政治理论》，曾炳钧译，商务印书馆 1983 年版，第 496—497 页。

行逻辑分解，就像化学家的物质分析，即便能够检验出构成鲜活的有机物的所有元素成分，也不可能创造和描述从这些元素的神秘结合方式中诞生生命的机制。[21]

另外，很多法学研究者都注意到，日本医疗事故诉讼史上最著名的判例"东京大学附属医院腰椎穿刺案件"经过长期审理，终于在1975年10月24日由日本最高法院做出判决，其中关于因果关系的理由说明特别具有深远影响，被专业论著广泛引用。在这里，日本最高法院明确指出了这样一点真理："与自然科学上的证明绝不容许任何疑义的标准不同，诉讼上的因果关系证明是对照经验法则来综合考察所有证据，确认特定事实引起特定结果的关系，从而证明一种高度概率性。后者的标准是只要能达到普通人能对真实性确信无疑的程度，就必须而且足以做出判定。"[22] 其理由是审判的证明只是以过去一次发生的事实为对象，而自然科学的证明则是以多次发生的事实为对象，必须探求在过去和未来都适用的普遍规律，不容许任何反证现象有存在的余地。所以，司法程序中的证明归根结底不过是办案法官认为已经得到证明的内心确信而已。

实际上，即便审判机构非常重视自然科学意义上的证明，也会存在所谓"科学鉴定的两难困境"[23]，即由于法官不可能具有足够的科技专业知识，必须对涉及科技的案件争议点另行进行科学鉴定；但对这种科学鉴定结果的评价和取舍也还是需要充分专业知识的，而判断权却只能由法官来行使。日本在21世纪初期的司法改革中，通过导入专业裁判员（或陪审员）等举措改进了司法鉴定制度的运作，但上述两难问题并没有

㉑ 引自〔意〕皮埃罗·卡拉曼德雷：《诉讼与民主主义》，〔日〕小岛武司、〔日〕森征一译，中央大学出版社1976年版，第43页。实际上，卡拉曼德雷提出了与孟德斯鸠截然不同的法官理想图像，不是无生命的存在物，而是有灵魂的法律决定者，即"具有深切的人情味而肩负审判重任的参加型法官"（见同书第47页）。

㉒ 日本最高法院昭和50年10月24日判决，民事判例集第29卷第9号第1417页。参见〔日〕龟本洋：《审判与科学的交错》，载《岩波讲座·现代法的动态》第6卷，岩波书店2014年版，第4—7页；〔日〕津田敏秀、〔日〕山本英二：《疫学的因果关系》，同书第99—102页。

㉓ 〔日〕中野贞一郎：《科学鉴定的评价》，载〔日〕中野贞一郎编：《科学审判和鉴定》，日本评论社1988年版，第27页，该文首先指出并论述了涉及科技知识的民事诉讼中所存在的这种两难困境。

真正化解。何况科学上的争论焦点与司法过程的事实认定上的争论焦点本来就未必完全一致，因为法官、检察官、律师以及法学研究者的目的是判断当事人是否负有法律责任，根本就无法避免价值的考量。审判机构在形成心证之际，需要对当事人的叙事做出分析，在此基础上建构和检验假说，并且要在法定审理期限内迅速对不断累积和变化的大量假说和暂时性结论进行处理、裁量、判断。因此，法律决定不得不立足于不确定性，甚至可以说，自然科学技术的影响越强，不确定性以及决策的风险性反倒越大。在中国，长期以来司法鉴定机构设在法院内部，科学鉴定两难困境以及判决的证明度问题有时反倒变得更加尖锐，围绕佘祥林冤案的勘验和鉴定的公众疑惑就是一个典型的实例。

正是在这样的背景下，加上美国法官政治倾向左右判决的典型事例和围绕法律和审判的政治活动的活泼化趋势的影响，批判法学的所谓"法的极端不确定性"（radical indeterminacy）命题开始重新抬头，甚至在相当程度上得到法学界主流的承认。㉔ 对司法实践的调查研究也已经证明，个人的效用和价值判断本身是无法量化的。因此，某种判决是否对自己有利、有利程度的大小以及价值顺位等判断都会因人而异，难以进行外在的客观衡量，法律的可预测性、确定性也很难真正实现。如果硬要使这种可预测性、确定性成为现实，那么法律秩序的正当性根据恐怕就只能是维稳的强制，而不是基于理由论证的合意或者承认。众所周知，批判法学因其激进性、破坏性而让很多职业法律人敬而远之，近些年其影响力也在日渐衰减。但是，批判法学对法律职业共同体的思维方式、话语内容以及制度操作技艺所进行的研究和反思其实还是具有很强穿透力的，对我们换个角度解读法律秩序原理的深层奥秘颇有启迪。如果我们站在法社会学与法解释学进行建设性对话的立场重新玩味批判法学的一些见解，那就很有可能把其中富有学术价值的命题从愤世嫉俗的泥潭里拯救出来，作为法学研究范式转变的参考资料。

㉔ See Neil MacCormick, "Reconstruction after Deconstruction: A Response to CLS", *Oxford Journal of Legal Studies* Vol. 10 (1990) pp. 553-555, Robert A. Kagen, *Adversarial Legalism: The American Way of Law*, Cambridge, MA.: Harvard University Press, 2001, pp. viii-x.

三、"作为技艺的法学"与议论的形态

既然法律的适用以及法学不可能完全克服不确定性和主观性，那就不得不以不这样的现实为前提来定位法律和法学。因此，另一种立场是干脆从技术甚至艺术的角度来理解法学的本质，并且在这样的框架中追求正义和公平。

即便是汉斯·凯尔森（Hans Kelsen）的纯粹法学体系，其实并没有把法律适用简单地看成层层推理和演绎的逻辑操作，也没有试图建立一个类似数学或者几何学那样的法学体系，而在相当程度上承认主观意志在规范决定中的作用。凯尔森明确说过，"法律体系的各个规范并不是能从根本规范合乎逻辑地演绎出来的，而必须由特别的制订行为加以设定。这样的制订行为不是出于思考，而是出于意志"[25]。在这里，法律的解释和适用侧重决定的内容正当性以及论证根据的自洽性，并不特别需要经验性事实的检验和科学的确证。由此可见，试图通过欧几里得公理体系那样严密的结构和逻辑推理来追求法律的确定性、客观性、公正性，不仅在实务上难以操作，而且在制度设计层面也没有落地的可能。但是，法律决定如果基于主观性、不确定性，那么怎样才能具有正当的根据和说服力？这是法律学者内心深处始终潜在的焦虑，不断产生出对数学和自然科学的憧憬以及某种实证主义情结。

美国法社会学界始终重视经验科学以及结构—功能分析法，但从20世纪80年代开始也把注意力转向价值涵义及相应的沟通行为，逐步形成了所谓"安赫斯特学派"。属于这个学派的一批学者通过法律意识的调查、法院外解纷方式（ADR）及街道行政执法的考察以及法律三类型论或法律多元主义框架的建构，推动了"日常生活中的法律"（law in every-day life）研究，把法律理解为从话语、实践中自发生长而成的社会结构，更加强调微观层面的支配与抵抗活动对于秩序的塑造作用，着力描

---

[25]　〔奥〕凯尔森：《纯粹法理论》，张书友译，中国法制出版社2008年版，第82页。这里的引文进行了适当调整。

述个人行为与社会结构之间的互动关系对制度、文化以及意识形态的影响。㉖

不言而喻，实践中的法律主要表现为话语，主要通过立论（argument）和相应的议论（argumentation）来达成合意或共识的沟通活动，呈现出一定的过程和结构并具有制度的前提条件。任何一个法官都知道，在处理案件时必须始终面对当事人双方的一系列不同权利主张及其理由论证；要在大量的叙事和修辞中，在这样的话语与话语相互对抗的构图中进行抉择，必须对复数的解答不断进行斟酌、权衡以及说服的作业。在这里，议论由复数的立论组成，每一个立论都必须给出理由，进行事实上或者逻辑上的严密论证，每一个立论都是可以辩驳并通过反证的检验而正当化的。也就是说，关于法律和正义可以有多种多样的看法，但只能做出一个决定；因此判决必须尽量考虑各种不同主张及其理由，以便说服社会。

换句话说，要把被对立的权利主张撕裂成两个系列的那些法律议论重新统合起来，只有通过辩驳和验证这样的过滤装置才有可能。倘若我们从这个角度来重新认识法律的确定性、客观性、公正性，那就有可能找出解决问题的线索。这正是斯蒂芬·图尔敏（Stephen Toulmin）对议论结构的分析以及所提倡的"优化求证法"（good reasons approach）引起我们重视的主要原因。他的思路和主张非常清晰、深刻，他说，"我确信，通过对照现实中进行的议论评价来试验我们的想法，而不是对照哲学家的理想把法学当作逻辑学的普及形态，我们终将树立一个与传统的逻辑学截然不同的逻辑学体系"㉗。这种逻辑学体系以解析"议论的样式"为宗旨，把法律思维方式本身作为逻辑学的模型，而不是把逻辑学作为法律学的模型，就像胡适把司法中的勘验技术以及相应的推理过程作为历史考据学乃至文学研究的模型那样。在罗伯特·阿列克西（Robert Alexy）所倡导的"法律议论的学说"当中，通过对法律规则的选择和解

㉖　参见刘思达：《美国"法律与社会运动"的兴起与批判——兼议中国社科法学的未来走向》，载《交大法学》2016年第1期。

㉗　Stephen E. Toulmin, *The Use of Argument*, Cambridge：Cambridge University Press, 2003, p. 10. 关于图尔敏的议论模型学说的内容概述，参见〔日〕龟本洋：《法的思考》，有斐阁2006年版，第226页以下。

释以及权利认定的理由论证，我们也可以发现同样的方法论取向。㉘

四、抗辩清单对于法律沟通过程的重要性

在这种法律的逻辑体系里，任何立论都是附带消灭条件的，因而有可能被归入例外之列、是不确定的。但是，如果立论经得起辩驳和反证的检验，那就可以存续于议论的过程—结构，因而具有确定性、客观性、正当性。笔者以为，把例外和反驳的条件也都编织到法律规则体系里去的这种"可撤销性"（defeasibility），对于正确把握"议论的样式"以及法律的逻辑体系具有关键的意义，对于进一步深入理解中国特有的法律试行现象也颇有启迪作用。㉙ 在 20 世纪的法学理论界，是哈特（H. L. A. Hart）首先发现并从理论上阐述了"可撤销性"这个概念。在相关论述中，哈特把法律实证主义传统与维特根斯坦（Ludwig Wittgenstein）的哲学精神通过并列、交错和冲突最后巧妙地融合在一起，形成以语言博弈为特征的法学新境界，通过语义分析方法建立起另一种自我完结的法律规则体系。这片丰饶的思想矿藏最近在欧美法学界引起了越来越浓厚的兴趣。㉚

这里试举一例加以说明。哈特认为，有效合同的成立必须满足一定的条件；如果存在虚伪表示、强迫、丧失意识、不道德的目的之类的事实，有效合同不就能成立。这些作为撤销合同理由的事实不妨称作抗辩清单。稍微深入思考一下就可以领悟这样的道理：几乎所有法律概念，几乎所有的权利认定和保障，如果离开关于不能适用规范的例外事由或者可以削弱规范的消极事由的清单，都无法进行充分的说明。显而

㉘　参见〔德〕罗伯特·阿列克西：《法律论证理论》，舒国滢译，中国法制出版社2002年版。

㉙　关于中国法律试行的理论分析，参见季卫东：《法律编纂的试行——在事实与规范之间的反思机制》，载季卫东：《法治秩序的建构》，中国政法大学出版社1999年版。

㉚　Cf. Jordi F. Beltran & Giovanni B. Ratti (eds.) *The Logic of Legal Requirements*：*Essays on Defeasibility*, Oxford：Oxford University Press, 2012, Claudia Bloser, Mikael Janvid & others (eds.)*Defeasibility in Philosophy*：*Knowledge*, *Agency*, *Responsibility*, *and the Law*, Amsterdam：Editions Rodopi B. V., 2013.

易见，这种权利抗辩清单对于分配举证责任的制度安排也具有重要意义。㉚ 正是因为存在这样的抗辩清单，法律领域当中的语言博弈才更加活泼并且不断延展，使得一种语言断片的周围逐渐出现越来越多的不同语言断片与之相互补充或者相互拮抗，使得一种语言博弈的边缘逐渐出现更大范围的语言博弈，从而形成不断扩张的多项语言博弈的复杂状况（the complex situation of multiple language game）。关于权利确定化的共识通过这样议论纷纷的状态而渐次凝聚，并作为法律决定表达出来。这是一个动态的过程，其结果和效果会在很大程度上受到程序设计方案的制约。因此，权利抗辩清单是必须与程序公正原则相匹配的。

正是在这样的框架下，哈特提出了法律就是第一层规则（责任规则）和第二层规则（承认规则）的结合这个著名命题。在某种意义上也可以说，他把语言博弈作为法律体系的本质。㉜ 由此可见，法律的存在与客观事物的存在不同：法律是通过语言表述出来的。所有权、股份公司、专利、法定继承、当事者适格等现象，都不是在法律之外客观存在的实体，而是由法言法语构成的，是思想观念上的拟制。离开话语，离开议论，就根本没有法律可言。但在这里需要提请注意的是，尚处于试行（暂行）过程中的语言表述本身并非法律；只有当某一暂定法律表述、判断、决定的正当性得到认证之后某一法律规范才因而存在。而对之进行认证的仍然还是法律话语，这里存在着复杂的、互相关涉的话语连锁，甚至还有那么一点循环论证。在这个意义上也可以认为，社会结构来自话语；话语里面也隐藏权力关系，至少是关于权力的预期。

图尔敏非常重视哈特提出的这一命题，并把它与法律议论的思维方式或逻辑模型中的反驳条件等量齐观。㉝ 由此可以推而论之，法律议论的最根本特征在于双重可撤销性或者说双重不确定性：法律依据是可以因抗辩而撤销的，需要正当化的主张、命题以及决定也是可以因抗辩而撤销的。正如拉丁格言所表述的，"一切主张在未经证明之前应推定其不成

㉚　H. L. A. Hart, "The Ascription of Responsibility and Rights", *Proceedings of the Aristo-telian Society*, XLIX (1949) pp. 174 ff.

㉜　参见〔英〕哈特：《法律的概念》，张文显等译，中国大百科全书出版社 1996 年版，第五章；〔日〕桥爪大三郎：《语言游戏与社会理论——维特根斯坦·哈特·卢曼》，劲草书房 1985 年版，关于哈特的法律规则学说的分析。

㉝　Toulmin, *The Use of Argument*, op. cit. p. 131.

立"（Omnia praesumuntur pro negante），这里存在着说服力竞争以及淘汰的机制。这种正当化过程才是法律秩序的生命力源泉，也是规范确定性的关键所在。概括起来说，如果抗辩的空间较窄，则证明的义务负担也较小；反过来，倘若抗辩的空间较广，那么证明的义务负担也就相应地增大——因此，抗辩清单具有促进论证性对话的功能，并加强法律秩序的正当化机制，从而加强规范体系的确定性。另外，在主观与主观相碰撞的话语空间中，法律解释共同体内部分享的理念、语法、修辞、逻辑以及实践理性也可以在相当程度上构成客观的判断标准，促进规范文本的确定化。[34]

哈特和图尔敏的理论焦点实际上是聚集在法律作为一种语言样式而发挥功能的基本机制之上。辩驳、论证、承认、撤销、变更、确定等一系列议论和达成共识的过程，正好反映了法律秩序最核心的建构装置，也就是规范的话语技术。围绕包括公正程序要件在内的第二层规则的各种语言博弈使得法律规范及其适用机制变得可视化了，也就是可以根据经验科学的方法进行观察，进而进行实证分析了。而不断扩张的多项语言博弈的复杂状况可以把社会规范及其正当化、内在化功能作为第二层规则的关联现象也纳入视野之中，同时可以在个人行为的层面研究法律规范的形成和运作，这就为法社会学研究开拓出新的空间，也为法解释学或法教义学与法社会学之间的竞争、合作以及互相补充提供了广阔的机会性结构。更重要的是，聚焦议论的法学研究可以促使法律命令说（权力的逻辑）以及法律道德说（传统的逻辑）逐步式微，加强庭审功能和律师的角色作用，这对中国推行依宪执政、依法治国的体制改革也具有重要的现实意义。在一定意义上也可以说，要建成法治中国的巴别塔，语言博弈与沟通机制具有决定性意义。

五、议论的法社会学：研究范式创新

基于上述分析，法律命题不确定性的渊源以及法律规范确定化的机制就在法律议论及其抗辩清单之中，而围绕秩序建构的个人间话语博弈

---

[34]　Cf. Owen M. Fiss, "Objectivity and Interpretation", *Stanford Law Review* Vol. 34 (1982) pp. 739 ff.

以及法律与社会之间的互动关系为法的社会科学研究提供了非常辽阔的发展空间。为此，研究方法的重点应该从结构和功能转移到涵义上来，聚焦沟通行为，立足主观间性和话语博弈，建立一个兼顾程序、议论以及围绕权利的共识（即建立在抗辩等话语技术正当竞争基础上的共识以及作为共识之结果的权利）指向的理论体系，并对实践中的法律意识和法律行为进行实证分析（例如安赫斯特学派所进行的研究那样），进而在制度改革方面推动政策科学研究。法律议论的样式、象征性权力的作用、对话和抗辩的条件、程序公正的程度、决定的风险性和正当性以及处理纠纷和进行决定的各种机制设计方案等，都将成为广义法社会学研究的重点对象，应该也有可能吸引更多的法解释学研究者以及不同学科的专家参与其中。在这个意义上，我们可以说，在当今的时代，尤其是在中国，需要确立一个新的跨学科知识领域，即"议论的法社会学"⑤。这就是笔者对今后法的社会科学研究范式转移的基本认识。

回望 20 世纪，关于法的社会科学研究曾经风靡全球，形成"法与社会"这个基本范式；在方法论上，侧重结构与功能。然而，正当性论证不断促进实质问题的议论，势必使得社会价值的涵义凸显出来，全球化对本土文化认同的挑战进一步加剧了这种趋势。因此，法社会学的范式创新应该打破法与社会二分法的窠臼，聚焦涵义之网和沟通活动，进而对法律意识、法律知识以及法律思考形态进行深入的考察、分析以及解释，在形成权利共识的同时加强规范的反思理性。为了回应这样的时代需求，议论的法社会学将特别注重议论实效化的程序条件，主要包括参加议论的动力或诱因体系、确保论证性对话这一本质性特征、议论与法律判断以及制度改革之间的关系，并使潜在的议论规则尽量显现出来。这实际上是要改变"法与社会"运动把社会与法律对立起来并过分强调社会生活的那种状态，使法律职业的思维方式、个人主体的议论和行为

---

⑤ 邓肯·肯尼迪曾经提出"法律立论的符号学"的主张，宗旨颇有相通之处。See Duncan Kennedy,"A Semiotics of Legal Argument" *Syracuse Law Review* Vol. 42 (1991) pp. 75 ff., Cf. also Anne Wagner & Jan M.Broekman (eds.)*Perspects of Legal Semiotics*, New York：Springer, 2011, 法律符号学虽然具有人类学维度，但更强调价值内涵的形成和表达以及有意义的沟通，立足点是索绪尔（Ferdinand de Saussure）式语言学（欧洲流派）或者皮尔斯（Charles S. Peirce）式逻辑学（美国流派），而这里所说的"议论的法社会学"则更侧重一定社会结构（特别是人际网络）中的沟通行为和互动关系，立足点是结构—功能—涵义三位一体的话语空间、抗辩和论证的正当化机制分析，以及相应的公正性制度条件研究。

变成广义法社会学研究的中心内容，进而剖析法律教义、制度结构与人们的法律意识乃至法律意识形态之间的关系和相互作用。在这个意义上，议论的法社会学也是实践（实务）指向的，也不妨理解为"法律的社会解释学"。

"议论的法社会学"在方法论上的主要特征是跳出法律与社会的二元论窠臼，把社会理解为法律运作的场域，把法律理解为社会生活的编码，从而扬弃以法律/社会的分离格局为前提的法律工具主义观点；与此同时，把社会中的法律秩序理解为包括支配与抵抗之间的较量在内的多项语言博弈的复杂状况以及带有不确定性的价值涵义构成物。议论的法社会学将致力于对实践的观察、分析以及诠释，强调主体对结构的塑形作用，进而从事实与话语之间的交相影响中解读社会价值的涵义，侧重法律沟通过程、规范选择的行为以及秩序的建构—解构—再建构机制的经验性研究，也包括法律意识的比较、解释、反思以及批判。在一定程度上也可以说，这样的研究新范式企图为围绕法律的专业话语与社会话语提供必要的媒介物和沟通方法，为象征性符号互动的秩序提供不可或缺的认识论框架，并使得具有鳞片化结构特征的中国传统法律秩序也获得更精准的科学表达，进而为法治的制度设计勾勒出一些破解规范几何学难题的辅助线。

实际上，哈贝马斯在价值与事实之间构建的商谈（deliberation）理论与"议论的法社会学"的宗旨非常接近，只是前者更侧重社会的理性—德性沟通过程，后者更强调法律的内部—外部沟通过程而已。哈贝马斯明确指出：为了纠正极端客观主义的社会科学的流弊，需要反过来发扬主观精神，但又不能放弃理性的立场，于是需要在合理性的语境里重构道德话语，与卢曼的法律系统理论特意设置观察者或技术专家的视点形成鲜明的对照。哈贝马斯更强调社会主体的作用、强调相互主观的商谈，并通过不同意见之间的沟通网络和互动过程来适当调整结构与实践之间的张力。然而后期哈贝马斯主张只有法言法语才能成为生活世界与系统以及各个子系统之间的普遍性沟通媒体从而发挥整合功能。他说：

> 法律可以说起一种转换器的作用，只有它才能使进行社会性整合的全社会交往之网保持不破。具有规范内容的信息只有用法律的

语言才能在全社会范围内循环；如果不把信息翻译成复杂的、对生活世界和系统同样开放的法律代码（Rechtskode），这些信息在由媒介导控的行动领域内将是对牛弹琴。㊱

概而论之，为了防止法律体系的保守化、维护批判精神，哈贝马斯引进了道德话语，并把导致讨价还价和妥协的交涉这一政治性契机也嵌入独立自治的规则体系之中。然而哈贝马斯还是坚持道德只有转译为法律代码才能具有超越邻近范围的效果这一命题，这意味着要把公民自主的沟通活动加以程序化。由此可见，哈贝马斯的商谈理论以一种双轨的规范性互动过程以及程序民主主义为特征。这里所谓的双轨互动，即围绕法律和权利的正式议论以及围绕道德和社会自治的非正式议论；这里所谓的程序民主，即这两个不同层次之间也存在着相互审核、相互蕴含的关系。

但是，在哈贝马斯止步的地方，我们仍然可以进一步追究如下问题：程序正义的最本质特征是不容许双重标准，在双轨的议论和交涉过程中能否实现规则的统一？怎样才能避免社会化的私人自主与政治化的公共自主之间发生分歧甚至对峙？在平面化的相互主观性沟通活动中，虽然程序规则和议论规则能够防止所谓"双重不确定性"问题的出现，但为达成共识而促进反复议论的理想条件却面临时间压力以及无法做出决定的压力，应该如何克服这类困难？㊲ 这些问题正是"议论的法社会学"所必须面对和进一步寻求答案的。

六、政策议论与社会议论

"议论的法社会学"当然特别关注法律的议论，特别是职业法律人的话语行为及其制度条件。然而也要看到，论证性对话以及抗辩的活泼化势必不断凸显价值和立场的差异，因而加强议论和交涉的政策指向，助长法律沟通的政治化趋势。政策议论以及法律沟通的政治化势必加剧判

㊱ 〔德〕哈贝马斯：《在事实与规范之间——关于法律和民主法治国的商谈理论》，童世骏译，生活·读书·新知三联书店 2003 年版，第 69 页。

㊲ 参见季卫东：《法律程序的形式性与实质性——以对程序理论的批判和批判理论的程序化为线索》，载《北京大学学报（哲学社会科学版）》2006 年第 1 期。

断和决定的不确定性，也使得法律关系在关于正义、道德以及社会福利的层出不穷的辩驳之中难以稳定。为了解决这个问题，罗纳德·德沃金（Ronald Dworkin）沿袭主流法学的固有思路，特别强调记述个人权利的"原理"与记述社会整体目标的"政策"之间的区别，主张法庭辩论以及司法判断应该聚焦于寻求权利的正解。[38]

在传统的形式性要求之外，他还提出了著名的整合性学说，对法律的推理和解释设定了三个限制条件：第一，推理和判断必须与法律规范体系的整体相吻合。因而需要明确区别立法者与审判者，防止法官造法现象的滋长。[39] 这是最基本的限制条件，同样适用于立法者。第二，当与法律规范体系的整体相吻合的解答存在复数时，必须从中选择出一个解答作为判决内容，为此还要另行对法官追加两个限制条件。一个是法官可以根据自己信奉的政治理论或者原则进行选择，但这种政治理论或者原则必须能够为法律规范提供最相洽的说明。第三，另一个限制条件是这种政治理论或者原则必须首尾连贯，适用于该法官处理的所有案件，而不能左右摇摆、自相矛盾。[40] 德沃金认为，只有当上述三个限制条件都得到满足时，法律解释就不会轻易被个人价值偏好、政治目的、结果乃至政策左右，才具有从原则到规则的整合性。

显而易见，德沃金是希望禁止，至少极其严格地限制法官进行政策性讨论的。但是，只要到司法现场考察一下就能明白这样的道理：法律解释的实践往往不得不进行各种利益和价值的比较权衡，不得不从社会福利的角度对个人之间的权利主张进行适当协调，不得不考量某一规则或判决对当事人以外的其他人的影响，这些现象与德沃金的理论主张并不符合。在这里，我们有必要换个角度看问题。站在议论的法社会学这一立场上，可以推断出这样的结论：法律议论既然无法杜绝政策问题，那就应该从场域的建构开始，为政策性讨论确立必要的游戏规则，并加强科学论证的环节。首先应该形成理想的对话状况，明确程序公正的条件，确立规则选择的标准。其次还要确立议论的基本框架，以

㊳ Cf. Ronald Dworkin, *Taking Rights Seriously*, Cambridge：Harvard University Press, 1977, pp. 82 ff., 90 ff.

㊴ 参见〔美〕罗纳德·德沃金：《法律帝国》，李常青译，中国大百科全书出版社1996年版，第238—241页。

㊵ 参见前注㊴，第314—315页。

便合理控制说服力竞争的连锁反应，为达成基本共识以及关于具体权利的共识准备条件。

需要注意的是，这样的话语空间毕竟是为抗辩而创出的，而抗辩势必承认关于法律的不同视角以及法律思考的二元论逻辑（最典型地表现为律师使用法言法语的党派性），相应地也就要承认从法律上解决问题的方案具有复数性，可能有若干个正解。在这个意义上，法律议论的场域充满了矛盾、冲突以及张力，法官必须不断面对各种各样的主张、理由论证以及解释推理之间的竞争，也不断面对自反性悖论。为了跳出这个悖论的陷阱，法官有时不得不利用裁量权自己进行决断。当然，这是一种戴着枷锁跳舞的决断主义。但无论如何，这样的抗辩和决断都会从不同角度加强法律秩序的主观性和不确定性，而规范关系的确定化只能是话语技术不断竞赛的结果，即关于权利的共识产生于永不停息的较量，从暂时的共识到恒久的共识，从局部的共识到全面的共识。在这里，能够确保语言博弈的自由和公平的程序竞技场具有决定性意义。

为了限制法官进行决断的恣意，司法参与、民主问责经常成为司法改革的一个口号或者举措。所谓司法参与，所谓舆论监督，包括微信朋友圈里对热点案件的围观和争辩，都是民主问责的具体表现方式。这意味着判决的正当化根据除了法规、先例、学说、解释、推理技术，还有社会实践以及一般群众的话语博弈。法律决定既然是通过议论就权利问题达成共识之后才做出的，而不是事先的武断，那就必须不断接受实践理性的检验，在制度层面主要体现为广泛的意见竞争以及说服技术较量。为此，围绕案件审判的沟通需要把法院之外的公民议论以及相应的互动关系也嵌入其中，使得法院内部的议论与法院外部的议论都能成为法律判断的参照材料。与此同时还应确保这些议论属于论证性对话的范畴，而不是某种情绪化的倾向舆论。参加议论的任何人都必须有在被说服之后修改或放弃自己主张的思想准备，这是法律议论的基本共识，也是通过选项减少的方式实现法律关系确定性的人格保证。在这里，在议论的法社会学与哈贝马斯的商谈理论中能找到很多共鸣之处。

然而需要注意的是，在人际关系网络非常强韧的中国社会，议论样式会具有鲜明的圈子化特色，多层多样的场域导致语言博弈更加复杂化。[41] 在法律秩序的基层，存在着人与人之间错综复杂的关系。关系这个表述本身就带有自身与他者的二元性，而法律是以关系的撕裂、人与人之间的对立为前提的，但同时法律也是克服这种人际关系纠纷的尝试或者制度安排。只要纠纷不消失，关系就不可能成为和谐的统一体，因此在法律的深部始终会产生出某种两项对立的因素，助长语言博弈。因此，在纵横交错的网络里，始终存在着各种各样活泼的沟通行为和复杂的互动关系，也存在一个就解决问题的方案进行讨价还价的"意见市场"，使得法律规范的贯彻被阻碍、被扭曲。另外，在法律适用过程中如果存在大量的社会交换，势必导致规范秩序中频现混沌。一般而言，不断编织关系网的个人或社群都是秩序的建构者，同时也是一旦有机会就破坏规则的自我中心主义者。中国秩序的担纲者，甚至包括执法者和司法者，都有这样的两面性。对中国法律议论进行社会科学研究，必须从正视这样的两面性开始，注重在社会维度上关系与沟通以及程序这三种要素的组合方式。

另外，电子信息技术和互联网实际上放大了中国社会中人际关系网的传统特征，加强了人们相互间沟通、交涉的能率和波及效应。在话语空间平面化的状况中，立法者、政策决定者赋予规范文本的涵义很容易在互动关系中发生这样或者那样的变化，人们根据自己的体验做出大相径庭的理解和诠释，甚至完全忽视原来的意图。在一定条件下，个人可能创造出自己主宰的场域，把志趣相投者凝聚在一起，形成和扩大一时一地的倾向舆论。[42] 由此可见，互联网以及借助电子信息技术强化的人际关系网已经成为个人进行各种社交活动的重要平台和媒介，也可能在相当程度上成为个人对社会结构反复进行重构的工具，甚至还有可能发展成一种有效的对抗性权力。不言而喻，议论的法社会学

---

[41]　参见季卫东：《公约、公愤以及公议——现代中国的法律话语空间》，载〔日〕佐佐木毅等编：《过去·现在·未来公共哲学丛书 4——东亚公共空间的创立》，东京大学出版会 2003 年版。

[42]　关于电子信息技术和互联网对社会和法律秩序的影响，不妨参阅〔日〕夏井高人：《网络社会的文化与法》，日本评论社 1997 年版，Lawrence Lessig, *Code and Other Laws of Cyberspace* (New York: Basic Books, 1999)，以及日本网络法研究会编著：《电子网络法——新型法律空间的出现及其冲击》，日本评论社 2000 年版等相关著作。

还将把这种具有全球性、网络性、风险性以及大众性的崭新的社会时空结构作为经验科学研究和数据实证分析的对象，并在秩序与混沌的边缘探讨法治模式创新的可能性。

结　语

本章以现实主义法学通过极其鲜明的方式提出的"法律不确定性问题"作为出发点，并沿着"通过制度设计或者科学研究等方式来摒弃不确定性"以及"反过来在不确定性的前提条件下进行制度设计和科学研究"这样两条基本线索，梳理了作为法学主流的法解释学与作为新兴学科领域的广义法社会学之间的辩论以及不同应对策略，观照中国法教义学与社科法学之争的来龙去脉和视觉上的盲点，从中归纳出作为科学的法学观与作为技艺的法学观以及法律的本质就是话语、叙事以及议论，就是沟通行为，就是象征性符号的互动关系这样的核心命题。在上述背景下，笔者把批判法学制作的关于主流法律思维方式以及职业法律人的话语和行为的透视图进行反转，以便把一些对法律秩序深层原理的洞见和颇有启迪意义的命题群从激进主义的泥潭里拯救出来，荡涤其愤世嫉俗的附着物，从而使不同程度上存在的各种法治破坏力转化成根据反思理性进行制度建设的动力，并在这种思路中界定中国语境下的相关问题。

聚焦法律议论，是要把法社会学研究的重点从结构、功能转移到价值涵义，以便真正深入到规范的领域进行探索、观察以及实证分析，与此同时也就可以切实加强与法解释学以及法律实务部门之间的深入对话，并形成某种相辅相成或者相反相成的关系。相信大家可以就这一判断达成基本共识：议论是一切法律现象最典型的表现形态。推而论之，关于议论的理论就是程序的理论，也是关于解释和论证的理论，只是侧重点各有不同而已。由此亦可见，从1993年发表"程序论"[43]，到现在倡导"议论的法社会学"，聚焦法律秩序中的结构与话语之间互动关系以及实践问题，同时酝酿进行各地法律意识的调查和比较研究，并试图

---

[43]　参见季卫东：《法律程序的意义——对中国法制建设的另一种思考》，载《中国社会科学》1993年第1期。

在指导思想层面上推动中国法律意识形态的重构⑭等学术活动的轨迹可以看出，笔者的立场和观点是始终一贯的、顺理成章的，不同时期的论述虽然跨度颇大，但相互之间存在密切的内在联系，形成一个有机的整体。至于所谓"法律不确定性问题"，笔者要强调：打开困境的关键并非严格的教义信仰，也不是彻底的科学主义，而在于法律议论本身的可撤销性，或者说与各种权利主张相伴随的抗辩清单。在不断反驳和论证的话语技术竞争过程中，解决方案的多样性会逐步淘汰减少，直到最后找出一个大家都承认或者接受的正解，至少是唯一的判定答案。其实这也是中国法律试行制度的内在逻辑，与卢曼的"学习的法"概念以及哈贝马斯的商谈理论可以相映成趣。而我们念兹在兹的法律确定性，只有在这个意义上才是可行的、真实的，并且通过程序要件获得制度上的保障。然而不得不承认，这种确定化的过程本身却是川流不息、永无止境的。

法律与社会的关系，归根结底就是通过议论反复寻找权利共识的动态。议论可以在关系网络中进行，也可以在公正程序中进行，还可以在自由的市场或广场中进行，因而会呈现截然不同的样式和结局，至少，存在程序—议论—权利（法律维度）或者程序—沟通—关系（社会维度）这样两种基本的系列。由此也可以推定，交涉、沟通、辩驳中呈现出来的互动关系的形态决定着各种法律制度的运行，而改革成败的密码应该也有可能在法律议论、政策议论以及社会议论的交叉口解读出来。这样多层多样的、辽阔无边的话语空间，值得我们去观察和发现，并开展经验科学的研究和价值涵义的对话，进而推动法社会学乃至法解释学的范式创新。其理论基础已经奠定了，主要是从哈贝马斯沟通行为学说—肯尼迪象征符号学说的社会视角与麦考密克的市民议论学说—阿列克西法律论证学说的法律视角所看到的话语分析法，另外还有因为"法与社会"运动中出现文化诠释论的转向而产生一系列实证性业绩可资借鉴。在中国的法社会学史学和当代日常生活中的法律实践研究方面，也

---

⑭　参见季卫东：《论法律意识形态》，载《中国社会科学》2015 年第 11 期。

已经产生出一批在国际上颇引人瞩目的研究成果[45]，显示了可以进一步拓展的前景。

正是根据基于以上的分析、总结以及判断，笔者特此提倡"议论的法社会学"，并认为这就是中国法学和法治范式创新的一个非常重要的切入点。如果聚焦法律议论的社会生态和制度安排，就会发现把法教义学与社科法学的争论与合作推进到新阶段的重要契机已经隐然可见，并有可能在这个基础上形成一个在规范和价值涵义领域长驱直入、具有中国风格的法律社会科学研究新流派。

---

[45] 例如：Philip C. C. Huang, *Civil Justice in China*; *Representation and Practice in the Qing*, Stanford University Press, 1996; Kevin J. O'Brien & Li Lianjiang, "The Politics of Lodging Complaints in Chinese Villages", *China Quarterly* no. 143 (1995) pp. 756-783; Li Lianjiang & Kevin J. O'Brien, "Villagers and Popular Resistance in Contemporary China", *Modern China* no. 22 (1996) pp. 28-61; Kevin J. O'Brien "Rightful Resistance", *World Politics* Vol. 49 no. 1 (1996) pp. 31-55. 应星、贺雪峰、程金华、贺欣、刘思达、侯猛等新锐学者的研究成果也大致可以归结于这个关注法律实践的范畴。

第
四
章

作为决策前提的风险沟通^{*}

序言：当今国家治理的风险敞口

进入 21 世纪后，人类社会的流动化和相对化进一步加剧。特别是 2008 年以降，国际金融危机导致经济和政治的不确定性增加，可预料之外的事态也频繁发生，不同层面的抉择和决策都伴随不同程度的风险。有迹象表明，中国正面临数百年一遇的世界格局巨变、原有的发展模式失灵以及转型期各种矛盾激化的挑战，形势极其复杂。2016 年 1 月 22 日至 23 日召开的中央政法工作会议把五大主要领域的风险预警和防控作为日后的工作重点，可谓有的放矢。然而需要特别注意的是，在风险社会，尤其是在中国的风险对策语境中，存在这样的治理悖论：我们不得不更多地依赖决断，却又往往很难做出决断；不得不进一步加强责任制，却又经常出现无从问责的事态，更深刻的治理困境是民主问责越严厉，逃避做出决定的责任之倾向就越严重，逐渐导致人人有责，却无人真正负责的结局；而通过独任制集中权力和明确责任的尝试又会引起与决定相关的风险聚合、增幅等效应，在制度设计上很难实现风险的分散和转换。可以说，这就是当今中国政法界面临的"三难困境"。

在做出任何决定的过程中，都会出现决定者与受决定影响者之间的

---

* 本章源于 2016 年 7 月 29 日中国首届法社会学年会基调演讲稿，原文发表于《政法论丛》2016 年第 6 期。

区分和对立。一个决定带来不利后果或损害的概率越大，承受这种可能出现的不利后果或损害的人们对决定的内容就会越发关注，也势必根据事态演变的趋势进行归咎和追究责任。在这个意义上可以说，决定总是具有风险性，包括造成惨祸的风险和引起那些受决定影响者进行问责的风险。实际上，在当今社会，很多抗议活动都是围绕决定的风险性问题展开的。以2016年立夏以来发生的雷洋事件和连云港的核废料风波等为象征，在中国，似乎针对风险（特别是如何分配风险①）的抗议运动正在成为中国政治的新常态。在这样的背景下，关于风险的沟通行为已经变得越来越重要。但是，由于基本共识的裂变和流失，互相矛盾的声音此起彼伏，甚至导致权威话语体系的信号紊乱，沟通和理解已经变得越来越困难。显而易见，怎样有效地改进风险沟通机制将成为法学和政治学的重要课题。

风险沟通以风险意识为前提条件。风险意识越强，决定者与受决定影响者对决定的风险性就越容易做出不同的评价，意见的分歧和对立也就越显著。这时，围绕风险的对话、议论、交涉以及其他形式的沟通活动当然更加重要，但也更加难以达成共识。另外，各种风险防控举措——例如根据预防法学和治安法学的思路不断加强监督或规制，以及警察的功能、过度干预金融市场、严格限制表达的自由，等等——本身也具有风险性，不是因实效有限而产生剩余风险，就是因平衡关系发生变化而引起新型风险或潜在风险。从2015年6月以后的股市涨跌控制风波到2016年连云港爆发的反对核废料处理装置的风波，我们都可以清楚地看到：风险防控举措所带来的风险并不比风险意识缺乏所带来的风险更小，恰恰相反，甚至还能引起社会风险的各种连锁反应。在风险沟通方面，我们也可以清楚地看到：因为当局担忧舆论的复杂涟漪而不表态本身就是一种表态，相关部门没有话语也构成一种话语，这会在风险沟通中引起更复杂的涟漪，甚至最终导致沟通的功能障碍。

本章试图从上述社会风险敞口和国家治理困境切入，分析中国转型期结构和语境的特征，探讨适当的和切实可行的应对举措以及创新法治模式的可能性，并对风险社会学（特别是卢曼的风险理论）的分析框架

---

① 关于财富分配与风险分配的不同逻辑关系，参见〔德〕乌尔里希·贝克：《风险社会》，何博闻译，译林出版社2004年版，第15—57页。

进行验证和修正。为了更好地结合实践情况、更清晰地梳理相关问题群，笔者以大家近期高度关注的雷洋事件和万科事件作为论述的线索或素材。选择雷洋事件，是因为风险社会学中两个最重要的概念组合"危险—风险"和"安全—风险"在其中有非常典型的表现，也涉及风险防控举措本身的风险问题。从宪法学以及法学理论的角度来看，这里折射出了在自由权与生存权的交错处摇曳的社会不安感、恐惧以及同理心的共鸣，也展示了官僚机构逃避责任的行为样式所造成的风险沟通障碍。万科事件的代表性在于经济安全和财产权保障，涉及企业治理结构的缺陷造成的金融风险点。从风险沟通的角度来看，专家意见与倾向性舆论的对峙呈现着一种中国特有的话语空间，使得煽情性语言泡沫不断淹没理性对话，法律规则难以发挥克减复杂性的功能，甚至有可能推演出风险失控的结局。

一、卢曼风险社会论视野里的决策与问责

自乌尔里希·贝克在 1986 年提出风险社会这个概念起，对现代化的科技和产业经济成就进行反思从而开启新的现代化进程就成为风险社会学的主旋律。② 安东尼·吉登斯从信任与风险的视角进一步强调了对现代秩序的反思理性。③ 然而卢曼的风险社会学理论却提出了更具特色、更适合对法律制度进行分析的风险概念，即把对决定者问责的沟通活动与风险认识联系起来，并提供简明的判断标准：只有在就不利后果或损害对决定者进行问责的场合才产生风险问题，否则就是传统社会固有的危险现象。概括地说，卢曼的风险社会学理论具有如下基本特征。

1. 对决定者的问责以及风险沟通

在卢曼看来，虽然风险可以像在经济领域和司法领域那样以损害规

---

② 贝克在《风险社会》里的表述是"反思性的现代化"，并提出了科学系统和政治系统进一步开放的思路，参见前注①，第 4 页，以及第 7、8 章。

③ 吉登斯在《现代性的后果》中指出，"极权的可能性就包含在现代性的制度特性之中，而不是被取代了"，以及"社会学在反思现代性的过程中的关键地位，源于它用最普遍化的方式反思现代社会生活"。当然，这里还是指现代性开始理解自身这一意义上的反思，并非对现代性的否定或超越。参见〔英〕安东尼·吉登斯：《现代性的后果》，田禾译，译林出版社 2011 年版，第 7、36 页。

模与发生概率的乘积来定义，但社会学以及政治学、法学还是应该从各种决策程序以及对决定者进行归咎和问责的角度来把握风险概念。④ 其中最关键的是对"风险"与"危险"的区分，以便对行动者与把行动作为他人的决定加以评价的旁观者，或者决定者与受决定影响者的所谓"二阶观察"不同视角的水平进行适当评价。他说：

> 通过对风险与危险的区别，试图给风险概念赋予另一种形式。这种区别的前提是发现与未来损害相关的不确定性，因而也使得这种区别与其他的区别能够区别开来。

> 这时存在两种可能性。一种是在有些场合或许产生的损害被认为是决定的后果，因而归咎于决定。这样的场合就被称为风险。更详细地说，就是决定的风险。另一种场合是或许产生的损害被认为是外部因素引起的，即归咎于环境。这种场合被称为危险。⑤

这是卢曼风险社会学的最大特征。毫无疑问，风险与危险的区别图式是以对安全的关注为基础的。但从追求安全的共同点出发，却很难兼顾风险侧面与危险侧面。强调风险性（在很多情形下也可以理解为基于概率计算的获利合理性），很可能会忽视危险的存在以及相应的对策；但强调危险性，以安全为理由反对建设项目，却有可能忽视伴随着风险的决定或许带来的利益。倘若决定者与受决定影响者分别强调同一区别图式的不同侧面——例如上海、深圳铺设磁悬浮交通轨道或者在北京、上海、广州建立移动通信基站那样的场合，地方政府更注重风险投资带来的经济效益，而市民则更注重没有危险的生活——那就会导致矛盾。⑥ 由此可见，风险与危险的区别图式背后还存在风险意识、风险评价、风险

---

④ 吉登斯也注意到风险社会中责任的意义。See Anthony Giddens, "Risk and Responsibility", *Modern Law Review* Vol. 62 no. 1 (1999) pp. 1–10.

⑤ 〔德〕尼克拉斯·卢曼：《风险的社会学》，〔日〕小松丈晃译，新泉社 2014 年版，第 38 页。

⑥ 上海磁悬浮机场联络线方案在 2008 年年初公布后，引发了市民采取"散步"方式进行抗议的现象。参见董瑞丰：《磁悬浮争议：期待又一个互动样本》，载《新华每日电讯》2008 年 1 月 29 日，第 3 版；杨传敏：《上海"散步"反建磁悬浮事件本末》，载《中国市场》2008 年第 11 期；柴会群：《磁悬浮电磁污染国家尚无标准，上海市民"散步"表达担忧》，载《南方周末》2008 年 4 月 4 日，第 1 版。关于对移动通信基站辐射的恐惧引起的异议，参见徐南兮等：《新观察：基站辐射真相》，载新浪网（网址：https://news.sina.com.cn/newobserv/ydjz/index.shtml），访问日期：2025 年 1 月 1 日。

容忍、风险选择等一系列的区别，也牵扯到如何公平合理地分配风险的国家治理问题。从这样的视角来看，所谓安全，其实就是能把危险转换成风险（应该并且可以处理、解决的问题），因而存在"安全即风险"的悖论。

在这里，行动者自己的第一阶观察与把行动作为他人的决定来把握的第二阶观察会导致对决定的风险做出完全不同的评价；当人们清楚地认识到未来有赖于决定，而决定具有风险时，行动者与行动评价者的视角分歧就会变得非常大。某种损害产生的可能性，对决定者而言是可以选择的风险，但对受决定影响者而言则成为不得不承受的危险。[7] 由此推而论之，一个决定可以在决定者（行动者）与受决定影响者（行动评价者）之间划分出鸿沟，也可能产生潜在的纠纷以及抗议运动。因为这类鸿沟与矛盾、抗议运动源于人们分别作为行动者和行动评价者的不同视角的"二阶观察"，所以在解决这类问题时有必要部分地返回行动者、决定者自身的第一阶观察层面通过实践进行检验，或者在第二阶观察的层面通过信息公开和合情合理的说明来加强沟通和相互理解。然而在沟通过程中，尤其是身处互联网话语空间这样容易引起围观的环境中，人们既是行动者又是行动评价者，因此风险意识会在时间维度和社会维度引起新的紧张关系，造成沟通的局限性。但互相观察也可以促进互相理解，其前提是创造同理心发挥作用的制度条件。

2. 决策的风险评价与时间维度

卢曼的风险社会学理论还有一个显著特征，即始终在时间结构中考察决策的风险问题。一般而言，对风险的评价有赖于现在，但对风险评价的证实却不得不有待未来。正如卢曼所表述的那样："风险评价随着时间而变化，这就是风险之所以成为风险的理由。"[8] 增强风险意识的目的在于让人们身处现在却能提前思考未来，或者以未来为基点回顾即将成为过去的现在，从而加强决策过程中人们的反思理性。任何决定都是在时间限定、信息不足的条件下进行的，不言而喻，司法判断尤其如此。审判机关不能以缺乏专业知识、没有法律规定或者尚未收集到充分的信

---

⑦　参见前注⑤，第129页。
⑧　同前注⑤，第72页。

息和证据为由拒绝收录案件，一旦立案就必须在法定期限内做出判决，因此司法判断的风险是非常大的。为了减少时间限制、防控决策风险，现代法治国家的制度设计是普遍推行以"合法"与"违法"的二元化编码为特征的规范图式。

二元化编码的系统是一种高度技术化的、自我解放的系统，因为它赋予自己仅在编码的正反两种值中进行选择的自由。但与此同时，二元化编码的技术其实也显著提升了系统运作的风险性，因而势必对立法的科学化和民主化提出更高要求。从这样的规范图式来观察具体决策活动，风险就只是对规范的乖离；防控这种风险的就是外在的法律制裁和内在的道德制裁。⑨ 通过"合法"与"违法"的二元化编码来加强形式理性，可以明确他人在未来应该如何行为，从而也就使得"现在"规定了"可能的未来"。而现代司法制度中的既判力概念，在相当程度上意味着不必顾忌未来对决定是非的证明。⑩ 在这个意义上也不妨认为，现代法治原则其实也是使决定者能够防范风险并获得自由的结构。于是，严格守法与充分自由在形式理性的层面就统一起来了。依法行政、法官只服从法律等一系列制度安排，既是为了限制权力的恣意，也是为了减轻行动者、决定者的风险压力和责任负荷。与此相对应，如果从时间结构的维度来把握法律思维的"结果指向"，其实质是要求把"未来"加以"现在"化。换言之，结果指向的实质性判断对法律体系的影响其实是让风险意识渗透进来，导致法律责任从过失责任转向危险责任，并不断加强行动者、决定者的注意义务。⑪

根据卢曼的分析框架，时间结构中最重要的是过去与未来的差异，而在每一个现在的瞬间，都存在不同的过去与未来。因此，在不同的现在都能看到此刻特有的过去和未来。如果把这样的时间结构纳入视野，那么不难理解关于风险的体验和评价势必因人而异、不断变化，特别是决定者与受决定影响者之间的视角差距会相去甚远。这就会引起"决定后的惊讶"（post-decision surprise）⑫和"决定后的失望"（post-deci-

---

⑨　参见前注⑤，第 72 页。

⑩　参见前注⑤，第 76 页。

⑪　参见前注⑤，第 77—78 页。

⑫　See J. Richard Harrison & James G. March, "Decision Making and Post-decision Surprises", *Administrative Science Quarterly* Vol. 29 no. 1 (Mar. 1984) pp. 26–42.

sion regret）⑬之类的情况，并导致组织作为整体的选择和行为不得不时常出尔反尔、具有非连贯性——在卢曼看来，这是很可怕的。在存在风险，特别是造成巨大损害的场合，为了维护组织的信誉，决定者往往倾向于采取这样一种对策：不是去处理决定引起的新问题，而是竭力回避指责。⑭尤其是官僚机构在回避风险方面更是无所不用其极⑮，这就会助长隐瞒信息、遏制沟通的偏颇。令人遗憾的是，雷洋事件的演变过程恰好为这种理论假说提供了很典型的实例佐证。

3. 风险的预防、分散以及转换机制

卢曼的风险社会学理论第三个重要特征是以功能分化的系统来参照不同类型风险的考察和评价。例如政治系统的风险是舆论影响投票行为，或者使得限制某种风险的特定政策无法获得正当评价的风险（例如处理雷洋事件的棘手问题）。经济系统根据支付和不支付的二元化编码进行运作，因而风险在此就是预期的支付无法实现或者支付能力不能再生产，是处理对策中的优先事项（例如万科事件中大股东们以及管理层之间的注资斗争）。科学系统以及各种不同的专家系统也同样具有特定的风险。从这样的角度来考察问题，有目的之组织在风险防控上可以发挥重要作用，但也会酿成新的风险。

卢曼认为，正是在风险社会，对公共服务的客观需要和依赖才使得传统的援助—感谢—援助的反馈机制被转换成福利国家的组织，酿成一种就算人们不断对国家提出诉求也无妨的氛围。因而法律的形式就是主观的权利，权利与义务的相互性概念被舍去。⑯结果企业的预算制约不断软化，个人的期待值不断增大，所谓"花钱买稳定"之类的权宜之策也逐步变成常态并日益加重财政负担。但是，组织化的援助绝不会促进社会团结，反倒会使社会对风险进行防控的内在机制逐步衰变，也使得风险沟通受到阻碍。理由很简单，沟通的效果取决于信任；而信任构成

---

⑬　See David E. Bell, "Regret in Decision Making Under Uncertainty", *Operations Research* Vol. 30 no. 5 (1982) pp. 961-981; G. Loomes & R. Sugden, "Regret Theory: An Alternative Theory of Rational Choice Under Uncertainty", *Economic Journal* Vol. 92 no. 4 (1982) pp. 805-824.

⑭　参见前注⑤，第222—223页。

⑮　参见前注⑤，第218页。

⑯　参见前注⑤，第126页。

社会团结的契机。⑰ 在父权主义色彩浓厚的福利国家，行政权限不断扩张，势必不断加强风险，最终将形成某种庞大的、无法驾驭的变局。⑱

人们当然期待决定者与受决定影响者之间的对立可以通过沟通来弥合，在这里最重要的是对风险的看法应该客观化，也就是要把反思理性或者反馈机制嵌入风险之中。权威就是客观化和反思化的一种标志，也是信任的源泉之一，因此沟通必须在相当程度上利用权威，以便减轻沟通的负担。⑲ 在这里，卢曼的思路与吉登斯在专家系统（包括法律人的解释共同体）内讨论信任问题时的思路是相通的。后者认为，为了通过信任减轻沟通的负担，人们要求专家系统提供"双重保证：既有特定的专业人士在品行方面的可靠性，又有非专业人士所无法知晓的（因而对他们来说必然是神秘的）知识和技能的准确性"⑳。为此，不得不把"前台"工作与"后台"工作严格区分开来，因为"专业知识的操作常常需要专门的环境，同样也要求一以贯之的精力专注，而这些在公众的眼光看来，都是很难做到的……前台与后台的明显区分，增强了品行——作为一种减少由于对技能不够娴熟及容易犯错误所造成的后果的手段——的意义"㉑。当然，这种区分也容易招致人们对专家系统进行暗箱操作和掩饰错误的怀疑，除非专家的知识、才能、人品能获得制度上的保障和社会上的认同，具有足够的权威性。

在缺乏权威和信任的场合，抗议就会增多。实际上，抗议运动也是一种沟通方式，是公然向他人追究过错和责任的沟通。㉒ 因为决定与损害（以及可能发生的损害）之间的关系无处不在却无从预知，所以风险正在成为抗议运动的新焦点。㉓ 要避免风险沟通过激化，演化为层出不穷的抗议运动，就必须加强决策的民主参与程序，以预先划定政治系统的内在沟通与外在沟通之间的边界线。其实抗议运动也是一种群众参与，只是

---

⑰　参见前注⑤，第 145 页。

⑱　参见前注⑤，第 170 页。

⑲　参见前注⑤，第 139 页。

⑳　同前注③，第 74 页。

㉑　同前注③，第 75 页。

㉒　参见前注⑤，第 149 页。

　㉓　参见前注⑤，第 161 页。

以对抗的方式表现出来罢了。㉔ 然而通过民主参与程序做出的决定，对外部必须以达成共识的方式加以说明。但是，卢曼认为决定者与受决定影响者在政治上重要的差异并不会因为这样的参与而产生什么变化。对于政治系统而言重要的仅仅是组织化的沟通。民主参与无论在什么范围内进行，都只是作为沟通发挥功能。㉕ 然而笔者很难苟同这样的主张，因为民主参与程序中的风险沟通更有利于对一项决策的成本和效益进行全面估测和计算，从而使决策过程更有理性并能减少和预防风险，至少可以增强风险的社会容忍度。㉖ 关于决策的民主参与程序，各国有不同的实践经验，有些产生了很好的效果，可惜卢曼没有进行充分的比较分析。

在大多数场合，现代国家对风险的处理方式是从政治系统引渡到法律系统，转换成可以用合法与违法的二元化编码进行简化处理并追究责任的技术操作事项；进而以法律系统为媒介频繁引渡到经济系统，转换成税费、补贴、损害赔偿以及保险金等财产关系的不同组合。但是，即便如此，如何处理、如何容纳残余风险的问题依然存在。㉗ 毫无疑问，法律系统的风险防控也会深刻影响政治系统和经济系统的固有动态。例如保险制度导致过失责任原则的衰退，确立无过失责任、分摊损失以及用税金填补金融机构等解决问题的方式，进而影响民间企业和地方政府提供服务的种类和项目，影响承诺的现实履行程度，甚至引起普通公民的抗议运动。㉘ 因此，关于政治系统的风险转换、应对风险的组织系统的结构和功能、风险与社会运动等课题也值得进一步探讨。

㉔ 参见田飞龙：《"法律化的政治行动"：一种公众参与行动模式——厦门 PX 事件的过程分析与模式归纳》，载王锡锌主编：《公众参与和中国新公共运动的兴起》，中国法制出版社 2008 年版；胡象明、唐波勇：《危机状态中的公共参与和公共精神——基于公共政策视角的厦门 PX 事件透视》，载《人文杂志》2009 年第 3 期；周志家：《环境保护、群体压力还是利益波及：厦门居民 PX 环境运动参与行为的动机分析》，载《社会》2011 年第 1 期。

㉕ 参见前注⑤，第 178—179 页。

㉖ Cf. Cass R. Sunstein, *Risk and Reason: Safety, Law, and the Environment*, Cambridge: Cambridge University Press, 2002.

㉗ 参见前注⑤，第 191 页。

㉘ 参见〔英〕珍妮·斯蒂尔：《风险与法律理论》，韩永强译，中国政法大学出版社 2012 年版，特别是第二编。

二、透过雷洋事件观察围绕规制的风险沟通

所谓"风险"意味着按照某种概率发生的不利后果或者损害，因而是可以预测和计算的，属于人们进行选择和决定之际存在的问题。[29] 在这个意义上，风险并非完全的不确定性。如果决定者没有充分履行注意义务，本来有可能回避、防止、减小的不良影响终于发生并扩大，那么受决定影响者就会归咎于决定者并进行问责。与此不同，"完全不确定性"意味着未来的趋势根本无法预测和计算，但人们却又不得不做出选择和决定。在这种场合，问责的压力可以减轻甚至免除，如果出现不利后果或损害，决定者以及受决定影响者都只能自认倒霉。"可预料之外"则意味着遭遇未知事态、超出了认识范围，不属于决定和防控的范畴之内，因而也就谈不上问责。但是，通常人们所说的可预料之外，其实多半只是小概率事件而已，是所谓"黑天鹅飞出"现象，未必都与决定的注意义务无关。总之，风险、完全不确定性以及可预料之外，是三个完全不同的概念，尽管相互之间有些近似和关联。[30] 在雷洋事件中，上述三种情况却同时发生了。

1. 风险恐慌、治理两难以及舆情三阶段

一个公民在去机场接人的路上突然消失，接着被发现已经死亡，被告知原因是嫖娼、暴力抗法受伤以及心脏病发作，这样离奇的情节当然是"可预料之外"的，并且具有非常强大的社会冲击力。经过颇为漫长的尸检，结论是胃内容物吸入呼吸道导致窒息死亡，其后的判断和案件处理似乎进入了"完全不确定性"的状态，容易让人产生浓厚的不安感

---

[29] 卢曼指出风险为决策的一个普遍性侧面。See Niklas Luhmann, "Modern Society Shocked by Its Risks", *Social Sciences Research Center Occasional Paper* 17 (1996, the Department of Sociology, the University of Hong Kong) p. 5. 吉登斯就这一点提出的命题是"风险仅存在于有待决定之时"。See Anthony Giddens, "Risk and Responsibility", *Modern Law Review* Vol. 62 no. 1 (1999) p. 8.

[30] 参见〔日〕竹村和久：《行动意思决定论——经济行动的心理学》，日本评论社2009年版；〔美〕麦克斯·贝泽曼、〔美〕顿·穆尔：《行动意思决定论——偏见的陷阱》，〔日〕长濑胜彦译，白桃书房2011年版；〔日〕植村修一：《风险、不确定性以及想定外》，日本经济新闻出版社2012年版。

和不信感。于是涉案公安局、检察院、五位证人、死者亲属、律师以及作为利害关系者的校友们的言行和选择都具有了不同程度的"风险",甚至连律师提交意见书这样的执业活动也变得让人讳莫如深,导致对这个事件的真相调查和处理迟迟无法做出决定。从国家治理的角度来看,这里出现了一个进退两难的困境:在可预料之外与完全不确定性、自由权与生存权互相交错的地方,似乎人人皆可变成雷洋[31],于是社会对警察行政的恐惧和共鸣成为最大的风险点,而警察行政又恰恰是目前中国防控社会风险的主要手段。

围绕雷洋事件形成的舆论风暴,使得受决定影响者的范围扩大到整个国家的不同层面、不同群体,使得小概率发生的错误也被理解为无所不在的危害,进一步增大了处理此案的风险性以及风险沟通的难度。雷洋事件引起的舆情和沟通行为大致分为以下三个阶段。

第一阶段是从案发到检方介入,即 2016 年 5 月 9 日关于雷洋事件的帖子在互联网上开始流传,到 5 月 31 日这段时间。贯穿第一阶段的关键词是质疑,包括追究真相的诉求,也包括逃避和推卸责任的语言博弈,还有各种臆测、抹黑以及恶意炒作:从给受害人任意泼污水到指责警方钓鱼执法和设陷阱谋财害命,不一而足。公众传媒的重点报道和不同场域围绕疑虑和恐怖的交谈导致观点激化的"群体极化"现象也不断呈现。所谓群体极化,是指不同群体的人们站在特定的立场互相交换信息和意见,使得内部出现观点趋同和越来越强烈的共鸣机制。但值得注意的是,对嫖娼的道德拷问等舆论引导工作却不仅没有引起社会响应,在死者妻子那里也没有收到任何效果;相反,警察执法的程序公正性以及比例原则始终成为舆论的焦点。[32] 这反映了一个事实:中国人的法律意识和权利意识已经发生质变。在人们不断追问的过程中,涉案警察和相关部门的辩解和说明无法自圆其说,导致社会的不信感越来越膨胀,风险沟通形成了各执一词的僵局。

㉛　关于这种社会心理的研究,可参见石勇:《雷洋之死与一个超级"假自我"的背后:中产,还有下层的命运玄机》,载"心理分析"微信公众号(网址:https://mp.weixin.qq.com/s/zD0ab1KWI1uanTvz4326LQ),访问日期:2025 年 1 月 1 日。

㉜　例如,邓楚开:《以公正程序化解执法过程中致人死亡案件的公关危机》,载"邓楚开法律博客"微信公众号(网址:https://mp.weixin.qq.com/s/wNA1BIL- V3NnZydsMzL3VQ),访问日期:2025 年 1 月 1 日。

自检察机关介入调查起，僵局出现转圜，舆情进入第二阶段。从 6 月 1 日北京市人民检察院第四分院决定对昌平区公安分局东小口派出所民警邢某某等五人立案侦查，到 6 月 30 日检察机关通过审查和专家论证确认尸检鉴定结果并决定对邢某某等采取逮捕措施，这段时间情绪化的猜测和攻击大幅度减少，理性对话的氛围开始形成，社会关注的焦点转向归咎和问责以及程序正义。③ 这里首先可以看到人们对处于比较中立地位的检察机关的期待，也可以认识到适当的制度化举措在防控风险方面的重要意义。这时争论的焦点问题是涉案民警的律师是否适格、尸检结果究竟真伪如何等，形成了截然对立的意见。各方分别从证据、程序、法理上寻找根据，律师也通过正式的制度渠道提交意见书。其间也出现了涉案警察亲属打悲情牌以及"人大校友"与"法大校友"之间对峙的小插曲，但基本上没有导致特定群体的"感情歇斯底里"，也未能形成新一波情绪化的倾向性舆论。

2. 概率放大与风险管理系统的多重错误

实际上，从 7 月 1 日起雷洋事件进入第三阶段：舆情开始沉静化，大家都在等待法律程序上的后续进展，但也有些流言传达着疑虑和悲观情绪。不管最终事态向何方发展，我们都可以发现雷洋事件具有强烈的象征性意义，对重新认识风险社会的治理富有启示。在这个案件中，法律的公信力和执行力都很重要，但在两者之间却出现了尖锐的对立和冲突。或许正是这种紧张关系导致有关方面在处理时"投鼠忌器"。本来现代法治国家对警察行政设立了强制措施的比例原则，要求动用警力必须符合法定要件、满足成本最小化要求以及危害事实与应急措施之间的适当平衡。为此，公安机关负有预先衡量的义务，必须尽量抑制应急举措本身的危险性，这样的义务体现为关于权限、监督、问责的一系列组织程序和行为准则。如果这样的制度安排已经确立并有效实施，上述雷洋事件中的紧张关系就不至于产生或者具有深刻的影响，决定的风险就会趋近于零。遗憾的是，我们还不具备驾驭风险的相关条件，所以很容易陷入进退维谷的境地。

---

③ 例如，姜赟：《"雷洋之死"立案，从程序通往正义》，载《人民日报》2016 年 6 月 1 日，第 5 版。

一般而言，对风险的恐慌大都源于对概率的忽视。[34] 而法律的文本和效力又不会随着概率的不同而发生变化，因此雷洋事件的处理在技术上也的确存在一些现实困难。更重要的是，由于前期风险沟通的失败，雷洋的不幸遭遇在情感上对公众心理产生了强烈的冲击，使得每一个普通人在路过足浴店或者看见警察时都会感同身受，从而让这个事件摆脱小概率的窠臼，构造出一种不断扩散的恐怖共鸣效应。小概率被互联网信息技术造成的围观结构急剧放大，这是当今中国风险沟通的重要特征。而钓鱼执法、合谋抓嫖、勒索罚款的报道碎片在舆情潮流中不断涌现、重组，还有关于雷洋从被限制人身自由到莫名其妙死亡的整个过程的时间表详细分析和推理，强化了关于风险恐慌（risk panic）的可获得性启发。[35] 在这样的情况下，一个决定势必包含其他决定的可能性，一种风险处理不得不与另一种风险处理相衔接；于是使得沟通活动连锁化、网络化，出现很多预料之外的相互作用，增加风险处理的复杂性、暂时性、相对性以及沟通障碍。

不过雷洋事件的本质倒还不是小概率事件被无限放大后产生的错觉，而是风险管理方面的系统性多重错误。不得不指出，无论是涉案的街头科层成员（警察和协警），还是地方公安局及其派出所，或者其上级主管部门，官僚机构在面临决策风险时的一个显著特点，就是采取极端的态度来回避责任或者推诿责任。这是官僚的性质所决定的，纵览世界各国几乎没有例外。从这个角度来看，雷洋事件提示的一个教训是：如此复杂而严重的案件，居然始终由基层官僚机构自己来处理风险沟通问题，更高级别的权力机关以及外部监督机关一直没有出面进行专项调查和在政治上善后。

3. 风险抗议新常态与预防的悖论

雷洋事件实际上已经昭告公众，警察以及其他行政部门的决定、举措与损害或可能发生的损害之间的关系具有很大的偶然性，每个人都无法置之度外；任何个体在任何地方，风险都会如影随形。因此，生活中

㉞　参见〔美〕凯斯·桑斯坦：《恐怖的规律》，〔日〕角松生史、〔日〕内野美穗监译，劲草书房 2015 年版，第 51—53 页，对概率忽视的论证。

㉟　参见前注㉚，〔美〕麦克斯·贝泽曼、〔美〕顿·穆尔书，第 27—32 页。

的风险似乎正在成为人们对国家提出诉求、进行抗议的新焦点。或者也不妨认为，在风险社会，抗议运动势必成为政治的新常态。这些诉求和抗议以及表达不安和不满的运动，其实也就是公然向决定者追究责任的一种风险沟通。[36] 为了控制可能发生的危害以及抵御问责压力，正如"把一切不稳定的因素消灭在萌芽状态"的口号所表述的那样，行政部门不得不对潜在的不利后果和损害提前采取预防举措，强调风险行政法的事先预防原则。[37] 预防原则理所当然地要求有关部门和官员不能以损害缺乏决定性证据为由拒绝采取规制措施，要求在所有决策中加大安全系数，这就必然在实际上加强行政干预并使之正当化，终将导致规制权力的庞大化，甚至有尾大不掉之势。这样的态势与减少审批和干预的行政制度改革以及权力负面清单的理念之间实际上是存在尖锐矛盾的。

防控风险的技术性对策包括对风险进行量化处理和预警，例如确保执法过程全程有探头录像，以便为指控违法行为提供有力的证据，同时也监控执法人员行动的合法性。此外还有强化舆情研判，重视大数据在国家治理中的作用，等等。遗憾的是，雷洋事件未能证明技术性对策在风险沟通中的积极作用，恰恰相反，让公众发现各地设置的探头似乎总是在关键的时刻、关键的地方失灵，造成对包括技术装置在内的风险对策本身的强烈怀疑，加剧了对权力系统的不信感，使得风险沟通不是变得更顺畅，反倒变得更艰难。这从公众不认同尸检鉴定报告的权威性和真实性的呼声中不难得出判断。另外，分散、转换和吸收风险的多元化权力结构的弹性应对机制也很不健全，使得问责压力无法纳入正式的渠道，形成受决定影响者与法律制度之间的良性互动。由此亦可见，制度安排如果不妥当，风险管理方面的系统性多重错误如果不克服，我们很容易从风险社会滑进社会学家埃米尔·涂尔干（Émile Durkheim）和罗伯特·默顿（Robert Merton）所说的"失范"（anomie）社会，面对反常、混乱以及秩序分崩离析的危机。

---

[36] 参见前注⑤，第 148—152 页。

[37] 参见金自宁：《风险中的行政法》，法律出版社 2014 年版，第 21—36 页。

三、万科事件的话语空间与法律的不确定性悖论

万科事件则是中国经济行政风险性的一帧缩影。其背景可以追溯到2015年6月股市风波中的企业救市工作以及2015年7月10日宝能系第一次举牌。从2015年12月17日起，万科事件突然演变成公共事件，成为全国舆论的焦点。在这里，股权之争与重组之策所涉及的风险沟通的关键问题是：公司治理结构存在重大缺陷，导致所有关系不清晰，财产结构没有确定性，从而使得收购大战演化成血腥乱斗，不仅裹挟政府部门，还牵扯出许多个人恩怨和丑闻，使得任何一种选择和决定都带有负面影响，并且很难达成稳妥解决的共识，使得不确定性和不可预料性不断呈现。万科和王石以及宝能系和姚振华之间的"狗血剧"愈演愈烈，一个重要原因是法律规则不能发挥克减复杂性的功能。在各方拼得鱼死网破的行动中，还可以发现决策者们缺乏应有的责任伦理。特别值得注意的是，围绕万科事件出现了专家意见与公众舆论之间的尖锐对立，使得风险沟通机制被扭曲，甚至有拒绝多赢、奔向多输的冲动。

1. 专家系统的功能障碍与信任危机

在风险社会中，专家系统能够发挥非常重要的作用。因为公众往往缺乏理解某些决定可能引起不利后果或损害的专门知识，也缺乏足够的信息和理性判断力；一旦发生重大事件，不明就里的人们很容易产生不安感、轻信流言蜚语、采取跟风行动。这种不安的言行在社会网络中传播、增幅，很容易形成共振，进而造成集体性恐慌。但是，包括法官、律师、医师、学者、职业经理人等在内的专家具有相关领域的知识、信息和判断力，可以发出理性和建设性的声音，从而消解、减少人们的不安感，帮助各方甄别风险、权衡利弊并在此基础上进行适当的选择和决定，增强社会的信赖、团结以及稳定。正如吉登斯所指出的那样，"安全经验通常建立在信任与可接受的风险之间的平衡之上"[38]。通过专家系统确立的信任、信心以及信赖对于风险甄别、风险管控具有关键的意义。

㊲　同前注③，第31页。

但是，中国的传统文化侧重熟人之间的信任，比较缺乏系统信任，基本上忽视了抽象性更强的专业知识和技能的信赖机制应如何建构和维护的问题。

对于现代社会的公民，尤其是对于具体活动的当事人而言，对专家系统的信任具有两个前提条件。一个是专家必须具有非专业人士所无法充分获悉或掌握（因而具有某种神秘性）的准确的知识和技能；另一个是专家必须在资质和品行上完全可靠，从而能有效避免出现内行糊弄外行的问题。[39] 专业化的特性决定了对"前台"工作和"后台"工作的严格区分，因为专业知识的操作通常需要特定的、宁静的环境，需要专家能全神贯注。正因为这种隐蔽性，为了避免掩饰错误等问题，对专家资质和品行的要求以及职业道德就必须得到更多的强调。[40] 一般而言，公众正是因为对专业性问题的无知才不得不信任专家系统，但与此同时，也正因为这种无知又很容易产生对专家系统的怀疑。[41] 这就是围绕专家系统而产生的一个风险与信任的悖论。这个悖论在万科事件中表现得淋漓尽致，并因为中国特有的语境而出现了非常极端化的情况。

但是，当代中国情况有所不同，专家系统是开放的，甚至被解构了。当代中国的制度设计一直以"又红又专"为标准，甚至更强调"红"的那个侧面。[42] 在各个专业领域都提倡"群众路线"，强调知识的民主化。这样的氛围最终会造成专家的客观性和中立性的丧失，专家本身的政治立场和价值取向也不断受到质疑，有时还会被人为地削弱其权威性。面对专家的知识和理性判断，所有人都可以品头论足，甚至随意攻讦，专家知识与大众意见、理性对话与倾向性舆论之间的分野被混淆了。如果专家本身丧失客观中立的立场，成为某一利益集团的代言人，那问题就会变得更严重。因为这样一来，专家系统作为权威的定位以及使舆论得以镇定化、理性化的功能，都将难以落实。在万科事件中，这个问题表现得尤其突出。无论是华润公布的 13 名法律专家意见书，还是北京君合律师事务所致万科意见书，尽管专家们试图把完全不确定性转化为具有

---

[39] 参见前注③，第 74 页。
[40] 参见前注③，第 75 页。
[41] 参见前注③，第 78 页。

[42] 例如，辛之：《谈红与专》，载《理论战线》1958 年第 3 期。

某种程度确定性的风险，但却受阻于铺天盖地的口水战甚至非常过激的"鹰犬"辱骂。实际上，不太了解情况、并不具备专业知识的群众的作用是，通过互联网舆论的层层涟漪将具有某种程度确定性的风险反过来转变成完全不确定性。在这里，专家意见与公众舆论之间存在着逆向而动的冲突。

2. 法律未能发挥克减复杂性的作用

显而易见，在万科事件中，围绕财产权结构的风险沟通，风险、完全不确定性以及可预料之外这三个情况出现了相互转化，变来变去，形成了一个不确定性悖论。除了前面提到的专家意见与互联网的倾向性舆论之间有趣的反向而行，还有企业的大股东、董事会、管理层以及主管部门、地方政府的复杂互动。一般而言，大股东在公司治理中发挥重要的稳定化作用，这是因为它有着清楚的利益动机和行为逻辑。但在这次万科事件中，大股东的投票行为反而出乎意料，因为大家起初都不清楚华润的意图、所扮演的真实角色以及华润与宝能在背地里的关系，王石也惊呼过没有想到，这样也就无法预测事态演变的结果。还有宝能提出的临时股东大会议案，要求罢免万科第十七届董事会、监事会全体成员，属于可预料之外的举动。2016 年 8 月上旬恒大的突然袭击也是出人意料的，更加剧了万科事件演变的不确定性。此外，万科独立董事华生和自然人股东刘元生等人的作用是给可预料之外的董事会投票行为提供了一定的预期；但是，独立董事对董事会决策过程的信息披露和评论在职业伦理上难免会引起非议，弃权不表态的做法也被诟病。虽然管理团队的去留动向和决定都带有风险性，然而管理团队在万科事件中所发挥的主要作用是稳定局势、为企业的发展提供信心。公众对郁亮的期待、对管理层进退的回应，都反映了这一点。此外，政府在这里的作用是为企业和社会提供确定性和强有力的安全保障，尽管政府的介入以及任何决定都势必带有很大的风险性。

非常有趣的是，现代国家的风险管理方式一般是把政治系统的风险引渡到法律系统，进而以法律系统为媒介频繁引渡到经济系统[43]，但中国

㊸　参见前注⑤，第 191 页。

的实际情况却大异其趣，甚至反其道而行之，也许是因为缺乏能够正常进行风险转换的制度条件。在万科事件中，梳理先后披露出来的情节，我们可以发现一种逆向的政治化风险引渡：从管理层和职工的持股计划到大股东反击（股权之争），再到管理层反击（重组之策），随意跳过法律系统的处理过程，再到地方政府介入，直到对国资委等监管部门乃至高层政治介入的期待或者"拉人下水""拉人上船"式的策划。虽然万科的9000字举报信似乎是要把事态纳入法律系统的轨道来处理，但在监管部门始终回避实质问题的语境中，在举报信被认为是以非合规方式诱导中小投资者砸盘的背景下，法律只是钩心斗角、泄愤逐利的一种工具而已，其实各种互动还是离不开政治场域。⑭ 这样就在不经意间使得各种社会风险往往都汇集到政治系统，最终会淤积到权力结构的中枢或顶层，难以分散、转换以及被吸收。

社会是复杂多变的，政治充满博弈和妥协的不确定性，因此特别需要法律制度发挥简化作用。万科事件使人们开始认识到规则在以"快刀斩乱麻"的方式消除经济决策风险方面的重要性，但迄今为止的事态演变却还是在反其道而行之，并没有——甚至也不太可能——严格按照法律规则来减少问题的复杂性。无论王石以"情怀"为抗争手段，还是姚振华、许家印强调股东主权，或者万科管理层借助利益相关者施加压力、对银行理财监管无序问题进行指责、通过定向增发接纳深圳地铁为第一大股东的拯救企业方案以及后来的入股鹏金所，都没有充分认识和尊重法律体系上的整合性要求，围绕制度和规则的博弈也并不是向达成共识的均衡点逐步收敛、集中，而是越来越远离和解或者合理收场的预期，各方都摆出了不惜拼个鱼死网破的架势。这也正好典型地反映了中国风险沟通的特征以及各种问题，特别是无休止的语言游戏、媒体集中报道以及圈子化的、跟风式的议论所导致的"群体极化"现象。

---

⑭ 参见刘燕：《万科挑战宝能资管计划：监管层有苦难言》，载"北京大学金融法研究中心"微信公众号（网址：https://mp.weixin.qq.com/s/xaRO2jV9Nw2FAfIV66F7QA），访问日期：2025年1月1日；邓峰：《万科案的监管者该管什么？该怎么管？》，载"北京大学金融法研究中心"微信公众号（网址：https://mp.weixin.qq.com/s/lhk8ndIuWaA3P96dBFUNdg），访问日期：2025年1月1日。

3. 决断和整合不得不依赖强制性权力

中国传统的制度设计以顺应自然的仿生学为基本理念，导致法律秩序的构成与社会的复杂性相对应，具有多层多样化的形状，俨然成为一个复杂系统。[45] 超越的根本规范、国家规范以及社会规范之间的边界是流动的、模糊的，不同类型犬牙交错、互相混合。道德、礼仪、情理不仅渗透到法律规范之中，还可以直接成为审理案件的标准。国家的法律体系也不具备明确的效力等级结构，是平面化的，类似马赛克拼图。这就使得法律沟通过程变得非常多元化、复合化，性质完全不同的逻辑关系互相纠缠在一起，"剪不断，理还乱"。任何决定都必须兼顾各种因素（特别是情、理、法这三种基本规范）之间的平衡。其结果是，法制的统一变得几乎不可能，在围绕规范使用的互动中会不断产生法律规范的各种地方版本乃至个人版本，也很容易出现"一人一是非，一事一立法"的事态。因而解决纠纷的各种成本势必不断攀升，事实上司法者也很难做出决然的判断，即便做出判决也很难具有既判力。

在法律秩序液态化的情况下，社会的不确定性当然会大幅度上升，通过预测和计算进行决策将变得极其困难，因而相关的专业知识和技术理性都会显得捉襟见肘。这时人们自然而然地更倾向于因地制宜、随机应变，也更倾向于随大流、跟风。也就是说，不确定性的增大会助长投机主义倾向，也会导致群体行为方式从技术理性转向没有一定逻辑关系的、感性色彩较浓的相互模仿。这就很容易导致整体上大起大落的动态，引起共振，甚至在某种条件下诱发社会的震荡和解构。当日常与例外的关系被颠倒过来，紧急状态或者"末班车心态"成为人们进行公共选择的前提时，中国式风险沟通的那种"群体极化"、拒绝多赢宁可双输、不惜鱼死网破等特征也由此形成。

如果法律规则不能有效地发挥一锤定音的作用，那么中国靠什么协调行动、处理对立呢？回答是：靠权力，靠强制性手段。推而论之，只要法律体系还维持多元化、混合性的状态，那就必须维护一个集中的、强大的权力，否则社会将难以整合。既然要依赖权力最终给出答案，那

---

⑤ 参见季卫东：《法治中国的可能性——兼论对中国文化传统的解读和反思》，载《战略与管理》2001年第5期。

么权力就势必具有相对于法律的优势，规范对权力的限制也就很难进行。从中亦可悟出中国式制度设计的一个深层秘密：为了形成和维护集中的、强大的国家权力，就一定要保持法律的多元化格局。⑯ 然而集中的、强大的权力很容易腐败。这就有可能在减少社会结构瓦解之类风险的同时带来集体堕落的风险，甚至诱发执政的合法性危机。反之，为了有效地制约公权力，必须首先建立起法律共同体，加强规范思维方式。也就是说，如果没有一元化的、普遍性的法律规范体系，就很难导入分权制衡的设计方案。既然中国的社会整合迄今为止极端有赖于强制性权力，那就不难理解中国的民事和经济问题的解决，从债权回收到股市风波的善后，从合同欺诈到夫妻看黄碟的低级趣味，为什么往往不得不特别借助警察手段来处理。雷洋事件与万科事件之间的接合处、关联性于是也隐约可见。

四、以风险沟通为基础的决策机制设计

不言而喻，风险始终是未来的问题。即使现在被认为是最好的决定，也不能保证未来就不会带来损害或者副作用，因而不能保证未来也被认为是最好的决定，这就是决定者不得不面对的时间悖论以及由此产生的风险。中国行政改革和司法改革中导入重大决策终身问责制，目的就是要让决定者提前思考未来，以未来作为现在决定的基点，从而迫使风险意识和风险评价摆脱时间差以及离任、退休等变化的限制，严格防止行使权力的任性行为和政治投机主义。毫无疑问，这样做的本意很好。但不得不指出，实践的结果却很有可能造成决定者过分顾忌未来对决定后果好坏的证明，畏首畏尾，不能当机立断做出决定，或者采取各种手段推卸或转嫁决定的责任，造成无人负责的"躺平"事态。何况有些风险是看不见的，有些风险是不可知的，如果对决定的风险防控要求太高，就难免会助长各种各样的不作为现象——这正是当下在国家治理体系现代化过程中我们每天面对的现实。当然还有另外一种可能性或者选项，那就是疏通言路、适当加强风险沟通，以便及时发现风险源，提高

---

⑯　参见季卫东：《通往法治的道路——社会的多元化与权威体系》，法律出版社2014年版，第一章。

对未来损害的现在的可预期性，或者分散决定的风险。在某种意义上也可以说，寻找风险源比问责更重要、更有建设性。显然，以风险沟通为基础的决策机制创新以及相应的顶层设计就是加强责任制、寻找风险源的题中应有之义。

1. 针对决策风险的主要应对举措

人们都知道，一个系统的复杂性越强，就具有越显著的非决定论特征；因为复数的线性事项的连锁反应如果同时并行，会出现出乎意料的相互作用，很难观察和把握这些共时进展的现象之间的因果关系。一个系统的规模越大，这种相互作用就越频繁、越多样化，有关的各种机制也就更加无法透彻理解，所以很容易在运作中发生事故或者做出错误的判断，导致决定的风险性倍增。⑰ 在这个意义上也可以说，现代社会根本就无法完全回避风险，我们所能做的只能是甄别、权衡、减少以及管控风险。因此，围绕风险的沟通活动必然成为决策过程中最重要的环节。只有通过充分的风险沟通以及主张和理由论证的议论，人们才可以克服各自视觉上的盲点，从不同角度发现潜在的问题、提出意见和建议、找出更好的处理方案，决定的内容也因而更稳妥，更有共识基础，决定的执行也更具有内在动力，对事后发生的问题人们也更具有宽容度并积极寻找改进的方法。

为了有效地加强风险沟通，决策机制的设计往往会在技术、法律、政治、道德等不同层面采取如下主要对策，以追求安全和确定性，同时也保持必要的风险意识。技术对策，主要是指对风险进行量化处理和预警，包括探头录像监控、舆情研判、大数据分析等。另外，针对特定风险（例如生态环境污染的治理、大气温室效应的控制、流行性病毒的防疫、粮食危机等）而开发和采取的科学技术手段也属于这个范畴。法律对策，主要是指通过保险制度等事先分散和转嫁风险，以及通过赔偿金支付、惩罚等追究责任的方式对风险进行善后处理。法律对策的特征是对本来无法计算的风险通过举证责任分配的方式进行

---

⑰　参见〔德〕阿敏·纳瑟希：《风险回避与时间处理——现代社会的时间悖论》，〔日〕庄司信译，载〔日〕土方透、〔德〕阿敏·纳瑟希编著：《风险：控制的悖论》，新泉社2002年版，第22页。

计算，并从原理上追究决定者或行为者的责任，使得实际发生的损失有所弥补或者在心理上有所补偿。政治对策，主要是指通过民主参与加强组织化的沟通，通过沟通和议论就带有风险性的决定达成共识，并要求社会遵循安全标准，从而减少决定的偏颇、分散决定的风险以及加强对风险的容忍程度。道德对策，主要是指在道德规范上强调进行有风险决定的责任感，致力于提高决定者的责任伦理水准并对决定后果进行问责。㊽

从目前中国防控风险的举措来看，技术对策（例如互联网、大数据的利用）和道德对策特别受到重视，成效也比较显著，而法律对策和政治对策却相对比较滞后，在平反冤假错案方面的动作异常迟缓，民主参与程序和纠错机制的不完备就是其突出表现。要改变这种状况，就必须以风险沟通的空间构建为抓手进行制度创新，以便使决定者尽量接近处理的对象以及受决定影响者，司法救济的各种制度应该方便公民利用。在利益群体分化的社会背景下，要建立系统信任和法律秩序的权威，必须尽量使政府具有客观性、中立性、公正性、效率性，促进组织和功能的合理化。应该通过委员会制度和专家咨询制度确保决策的科学性、专业性，同时借助听证会等方式促进公民参与决策过程，尤其是加强立法的民主参与程序。对于重大的法案和决定，不仅有必要普遍征求意见，还有必要充分进行替代方案的比较，并在讨论和审议过程中尊重少数意见和反对意见，甚至可以列出基于法定权利的"抗辩清单"。㊾否则就无法使论证性的对话和议论活泼化，从而也就无法真正有效地防控决策的风险。

2. 风险社会的预防法学及其利弊得失

决策的风险性在一旦失误则后果极其严重的场合表现得尤其突出。为此，人们往往倾向于面对潜在损害提前采取防御举措——即使灾难或恐怖活动是否会实际发生尚不清楚，即使各种要素的因果关系尚不明确，当局也往往会尽早采取对策。这样的思路在规范层面表现为预防法

㊽　四种对策的分类法依据，参见前注㊼，第 25—27 页。

㊾　参见季卫东：《法律议论的社会科学研究新范式》，载《中国法学》2015 年第 6 期。

学，或者更具体些表现为行政法（特别是环境政策与法规）的预防原则(50)，以及基于安全原则的预防刑法(51)，并为风险以及不确定性背景下的个人选择或政府决策提供了很多颇有价值的命题。但同时也要看到，不能以损害缺乏决定性证据为由就拒绝采取风险管控措施这样的预防原则，势必加强行政规制并为之正当化，因为政府对风险的概率认知与个人的认知是完全不同的。例如五十万分之一的死亡概率对个人行动几乎不会产生影响，但对十四亿多人口大国的政府就会成为一个深刻的问题，导致决定者不得不采取防范措施，而且也更容易产生自我防卫过当的心理。随着风险意识不断增强，预防原则的适用范围也不断扩大，导致几乎所有决策过程都要层层加码提高安全系数，这就很有可能在不经意间造成一个"监视社会"或者"警察国家"，甚至树立一个变相的戒严体制，使法治中国的宏伟构想在某个转折点上发生出乎意料的蜕变。

这里容易被忽视的问题是，过于严格的规制本身其实与风险的预防原则之间会发生冲突。例如转基因食品、大气温室效应、核电站、海洋开发等问题上风险与经济合理性是并存的，如果采取过于严格的规制举措就有可能引起发展效益方面的损失，从而引起粮食危机、大规模失业、能源匮乏等其他更严重的危害以及更大概率发生的剩余风险或者替代风险。另外，雷洋事件也证明，对社会进行过于严格的规制会造成这样或者那样的病态现象，引起反感、不安以及恐惧，在某些场合还会导致信任危机的发生和蔓延，酿成其他种类的风险或新型风险，从而违反预防原则的本意。如果要进行适当的预防，同时又避免过于严格的规制，要对决定者的裁量权进行必要的限制，同时又为酌情裁量的自由提供充分的制度保障，那就必须根据法治政府的原则，加强在公正程序之内的对话、协商、辩论、推理、审议，特别是激活风险沟通，以便在复杂的不同因素之间保持适当的

(50) 关于环境行政法预防原则产生的背景和主要内容，参见〔日〕儿矢野麻利：《环境风险问题的国际应对》，载〔日〕长谷部恭男编：《风险学入门（第3卷）：从法律角度看到的风险》，岩波书店2007年版，第101—116页；前注㉘，第210—217页。

(51) 参见劳东燕：《公共政策与风险社会的刑法》，载《中国社会科学》2007年第3期；劳东燕：《风险社会与变动中的刑法理论》，载《中外法学》2014年第1期；劳东燕：《风险社会中的刑法：社会转型与刑法理论的变迁》，北京大学出版社2015年版。See Pat O'Mally, "Risk, Power and Crime Prevention", *Economy and Society* Vol. 21 no. 3(1992) pp. 251-268.

平衡和比例关系。

一般而言，风险沟通中的最大问题是人们只关注那些比较重大的不利后果，却往往忽视后果发生的概率。这就会让政府总是感到风声鹤唳，产生让安全系数最大化的冲动，随之按照"阶级斗争"的逻辑或者"维稳"的逻辑不断加强规制直到超出合理的限度。忽视概率的风险意识也会使得一部分群众总是感到十面埋伏、危在旦夕，因而随时准备以命相搏，采取"小闹小解决，大闹大解决"的抗争方式，另一部分群众又可能期待政府进行严格控制，以确保社会的安全。从雷洋事件和万科事件可以看到公众传媒对风险发生概率的忽视具有不均等性，很容易造成对特定现象的"感情歇斯底里"。因此，如何在风险沟通中适当讨论和计算损害的概率就成为一个重要的问题。根据有关研究成果，群众对新出现的风险或现有风险的增大很敏感，但对因为严格规制而牺牲的机会性收益却缺乏关心；预防原则往往适用于某个举措引起的风险，却不会适用于同一举措所减少的风险；即便熟悉的风险和陌生的风险在统计学上概率相等，但人们对熟悉的风险更有容忍度；即使自然的风险与人为的风险是同等的，人们也倾向于认为自然的风险更小些。㉒另外，如果对特定政策和举措的广泛而深远的影响缺乏认识，也会忽视这项政策和举措的风险。把这些富有启示意义的学术发现应用到风险沟通和预防举措之中，有利于克服"群体极化"现象和改变短期行为方式。

3. 民主决策程序和法律议论在风险沟通中的功能

但是，在考虑后果概率问题时，还必须充分注意政府、专家以及一般公众在立场上的差异以及不同意见之间的合理性竞争。在大多数场合，专家更关注损失的概率和数额，与此不同，公众更关注损失所带来的痛苦以及有关风险的分配公平性。另外，对政府而言，规制举措的费用是确定的，但风险收益却是不确定的，因此在费用比较高的情况下不愿意采取必要的规制举措（例如环境保护和大气温室效应的控制），在费用比较低的情况下倾向于过度采取规制举措（例如过滤网络敏感词、限制上访以及拒绝受理维权诉讼）。为了避免预防原则滑入"群体极化"的

㉒ 参见前注㉞，第51—65页。

陷阱，或者因为不同意见之间的合理性竞争引起强烈反弹，我们不得不在风险沟通过程中加强法律议论，通过规则克减复杂性；不得不在决策过程中加强民主参与，通过不同观点的交锋来减少偏颇和失误，寻找最大公约数。也就是说，需要通过对话、沟通以及法律议论获得的共识来甄别和管控风险。[53]

由于任何一种选择和决定都无法完全避免风险，任何一种解决问题的举措都可能引起新的风险，所以合理的、切实可行的决策机制不必以追求绝对正确为目标，不必对结果采取承包责任制甚至终身问责，而应该奉行最大风险最小化的原则——防止最糟糕的结局。在这样的指导思想下，决定者首先要奉行法治原则，严格遵守法定的程序和判断规则，借此在一定程度上从那种对未来的实质性后果承担无限责任的负荷中适当解放出来，获得有所作为的自由以及职业保障；其次要充分进行费用与效益的计算和比较分析，例如美国政府的不同部门在进行规制之前全面统计人们的风险命价（VSL, the Value of Statistical Life）之类的做法。[54] 只有在这样的基础上进行决策，才能真正贯彻最大风险最小化的原则；只有在这样的基础上进行风险沟通，才能准确地评估损害发生的概率并适当权衡是非得失的关系；只有在这样的基础上进行民主参与，才能避免那种由情绪化的舆论取代论证性对话的跟风性投票行为。

在风险社会，预防原则势必导致行政规制的加强和决定者裁量权的膨胀，因此才特别需要通过公正程序对规制举措和裁量权进行制约。《中共中央关于全面推进依法治国若干重大问题的决定》也明确要求重大行政决策必须经过公众参与、专家论证、风险评估、合法性审查、集体讨论决定等一系列法定程序，做到流程透明可问责，为了确保行政机关内部的重大决策合法性审查机制切实运作，还提出了全面落实信息公开原则的指针。这里所说的程序包括事先协商程序、简易裁决程序、成本效益分析程序、规制举措的弹性和整合性审查程序等，但更重要的是通过司法审查制度加强对行政规制的程序制约，其中特别具有可操作性的是

---

[53] Cf. Klaus Eder, "Taming Risks Through Dialogues: the Rationality and Functionality of Discursive Institutions in Risk Society", Maurie J. Cohen (ed.) *Risk in the Modern Age: Social Theory, Science and Environmental Decision-Making*, London: Palgrave Macmillan Press, 1999, pp. 225-248.

[54] 参见前注[34]，第181—199页。

行政诉讼程序。根据现行规定，人民法院在审理行政诉讼案件时只能对具体行政行为的合法性进行审查，而不能追究那些具有一般约束力的抽象行政行为是否合法。如果继续坚持这样的立场，对根据风险预防原则采取的行政规制举措的程序制约就将流于一句空话，也很难把风险沟通纳入法律议论的轨道。法律议论的最大特征是把例外和反驳的条件都编织到规范之中，使得所有观点和论据都经历"可撤销性"（defeasibility）的洗礼，从而找出更好的对策和理由，确保风险沟通真正进行替代方案的比较，并在辩论中充分尊重少数意见和反对意见，通过事先或事后的纠错机制达到有效防控决策风险的目的。

结语：健全分散和转换风险的制度条件

现代国家治理体系现代化的一个主要标志是功能分化，所以在考虑风险问题时，必须首先明确是对于哪个功能系统的风险。雷洋事件业已证明，政治系统的风险是舆论影响社会稳定，使得限制风险的特定政策存在无法获得正当评价的风险；在这里损害概率的分析和计算具有重要意义。万科事件业已证明，经济系统根据支付和不支付的二元化编码进行运作，因而这里的风险就是预期的支付无法实现或者支付能力不能再生产，构成处理对策中的优先事项；鉴于企业治理结构的混乱，法律规则如何发挥克减复杂性的功能是个关键性问题。从整体上来看，风险社会的实质是对注意义务的履行程度进行问责以及相应的沟通。在一定意义上也可以说，民主参与的实质是处理风险沟通问题的制度安排，或者说是通过沟通来管理风险的制度安排。尤其是在风险成为日益增多的抗议的焦点这种情况下，民主参与程序可以大幅度缓和抗议运动，减少问责的社会压力。因此，有关顶层设计的重点是政治系统的风险分散、风险转换以及风险吸收，并根据这样的基本思路改造权力结构，使之更加多元化和弹性化，同时发现各个部分适当衔接的方式以及根据实际情况进行关系重组的契机。

正因为民主参与程序是对风险与抗议运动的一种制度化回应，政治系统与法律系统的结构耦合才非常必要并且具有现实可行性。通过合法与违法的二元化编码和规范思维的形式性要求，可以把决定者从问责的重负中适当解放出来并同时对自由裁量权加以制约，可以使风险沟通的复杂性大幅度克减，有助于就决策的妥当性和问责标准达成共识。换言之，政治问题法律化、法律问题程序化、程序问题技术化、技术问题论证化可以理解为在当今中国化解风险沟通难题的一种合理对策。关于民主参与的程序和法律议论的程序，各国有不同的实践经验值得深入考察和比较研究。从中国现实来看，通过听证会、普遍征求意见等形式推动立法过程民主化、专业化，通过行政诉讼程序加强对行政规制举措（包括抽象行政行为）以及裁量权的司法审查是今后制度发展的两个非常重要的方面，能够把风险沟通从情绪化的倾向性舆论转换为合理合法的论证性对话，把针对风险的抗议运动转换为制度发展的助力。

鉴于风险社会的预防原则助长行政规制的趋势，有必要加快行政程序法制定的进度。概而论之，为了通过对话和沟通来甄别和管控风险，行政程序的设计主要有三个重点，即（1）当事人和利害关系者有接收通知、获得信息以及要求听证的权利；（2）坚持正当过程原则，强调程序的公开、透明、对等以及充分议论；（3）公民应该获得机会适当参与行政决定以及事后提出异议或者寻求救济。在各种相关的制度安排上，的确应该对具体行政行为的程序与抽象行政行为的程序加以区别。例如在行政处分、调查、指导、强制执行等针对个别行政相对方或利害关系者的具体行政行为方面，应该特别强调做出不利处分之际的程序公正性；而在行政计划和行政立法涉及普遍约束力的抽象行政行为方面，应该特别强调公民或居民的能动参与权，通过民主程序来决定公共事务。但是，即便承认这些区别，这两个方面还是应该一并纳入行政诉讼以及司法审查的范围之内经过法律议论的检验，不能有所偏废。

"风险社会"的概念是1986年提出来的，我国的行政程序法起草的动议也是那一年提出来的，到2016年正好三十周年。以此为契机，在我国公众风险意识空前增强的形势下，改变片面依赖强制性行政手段维稳的治理方式、尽早出台一部用公正程序原则制约行政决定权和裁量权的法律是合乎时宜的。本章特此建议立法机关根据《中共中央关于全面推进依法治国若干重大问题的决定》的精神和决策风险防控的客观需要，加快起草和审议的进程，及时制定一部符合国情和21世纪世界大势的行政程序法，适当侧重风险甄别、风险沟通、法律议论以及民主参与程序的相关条件整备，争取早日建成以行政处罚法、行政强制法、行政复议法、行政许可法、行政诉讼法、行政程序法为六根支柱的法治政府制度架构。

另外，当今国内对于风险社会相关的考察除了侵权法、经济法、保险法等领域的责任法理变化，主要围绕环境法（强调现代科技和产业发展所带来的越来越严重的生态影响和公害案件）、刑事法（侧重风险社会中的刑法范式转换和刑事责任追究机制）以及行政法（以比例原则、预防原则以及决策程序的风险评估和风险沟通为主）的具体问题展开。从整体上看，法学界对风险社会给国家秩序所带来的深远影响的研究还不够深入，尤其是围绕风险分配的法律沟通以及关于风险的法律政策科学仍有待今后进一步探讨。

围绕意识形态进行话语博弈[*]

引　言

通常而言，意识形态是具有特定政治色彩的概念，限于阶级，特别是统治阶级的信念体系。自卡尔·曼海姆从知识社会学的角度对意识形态进行重新界定之后，其内涵和外延发生了重要变化。[①] 根据广义的意识形态概念，结合改革开放以来中国社会发生沧桑巨变的事实以及《中共中央关于全面推进依法治国若干重大问题的决定》关于"规范和约束公权力""提高司法公信力"等重大命题，本章认为：包括阶级在内的所有集团、组织用以支持自己的各种诉求的原则、价值观、道德、政治设想乃至与实用目的结合在一起的科学认识论范式都可以被称为意识形态，其覆盖的范围可以延伸到法律职业共同体精神以及法教义学的原则。

基于上述认识，在本章中，所谓法律意识形态是指由具有一贯性和逻辑性的表达和主张所构成，并赋予规范秩序以根本性意义的关于法律的价值体系和信念体系。为了和平而有效地解决不同利益集团之间的冲突，法律意识形态必须采取让争执的各方都能理解和认可的普遍性话语来重新定义利益问题，因而也就必须相对独立于特定的利益集团本

　＊　本章源作者于 2015 年 4 月 23 日在《战略与管理》杂志社主办的北京大学演讲会的发言稿，原文发表于《中国社会科学》2015 年第 11 期。

　①　参见〔德〕卡尔·曼海姆：《意识形态与乌托邦》，姚仁权译，中国社会科学出版社 2009 年版。

身，并为不同的利益诉求和原理提供表达、竞争、论证、说服、达成共识的机会。一般而言，法律意识形态有可能也应当使人们更加合理地认识法律体系与社会环境以及两者之间的互动关系，也可以通过信念和愿望来激活法律运行的机制，并就具体问题的解决提出妥当的政策和行动纲领。因而法律意识形态具有实质性和形式性两个不同侧面，在相当程度上也表现出认识论上的特征，因而应该具有路易·阿尔都塞式结构——过程辩证法的开放性。②

当代中国的法律意识形态深受斯大林时代苏联法学家安德烈·雅奴阿列维奇·维辛斯基阶级司法学说的影响。尽管从 20 世纪 80 年代前期开始陆续有零星的批判性文章问世③，但维辛斯基关于法的基本定义仍然支配着我国法学理论界。这种局面与时代变迁的节奏明显脱节。《中共中央关于全面深化改革若干重大问题的决定》提出了"推进国家治理体系和治理能力现代化"的整体目标和让市场在资源配置中发挥决定性作用的方针，并把以制约和监督公权力为主旨的法治秩序建构作为现阶段的主要任务。④《中共中央关于全面推进依法治国若干重大问题的决定》进一步把法治提升到"依宪执政"的新高度，强调"宪法是党和人民意志的集中体现，是通过科学民主程序形成的根本法"，法律法规应当根据宪法精神"全面反映客观规律和人民意愿"等命题，试图以宪法为核心凝聚制度顶层设计的共识。在这里，意志的共同性、合理性、社会最大公约数以及通过沟通达成合意的公正程序实际上被视为法治的基本价值取向，国家制度不再被简单地理解为统治阶级镇压被统治阶级的暴力机器。由此可见，对我国既有法律意识形态进行反思和重构的条件正在臻于成熟。

---

② 参见〔法〕路易·阿尔都塞、〔法〕艾蒂安·巴里巴尔：《读〈资本论〉》，李其庆、冯文光译，中央编译出版社 2008 年版。

③ 中国对维辛斯基进行质疑的第一声发自北京大学 1981 年五四科学讨论会，主要内容过了五年左右才被公开，参见季卫东：《关于法的一般定义的刍议——维辛斯基法律定义质疑》，载《北京大学校刊》1985 年 12 月 13 日号、1986 年 6 月 25 日号。其他相关论述参见吴世宦：《四论我国法学现代化——关于划清马克思主义法学与维辛斯基法学的界限问题》，载《政法学刊》1987 年第 4 期；张宗厚：《"功臣"还是罪人？——评苏联 30 年代大清洗中的总检察长维辛斯基》，载《国际共运史研究》1989 年第 2 期；王志华：《苏联法学家的命运（二）——维辛斯基非同寻常的一生》，载《清华法治论衡》2009 年第 2 期。

④ 参见俞可平：《推进国家治理体系和治理能力现代化》，载《前线》2014 年第 1 期。

当今在中国考虑法律意识形态的创新，重要的前提条件之一是三十余年的经济体制改革导致市场在资源配置中发挥的决定性作用。但这并不意味着我们只需简单地接受帕舒卡尼斯立足于商品经济而提出的关于法律的交换构想以及相应的观念体系。⑤ 法学研究绝不能被经济决定论一叶障目，把对公共秩序的认识局限在商品关系的整体结构里，而必须把市场的非市场性基础（例如行政执行力、公正程序、民主问责机制），决定交易成本的治理结构和组织规范，司法规范，以及政治的、政策的判断等也纳入视野之中，具有更博大、更丰富的内容。不言而喻，市场机制的固有属性要求个人在投资和交易活动享有充分的自由决定权并相应地自负其责（个人主义道德），但同时也要求有利于公平竞争的制度安排（政治经济理论）。表现在整个社会的价值体系层面，就是实质性问题的讨论必然以"个人自由"与"共同福利"，或者"市场竞争"与"政府规制"，或者"自由主义"与"社群主义"之间的辩证关系为基本分析框架。表现在法律思维层面，就是司法过程必然以"权利原则"与"功利政策"，或者"意思自治"与"组织驱动"的区分为推理和判断的立足点。由此可见，市场化在个人与社会、国家之间的关系中引起了深刻变化，形成了主要在权利论、道德论、社会福利论之间进行互相碰撞和反复组合的局面。

十八届三中全会提出的推进国家治理体系和治理能力现代化的目标，则构成法律意识形态创新的另一个重要的前提条件。不言而喻，对于国家治理，始终会存在完全不同的理解。有人把国家理解为统治阶级实现专政的暴力机器或者垄断并行使物理性强制力的集团。⑥ 有人把国家理解为公共选择、决策以及执行规范的政治过程和行政过程。⑦ 有人把国家理解为多层多样的历史沉淀物和不断传承的既有权力和秩序。也有人把国家理解为"想象的共同体"以及文化纽带的枢纽。⑧ 还有人把国家

---

⑤　参见〔苏联〕帕舒卡尼斯：《法的一般理论与马克思主义》，杨昂、张玲玉译，中国法制出版社 2008 年版。

⑥　例如维辛斯基给出的法律定义。See John N. Hazard (ed.), *Soviet Legal Philosophy*, trans. by Hugh W. Babb, Harvard University Press, 1951, p. 336.

⑦　参见〔美〕詹姆斯·M. 布坎南、〔美〕戈登·塔洛克：《同意的计算——立宪民主的逻辑基础》，陈光金译，中国社会科学出版社 2000 年版。

⑧　参见〔美〕本尼迪克特·安德森：《想象的共同体——民族主义的起源与散布》（增订版），吴叡人译，上海人民出版社 2011 年版。

理解为向公民提供公共物品的服务机构。⑨ 不同的国家观，可以决定不同的主体意识、集体归属感以及政治秩序，也可以塑造不同的意识形态和正统化机制。但是，现代化运动使基于不同意识形态的国家治理工程项目向关于形式性与实质性、合理性与非理性的两根分析轴和四种类型上收敛，并在德国社会理论家马克斯·韦伯提出的著名发展图式中分别定位。⑩ 这就为各种各样的政治项目在一个可比较、可沟通、可普遍化的"现代性"的法律意识形态之下并存、共处、竞争、互补以及重新组合提供了具有可选择性的话语空间，或者说为寻求社会最大公约数提供了必要的思想场域。

本章的目的是在思想层面重点考察、梳理、分析以及论述自由而公平的市场竞争和国家治理的现代化与中国特色社会主义法治体系之间的关系，为制度创新的顶层设计提供一个认识论的框架。其中与形式理性以及公正程序原则相关的基本内容，特别是法律程序在保障人权、加强执政合法性和正当性方面的功能，笔者已经在多年前做了比较全面而深入的阐述，相关的主张仍然具有理论上和实践上的意义。⑪ 这里只聚焦于法律规范体系中的实质性价值问题，特别是个人主义（自由主义）与利他主义（社会主义）之间矛盾的扬弃，并试图通过重新认识政治体制现代化的多样性、复杂性、混合性以及规范秩序的正统化机制找出一把能使法律意识形态僵局发生转圜的钥匙。虽然制度改革的实践不必过分纠缠于玄学问题和价值观的"诸神之争"，但是，如果经过几十余年改革开放的实践，在社会结构业已发生深刻的质变之后仍然不澄清法律意识形态的基本原则，那么必不可少的各种制度安排就很难勾画出清晰的、准确的蓝图，既存的秩序也可能因为缺乏共识的基础而渐次分崩离析。

现代化的思想和制度，现代法治主义，都充分体现了人类理性能力，也展现了推动历史进步的伟大力量。但是，与此同时我们也不得不注意人类理性能力的局限，不得不指出在"现代性"的深层隐藏的悖论。

---

⑨ 参见〔日〕福泽谕吉：《劝学篇》，群力译，商务印书馆 1984 年版，第 7 篇中关于国民以税金购买政府保护的论述。

⑩ 参见マックス·ウェーバー『法社会学』（世良晃志郎訳，創文社，1974 年）104-105、326-333、441-450 頁。

⑪ 参见季卫东：《程序比较论》，载《比较法研究》1993 年第 1 期。

例如韦伯就做出现代化过程可能造成"理性铁笼"问题的预测，对形式理性与实质理性之间矛盾的激化引起文化涵义体系的瓦解的前景曾经表现出深刻的忧虑和悲观情绪。[12] 自由、平等、民主参与、权利诉求等重要的现代价值，也都存在如何保持适当的"度"和平衡感的问题，如果没有规范的制约和协调，就会加剧社会的内在紧张和人与人之间的不信任，使得不同阶级和阶层之间利害关系的相互调整变得十分困难，最终导致相对主义和无序的事态。要防止或者解决上述问题，维护社会的稳定和整合，就不得不向传统的伦理秩序、固有习俗、团结性等求助，但这又很容易导致文化保守主义的抬头，影响制度改革的进程。

为了摆脱现代性悖论，并在历史进步与社会整合之间保持适当的平衡，需要对那些以非理性、权威性为特征的既有的价值、规范以及意识形态进行解释性转换，以便与现代化理论和制度相洽。与此同时，还必须认真分析和比较那些贯穿于不同国家观、不同政策论之中的基本原理，根据国家治理体系和治理能力现代化的复杂需要进行甄别、选择以及重新组合。在这个意义上，法治中国的指导思想不得不具有复合性的、弹性的结构，分别对应改革与整合、理性与情感、个人自由与社会团结等不同层面、不同维度，容许不同原理之间的竞争与融合。这就决定了今后的法律意识形态不是把某种特定利益当作绝对真理来固守，而势必带有某种多元共和的特征，促进不同利益诉求及其正当化论证的技术性竞争，从而摒弃决定论和本质主义的思维定式。同时，正是因为价值观的这种多元格局，通过所谓"竞技民主主义"（agonistic democracy）[13] 式的交锋和沟通而形成共识的公正程序原则也就具有特别重要的意义。在这个意义上，本章在后半部分论述的价值三分法、原理竞合与法律议论的程序是互相匹配、互相补充的一组概念。

---

[12]　See David M. Trubek, *Max Weber's Tragic Modernism and the Study of Law in Society*, Law and Society Review, Vol. 20 (1986); Arthur Mitzman, *The Iron Cage: Historical Interpretation of Max Weber*, Transaction Publishers, 1985；参见马剑银：《韦伯的"理性铁笼"与法治困境》，载《社会学家茶座》2008 年第 1 期；〔美〕查尔斯·卡米克、〔美〕菲利普·戈尔斯基、〔美〕戴维·特鲁贝克编：《马克斯·韦伯的〈经济与社会〉：评论指针》，王迪译，上海三联书店 2010 年版。

[13]　语出婶塔尔·墨菲。See Chantal Mouffe, *The Democratic Paradox*, Verso, 2000; Chantal Mouffe, *Agonistics: Thinking the World Politically*, Verso, 2013.

一、法律意识形态的谱系分析

西欧式现代市场经济体制以及法治秩序的基石是自由竞争（经济理论）、自我负责（道德规范）以及自然权利（政治思想），概括而言，就是以自然法和自然正义为旗号的个人自由主义意识形态。但是，这样的意识形态从一开始就包含着深刻的内在矛盾。作为批判法学最广为人知的主张，哈佛大学法学院的邓肯·肯尼迪教授曾经阐述如下：

> 个人自由的目标，其实现既不得不依赖社群的强制性行为，同时又与之相悖。我们作为个人立足，他者是不可或缺的……所有的他者决定了我们的存在形态，在保护我们的同时也让我们陷入消亡的危机，并且强迫我们不适当地趋同化……正是无数服从和各种自暴自弃，构成在社会中享有少量自由的代价。⑭

这种矛盾表现为个人主义与利他主义、形式正义与实质正义、权利本位与政策本位之间的区别、对立乃至冲突。为了防止意识形态的内在矛盾影响规则适用的客观性、中立性以及由此而来的可预测性，现代法理学（例如哈特的分析实证学说）采取了把客观事实与主观价值分开来的二元方法论，并且特别强调法律思维的形式性，即法官严格地甚至机械地适用规则。但是，由于社会现实非常复杂多样，即便严格适用规则也有可能得到违背立法意图的结果，因为立法是博弈和妥协的结果，建立在微妙而脆弱的平衡关系之上。何况立法者并不能充分预见未来的事态，对于预料之外的事实机械地适用规则很可能使事态进一步远离预测，最后形成法律与社会之间的"累积性乖离"⑮。这就是现代法制的形式性悖论。面对这种形式性上的两难困境，法学理论需要寻找某种第三道路，找出可以调和两项对立的中介，加强法律体系的整合性。为此，有必要重新认识既有的意识形态结构以及法律思维方式。

众所周知，在西欧法制现代化过程中，自然法作为秩序的价值内

---

⑭　Duncan Kennedy, *The Structure of Blackstone's Commentaries*, Buffalo Law Review, Vol. 28, pp. 211–212 (1979).

⑮　Duncan Kennedy, *The Stakes of Law, or Hale and Foucault!*, Legal Studies Forum, Vol. 15, pp. 332–335 (1991).

核，发挥对实际存在的具体的国家法律进行反思、改进、矫正以及合理化的作用。然而对自然法的概念内容始终存在不同的理解，自然法理论也在不断变迁。中世纪的自然法曾经被理解为上帝的意志和神圣理性的安排。⑯ 后来，随着世俗合理主义的抬头，胡果·格劳秀斯等人开始在上帝之外寻找凡人的自然权根据，把对身体和生命的自卫以及禁止任意侵犯他人身体、生命以及财产的行为当作判断正义与否的两条公理。⑰ 到了科学理性进一步发展的阶段，"自然的法则"逐步成为自然法的概念内涵。无论如何，在康德看来，自然法都是"绝对命令"。统治者以及普通民众都必须遵循这样的根本规范以实现德性。⑱ 正确地把握这种历史演变，有利于解读现代法治秩序的深层密码，也有利于制度设计方案的比较研究，当然也可以为破解中国全面深化改革的几何难题勾勒出一条思想的辅助线。

1. 正统化机制的理性设计

回溯社会结构变迁的历史可以发现，当时欧洲面临的最大政治课题是，把个人从中世纪的身份关系中解放出来，在自由和平等的基础上构成市民社会，以满足资本主义市场经济体制对生产要素的需求；同时打破旧的国家体制，重新设计和建构一种能够防止政府以权力干预市场交易、侵犯个人自由的崭新秩序。为了解决这个基本课题，启蒙思想家们重新诠释既有的自然法思想，创立了不同类型的社会契约论或者契约国家论，在天赋人权、自由选择、个体合意、群体共识以及社会承认的逻辑链条中不断寻找能够限制政府权力同时也能够使之合法化、正当化的价值根据。显然，他们感觉到现代国家需要根据理性重新再造一种基于社会承认的正统化机制。换言之，需要对规范秩序进行从零开始的理性设计。

---

⑯　托马斯·阿奎那认为，人类理性没有能力和权威参与自然法的创造、颁布以及确定，而只能译解和分享神圣理性。参见〔法〕雅克·马里旦：《自然法：理论与实践的反思》，鞠成伟译，中国法制出版社 2009 年版，第 33—36 页。

⑰　参见〔荷〕格劳秀斯：《战争与和平法》，何勤华等译，上海人民出版社 2005 年版。

⑱　参见〔德〕康德：《实践理性批判》，韩水法译，商务印书馆 1999 年版，第 30 页；〔德〕康德：《道德形而上学原理》，苗力田译，上海人民出版社 2005 年版，第二章，尤其是第 29—30 页。

（1）基于全面信托契约的无限政府构想

在近代宪政的发祥地，17 世纪的英国，首先是托马斯·霍布斯以"自由的个人"作为出发点，探索政治体制改革的途径。他在《利维坦》这本经典著作中，试图从获得和平与安全保障的方式来论证国家享有广泛权威的合理性。

霍布斯眼中的自然状态就是弱肉强食的丛林，就是所有人对所有人的战争，就是互相猜忌的不安感。为了避免死亡的危险、寻求幸福的生活，人们不得不在必要的范围内缔结契约，对等地放弃各自的自然权。他这样写道：

> 把大家所有的权力和力量托付给某一个人或一个能通过多数的意见把大家的意志化为一个意志的多人组成的集体……这就不仅是同意或协调，而且是全体真正统一于唯一人格之中；这一人格是大家人人相互订立信约而形成的，其方式就好像是人人都向每一个其他的人说：**我承认这个人或这个集体，并放弃管理自己的权利，把它授予这人或这个集体，但条件是你也把自己的权利拿出来授予他，并以同样的方式承认他的一切**。这一点办到之后，像这样统一在一个人格之中的一群人就称为**国家**……这就是伟大的**利维坦**（Leviathan）的诞生……用一个定义来说，这就是一大群人相互订立信约，每人都对它的行为授权，以便使它能按其认为有利于大家的和平与共同防卫的方式运用全体的力量和手段的一个人格。⑲

然而，没有强制手段相伴的契约只是一句空话，不足以保障的人们的安全，为此必须设置共同的决定机关，使它垄断暴力、独揽乾纲。要么是一个强人（统治者），要么是一个少数服从多数的合议庭，只有当这样的机关成立之后，才能避免一人一是非的状态。因此，国家是人们为了自己的利益而有意识地建立的，是功利主义的理性产物。法律可以理解为国家的命令，也是社会共同的判断标准。只要大家都遵守法律，就可以实现和平与安宁。因而国家必须具有让所有人都服从其命令的权威，而所有个人则把自然权完全委托给国家，并且必须无限信赖国家。

---

⑲ 〔英〕霍布斯：《利维坦》，黎思复、黎廷弼译，商务印书馆 1985 年版，第 131—132 页。

霍布斯甚至认为，要防止回到互相争斗的状态，国家的权威应该是不可动摇的、绝对的，为此不能承认宗教、思想以及言论上的自由。[20] 不言而喻，霍布斯展示的是一幅"无限政府"的设计图。在这里，契约原理事实上只是存在于个人相互行为当中，并不适用于国家与所有个人之间的关系。因此，霍布斯关闭了通往梅特兰所阐述的那种双重信托的思路。[21]

（2）双重结构"两步走"的有限政府构想

与霍布斯形成鲜明对照的是光荣革命时期的政治思想家约翰·洛克。尽管洛克把人视为上帝的造物，但他的理论同样是把"自由的个人"作为出发点。在闻名遐迩的《政府论》中，洛克所设想的自然状态是：共有的资源因为劳动而转换成私有财产[22]，但对这种财产乃至自己身体的所有关系随时会受到他人的侵犯，而对自然法的认知和执行也具有不确定性。为了切实保障个人固有的生命、身体、自由以及财产，必须缔结社会契约，把各自行使的判断权、执行权集中于一个政治权力。这样的政治权力可以直接根据多数人的决定来行使。采用洛克自己的说法，就是"人人放弃其自然法的执行权而把它交给公众，在那里，也只有在那里才有一个政治的或公民的社会"[23]。政治社会"成了仲裁人，用明确不变的法规来公正地和同等地对待一切当事人"[24]。另外，政治权力也可以通过多数人的决定信托给由特定少数人组成政府来行使，从而使国家具有各种不同的形式。[25]

在这里，我们可以清楚地看到洛克社会契约论的"双重结构"特征：先通过共识形成政治社会，再通过政治社会的团体设立契约把权力信托给政府。而不像霍布斯所构想的那样，人们通过社会契约一次性、直接地把自然权都交出来，由主权者独揽，形成一种绝对化的权力。在一定程度上也可以说，洛克的社会契约双重结构论与梅特兰的信托双务契约论有异曲同工之妙，即便个人与政府之间的关系也要受契约原理的支

---

[20]　参见前注[19]，第 18 章。

[21]　参见〔英〕F. W. 梅特兰：《国家、信托与法人》，樊安译，北京大学出版社 2008 年版。

[22]　关于私有财产起源的说明以及通过保障财产权的方式来界定政府，是洛克做出的非常重要的思想贡献。参见〔英〕洛克：《政府论（下篇）——论政府的真正起源、范围和目的》，叶启芳、瞿菊农译，商务印书馆 2011 年版，第五章。

[23]　同前注[22]，第 54 页。

[24]　同前注[22]，第 53 页。

[25]　参见前注[22]，第 81 页。

配，因而法律秩序的本质在于同意或者承认而不是单纯的强制。

显然，洛克描绘出来的是"有限政府"的形象，也就是把政府的功能仅仅限定在保护个人生命和财产方面。[26] 权力来自同意或者承认，行使的范围受到信托权限的制约。即便是作为最高权力机关的立法者，也不能任意剥夺个人的生命和财产。在这里，独立的司法权具有非常重要的意义。法官只服从事先通过既定程序制定的具有普遍性和恒久性的法律规范，而不接受任何外来的干涉，以确保权力的公正行使。[27] 一旦政府逾越信托的权限，侵害个人的财产、自由、身体以及生命，那么人民就可以解除信托关系，把权力收回到自己的手中。但这时往往会出现政府与人民之间对峙的战争状态，洛克认为人民对越权的、残暴的政府进行抵抗是理所当然的。[28]

由此可见，洛克的政府论具有"两步走"的特征：平时通过独立的司法权来限制行政权，在政府滥用权力实施压迫时则可以通过人民的抵抗权（或者表现为舆论）来改变行政权。

而从卡尔·马克思的观点来看，是市民社会的内在矛盾引起了社会与国家之间的分裂，而洛克所设想的那种统治阶级为所欲为的政府只不过是社会的自我异化而已。[29] 马克思把私有财产视为劳动异化的结果，因而只有当私有财产消亡之后，社会与国家的分裂才能被扬弃，政府也理应回归到直接民主制的政治社会本身。当然，在漫长的过渡期，政府还是一种必要之恶。[30] 马克思与洛克的出发点当然是完全不同的，特别是两者的私有财产观截然相反，但在对待政府的态度上却或多或少可以相映成趣。

（3）国家与个人的对峙与秩序内在化问题

无论霍布斯与洛克之间在国家观上存在多么巨大的差异，他们的社会契约论或者契约国家论都是以无拘无束的个人作为立论的基

---

[26] 参见前注[22]，第58、77页。

[27] 参见前注[22]，第80页，详见第十一章、第十二章。

[28] 参见前注[22]，详见第十九章。

[29] 葛兰西把国家定义为政治社会加市民社会，即穿上强制盔甲的文化霸权，似乎更接近洛克的立场。参见〔法〕安东尼奥·葛兰西：《狱中札记》，葆煦译，人民出版社1983年版，第222页。

[30] 参见谭培文、张百顺：《马克思主义国家异化理论及其当代启示》，载《理论学刊》2010年第5期。

础，通过共同的权力来组织分散的自然权利，从而进行规范秩序，以保障每一个人的安全和幸福。在他们看来，人们缔结放弃自然权利的契约或者缔结团体设立契约的目的都是要自我保存，都是出于个体利益（包括生命、身体、自由、财产等）的考虑。因此，国家作为一种有目的之组织，源于人与人的利害关系以及得失计算，并不是因为人与人之间的感情或者道德或者文化传统而成立的。在这个意义上，他们的国家观的确具有现代性，是合理主义的，是功能主义的，是与市场经济和利益社会相契合的。但与此同时，他们的国家观还呈现一个共同的特征，就是强调国家与个人、公域与私域之间的区隔甚至对立，因而国家是外在于个人、外在于私域、外在于社会的。

在这样的二元格局中，既然国家是外在的、功能性的、形式化的，那么究竟是谁采取什么样的方式来支撑这个国家的存续？人们为什么会自始至终，并且继往开来地拥护这个与自己处于紧张关系之中的国家并且服从它的命令？即使国家是根据保护生命和财产的利益契约而产生的，具有充分的正当性、合理性根据，也不得不回应这样的设问。因为国家在成立之后，被认为还是与个人自由处于某种对立的状态，所以试图最大限度追求自由的个人总是会不断地与国家发生碰撞，会消耗维持国家秩序的制度成本和正统性资源。有什么办法能使个人与国家互相融洽、协调、合作呢？对于上述问题，霍布斯和洛克的理论实际上并不足以给出令人满意的答案。

在这里，值得重视的倒是法国思想家卢梭的理论建树，他弥补了过去社会契约论缺失的某些逻辑链条，把国家与个人统一起来，形成某种合作的，甚至互相融合的关系，尽管他所给出的解答有些过激化。

（4）人民主权和法治国家的"公意"悖论

卢梭的社会契约论也是以"自由的个人"为出发点，也是假定人们为了保障自己的生命和财产而改变自然状态、设立政府，但却把关注点从契约的缔结转移到契约的履行。卢梭强调，只有当政治共同体的结合方式导致所有人都感觉像在自然状态中那样只服从自己的意志时，这样的支配才能合法化、正当化。为此，他提出了把各自追求个人利益的特殊意志叠加在一起进行综合，以实现社会整体利益的"公意"概念。为了形成公意，必须根据足够的信息进行审议和沟通，在此基础上表决，以多数意见为正确的公意。卢梭的核心观点是这样表述的：

> 我们每一个人都把我们自身和我们的全部力量置于公意的最高指导之下，而且把共同体中的每个成员都接纳为全体不可分割的一部分……这一结合行为立刻就产生了一个在全体会议上有多少成员就有多少张票的有道德的共同体。通过这一行为，这个有道德的共同体便有了它的统一性，并形成了共同的"我"，有它自己的生命和意志。这样一个由全体个人联合起来形成的公共人格，以前称为"城邦"，现在称为"共和国"或"政治体"。[31]

在这里，人们既要服从权力，同时也是权力主体。换言之，人们把自然权利让渡给主权者，但同时自己也成为主权者（的一分子）。[32] 再用一个大家耳熟能详的中国式表述，就是国家的主权具有"从群众中来、到群众中去"[33] 的特征。当然，这意味着个体必须做到"大公无私"，把自己的生命和财产统统交给由多数意见构成的公意、交给共和国的政治组织。但无论如何，作为权力主体的个人并非与国家权力处于对立之中。尤其值得注意的是，卢梭恰恰是通过法治构想把个人与国家统一起来了。

按照卢梭的思路，作为公意的具体表现形式，法律必须平等地适用于一切公民，国家也必须依法行事，只有这样的制度安排才能让保护生命和财产的法律符合所有人的公共利益。在这个意义上也可以说，共和国必须依照法律进行治理。在这里，法律由谁制定就是关键。为了确保人民在国家的统治下也像在自然状态那样自由，法律必须由人民自己来制定，即"服从法律的人民，应当是法律的制定者"[34]。换言之，既然人民参加了造法，那么就会守法，因为人民如果事后违背法律就等于违背自己的意愿，导致自反性悖论。另外，既然法律反映了人民的意志，那么他们接受法律的制约就不会感到不自由。通过表决获得多数通过的法律虽然可能会使少数派感到压抑，但公意是包括少数派的意志在内的。多数派支持的法律实际上可以视为与公意相符合，因而少

---

[31] 〔法〕卢梭：《社会契约论》，李平沤译，商务印书馆 2011 年版，第 20 页。

[32] 参见前注[31]，第 21—23 页。

[33] 《毛泽东选集》（第 3 卷），人民出版社 1991 年版，第 899 页。

[34] 同前注[31]，第 43 页。

数派也必须服从，这也正是建立在全体一致同意的基础之上的社会契约的真谛。㉟

基于上述论述，在公意的名义之下，公民只有把自己奉献给共和国，才能成为共和国的主人翁。仅就这一点而言，共和国的所有成员都是平等的，也必须保持一致。然而正是从这一点开始，公意被绝对化了，实现公意的主权也被绝对化了，进而人们对主权者的服从也被绝对化了。在卢梭看来，公民只有积极地、自发地、无私地为国家做贡献才能具有道德人格，这种不指望政府服务，而是主动参与国家事业的"公民宗教"才是卢梭式共和主义的本质。㊱ 可见卢梭的社会契约论排除自然法之类的超越性范畴，从人民主权出发，按照这种一元化共和主义的逻辑构成彻底推演的结局就是全能主义体制，使得自诩"公意"的主权本身成为超越的存在物，被绝对化了。㊲

笔者认为，这也正是绝对的法律实证主义给现代民主法治所带来的最大悖论。为了解脱这个悖论，有必要为法律体系确立一个超越的存在物，既能消除个人与国家之间的对立，又能作为反思理性的据点，作为规范秩序正统化和制度改革的参照系，作为不断提高政治决策民主化程度的一个杠杆。那么，这个超越的存在物究竟是何物？

2. 互惠、共同性以及历史传统的意义

一般而言，这种超越的存在物可以是革命的意识形态，也可以是文化的历史传统。当历史传统妨碍社会发展时，需要新的意识形态来打破束缚。当意识形态的向心力减弱时，需要固有文化来进行整合。如果说卢梭的社会契约论就是一种革命的意识形态，那么内在于历史传统的习俗的共同性则可以避免革命的过激化流弊，化解前面所提到的"公意"悖论。也可以说，理性主义现代国家蓝图的价值内核虽然是社会契约论，但还有一个潜在的价值之维，就是作为"公意"基础的

㉟　参见前注㉛，第40—44页。

㊱　参见前注㉛，第156页。

㊲　对这种绝对化的主权观念的批判，参见〔法〕邦雅曼·贡斯当：《古代人的自由与现代人的自由——贡斯当政治论文选》，阎克文、刘满贵译，上海人民出版社2003年版，第二编"适用于所有代议制政府的政治原则"，特别是第56—63页。

相互沟通和共识以及由此产生的"共同性"。因为这种相互沟通和共识不得不在一定的语境中形成，所以必须把文化的历史传统也纳入视野之中，共同性的天然温床也被认为是在现实中生生不息的社群或者共同体。为此，我们不得不考察西欧现代化过程中出现的另外一种国家观的内容以及影响，以便全面理解国家治理体系现代化的问题。在这里，我们实际上把现代国家治理的价值内核理解为一种双重结构或者在两者竞合中形成的多元结构，以便在中国语境里与另一种多层多样的价值体系进行政治与法律上的原理重组。

众所周知，苏格兰哲学家大卫·休谟对卢梭的社会契约论持批判态度，并导致自然法观念的大转折。尽管他也认为政府会保护甚至促使人们执行他们所订立的互利协议[38]，但这主要是指具体的合同关系，而不是抽象的社会契约，更不是从零开始的理性设计。站在经验主义和怀疑论立场上的他，认为国家并不需要某种特定的逻辑来进行论证以及正统化，实力就是国家的起源，国家所带来的利益就会导致人们的默认、同意以及信任。[39] 在这个意义上，国家的正统化总是事后进行的，具有互惠的特征，立足于不断传承的共同性。因此，合理的统治是逐步完善的渐进过程，是一种自生秩序，而社会契约论所追求的"待从头收拾旧山河，朝天阙"那种颠覆性变化和一张白纸上的制度设计是脱离实际的。基于这样的认识，休谟认为作为秩序正统性根据的道德理由就是作为国民性的惯例、习俗以及情感共鸣，而政府只要能维护历史的延续性和继承性就能获得拥戴。[40]

（1）有节制的自由与宪法的世袭原理

在思想家兼政治家埃德蒙·柏克看来，这种强调历史传统的国家观并非与自由主义绝缘，恰恰相反，自由只有作为一种因继承而产生的"世袭的权利"才能真正实现，而法国人权宣言所揭示的那种普遍性的社

---

[38] 〔英〕休谟：《人性论》（下册），关文运译，商务印书馆2011年版，第574页。

[39] 参见前注[38]，第578—604页；高全喜：《休谟的政治哲学》，北京大学出版社2004年版，特别是第五章；潘华志编著：《休谟与〈人性论〉》，人民出版社2010年版。

[40] 参见〔英〕休谟：《道德原则研究》，曾晓平译，商务印书馆2011年版，第三章。

会革命原理则是非常危险的，有可能导致任意的专制。[41] 他在给法国朋友的书简中这样表达自己的主张：

> 从《大宪章》到《权利宣言》，我们宪法的一贯政策都是要申明并肯定，我们的自由乃是我们得自我们祖辈的一项遗产，而且是要传给我们的后代的，那是一项专属本王国人民的产业，不管任何其他更普遍或更优先的权利都是些什么。我们的宪法就以这种办法而在其各个部分之如此巨大的分歧性之中保持了一种统一性。我们有一个世袭的王位；一种世袭的贵族制；以及从漫长的祖先系列那里继承特权、公民权和自由权的下院和人民。[42]

他还认为这种与自然相和谐的宪法政策和制度的优点在于：

> 它们使得深思熟虑成为不是一种选择，而是一种必然；它们使得一切变化都成为一种**妥协**的课题，那自然而然就会得出节制；它们形成了**种种气质**可以防止粗暴的、鲁莽的、无法无天的改革，并可以使得少数人或者许多人的所有的为所欲为、不顾一切地运用权力永远成为行不通的事。通过各个成员与各种利益的那种分歧性，普遍自由所具有的安全性就正如几个不同等级中所有的各种不同观点一样之多；而由于一个真正的君主的分量压倒了全体，各个部分就会受到阻碍而不会歪曲，并且会从它们所规定的地位出发。[43]

在这里，我们固然可以看到现代化进程中英国模式与法国模式的鲜明对比，但更重要的是我们发现了国家治理体系现代化过程存在不同的侧面——合理性与共同性，或者设计性与传承性，并且两者之间保持着张力。正是由于这种张力，自由才是有节制的自由，民主才是会妥协的民主。更重要的是，柏克强调了不同阶级和阶层之间的动态均衡对善治的重要意义。总之，休谟、柏克等人的思想贡献是在个人自由主义中嵌入了他者以及公共性的契机，使得国家现代化的意识形态具有多元性、

---

　　[41]　参见〔英〕柏克：《法国革命论》，何兆武、许振洲、彭刚译，商务印书馆2011年版，第19—55页，特别是第33页；〔英〕柏克：《自由与传统》，蒋庆、王瑞昌、王天成译，译林出版社2012年版，第一章关于政治制度传统与"习惯性权利"的论述，特别是第24—25、30—33、36页。

　　[42]　同前注[41]，〔英〕柏克：《法国革命论》，第43—44页。

　　[43]　同前注[41]，〔英〕柏克：《法国革命论》，第46—47页。

复合性，并且不断在不同构成部分之间寻求适当的均衡。

(2) 在个人权与共同体之间的思想定位

由此可见，国家治理现代化的价值内核应当，实际上也一直包含两个侧面。一个是维护个人自由和平等的国家理性以及契约的原理，在这里，人们基于相互的利益而结合，在统一的国家权力和法律体系之下均一化，并通过民主参加的程序成为主权者；另一个是基于历史传统的价值共同性和实现利益与承认之间均衡的责任伦理以及继承的原理，在这里，国家被视为一种有机的整体，把所有的个人及其子孙都包容在内，形成一种基于惯例和习俗的情感型秩序。前者强调作为现代化进程的革命性和个体解放的侧面，后者则强调人们自由范围的扩大终究是路径依赖的，具有历史的连续性，受到共同善的约束。在现代性的逻辑关系中，前者为主，后者为辅。作为现代法治载体的政治实体被称为"民族国家"（Nation State），恰好体现了上述两个侧面，因为"民族"意谓共同的祖先、语言、文化以及价值，而"国家"意谓统一的支配机构。

在上述学说的脉络中考察中国现代化问题，不难发现，既有的国家意识形态实际上在相当程度上受到卢梭式共和主义政治哲学的影响。㊹ 当然也有质的飞跃，即以马克思的历史唯物论为基础，并非强调从零开始的理性安排，而是强调社会是国家的基础，强调生产力和生产关系从渐变到突变的辩证过程；并非强调社会契约，而是强调作为个人解放的手段的阶级斗争以及法家式的功利主义统治原理。但是，需要特别注意的是，马克思和恩格斯在《共产党宣言》中所设想的运动目标或者人类发展未来则是一个终将消灭阶级对立和阶级斗争的协作社会（Assoziation），强调的是理想秩序的共同性。尤其是晚年恩格斯的法社会学思想，更加重视国家制度和意识形态对经济关系的反作用以及由此产生的多层多样的媒介结构。㊺ 此外，近年来，随着转型期各种矛盾的激化，中国文化的历史传统、儒家思想以及血缘—地缘共同体的伦理关系又被重新认识，关于道德、礼仪、和谐的话语逐渐成为整合的重要资源。不难想象，如果我们还是继续在这样的思想基础上讨论国家观两个侧面的辩证统一，那就很容易回归到"儒表法

㊹ 参见 Benjamin I. Schwartz, *China and Other Matters*, Harvard University Press, 1996。
㊺ 参见藤田勇『法と経済の一般理論』（日本評論社，1974 年）81、149 頁。

里""德主刑辅"的窠臼,导致改革开放的大业功亏一篑。我们现在更需要的是某种能把个人自由、社会共生以及国家的理性规制结合在一起的价值观和信念体系,以防止特定的主观诉求在独善主义方向上暴走,以促使那些构成公正秩序的最基本元素能达成符合国情的适当均衡。

二、共和主义的三元结构

根据上述分析不难得出这样的结论:为了真正实现国家治理体系和治理能力现代化,必须对既有的法律意识形态进行创造性的重新诠释。一方面,使公民的、社会契约论的、理性的、公正程序的契机能够嵌入既有的价值体系;另一方面,使平等的、公正的、最低限度保障、保卫社会的契机能够嵌入被放任的自由主义思想取向,从而走出一条具有中国特色的独特道路。在这里,法学理论不应该,也不可能把现实中存在的各种价值观完全统一起来,也不必把价值之间的差异和对立完全化解,而是要让价值的不同维度或者不同的政策导向在一个开放的、包容性的解释框架中并存、竞争、互补、融合。因此,法治理论创新的目标是形成一个在竞技性辩论中寻求社会最大公约数的思想场域,或者说"作为交涉论坛的法律意识形态"。

社会契约型国家观与历史传统型国家观、自由主义与共同体主义之间的中国式"第三道路",在很大程度上可以表述为这样一种类型的共和主义:确立市场化的经济改革方向,但更关注竞争和分配的公正性,并在现有的主流话语体系中寻找合法性、正当性根据;强调社会共治和美德,但更强调个人参与,争取通过民主化来逐步实现所有人的平等的自由。与典型的社会民主主义主张不同,这种共和主义更关注微观层面的侵权问题,试图克服每一个人在个案中所感受到的不公正现象,因此强调法治秩序并把司法改革作为体制和机制转型的突破口,具有相当程度的程序自由主义倾向。虽然这种共和主义或多或少也存在妥协所造成的问题,但在价值判断上始终坚持自由和平等的原则,而在政治实践中又不失稳健的立场。由于这样的共和主义可以把与现代市场经济密切联系在一起的个人自由(权利论)、与文化和历史的传统密切联系在一起的共同性和社会自治（道德论），以及国家权力的宏观调控和财政再分配（社会福利论）有机地结合在一起，具有包容力很强的三元结构，可以视为各种诉求的最大公约数，可以凝聚最广泛的共识，因而可以成为新的价值内核。

1. 与实质性价值相关的各种三分法

关于精神结构、规范体系以及秩序原理的三元结构，并非标新立异之论。卡尔·波兰尼早在 1944 年就提出了与自我调节的市场之中的"交换"（个人权利论）相伴而行的"互惠"（社会道德论）和"再分配"（国家福利论）这样的类型三分法。[46] 从 20 世纪 70 年代后期开始，不少重要的社会理论家和法学家分别从不同角度也表达了类似观点。例如戴维·米勒的正义多元论，就进行了"团结的社群—市场等工具性联合体—公民资格以及科层制"的分类。[47]

在卢曼的理论体系里，使社会秩序得以成立和维持的中介主要是"真理"（在有些场合则是"情爱"）、"货币"以及"权力"[48]，虽然与法律意识形态没有直接关系，但却反映不同的实质性价值判断。道格拉斯·诺思的制度主义经济学强调的则是决定认知与反应之间关系的"意识形态"、作为诱因体系的"财产权"以及界定和执行财产权的"政府存在方式"[49]。在法学领域，罗伯特·昂格尔在比较中国历史经验考察现代社会的法律秩序时，提出了"互动习惯—法治体系—官僚管理"的研究框架，他自己的表述是"法的三种概念"[50]。诺内特和塞尔兹尼克倡导的法律秩序三类型是指"压制型法—自治型法—回应型法"[51]，体现了不同政策导向之间的竞合关系。日本法哲学家田中成明关于"自治型法"

⑯ 参见〔英〕卡尔·波兰尼：《大转型：我们时代的经济与政治起源》，冯钢、刘阳译，浙江人民出版社 2007 年版，第 4 章，特别是第 41—46 页。

⑰ 参见〔英〕戴维·米勒：《社会正义原则》，应奇译，江苏人民出版社 2008 年版。

⑱ 〔德〕尼克拉斯·卢曼：《信任：一个社会复杂性的简化机制》，瞿铁鹏、李强译，上海人民出版社 2005 年版，第 63 页。

⑲ 〔美〕道格拉斯·诺思：《经济史的结构与变迁》，刘瑞华译，时报文化出版企业股份有限公司 1997 年版，第 11 页。

⑳ 〔美〕昂格尔：《现代社会中的法律》，吴玉章、周汉华译，译林出版社 2001 年版，第 42—52 页。

㉑ 〔美〕诺内特、〔美〕塞尔兹尼克：《转变中的法律与社会——迈向回应型法》，张志铭译，中国政法大学出版社 1994 年版，第 25—30 页。

的概念有所不同，不是与市场社会对应，而是与传统社会的共同性对应；对于诺内特和塞尔兹尼克的所谓"自治型法"，他则换了一个表述，称之为"普遍主义型法"。因此，田中的法律三类型说的图式是"自治型法—普遍主义型法—管理型法"[52]。诸如此类的理论模型可以说是不胜枚举，就此打住。

德国法社会学家贡塔·托依布纳更关注的是现代法律体系的价值内涵，特别是理性主义意识形态的多元性问题。他把法律的合理性分为形式理性（对应市场机制）、实质理性（对应国家活动）、反思理性（对应社群自治）这样三种类型，并提示了考察的多维度格式（表7）[53]。在这里，反思理性的概念显然受到卢曼的法律反思机制论的影响，强调法律系统在与社会环境不断互动和信息回馈的过程中进行结构调整、改进的进化原理。通过这个第三变量，前面提到过的韦伯关于"理性铁笼"的悲观论似乎在一定程度上被扬弃了。

表7　现代法律秩序的合理主义三元结构

维度	类型		
	形式理性	实质理性	反思理性
法的正当化	个人主义和自律完成，为私人行为者确立自由化的空间（私域）	对经济的社会的活动进行统筹调节，对市场机制扭曲进行救济	自我规制的调控：对通过反馈机制而确立的社会合作进行调整
法的外在功能	发达市场社会中的资源流动化和分配，政治正当性的结构性前提	对于由市场决定的行为方式和结构进行工具性和手段性的调整	为内部话语和外部协调而建构和重构的各种系统的形成和运行
法的内在结构	规则指向：按照演绎的逻辑对由概念构成的规则体系进行适用	目的指向：通过条例、标准以及原则而实施的合目的性行动项目	程序指向：相对化地确定方向的制度结构及各种具体决定过程

[52]　田中成明「日本の法律文化の現状と課題——権利主張と裁判利用について」思想第 744 号（1986 年）。

[53]　Gunther Teubner, *Substantive and Reflexive Elements in Modern Law*, Law & Society Review, Vol. 17：2, p. 257 (1983).

2. 三种法理并存和竞合及体制表现

那么，现代法律体系的这类价值三分法能否运用到中国问题的解决？实际上，昂格尔提出法的三种概念，就是以中国的历史经验为素材和线索，尽管其中意识形态色彩比较淡化。实际上，中国传统思维方式自古就以"三极之道"⑤为特征，与原理竞合的思维方式一拍即合。例如在国家意识形态层面，儒家、法家、道家的价值取向构成相反相成的复合结构和相生相克的动态机制。日本比较法研究者安田信之还认为，在亚洲所有的发展中国家，当今的法律意识形态都可以用三种法理的混合思维方式来表述，即对应于传统社会的"共同法理"（道德）、对应于现代社会的"市场法理"（权利）以及对应于发展主义政府的领导力的"指令法理"（功利），形成某种充满内在矛盾的思想场域。与这些价值取向相配合，存在"固有法""移植法"以及"发展法"等不同的法律类型，形成多元一体的格局。他还从社会关系结构、基本价值、行为方式、规范的特征、纠纷解决方式等不同层面、不同维度对三种法理的差异进行了分析，强调共同法理的价值取向是友爱、全体满意以及和谐，市场法理的价值取向是自由、通过规范解释的正当化以及正义，指令法理的价值取向是平等、具体案件的妥当性以及再分配的公平。⑤

值得留意的是，安田信之认为这三种（法理）价值元素的共存、竞争以及互补是普遍现象，不仅见诸亚洲发展中国家的统治方式，也存在于社会主义体制中，还可以在欧美发达国家的法律多元主义框架中找到，只是不同元素之间的比例和相互关系各有不同。在他看来，欧美发达国家以市场法理为主，社会主义国家以指令法理为主，其他两种元素则相应地处于辅助的地位，但却不断向主流价值渗透；而亚洲发展中国家形成了三元等分、互相融通的格局。显而易见，法律意识形态在这里出现了局部分化现象，各种不同的价值取向在一个共同的场域中不断交锋，互相争夺主导权。更重要的是，他导入了时间维度，认为三种法理之间的关系是可变的和逐

---

⑤　语出《周易·系辞上》。参见庞朴：《对立与三分》，载《中国社会科学》1993年第2期；庞朴：《一分为三——中国传统思想考释》，海天出版社1998年版。

⑤　参见安田信之『アジアの法と社会』（三省堂，1987年）49–59頁。

渐展开的（图 13）⑤。社会主义国家从 1970 年年底开始重新认识市场法理和共同法理，实际上正在改变指令法理的定位和构图。至于这三种价值元素究竟如何重新组合，取决于共和主义的立场和态度，也取决于对政治形势和社会需求的认知。在中国，"和而不同"传统文化精神以及"函三为一"的哲学思维方式显然是有利于价值多元性、复杂性问题处理的，因而共和主义的法律意识形态更容易为社会所接受。⑤

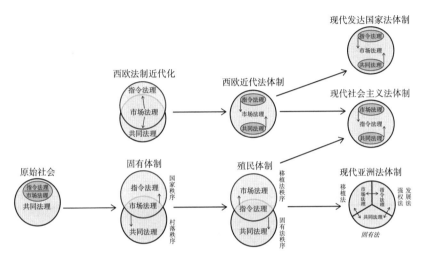

注：（1）圆形表示一个法律体制。两圆形表示不同原理的法律体制并存。
　　（2）圆形之内的箭头表示各种法理的一般性渗透方向。
　　（3）圆形之外的箭头表示法律体制整体的发展方向

图 13　现代法律意识形态三元素的组合以及体制性展开

三、历史唯物论新诠

要让关于国家治理的价值体系实现现代化转型的软着陆，要推动维辛斯基式一元化法律意识形态向上述那种三元共和主义或者中国传统的"三极之道"发展或者回归常态，就必须对权威话语进行解释性转换。为此，首先有必要认真解读历史唯物论，在那些教条化的公式背后发掘丰

⑤　参见前注⑤，第 62—69 页。

⑤　关于儒家"和而不同"思想与公共哲学资源之间的关系，参见江宜桦：《儒家思想与东亚公共哲学——以"和而不同"意旨之分析为例》，载刘擎编：《权威的理由：中西政治思想与正当性观念》，新星出版社 2008 年版，第 3—27 页。

富的思想内涵，在那些通俗化文本的字里行间寻找经典作家的本意以及理论创新的契机。

众所周知，历史唯物论的基本原理是：生产力（劳动、土地、货币）的变化会引起生产关系——主要指由谁、怎样支配生产手段和劳动力的社会关系——的变化，而生产关系的变化又会引起上层建筑的变化。[58] 虽然上层建筑也会反作用于生产力和生产关系，但是，归根结底还是经济基础、社会的物质条件决定上层建筑的存在方式。[59] 当今的中国，从 20 世纪 90 年代中期开始，经济基础发生了本质性变化，市场已经在资源配置中发挥决定性作用。因此，国家体制和法律以及社会意识形态必须随之进行调整，这正是历史唯物论的基本要求。在这个意义上，中国法律秩序的价值体系和思维方式今后必须进行重构，主要是加强"市场法理"（借用安田教授的表述）这个价值元素的比重和核心地位，并相应调整所谓"指令法理""共同法理"与"市场法理"之间的关系。特别是要通过反腐举措遏制官僚机构的畸形膨胀（克服异化），进而让权利哲学和公共哲学来制约政府权力的运行（防止新阶级统治的维权斗争），并把这种理念和举措都制度化、程序化，纳入法治的轨道。

一般认为，历史唯物论特别强调社会发展的科学规律，具有单维进化史观和决定论的特征，在这样的分析框架里，个人的主体性和选择自由似乎完全缺乏生存空间。但是，仔细研读和咀嚼经典作家的原文可以发现，这样的认识其实是不正确的，至少是不全面的。例如从恩格斯的以下这段著名论述，就可以找到若干个推陈出新的切入点。他说：

> 历史是这样创造的，最终的结果总是从许多单个的意志的相互冲突中产生出来的，而其中每一个意志，又是由于许多特殊的生活条件，才成为它所成为的那样。这样就有无数互相交错的力量，有

---

[58] 在这里，上层建筑主要指国家和法律，而社会意识形态则是与国家、法律相适应的。参见〔德〕马克思：《资本论》（第一卷），中共中央编译局译，人民出版社 2008 年版，第 66 页。

[59] 原西班牙共产党总书记圣地亚哥·卡里略曾经指出，有时阶级斗争的高潮会造成超越生产关系发展程度的暂时飞跃，但生产关系这个因素会使这种飞跃失去平衡、变质，最终要使阶级斗争受到社会经济条件的制约。参见〔西班牙〕圣地亚哥·卡里略：《"欧洲共产主义"与国家》，钟琦译，商务印书馆 1978 年版，第 12—13 页。

无数个力的平行四边形，而由此就成生出一个总的结果，即历史结果。这个结果又可以看作一个作为整体的、**不自觉地和不自主地**起着作用的力量的产物。因为任何一个人的愿望都会受到任何另外一个人的妨碍，而最后出现的结果就是谁都没有希望过的事物。所以以往的历史总是像一种自然过程一样地进行，而且实质上也是服从于同一运动规律的。[60]

在这里，我们可以看到服从客观规律的历史进程中包含着许多特殊的个人意志，并且这些个人意志是相互关联和相互作用的。这些个人各有自己的生活条件和语境，通过博弈形成合力作用，在一定程度上参与社会结构的塑造。然而每一个人的意志却不能单独决定事态的演变，结果总是取决于许多个人意志的博弈和综合作用。因此，社会发展很难完全按照预定的计划、有目的地进行，在复杂的力量对比关系中永远存在偶然性和意外性，但又会按照自然的机制不断有序化。这样的论述从非决定论和非本质主义的角度重新理解历史唯物论提供了重要的线索，推动了欧美新马克思主义的社会观发展。[61] 由无数个合力作用的平行四边形构成的这种动态场域，与自我调整的市场其实是相通的、相洽的，也属于公共选择理论的研究范畴。在这个意义也可以说，历史唯物论与市场经济背景下关于合理选择的理论框架之间的距离并不像人们通常想象的那么大，并且很容易采纳实践理性的逻辑来考虑个人意志的计算、利害关系的计算、交涉成本的计算等。

实际上，西方已经有些学者试图把理性的个人选择以及公共选择概念与历史唯物论结合起来，进而采取博弈论的分析方法和数理方法对马克思学说进行重新认识和诠释。[62] 例如霍布斯提出的如何避免所有人对所有人的战争这样一种秩序问题，从马克思的观点来看，实际上就是关于

[60] 《马克思恩格斯选集》（第四卷），人民出版社 1972 年版，第 478 页。

[61] See Ernesto Laclau & Chantal Mouffe, *Hegemony and Social Strategy*: *Towards a Radical Democratic Politics* (2nd ed.), Verso, 2001, p. 3, 85, 121. 墨菲还强调任何社会都是在偶然性的条件下建构秩序的一系列实践的产物这一事实。See Chantal Mouffe, *On the Political*, Routledge, 2005, p. 17.

[62] J. Elster, Marxism, *Functionalism*, and Game Theory: *A Case for Methodological Individualism*, Theory and Society, no. 11, pp. 453-482 (1982); R. Collins, *Four Sociological Traditions*, Oxford University Press, 1994.

资源和利润如何分配才能减少或者防止纠纷的问题；从法学层面上看，也就是如何对合法的、应得的利益进行制度化分配的权利论问题。⑥对于欧美现代的合理选择理论而言，在权利分配方面最重要的是交换与共识，因而制度设计上的基本原理是假定个人是均质的，并且通过法治使得每个人互相尊重权利，这样就可以平等地获得效用。但是，这样的模式过于单纯化了，似乎这样一来就可以获得实质上的平等，结果并非如此。

1. 作为权利论的马克思主义法学

对于历史唯物论而言，在权利（特别是所有权）分配方面最重要的是不平等和支配，于是必然引起非合作型的博弈乃至阶级斗争。从这个角度来解读《共产党宣言》中宣示的社会革命理想——"每个人的自由发展是一切人的自由发展的条件"（自由权）⑥，或者恩格斯揭示的犯罪二重性命题——犯罪是私有制造成的人性堕落，同时也是无产阶级反抗的最初形态（抵抗权）⑥，当会对历史唯物论产生一种崭新的认识，并且可以合乎逻辑地推演出关于统治理性的根本问题：要么让那种非合作型的博弈导致无休止的阶级斗争，要么通过适当的制度安排让不同的利益诉求充分表达并进行有效的协调。在笔者看来，马克思主义就其本质而言是一种侧重经济所有关系的权利论（社会权），或者说为被剥夺的作为所有者的权利（财产权）而斗争的学说。⑥当然，斗争的方式可以不同：有合法的、和平的，也有非法、反法甚至暴力的；有个人的，也有群体的。通过这样的思考线路，历史唯物论其实也可以通往自由而平等的法

---

⑥　正如波兰的亚当·沙夫教授所理解的那样，"显而易见，马克思主义运动是为了人的利益而被创造的，我们不能认为，人是为了充当运动的工具而被创造的。然而，我们似乎常常忘记这一点，而把整个事情颠倒过来了。这不是马克思主义的方法"。参见〔波兰〕亚当·沙夫：《马克思主义的异化理论及其对社会工程学的影响》，载《国外社会科学动态》1982年第1期。

⑥　《共产党宣言》，中共中央编译局译，人民出版社1971年版，第46页。

⑥　参见〔德〕恩格斯：《国民经济学批判大纲》，何思敬译，人民出版社1951年版，第47—49页。

⑥　马克思和恩格斯在《德意志意识形态》中指出："正是这些互不依赖的个人的自我肯定以及他们自己意志的确定（在这个基础上这种相互关系必然是利己的），才使自我舍弃在法律中成为必要，不过，自我舍弃是在个别场合，而利益的自我肯定是在一般场合。"参见《马克思恩格斯全集》（第三卷），人民出版社1960年版，第378页。

治秩序以及关于协商民主和选举民主的制度设计。更重要的是这里潜藏着一种新的制度观：制度不仅仅是博弈的规则，实际上主要体现为博弈的均衡状态，并且有可能出现多样性的均衡状态。

如果把上述解读与其他学说和实证分析成果结合在一起进行逻辑的整合化处理，或许会具有更强的说服力。马克思和恩格斯在《共产党宣言》提出的主要理论命题是：（1）阶级和阶层之间的差异，特别是资产阶级财富的不断增加会导致社会纠纷以线型特别是各种曲线的方式不断增加；（2）由于资本具有不断自我增殖的冲动，社会纠纷就会不断激化并最终将有可能带来无产阶级革命。这里有待进一步探索和具体解答的问题是：为什么资产阶级会产生不断增加财富的强烈动机？为什么无产阶级会采取革命行动，而不是倾向于法律斗争？如果我们把经济社会的层级化现象与齐美尔在《纠纷与集体团结之网》中揭示的横向整合机制进行对照[67]，或者与涂尔干在《社会分工论》中揭示的分化、相互作用与整合之间的复杂关系进行对照[68]，可以发现有关解答的很多线索。简言之，资源在不同层级之间如何适当分配涉及社会结构，这种结构能否获得广泛认同涉及个人和群体的公正体验？这种体验能否导致社会整合则最终决定规范的实效性？不言而喻，在这里，法律的主观性与客观性之间的矛盾就凸显出来了。

对于法律的主观性与客观性之间关系的处理，历史唯物论有两个命题很值得重视。一个命题是马克思提出来的，他指出，"无论政治的立法或民事的立法，都不过是宣布和登记经济关系的需要而已"[69]。他还认为"法律应该是社会共同的、由一定的物质生产方式所产生的利益和需要的表现"[70]。马克思的观点与维辛斯基提出的"法律是统治阶级意志的表达"那样简单化、政治化的公式有着明显的不同，更强调客观化的共同性。关于这一点，意大利马克思主义思想奠基人拉布里奥拉诠释得非常好："国家是一个现实的有效能的机构，它保障社会制度和它的基

---

[67] Georg Simmel, *Conflict and the Web of Group Affiliations*, trans. by Kurt H. Wolff & Reindhard Bendix, New York, The Free Press, 1999.

[68] 参见〔法〕埃米尔·涂尔干：《社会分工论》，渠东译，生活·读书·新知三联书店 2013 年版。

[69] 〔德〕马克思：《哲学的贫困》，人民出版社 1961 年版，第 112 页。

[70] 《马克思恩格斯全集》（第六卷），人民出版社 1961 年版，第 292 页。

础亦即物质生产的稳定性。这种保障的实质是采取各种方法来保持各阶级的均衡。"⑦ 更重要的是，从马克思主义观点来看，统治阶级的法律意识既反映整个阶级的共同利益，同时也不得不承认这个阶级的不同集团各自的特殊利益，从而可以根据经验和逻辑做出这样的判断：统治阶级的执政基础是统一的，但其法律意识却往往是分裂的，需要对不同诉求进行考量和平衡。因此，资产阶级的法律制度也会在不同程度上保护被统治阶级的利益，从而为法律斗争以及革命者对守法性的利用提供了比较充分的空间，进而还可能出现所谓"反对之法"以及惠及全民的"社会政策""福利国家"等现象。忽视了这一事实，就很容易滑入法律虚无主义的泥潭。⑦

由此可见，在市场已经发挥决定性作用的今天，我国法治建设必须从自由竞争机制的需要出发，必须寻求社会各种利益群体的最大公约数或者共同信念；与此同时，还必须注重社会的公共性，培育民间自组织机制；这些正是历史唯物论的题中应有之义。前述马克思的这个命题也提醒我们，尽管个人意志、自由、权利是国家治理现代化的主题词，但制度改革并非从"应当是怎么样的人"这个观念论前提出发，而必须从"现实的人"出发。也就是说，个人的主体性和自由必须在一定的生产关系、利益格局以及文化语境中来把握，必须从结构和过程的整体上来把握；尽管可以把公民从他们被镶嵌在传统秩序和关系网络的状态中解放出来，但他们的行为方式仍然会带有历史的惯性。从这样的"现实的人"出发来推动社会制度的变迁，就可以扬弃社会契约型国家观（合理性）与历史传承型国家观（共同性）之间的矛盾，使得法律秩序能够摆脱个人与政府对立的内在矛盾。

历史唯物论的另一个重要法学命题是恩格斯提出来的，涉及良法与恶法的区别，涉及国家制度的反思理性，涉及不同政策和意见之间的自由比赛。他是这样表述的，"如果说民法准则只是以法律形式表现了社会的经济生活条件，那么这种准则就可以依情况的不同而把这些条件有时

---

⑦ 〔意〕安·拉布里奥拉：《关于历史唯物主义》，杨启潾、孙魁、朱中龙译，人民出版社 1984 年版，第 109 页。

⑫ 参见モニク·ヴェイユ、ロラン·ヴェイユ『現代法とマルクス主義——現実と行動における法律の役割』（稲本洋之助、田端博邦訳，大月書店，1974 年）206、292 頁。

表现得好，有时表现得坏"⑦。这意味着上层建筑与经济基础之间的关系并非自动产生的，也并非固定不变的；法律的表现形式是可以比较的、可以选择的、可以改进的，从而为主观能动性和技术合理性留下了足够的回旋余地，也为制度改革提供了支点和杠杆。晚年的恩格斯非常强调法律制度对经济以及财富分配的反作用⑦，为自由主义市场容易出现的不正当竞争、贫富悬殊等问题的解决提供了历史唯物论的思考线索。把社会主义者以及左翼思想家所关注的平等和公正纳入法治的制度设计蓝图，同时坚持让市场在资源配置中发挥决定性作用，其实正是国家治理现代化的关键，也构成加强规范秩序正统化机制的一个重要的契机。这意味着我们必须拒绝那种绝对化的法律实证主义立场，让各种制度不断经历批判理性和反思理性的洗礼以及正当根据的检验，克服政治和经济领域的权力异化，不断趋向公平正义以及民主理念。

2. 法治中国的价值三分法与沟通程序

还要特别留意，与第二个命题相关但又不同的是，在历史唯物论的视野里，法律始终被理解为社会关系的中介物，应该保持中立性，发挥沟通媒介的作用，这与斯大林时代的"阶级司法观"大相径庭。马克思早就主张法律体系在社会的经济活动和发展的整体机制当中会发挥十分重要的作用，因为法律是社会各种关系（首先是生产关系）的中介物，无论何种社会关系的实现都需要有法律上的表现形式。法律之所以能够发挥这种作用，归根结底取决于其抽象性，由于这种性质，法就可以具有更大的包容力，从而对于它所包含的被媒介的关系保持"中立"，不改变这类关系的性质。⑦

在这里，我们可以隐约看到"法治中国"的如下图景：个人被抽象地勾画为受到客观条件制约的主体并具有关于背景的基本共识。个人可以表达自己的意志，也可以提出要求，但这些都需要与其他个人的意志和要求

⑦ 《马克思恩格斯全集》（第二十一卷），人民出版社 1965 年版，第 347 页。

⑦ 参见《马克思、恩格斯关于历史唯物论的信》，艾思奇译，人民出版社 1951 年版，第 86—88 页。

⑦ 参见〔苏联〕K. A. 莫基切夫主编：《政治学说史》（下册），中国社会科学院法学研究所编译室译，中国社会科学出版社 1979 年版，第 575 页。

进行相互协调。为此，有必要像哈贝马斯的批判社会理论以及法的实践哲学所描述的那样，设定一种在公正程序之中进行对话和商谈的理想状况，至少满足以下三个条件：（1）独立人格的相互承认；（2）排除强制、确保自由和平等、提供充分的参与机会；（3）在信息充分公开和具有基本共识的基础上确定议论的主题。与此相应，国家和法律体系则被理解为某种现实可行的社会机制，或多或少地对个人的诉求做出回应，而这种回应都必须也有可能保持客观性和中立性。总之，个人的自由和解放主要通过理性对话的和平方式得到实现，自由度、解放感以及回应的效果则主要取决于机制的反思理性。在笔者看来，这正是推动历史唯物论的法学进行重构的关键所在。

以历史唯物论为线索来分析和解释法律意识形态，我们就可以清楚地看到，马克思主义法学实际上包含非常丰富的价值内涵和理论创新的契机，国家治理体系和治理能力现代化不仅可以与指令法理相联系⑦⑥，而且还可以与市场法理、共同法理相结合。这就为我们在新的历史条件下建立一种能与时俱进、适应社会多元化和复杂化事态的公共哲学提供了前提条件，也为通过更具有包容力的共和主义来凝聚关于体制转型和法治秩序构建的基本共识这样的政治需求拓展了话语空间。

十八届四中全会聚焦法治，把依宪执政、依法治国作为未来政治活动的基本纲领和指导思想，意味着已经明确拒绝法律虚无主义，摒弃了那种具有反法律特征的陈旧的阶级专政观。以此为背景，我们不难推断新时代的法律意识形态必须具有超越特定阶级主观意志，在不同阶级和阶层之间达成适当的动态均衡的更大包容力、开放性以及认识论特征，至少要充分反映国家、市场以及社群或社会这三种不同维度的价值取向。以这种三元结构为特征的共和主义内部既然包括了不同价值和利益诉求的并存、交错、互动、组合，因而势必容许复数的记述体系和正确解答之间的原理竞合，这就意味着人们交往和商谈的行为以及相应的沟通程序具有越来越重要的意义。只有按照程序公正原则构建的对话环

---

⑦⑥　首先指出这一点的是托洛茨基，他曾经提出无产阶级国家官僚化的命题，认为只有通过强制性的"政治革命"才能恢复民主。参见〔英〕佩里·安德森：《西方马克思主义探讨》，高铦、文贯中、魏章玲译，人民出版社 1981 年版，第 148—149 页。实际上，密洛凡·德热拉斯《新阶级》一书论证的是同样的命题。

境，才能真正使人们不断自由地探讨使原理以及道德判断正当化的适当理由，才能在多层多样的语境中丰富对话内容，实现思想认识上的推陈出新，并就公平正义达成共同的立场和态度，进而实现社会价值体系的整合。

结　语

在强调发挥市场的决定性作用、重建社会自治以及保障个人权利的背景下，本章试图对当今中国的法律意识形态进行合乎时宜的重构，为此梳理了国家治理体系现代化过程中出现的主要价值观，从中提炼出若干种最基本的正统性根据：社会契约、历史传统、公共哲学以及历史唯物论，并使似乎一元化的现代性价值观因而变得相对化、多元化，为原理重组和理论创新提供了若干契机。鉴于中国的改革开放的现实以及问题状况，我们有必要让历史唯物论通过解释性转换突破阶级主观意志论的窠臼而与市场化的经济基础相适应，从而加强传统语境中非常匮乏的自由与个人权利的观念，并通过法治，特别是公正程序来保持人与人之间在互动关系中的平等性。但这并非要接受帕舒卡尼斯式的经济主义倾向，也没有盲目地拥抱个人自由主义意识形态之意。我们的宗旨是要从多元结构的视角来重新定位市场竞争机制以及个人权利，并使所有人的自由都能得到平等的、必要的保障，使不同权利之间通过相互调整达成适当的动态均衡。特别值得重视的是，为了防止程序以及法治流于形式，还有必要鼓励现实中的个人带着自己的社群身份认同积极参与政治社会的生活，并动员各种不同形式的共同性资源，包括基于历史事实和文化传统的正统性根据。在这种思路的延长线上，笔者提倡把一种具有三元结构的共和主义作为中国新常态、新秩序的法律意识形态。

换言之，与中国全面深化改革目标以及社会主义核心价值观相沿的这种共和主义，当然要全面接受市场化的经济改革方向，但同时也要关注竞争和分配的公正性，重视政府以及各种社群对个人自由相互关系的调节作用，并致力于在现有的主流话语体系中寻找自由权观念、集体多元主义以及民主问责制的功能等价物以及正统性根据。不同于典型的社会民主主义主张，这种共和主义更关注微观层面的侵权问题，试图克服每一个人在个案中所感受的不公正现象，因此强调法治秩序并且把司法改革作为体制和机制转型的突破口，在相当范围内具有程序自由主义（而不是左翼自由主义）的倾向。这种共和主义虽然强调社会自治和美德，但更强调个人参与政治的积极自由，争取通过民主化（特别是程序民主的制度安排）来逐步实现所有人的平等的自由。这种共和主义虽然也存在妥协所造成的问题，但在价值判断上坚持自由和平等的基本原则，而在政治实践中又不失稳健的立场。由于这样的共和主义可以把市场、社群以及国家，也就是把个人自由（权利论）、社会自治的共同性（道德论）以及政府宏观调控和财政再分配的正义（社会福利论）有机地结合在一起，可以视为各种诉求的最大公约数，可以凝聚最广泛的共识，因而可以成为新的价值内核。

不言而喻，国家治理体系现代化以及政治制度改革涉及既得利益的调整，不可能自始至终都在一团和气中推进和实现既定目标，尤其是在转型期，对立和冲突总是难以回避的，公平正义的原则也是必须坚持的。然而这并不意味着我们必须向关于阶级斗争和阶级专政的意识形态回归，面对社会结构已经发生质变，形成不同利益群体的现实，也许某种形态的"纠纷理论"比各类"合意理论"更能适应推进法治的需要，例如在制度设计中加强抗辩制和不同主张的论证性对话、支持依法维权。但是，个人或者群体为权利而进行的斗争以及通过维权斗争克服异化现象的活动必须纳入制度化、法律化、程序化的轨道，纳入规则博弈和说服力竞赛的范畴，其目标只能是和平、和谐、和解。在这个意义上，中国所需要的那种"函三为一"、具有较强的包容力和妥协性但却永远坚持基本原则的共和主义势必带有浓厚的权利论色彩，并且在制度层面为人们提供一个不断完善的程序竞技场。

第
六
章

人工智能驱动的法律议论[*]

一、基本的问题意识

何为法律解释？何为法律议论？二者对法律领域里的论证、判断以及决定会产生怎样的影响？这些都是法理学和法社会学长期探究的根本课题。① 对于上述问题的解答以及形成的学说千姿百态，其中存在两种极端的理论观点。一种是法教义学或者说是凯尔森式纯粹法学的主张，强调法律解释是完全由规则以及严格的逻辑演绎论所控制的机械性行为，其思维方式的本质是决定论。另一种是批判法学的主张，强调法律解释是完全由人们各自的选择偏好或者国家意识形态以及统治集团的政治利益所决定的主观性行为，提倡一种具有直接民主色彩的实验主义法学，其思维方式的本质是概率论。除此之外的大多数意见都是从不同角度进行折中，认为法律的解释实际上是主观因素与客观因素或偶然性与必然性进行不同组合后获得的中间形态。特别是，基于社会生活和实践理性的法律议论更具有开放性，所有的对抗

　* 本章系作者主持的国家社科基金重大项目"大数据与审判体系和审判能力现代化研究"（17ZDA130）的阶段性成果之一，原文发表于《法学研究》2019 年第 6 期。
　① 参见季卫东：《法律解释的真谛（上）——探索实用法学的第三道路》，载《中外法学》1998 年第 6 期；季卫东：《法律议论的社会科学研究新范式》，载《中国法学》2015 年第 6 期；季卫东：《中国式法律议论与相互承认的原理》，载《法学家》2018 年第 6 期。

性主张和论证性对话归根结底都是主观诉求，具有更加明显的相互主观性或主体间性，因而决定以及妥协的结果往往取决于各方互动的合力。法社会学、社科法学、法律经济学则试图通过各种科学方法来分析和把握影响法律判断的主观因素，从而保障法律解释和法律议论结果的确定性、连贯性、可预测性。正是在这个维度上，人工智能可以被理解为一种重要的辅助性技术手段，其功能在于保障法律论证、推理、判断以及决定的客观性和中立性。

近些年来，物联网、大数据、人工智能的相互结合，形成了 AIoT 网络，在虚拟世界中构建出了比较庞大的、具有可操作性的法律知识体系，已经可以在相当程度上实现案件处理、法律沟通、法律判断的电脑化（computerization）。② 以此为基础，还出现了各种日益完备的法律专家系统软件，甚至能在利用大数据进行机械学习的范围内做到司法文书自动生成。但正如人们所担忧的，随之而来的格局很可能是，与具体场景相联系的、面对面的法庭辩论乃至社会沟通会渐次萎缩，因为法律解释和推理的过程已经越来越多地被算法事先规定好了，通过大数据提炼出来的问题、模型以及方法会限制当事人之间进行法律议论和讨价还价的范围，也会压缩法官行使裁量权的空间。原本期望通过人工智能排除主观因素对法律解释和法律议论的影响，结果却很可能是把法律解释，特别是法律议论本身给排除了，使得法律判断成为一种基于算法的冷冰冰的机械性行为。反过来，算法的独裁又可能导致算法黑箱的形成，从而使审判机制从绝对客观主义这个极端跳跃到绝对主观主义的另一极端，造成司法电脑化的悖论。③ 因此，在人工智能时代，如何防止法律的解释、推理、主张以及商谈名存实亡，如何防止对算法歧视的助长，这是需要我们考虑的第一层问题。

早在 20 世纪 70 年代，就有美国学者启动了关于法律推理的电脑化

---

② 参见季卫东：《人工智能时代的司法权之变》，载《东方法学》2018 年第 1 期；季卫东：《人工智能开发的理念、法律以及政策》，载《东方法学》2019 年第 5 期；季卫东：《5G 对社会与法治的影响》，载《探索与争鸣》2019 年第 9 期。

③ 关于算法独裁的悖论，参见〔以色列〕尤瓦尔·赫拉利：《未来简史》，林俊宏译，中信出版社 2017 年版；高奇琦：《人工智能：驯服赛维坦》，上海交通大学出版社 2018 年版，第 34 页以下。

研究。④ 其后不久，W·G. 珀普和 B·施林克开发出了有助于提高法律服务绩效的 JUDITH 律师推理系统⑤，英国学者借助 Prolog 语言的推理功能实现了国籍法实务的人机对话。⑥ 1987 年，高德纳以合同法研究为基础出版了关于人工智能用于法律推理的专著。⑦ 在日本，吉野一领衔开展了关于"法律专家系统"的大型系列科研项目，试图建立法律知识库和多样化推理机制。⑧ 当前，司法人工智能日益普及。但法律推理的人工智能系统仍处于起步阶段，即便在理想的条件下，专业化的法律解释和推理能否准确地、适当地通过算法来运行，也还存在疑问。原因很简单：电脑固然可以进行法律规则适用的三段论推理、辩证法推理甚至模糊推理，也可以发现案例特征与数据库储存的基础案例特征之间的类似性并进行逻辑演绎，但无法决定有效规范在适用上的优劣顺序，无法进行价值判断，也不可能做出直觉反应。因此，人工智能能否真正有效模拟法律议论甚至在更高层次上促进法律议论？为使法律议论的电脑化或部分电脑化成为可能，法律人应该进行哪些法学理论和操作技术的研究？这些是需要我们考虑的第二层问题。

法律解释和法律议论的本质是规范思维，其过程势必伴随着价值判断。尽管价值判断具有主观性，会反映个人的选择偏好甚至特定的意

④　See Bruce G. Buchanan and Thomas E. Headrick, *Some Speculation about Artificial Intelligence and Legal Reasoning*, 23 Stan. L. Rev. 40 (1970); Peter B. Maggs and Cary G. deBessonet, *Automated Logical Analysis of Systems of Legal Rules*, 12 Jurimetrics J. 158(1972); Anthony D'Amato, *Can/Should Computers Replace Judges?*, 11 Ga. L. Rev. 1277 (1977).

⑤　See Walter G. Popp;Bernhard Schlink, *Judith, a Computer Program to Advise Lawyers in Reasoning a Case*,15 Jurimetrics J. 303(1975).

⑥　See M. J. Sergot, F. Sadri, R. A. Kowalski, F. Kriwaczek, P. Hammond, and H. T. Cory, *The British Nationality Act as a Logic Program*, 29 Communications of the ACM 370 (1986).

⑦　See Anne Von Der Lieth Gardner, *An Artificial Intelligence Approach to Legal Reasoning*, Cambridge：the MIT Press, 1987.

⑧　参见吉野一编著『法律エキスパートシステムの基礎』（ぎょうせい，1986 年）、吉野一ほか編『法律人工知能——法的知識の解明よ法的推論の実現』（創成社，2000 年）。20 世纪 90 年代以后的研究进展，除了文部省科研费项目系列报告，还可参见吉野一教授设在明治学院大学的个人专业网站"Hajime Yoshino Online (since 1998)"的专家系统运行资料（网址：http://www. meijigakuin. ac.jp/~ yoshino/, access in Tokyo at 10：00 on Nov.7,2019）。

识形态立场，但对价值进行评价的标准在相当程度上可以客观化。另外，价值判断的命题群会体系化并形成某种结构，此种结构带有客观性，可以被设计和塑造。对价值判断结构的把握要以对关系和场域的思考为前提，给人们留下在具体场景和语境中斟酌选择的余地。在选择之际，价值的复数性会凸显出来。人工智能如何对不同的价值取向或评价标准进行排序？如何通过比较、权衡以及取舍做出适当的价值判断？电脑信息处理系统怎样才能抽取那些决定某个价值群的优先劣后次序的元规则并适当地描述法律的价值函数？这些是我们必须认真思考的第三层问题。

以上述三类问题作为基本线索，本章聚焦人工智能与法律解释、法律议论的关系，试对信息技术、互联网、大数据对法律话语空间的影响进行探讨。首先，通过推理系统、人机对话系统、专家系统等考察逻辑法学以及关于法律议论的通信协议，明确人工智能在司法领域应用的可能性及局限，探讨如何为当事人和职业法律家进行面对面的论证性对话预留空间。其次，从人工智能辅助价值判断的角度对法律规则体系和背景知识体系进行梳理、分析以及重构，主要考察一般条款和元规则的各种维度，以及法律论题的谱系、目录或信息处理方式，明确价值判断的结构和评价标准，为在"意义之网"（web of meaning）中发现并计算法律判断的价值函数和价值权重提供必要的基础理论框架。最后，以法律解释与法律议论的双重结构和相互作用的过程为前提条件，对价值判断进行定位，进一步讨论在所谓"积木世界"里，如何对论题和话语的各种组合不断探索并达成共识，进而为智慧司法的未来发展明确方向。

二、法律解释、法律议论与人工智能的对话系统

按照 19 世纪法教义学的理解，法律解释就是把明文规定的法律规范作为大前提，把法官认定的案件事实作为小前提，通过要件的对应关系把具体事实逐一涵摄到抽象规范之中并得出结论的三段论逻辑推理过程。在这样的理解框架里，任何司法活动都必然伴随着法律解释，没有上述推理环节就不可能做出判决。只有当法律解释仅凭形式逻辑三段论的概念计算就能从法律的涵义推演出"唯一正确的解答"

时，关于具体案件的结论才能与法律规范本身同样获得正当性。这样的逻辑法学，包括用于记述事实的本体逻辑学和用于记述法律的义务逻辑学⑨，很容易进行电脑化处理。

一旦法律解释可能受到偶然性或主观性因素的影响，法律推理的演算就可能得出复数结论⑩，司法判决就不能直接从法律体系本身获得正当性，而需要采取其他方法进行正当化处理。此时，法教义学的基础也就势必发生动摇。众所周知，在 20 世纪的美国，现实主义法学受德国法社会学者埃利希的"活法"概念以及自由法学运动的影响，强调法律解释乃至事实认定的偶然性。⑪ 20 世纪 70 年代后，激进的批判法学进一步主张法律体系的内在矛盾以及推理的主观性或者意识形态性。⑫ 后现代主义法学亦强调法律解释和推理会得出复数结论，强调因个人的思想差异和延迟，不存在唯一正确选项。⑬ 这一切都会对法律判断的客观性、中立性、公正性构成挑战，也会妨碍人工智能的应用。

迄今为止，化解司法主观性危机的一种主要举措，是把合乎程序的民主作为新的正当化根据，在主观与主观的博弈中寻找重叠合意以及客观化的契机。其本质在于，从根据逻辑进行的法律的概念计算转化成根据承认原则进行的群众意见计算或者说同意的计算⑭，把法律的确定性与投票多数决定的方式结合在一起。这种应对方式特别强调争论点的整理

---

⑨ 山下正男「法の思考とはなにか——義務論理学の効用性」山下正男編『法の思考の研究』（京都大学人文科学研究所，1995 年）1-50 頁；钱大军：《法律义务的逻辑分析》，载《法制与社会发展》2003 年第 2 期；万继华：《本体逻辑原理与应用》，广东科技出版社 2008 年版，第 1 章。

⑩ 日本法学家来栖三郎早在 20 世纪 50 年代初就指出了这一可能性（参见来栖三郎「法の解釈と法律家」『私法』第 11 号（1954 年）16-25 頁）。哈特关于基于抗辩的可撤销性概念也蕴含着同样的思想。

⑪ 参见付池斌：《现实主义法学》，法律出版社 2005 年版，第 119—120 页；刘星：《法律的不确定性——美国现实主义法学述评》，载《中山大学学报（社会科学版）》1996 年增刊；陆宇峰：《美国法律现实主义：内容、兴衰及其影响》，载《清华法学》2010 年第 6 期。

⑫ See Roberto M. Unger, *The Critical Legal Movement*, Cambridge：Harvard University Press, 1986; Roberto M. Unger, *What Should Legal Analysis Become?* London：Verso, 1998.

⑬ 参见朱景文主编：《当代西方后现代法学》，法律出版社 2002 年版，第 21 页以下、第 281 页以下。

⑭ 〔美〕詹姆斯·M. 布坎南、〔美〕戈登·塔洛克：《同意的计算——立宪民主的逻辑基础》，陈光金译，中国社会科学出版社 2000 年版，第 4 页以下。

以及在程序公正的前提条件下组织不同意见进行说服力竞赛。这种法律议论的推理具有开放性，坚持真理来自共识的立场，也或多或少具有那种所谓"彻底规约主义"的特征。[15]概而论之，法律解释强调的是逻辑实证主义，而法律议论超出逻辑演绎和验证的范畴来理解论证性对话的概念，这就大幅度扩大了推理和沟通的外延，并充实了相关话语活动的内涵。也就是说，法律确定性不再立足于普遍主义规范体系，而是通过征求"普遍的听众"的同意来获得，把不再有人继续质疑、不再存在反对意见的状态作为证明某个判断正当化的根据。井上达夫曾经把法律议论的特征概括为四点：只就引起争议的主张和判断进行论证；只向持有不同意见的人进行论证；持不同意见者必须说明反对的理由；争论的过程中双方可以把共同接受的观念作为正当化理由进行援引，因而重叠共识可以成为正当化的根据。[16] 在这里，法律的正当化过程有赖于特定语境或历史脉络，而非可以普遍适用的逻辑形式。如果不拘泥于主观的价值判断和直觉，只从同意计算甚至情感计算的角度来考虑把握[17]，把大数据与人工智能结合起来处理，进而纠正个别意见的偏误，就会成为法律议论电脑化的一种功能趋势，也可理解为同意计算的基本方式。

在信息系统的输入和输出完全依赖逻辑演算的电脑空间里，没有严密描述的算法也就无法进行表达、对话以及其他操作。从人工智能的视角来看，成文法体制下的解释和议论只能是逻辑法学式的，根据法律进行判断和决定在很大程度上就是所谓"按键法"（push-button law）在运作，整个话语体系都由"人机共同作业"来构筑。[18] 在判例法体制下开发出来的法律推理系统 HYPO（Legal Reasoning System with Cases and Hy-

---

⑮　See Owen M. Fiss, *Conventionalism*, 58 S. Cal. L. Rev. 177（1985）; Poincaré, LeRoy, Ajdukiewicz, Radical *Conventionalism: Its Background and Evolution*, in Vito Sinisi and Jan Woleński（eds.）*The Heritage of Kazimierz Ajdukiewicz*, Amsterdam: Rodopi, 1995, pp. 40-101. Anna Jedynak: Kazimierz Ajdukiewicz: *From Radical Conventionalism to Radical Empiricism*, 74 Poznan Studies in the Philosophy of the Sciences and the Humanities 89（2001）.

⑯　井上達夫「普遍主義と文脈主義——哲学から歴史へ」『哲学に何ができるか（新哲学講義第8巻）』（岩波書店，1999年）183-207頁。

⑰　See Rosalind W. Picard, *Affective Computing*, Cambridge: MIT Press, 1997. especially Part 1. 参见〔美〕罗莎琳德·皮卡德：《情感计算》，罗森林译，北京理工大学出版社2005年版，第3页以下、第15页以下。

⑱　See Reed C. Lawlor, *What Computers Can Do: Analysis and Prediction of Judicial Decisions*, 49 A. B. A. J. 337（1963）.

potheticals）则是一种利用案例类似性检索功能和推理方法，通过判例自动推理的系统。[19] 其具体机制是对存在争议的事项或关键词进行检索，从而发现存在同样事项或关键词的类似案例，也可以对显示对应维度之间或强或弱的差序之值进行加权，从而找出存在特征类似的那些案例。简单地说，HYPO 系统就是运用那些能显示法律性质的维度或者关系的概念以及论题（根据问题确定前提）来进行计算和推理的。

　　这类法律推理系统必须以足够庞大的知识库和数据作为基础，必须输入确定的、完全的信息才能获得可靠的输出结果。特别是，在日常生活中司空见惯的信息和表达也都要包罗在内，否则就无法做出真正的反应和对话。但是，建立足够大的常识库、确立精准的常识图谱，显然是一项难见终期的巨大的、艰难的社会工程。迄今为止的法律对话系统在推理能力上的表现很差，不能在适当程度上进行思考，主要原因就是缺乏常识。因为不具备常识性，对于那些没有既定框架和规则的复杂问题，人工智能就会假想所有情况，进行无限想象，陷入永远没有止境的语言游戏。除了因缺乏常识而引发上述"框架问题"[20]，人工智能还有一个弱点，即无法理解语言的真正涵义。这意味着信息处理系统里的符号与现实世界的意义并没有直接联系，不接地气，也就是哈纳德在 1990年就已提出但始终悬而未决的"符号接地问题"。这两个问题构成法律解释和法律议论电脑化的关键性障碍。[21]

　　另外，感性或者感觉行为一般都很难适用于符号模型，无法精确描述。大数据的分析系统基本上还处于数据分组加回归分析的阶段，对未知因素进行区别、判断以及预测的能力还比较弱。例如，对某个巨大灰色动物图像是什么并不能做出明确判断，而只能提示其可能是什么的概率，例如识别为大象的概率 92%，犀牛的概率 8%。显然，大数据与人工智能相结合还不足以构成一个感知系统。对大数据进行概率统计和预

---

[19]　See K. D. Ashley, *Reasoning with Cases and Hypotheticals in HYPO*, 34 International Journal of Man-Machine Studies 753（1991）. 关于 RBR 与 CBR 的分类与算法正义，参见前注③，高奇琦书，第 34 页以下。

[20]　夏永红、李建会：《人工智能的框架问题及其解决策略》，载《自然辩证法研究》2018 年第 5 期。

[21]　See Pompeu Casanovas and others（eds.）*AI Approaches to the Complexity of Legal Systems：Complex Systems, the Semantic Web, Ontologies, Argumentation, and Dialogue*, Berlin：Springer, 2010.

测的确可以矫正个案偏误，但有也可能维护系统偏误。如果数据质量差，规格不一致（目前中国的司法大数据不幸正处于这样的状态），那所得结论就更会充满误差和噪声，甚至不断重复错谬。因此，在现阶段，即便人工智能的深度学习可以通过随机的试错活动来不断趋近目标，这种机制仍然不能用于富于变化、感情以及创造性的法律议论。这也意味着，当前法律人工智能的发展距预期目标还相差较远，只能作为司法和法律服务的辅助系统，在有限的领域里处理单项的推理任务以及其他较为初级的作业。

人工智能视野下的法律议论，本质是通过说理和情感的共鸣达成共同的理解，反过来又进一步促进沟通。最典型的法律议论场景是辩诉博弈以及商谈沟通。这种沟通过程电脑化的关键是梳理原告与被告之间争论点的"辩诉博弈"的通信协议系统。这个关于法律议论的通信协议是根据图尔敏的论证模型界定的[22]，即主张或结论、要件事实、论据、证明、反驳这五个因素以及可靠性的强度变量构成论证的每一基本步骤。这样的因素或步骤不断累积，也就是辩诉不断反复，形成论证的整体结构。由此可见，抗辩式议论的通信协议就是由诉求、让步、否定、出示规则、出示论证、出示辩驳、撤销诉求等一系列的步骤所构成。在这里，辩诉博弈不是一面之词，而是对话式的；议论的内容包括有可能被撤销的各种各样规则的妥当性和相对优先度；通过在当事人之间公平分配发言机会和举证责任的规则可以适当限制司法资源的使用。[23] 因此，这里的法律议论构成一个以通信协议的网络为媒介的人机对话以及人机共生社会，一个由自我、故事、关系、场域等因素构成的无限定话语空间。大数据和互联网归根结底是让对话式论证的人工智能不断成长的一种算法。

三、一般条款、元规则以及背景知识的体系化

在进行法律议论时，当事人以及专家会基于不同立场提出不同主

㉒ 〔英〕斯蒂芬·图尔敏：《论证的使用》（修订版），谢小庆、王丽译，北京语言大学出版社 2016 年版；龟本洋『法の思考』（有斐阁，2006 年）226 頁以下。

㉓ See Thomas F. Gordon, *The Pleadings Game: An Artificial Intelligence Model of Procedural Justice*, Kluwer Academic Publishers, 1995, p. ix.

张，反映法律视角和法律价值上的差异。为了适当定位和处理这类差异，必须重视决定价值优先劣后序列的元规则以及价值评价体系的内在结构，在罗列各种具体法律命题的基础上编制一个整体目录并确定各个构成因素的排列方式，特别是对法律的原则和一般条款的背景性知识进行梳理和体系化分析，并以此作为法律议论电脑化的前提性研究工作。这正是法律论题学㉔在当代社会的意义所在。例如，对在民事诉讼以及国际经贸纠纷解决中具有重要意义的诚信原则，就可从《联合国国际货物销售合同公约》中抽取具有普遍意义的法律命题和元规则体系，从而进行体系化分析。有日本研究者综合了《联合国国际货物销售合同公约》的条款、佩雷尔曼新修辞学以及卡纳里斯价值判断论，认为围绕民法诚信原则的各种背景知识可以大致分为四组内容，即与高阶法律价值相关的论题、与诚信原则本身内容相关的论题、与立法目的和法律解释的权衡因素相关的论题、与法律格言或谚语相关的论题，上述论题分别对应着背景知识体系的不同层面。㉕

在上述分析框架中，首先需要考察与高阶法律价值相关的论题。在这方面，我们自然而然会联想到富勒对法律内在道德的界定。富勒认为，好的法律体系必须与以下八项道德标准相吻合：（1）普遍性。法律必须以普遍适用的规则的形式存在，因而是客观的、公正的。（2）公开性。法律必须被颁布，而不能以内部文件的形式存在。（3）不得溯及既往。法无明文不为罪，避免事后因人立法，这是法的平等性、合理性的

㉔　关于法律命题学的中文翻译和研究主要成果，参见〔德〕特奥多尔·菲韦格：《论题学与法学——论法学的基础研究》，舒国滢译，法律出版社 2012 年版；〔美〕W. 科尔·达勒姆：《西方两大法系比较视野下的论题学》，张青波译，载郑永流主编：《法哲学与法社会学论丛》（总第 14 期），北京大学出版社 2009 年版，第 262 页以下。我国关于法律论题学的代表性论稿，例如舒国滢：《寻访法学的问题立场——兼谈"论题学法学"的思考方式》，载《法学研究》2005 年第 3 期；舒国滢：《走近论题学法学》，载《现代法学》2011 年第 4 期；焦宝乾：《论题学思维及其在我国的意义初探》，载《南京大学法律评论》2009 年第 1 期；焦宝乾：《论题学及其思维探究》，载《法学论坛》2010 年第 3 期；张静焕：《论题学法学的逻辑解读》，载《法律方法》2009 年第 2 期；韩振文：《论题学方法及其运用》，载《法律方法》2017 年第 1 期；徐国栋：《从"地方论"到"论题目录"——真正的"论题学法学"揭秘》，载《甘肃社会科学》2015 年第 4 期。

㉕　平田勇人「信義則をめぐる背景知識の体系的整理」吉野一ほか編『法律人工知能——法的知識の解明と法的推論の実現』（創成社，2000 年）137–145 頁。参见徐国栋：《民法基本原则解释——诚信原则的历史、实务、法理研究》（再造版），北京大学出版社 2013 年版，第二章以下。

要求。（4）明确性。法律规则只有内容清晰才不至于引起歧义，才能给社会带来稳定性。（5）不矛盾。法律规则在逻辑上必须自洽、一以贯之。（6）可遵循性。法律不能要求人们去做不可能之事，必须具有可操作性。（7）稳定性。法律规则不应朝令夕改、让人无所适从。（8）政府必须以身作则，遵守自己颁布的规则。[26] 在他看来，这些道德标准可被理解为一种程序自然法，同时也构成决定制度设计方案以及法律推理过程的元规则和衍生规则。据此，我们可以发现关于程序正义价值评价体系的基本结构（如图14所示）。

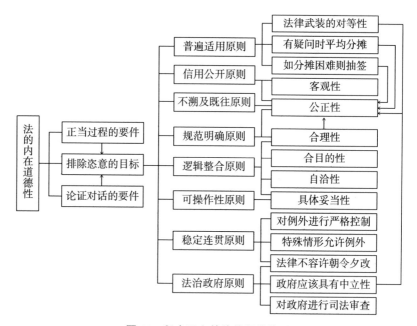

图14　程序正义的价值评价体系

这八项道德标准体现的最根本的高阶法律价值，就是尽量排除行为主体的恣意，特别是排除立法者、执法者、司法者的恣意，以保障社会正义。其中，排除恣意的价值判断标准主要包括合理性（可以通过完全的合意性或共识性来测量）、中立性（可以分为对等听取双方当事人的不

---

　　[26] 参见〔美〕富勒：《法律的道德性》，郑戈译，商务印书馆2005年版，第46页以下。受富勒理论的影响，还有其他学者提出过有关基本原则的论述，例如原英国上议院首席大法官宾汉勋爵提出的法治八条核心原理，See Lord Bingham, *The Rule of Law*, 66 Cambridge L. J. 67(2007)。

同主张、任何人都不能担任自己争讼案件的法官两个侧面）、客观性（包括结果再现的可能性以及判断的主观间性）、一贯性（包括统一度和满足度）以及公平性（以确保平等为核心，也包括疑则平分、难则抽签之类的适当变通处理方式）这五条。甚至还可进一步概括为透明和问责、连贯和预期、法律面前人人平等这三条。㉗ 与诚信原则相关的高阶法律价值的判断标准都不妨归入程序正义的范畴。另外，诚信原则还要考虑法律适用的结果是否妥当，进行实质性价值判断。法律体系的稳定、利益的均衡、事态是否合乎目的，都属于实体正义的范畴。

除了程序正义，有效调整人们行为的秩序也是法律议论重要的高阶价值。相关的论题可以进行如下分类整理。一是体系化思考，主要是把具体问题抽象化，把容易引起争议的观点事先剔除，借助明确的价值判断（如"和谐""安全"）来填补法律空白，让法律论题作为体系的整体发挥作用。二是命题思考，作为法律或者价值判断欠缺时的应急举措，将社会共识或常识作为正当性根据，针对具体问题提出解决方案（如加强基层调解和多元化解纷），并采取利益权衡的方法。这是论题的常态。三是不动的体系，强调固定的法律要件和规范静态（如权利本位和程序本位），但一定程度的具体化也可能造成体系的过于细分化状态，导致碎片化和失衡。四是可动的体系，介于固定的法律要件与一般条款之间，更强调不同要素的成比例混合以及随机应变的调整。在这个意义上，论题学就是一种组合艺术。因此，可动体系要在各种法律诉求间寻找均衡点，兼有普遍化与特殊化两种指向。五是一般条款，被理解为所谓衡平法的入口，但并不一定是全面进行衡平性思考或者命题思考，也不能仅仅根据社会共识进行解释。在一般条款中存在的普遍化倾向往往导致体系化；而一般条款的具体化则通过类型化来实现，其中一部分还要通过建构法律要件的方式进行，旨在实现法律体系的确定性。㉘

其次，有必要考察与诚信原则本身内容相关的论题。在民法领域，诚信原则是最有影响力的一般条款之一。一般条款在民事法律解释

㉗　See Monika Zalnieriute, Lyria Bennett Moses and George William, *The Rule of Law and Automation of Government Decision-Making*, 82 Mod. L. Rev. 425（2019）.

㉘　参见前注㉕，〔日〕平田勇人文，对卡纳里斯（C. W. Canaris）价值判断论的转述和分析。

和议论中主要发挥四种功能，即规范内容的具体化、规范适用的正义考量、规范的修改以及规范的创造。但是，一般条款在发挥这些功能之际也有可能被滥用。为了防止诚信原则被滥用，需要使各种功能进一步类型化，根据不同场景确立各种具体命题，以具体而明确的判断标准来限制自由裁量权的范围。迄今为止，诚信原则的个别命题以及下位概念体系的构成是：诚信原则的具体法律命题，包括禁止反言原则、权利失效原则、清白原则、情势变更原则；针对当事人双方的失信行为论、法人格否定的法理；针对权利滥用的忍耐限度论；失信的恶意者排除法、相关关系论；等等。对其中任何一项命题，都可以进一步详细分析逻辑推理的步骤，并抽出若干项控制推理的元规则及其衍生规则。

例如，根据禁止反言原则进行法律推理的元规则可以概括为以下几项：第一，在容许矛盾行为时对信赖先前陈述的对方所造成的损失，如果大于在排除矛盾行为时对行为者本人所造成的损失，就应该适用禁止反言原则。第二，如果争议所涉及的权利关系特别需要根据实际情况而不是当事人之间的平衡状态来进行调整，那么禁止反言原则就应相对弱化。第三，如果容许矛盾行为很可能造成信赖先前陈述的对方无法寻求法律救济的后果，那么我们应该有充分的理由根据禁止反言原则排除矛盾行为。第四，在先前陈述的行为长期持续的场合，保护对方对先前陈述的信赖的必要性会相应增强，根据禁止反言原则对其后的矛盾行为进行排除就有更强有力的理由。第五，即使在排除后来的矛盾行为时会给行为者造成显著的损失，如果行为者本人试图通过矛盾行为达到不正当目的，或者在行为者自身对矛盾行为的产生有重大过失，那就更有理由侧重保护对方对先前陈述的信赖。[29]

在法律推理元规则的提炼和体系化方面，格尔哈德·舒托卢克的法律论题学目录具有重要的参考意义。[30]他提出了 64 项重要法律论

---

[29] 中野貞一郎「民事訴訟における禁反言」『過失の推認』（弘文堂，1978 年）188 頁以下による。

[30] See Gerhard Struck, *Topische Jurisprudenz*: *Argument und Gemeinplatz in der juristischen Arbeit* (Frankfurt: Athenäum-Verlag, 1971) S. 20-34. Cf. Wolfram Velten, *Juristic Topics in English Theory*: *the "Topical" Method of Finding and Legitimizing Premises for the Solution of "Hard Cases" in Light of English Legal Theory*, (Durham, UK: Durham University E-Theses, 2012).

题，构成一个在推理过程中进行检索的依据及整理思路的工具性矩阵（见表8）。尽管这些西塞罗式论题并未包罗法律议论的所有维度，也还没有达到完全体系化的程度，但对富勒关于法律内在道德的八条标准都有涉及。甚至可以认为，这64项论题基本上是对程序自然法八条道德标准进行推演的具体形态。㉛ 当然，这些论题属性不一，无论是形式还是内容，都还有些芜杂，有待进一步完善。这个法律论题学目录本身也是一种主观假说。但人类永远需要借助主观假说或莱布尼茨所倡导的数学化论题组合艺术，去整理和利用从周围世界获得的各种不确定信息，从而形成并维持与外界环境的协调关系，这正是人类智慧的本质所在。

表8　舒托卢克法律论题学目录

编号	法律论题的内容	编号	法律论题的内容
1	后法废止前法	13	补偿损失
2	特别法优于一般法	14	有疑则平分
3	对于例外必须严格解释	15	无法分割时抽签决定
4	既定判决的内容必须视为真实	16	任何人不得向他人转让非己权利
5	法务官不拘泥于琐事	17	禁止缔结让第三者负责的契约
6	审判不超出诉求	18	为友者亦可为敌
7	应该对等听取反方意见	19	所有者负担事故的损害
8	任何人不得成为自己诉讼的法官	20	因果对应的税负分配原则
9	疑点有利于被告	21	先占者有优先权
10	孤证等于无证	22	平等
11	不可仅凭怀疑定案	23	过失者承担后果责任
12	不当得利必须返还	24	不保护协助造成有责损害者的利益

㉛　例如，关于普遍性的论题包括第3、10、35、38号，关于公开性的论题包括第25、30、47号，关于不得溯及既往的论题包括第51、31、39号，关于明确性的论题包括第1、2、4、9、30号，关于不矛盾性的论题包括第28、40号，关于可遵循性的论题包括第48、50、53、54、55号，关于稳定性的论题包括第51、63号，关于政府率先守法的论题包括第6、7、8、38、56号。

编号	法律论题的内容	编号	法律论题的内容
25	沉默不能带来任何义务	45	行为合乎时宜则允许
26	意志独立	46	在极端不幸的场合允许例外
27	无罪推定	47	法律明定的就是适当的
28	禁止反言	48	可行性
29	履行注意义务者受法律保护	49	判断重在大局
30	意思表示高于目的和愿望	50	不可为则无义务
31	意思决定权利的条件和诚信判断	51	禁止恣意
32	法律由制裁担保	52	权利丧失
33	禁止仅以损人为目的而行使权利	53	不应做过分不当之要求
34	斗争手段不可有违目的	54	人难堪则法不求
35	有权者不得排除其他共同权利者	55	不得承认没有界限的请求
36	日常判断必须符合标准	56	滥用的风险
37	保护交易	57	目的性
38	法律站在正义一方	58	利益
39	信赖值得保护	59	一般利益
40	权利者对侵犯权利者不得让步	60	保护社会
41	妥当	61	经济的利益
42	均衡	62	秩序的原则
43	有义务采取危害最少的方法	63	法的安定性
44	行为必要则允许	64	案情清楚时诉讼程序简略化

注：该表制作之际参考了平田勇人『信義則とその基層にあるも』（成文堂，2006 年）287 页的法律论题目录。

最后，还需考察与立法目的以及法律解释的权衡因素相关的论题，即涉及各种不同利害的比较分析和取舍以及错综复杂的关系的调整等方面的论题。例如，在更加富于流动性的复杂环境中，如何对决策风险进行评估，为了安全应如何进行预防和规制，成为与风险相关的法律议论的重要任务。美国联邦法院史蒂芬·布雷耶大法官提出了一种将问题体系化的思路。在围绕风险决策进行议论前，先要明确四方面的背景知识。第一，根据所谓"香烟当量"来计算小风险的危害概率，建构起米切尔式的"风险阶梯"[32]，并把损害的程度作为法律判断中决定选择先后顺序的参考标准。第二，针对特定风险采取行政规制的成本和效益比较分析，形成具体的法律论题目录。[33] 第三，明确规制机构和规制举措的各种相关法律、法规。第四，考察规制体系运作的方式，特别是风险评估的技术和风险管理的政策。[34] 在与风险相关的法律议论中，人们会对背景知识中更为引人注目的事件予以更强烈的关注，赋予更重要的意义，而忽视具体数字和概率的影响。因此，"风险沟通"（围绕风险决策的法律议论）过程中的价值判断很可能是颠倒的：某些风险较小的事件因其更具戏剧性或人们的恐惧心理被放大，一些风险更大的事件则被轻视。[35] 为避免"风险恐慌"以及不同社会群体的视觉盲点而引起误判，更加去政治化的专业性讨论应该发挥更重要的作用。尽管如此，深思熟虑的价值观仍应被固守并放在优先位置上。[36] 即使在风险沟通中也应始终坚持法律推理的元规则和基本价值判断。

四、法律判断的价值函数和价值权重

价值通常涉及行为主体的关心、态度、愿望、观念，等等，包括两个层面的基本问题。一个是价值意识，具有显著的主观性。另一个是价值判断标准及其体系，具有相当程度的客观性。具体说来，可以把价值意识分为个性构成、行为方式、文化传统以及社会系统等范畴，以便更准确地理解和把握。[37] 从个性构成范畴来看，还可以进一步细分为表象价值与内心价值、有意识价值与无意识价值、特定价值与一般价值、固定价值与流动价值等维度。对行为方式也可以细分为观念的价值与行动的

[32]　〔美〕史蒂芬·布雷耶：《打破恶性循环：政府如何有效规制风险》，宋华琳译，法律出版社 2009 年版，第 2 页以下。

[33]　参见前注[32]，第 36 页以下。

[34]　参见前注[32]，第 1 页以下。

[35]　参见前注[32]，第 46 页。

[36]　キャス·サンスティーン『恐怖の法則——予防原則を超えて』（角松生史·内野美穂監訳，勁草書房，2015 年）2-3 頁。

[37]　参阅見田宗介『価値意識の理論』（弘文堂，1966 年）32-45 頁。

价值、显露的价值与潜在的价值、强烈的价值与薄弱的价值、明示的价值与暗示的价值等维度。不言而喻，这些范畴和维度都具有较强的相对性、流动性。价值判断标准与价值体系具有更明显的客观性以及普遍性，不仅要求社会的所有成员共有，而且有时还要求不同性质的社会也能共有，甚至还有人试图建构一种数学般的公理体系。价值判断标准及其整体结构与法律解释、法律议论之间存在更密切的关联。对法律的逻辑三段论进行修改和补充、对例外现象进行适当处理、对复杂问题进行统筹兼顾和综合治理等，都离不开各种价值判断活动。正如佩雷尔曼指出的，离开价值判断，我们根本无法理解法律思考。[33]

根据法律推理的主体、语境以及价值判断的功能之间的关系，我们基本上可以确立法的价值函数。从 2006 年起，日本法学研究者平田勇人在数学研究者的帮助下开始探索法的价值函数公式化，侧重解析法律推理与价值间的对应关系。他的基本主张是，法的价值判断即法律家与法律环境这两个变数的函数，而价值函数的演算符则是不同类型审判中反映基本价值的那些法律原则。例如在民事审判中，主要的价值函数演算符有四种，即我们熟悉的公正、不偏不倚、高效迅速以及经济性。每个演算符都根据不同的评价标准而独立进行处理，最后可以把各个评价值进行综合评价和运算。如果评价标准之间发生冲突或差异，还要导入优先顺序的因素进行判断。[39] 如果围绕价值存在争论，那就势必以争取价值共识或者达成适用价值的妥协为目的开展沟通，这时的法律议论通常具有辩证推理的特征。[40] 此外，在人工智能系统对法律判断的过程进行模拟时，则应该采取价值函数最大化的方法。[41] 这意味着法的价值判断应优先于逻辑推理，确保法律议论可以摆脱无穷反复的语言游戏而顺利进行。

价值函数最大化方法的本质是对价值加权（乘以系数）。对价值评价进行加权处理，必须把握法律的各种价值之间的关系，从整体结构上进

---

[33]　ペレルマン『法律家の論理——新しいレトリック』（江口三角訳，木鐸社，1986年）153-154頁。

[39]　平田勇人「判断における法の価値関数について——法創造教育への活用」日本文科省科研費 2002~2006 年度特別推進研究『法創造教育方法の開発研究——法創造科学に向けて』（課題番号 14001003）研究成果報告書（2007 年）267-281 頁。

[40]　参見前注[33]，第 182 頁。

[41]　新田克己「議論をするエージェントの構築」シンポジウム成果報告書『模擬裁判と法創造教育』（2006 年）1-21 頁。

行思考和推理。在审判案件或解决纠纷时，涉及的价值判断指标往往不是单一的，而是复数性的，因而存在取舍选择的问题。需要对不同的价值取向进行优先劣后的排序，对价值规范进行数值化处理，也需要采取差别加权和加权比较的方法。美国匹兹堡大学著名运筹学家萨蒂提倡的等级层次分析法和网络层次分析法㊷，把定性与定量结合在一起，体系地分析目标层与准则层、指标层以及对象层之间的互动关系和影响，形成比较矩阵，对复杂问题决策过程中的价值选择和价值判断具有重要意义，能够指导法律议论的电脑化处理。例如在谷歌的搜索引擎里，利用全球网页链接结构来评估网页的相对重要性，并对网页的价值进行排序的"网页级别"算法发挥着关键性作用。在这里，链接的价值加权是换算成点击率来计算的。除此之外，还有专家排名、信任评级、搜索引擎结果排序等确定价值权重的算法。这些公式、框架及其改进版本也完全可以用于法律价值判断，通过一般条款和原则在法律议论和司法文书中的引用频度、在大众传媒和网络舆情中的出现次数等进行价值换算和排序，形成论题排序的算法。

如果把价值选择和价值判断理解为一种法律议论的话语博弈，借助哈特的分析框架，把作为第一性规则的法律标准（可视化的法）与作为第二性规则的法律议论（非可视化的法）理解为互相指涉并结合在一起的规则体系，那么法律规范与社会规范的价值判断模型就可以表述为一个多层多样的复合型话语博弈的场域。㊸ 法律议论以承认规则和改变规则的形式影响立法，以裁判规则的形式影响个案判断，从而在不同程度上被转写到第一性规则中，进而使第一性规则产生新的版本。在这个意义上也可以说，法律议论构成包围着法律规范的模糊边缘，不断被吸纳到确定的核心中，形成不同主体间反复进行话语博弈的动态格局。另外，从司法的确定性和可预测性的角度来考察，作为围绕价值判断的复合型话语博弈的法律议论，必然是一种对规范解释的预测以及对事实认知的预测，并且还有对上述两种预测的预测乃至"预测的预测的预测"等不断反馈过程。在对规

㊷ 〔美〕托马斯·萨蒂：《创造性思维：改变思维做决策》，石勇、李兴森译，机械工业出版社 2017 年版，第 259 页以下。

㊸ 橋爪大三郎『言語ゲームと社会理論——ヴィトゲンシュタイン・ハート・ルーマン』（勁草書房，1985 年）102 頁。

范解释的预测与对事实认知的预测这两个系列之间，还存在相互作用以及不断递进的互动关系，从而呈现出卢曼所描述的那种法律决定与社会之间的反思机制。

法律议论的话语博弈势必形成类似图 15 的论题网络。圆圈里的甲乙之数表示不同的法律论题，圆圈（节点）之间的连线显示相互的叙述关系。论题网络本身是一种无向图，节点的位置可以体现论题间的"中心性"。如果某个论题在这种社会网络中更容易与其他论题发生逻辑或修辞上的关系，那就处于更有利的位置。这种中心性也可以被数值化为指标。如果某个论题与更多的论题相连接，就体现了基于连线次数的"中心性指标"[44]。

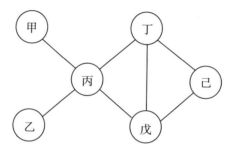

图 15　法律议论的论题网络

通过前面考察过的法律论题目录以及价值评价标准体系，我们也能发现论题之间的连线。因此，价值加权可以通过计算论题之间连接的纽带数来进行。如果节点太多、论题网络过于复杂，求值作业就会变得困难。这时可以采取论题网络行列的矩阵方式来说明，把图 15 的连线信息表示为行列 R，如下所示：

$$R=\begin{pmatrix} 0 & 0 & 1 & 0 & 0 & 0 \\ 0 & 0 & 1 & 0 & 0 & 0 \\ 1 & 1 & 0 & 1 & 1 & 0 \\ 0 & 0 & 1 & 0 & 1 & 1 \\ 0 & 0 & 1 & 1 & 0 & 1 \\ 0 & 0 & 0 & 1 & 1 & 0 \end{pmatrix} \qquad ①$$

在这里，从第 1 行到第 6 行，分别排列着论题甲到论题己的连线信

㊹　J. Nieminen, *On Centrality in a Graph*, 15 Scandinavian Journal of Psychology 322 (1974).

息。由于这是个无向图，即使行与列进行替换仍然构成同一行列。例如，甲与丙是相连的，矩阵 R 的 1 行 3 列的元素 r13 是 1，3 行 1 列的元素 r31 也是 1。如果论题不相连则为 0。如果处于同一行和列，那就成为自己与自己相连，但这样不能构成对话，所以也设定为 0。于是对各个论题的连线次数，可以通过对矩阵 R 中元素都是 1 的列向量采取乘以 1 的方式进行计算。这个计算结果以列向量 P_1 来表示如下：

$$P_1 = R \times 1 = \begin{pmatrix} 0 & 0 & 1 & 0 & 0 & 0 \\ 0 & 0 & 1 & 0 & 0 & 0 \\ 1 & 1 & 0 & 1 & 1 & 0 \\ 0 & 0 & 1 & 0 & 1 & 1 \\ 0 & 0 & 1 & 1 & 0 & 1 \\ 0 & 0 & 0 & 1 & 1 & 0 \end{pmatrix} \begin{pmatrix} 1 \\ 1 \\ 1 \\ 1 \\ 1 \\ 1 \end{pmatrix} = \begin{pmatrix} 1 \\ 1 \\ 4 \\ 3 \\ 3 \\ 2 \end{pmatrix} \quad ②$$

显而易见，在 P_1 的各项元素中，丙的中心性指标的值是最大的。以这样一些中心性指标不同的论题为前提来加权，就可以借助关于人物定位和评分的波纳西茨方法进行新的中心性指标值的计算和价值评估。[45] 具体做法是将矩阵 R 的每一行按列向量 P_1 进行加权求和，求得新解 P_2，即 $P_2 = R \times P_1$。矩阵展开如下：

$$P_2 = R \times P_1 = \begin{pmatrix} 0 & 0 & 1 & 0 & 0 & 0 \\ 0 & 0 & 1 & 0 & 0 & 0 \\ 1 & 1 & 0 & 1 & 1 & 0 \\ 0 & 0 & 1 & 0 & 1 & 1 \\ 0 & 0 & 1 & 1 & 0 & 1 \\ 0 & 0 & 0 & 1 & 1 & 0 \end{pmatrix} \begin{pmatrix} 1 \\ 1 \\ 4 \\ 3 \\ 3 \\ 2 \end{pmatrix} = \begin{pmatrix} 4 \\ 4 \\ 8 \\ 9 \\ 9 \\ 6 \end{pmatrix} \quad ③$$

这个结果表示为行向量，就是 $P_2^t = $ (4，4，8，9，9，6)。以论题己的计算结果（6）详细说明，与己相连的丁和戊的中心性指标都是 3，这就是权重，计算结果为 3×1+3×1=6。但这还不够，需要按照前述方法反复加权计算（具体计算过程省略），直到收敛点才能求得可以充分反映论题相互关系的中心性指标。

⑮　P. Bonacich, *Factoring and Weighting Approached to Status Scores and Clique Identification*, 2 Journal of Mathematical Sociology, 113 (1972). 参阅安田雪『実践ネットワーク分析：関係を解く理論と技法』（新曜社，2001 年）75-93 頁。

我们还可以把根据连线次数计算出来的中心性指标的评价值与根据波纳西茨方法计算出来的中心性评价值进行比较，获得表9。显然，两种方法计算出来的评价值是有不同的，主要体现在丙、丁、戊的差异上。采取连线数方法并把式②计算结果 P_1 的各个数值分别除以最大值，这样就更方便与波纳西茨方法计算出来的中心性指标的数值进行比较。一般认为，波纳西茨方法缩小了最大值与最小值之间的差（0.63，小于连线数方法的0.75），更能反映网络的结构。[46]

表9　不同中心性指标的评价值和排序

		甲	乙	丙	丁	戊	己
连线数方法	数值	0.25	0.25	1.00	0.75	0.75	0.50
	排序	5	5	1	2	2	4
波纳西茨方法	数值	0.37	0.37	0.89	1.00	1.00	0.73
	排序	5	5	3	1	1	4

尝试把社会网络分析的方法转用于价值权重赋值和论题学，并非牵强附会。已经有学者应用网络图形、中心性指标以及权重赋值的不同方法研究法条、判例的重要性或者关键词的频率分布。[47]例如，福欧勒和他的合作者们在应用网络分析方法考察案件与先例之相关性时，把美国联邦法院的多数派意见作为网络中节点，把案件之间的引用关系作为连线，整个网络图形涵盖了从1791年到2005年期间的26681个判例。这里采取权重赋值的主要方法是计算引用次数的度中心性，以及对引用关系进行区别并构建有向性图形的特征向量中心性。对于由此得出的排

⑯　关于中心性指标评价值计算的两种模式及其技法的更加专业化的详细说明和论证，见金光淳『社会ネットワーク分析の基礎——社会的关系资本论にむけて』（劲草书房，2003年）135-172页。

⑰　See J. H. Fowler and others, *Network Analysis and the Law: Measuring the Legal Importance of Precedents at the U. S. Supreme Court*, 15 Political Analysis 324(2007); R. Boulet and others, *A Network Approach to the French System of Legal Codes-part I: Analysis of a Dense Network*, 19 Artificial Intelligence and Law 333(2011); Y. Lupu and E. Voeten, *Precedent in International Courts: A Network Analysis of Case Citations by the European Court of Human Rights*, 42 British Journal of Political Science 413 (2012); K. Oliver and M. Faul, *Network and Network Analysis in Evidence, Policy and Practice*, 14 Evidence & Policy: A Journal of Research, Debate and Practice 369 (2018).

序，作者还用常识以及其他指标进行了验证。[48]

在考虑法律议论的价值判断之际，还有一个哲学意味很强的问题值得关注，即法律的自反性探究。[49]哲学家霍华德·迪隆在《数理逻辑概论》中讲述了古希腊的一个著名故事：买卖双方签订了修辞学传授服务的合同，以便让买方有能力成为律师；双方预定买方最初只需支付一半学费，另一半待他赢得第一场官司后再支付。后来双方发生纠纷，诉诸法院。卖方要求买方付清所有学费，买方则认为无论如何都不必付费。此时便出现了合同内容的自反性悖论。实际上，在法律领域中，这种全能状态导致的自反性现象是经常发生的，包括符号的自我指涉，原理的自我适用，命题和推理的自我证明和自我证否，法律和逻辑关系的自生自灭、循环论证、互为因果。还有法院自己成为被告的案例。正如图灵"停机问题"已经揭示的，一个自我指涉的系统或者集合很容易陷入自相矛盾的状态——在陈述自己的同时否定自己，究竟如何跳出相关悖论就成为学者最重视的问题。[50] 也可以说，这就是关于法的自我指涉、反思机制、自创生、悖论以及复杂性等理论创新的肇始。在思考司法人工智能问题时，认识到图灵"停机问题"与法律体系之间的关系，适当开放话语空间是具有重要意义的。从这个角度来看，智慧法院不仅要采取新的方式和方法来处理形式逻辑三段论、涵摄技术等法律解释的课题，还必须把法律议论也纳入电脑化的射程之中。

自反性探究与法律议论的结合点在于问题导向的情境思考、寻找理由和解答的反馈机制以及预测的预测之类的话语博弈，也会聚焦于事实认知以及认知科学。从反射脑、情动脑、理性脑到镜像神经元，人们发现了特定行为模式的编码储存及同频共振的神经线路，加深了对社会性的基础在于模仿、沟通、学习以及由此产生的他者理解、共同理解或共鸣这一命题的认识。萨博乃至卢曼关于法律反思机制的学说实际上与神经网络的镜像机制存在异曲同工之妙。关于镜像神经元网络的研究成果

㊽　Cf. J. H. Fowler and others, op. cit. pp. 326 ff.

㊾　See Douglas R. Hofstadter, *Nomic*: *Ein selbstmodifizierendes Spiel auf Basis der Reflexitätim Rechtswesen*, Jan. 1982.

㊿　彼特·萨博把这种自反性现象称为诺米克博弈，进行了全面而深入的研究。See Peter Suber, *The Paradox of Self-Amendment*: *A Study of Logic*, *Law*, *Omnipotence*, *and Change*, New York: Peter Lang Pub. Inc., 1990.

对法律议论、涉身模拟以及不需推理和概念计算的价值判断方面的人工智能开发也具有重要的意义。所谓知觉，无非是主体在包围自己的光影中找出不变因素的一种心理活动。在审判以及调解过程中，通过身体与环境之间的互动形成协调的关系，势必在脑内描绘出某种认知地图、形成机器学习的网络。特别是在所谓"自我中心的自我"与"场景中心的自我"这样的认知—心理双重结构之下，把符号、涵义、做法都纳入法律沟通研究的视野，我们就能发现自我指涉、节奏以及同步化在共同理解或者共识的凝聚过程中将发挥不可或缺的作用。⑤

推而论之，法律被理解为一个自我完结的系统，即"完全世界"，法律议论却造成了不完全、不断变化的"无限定环境"——各种各样的叙事会编织出不同的关系和网络，会发现新的特殊意义和价值，会造成某种价值体系形成、变化、再形成或者自创生的场域。在这个意义上，法律议论也可以理解为卢曼所说的那种"学习之法"的具象，构成法律体系的模糊边缘或者软规则部分。

结语：解释与议论的双重结构与智慧司法

与自我中心和场景中心的认知—心理双重结构相对应，法的话语空间也具有法律解释与法律议论的双重结构。解释是明确法律规范内容的作业，存在决定论、机械论以及规约主义的倾向。因此法律解释追求的是"完全世界"。例如，德沃金认为法律体系是完美无缺的，法律解释就是根据法律体系的目的来寻找最好的涵义以及解答。虽然他也承认创造性解释，但在他看来，这种解释在本质上仍是关于法律体系之"目的"的报告，并且必须接受那种确保体系连贯自洽的"整合性"的检验。⑤同样，费什的学说也以法律体系的完美无缺为前提。尽管他承认，规范的意义不在既定文本而在于各种"解释策略"，关于法律文本可以出现不同的主观化解读，但他强调在一个解释共同体中解释策略（价值判断标

---

⑤　关于自我与场域以及认知科学与人工智能之间的关系，详见松田雄馬『人工知能の哲学——生命から紐解く知能の謎』（東海大学出版社，2017 年）82 頁以下。

⑤　参见〔美〕罗纳德·德沃金：《法律帝国》，李冠宜译，时英出版社 2002 年版，第19 页。

准）是共有的，具有公共性和客观性。(53)

德沃金和费什都认为法律规范的意义只有通过解释行为才能显示出来，并且最终归结为某个唯一正确的解答。与此不同，法律议论塑造的是“无限定环境”，既不完全也不确定，但与相对主义还能划清界限。因为一切都可成为怀疑的对象，一切又都是可以讨论和证明的。在这个开放性话语空间的基层，存在某种循环性或者反思机制，即规范与实践之间的不断相互作用。在这里，更重要的与其说是通过推理达成的解释性共识，毋宁说是通过维特根斯坦所强调的“生活形式”的一致性以及理由和原因的区别来实现相互理解、同频共振以及和谐。与体现普遍性逻辑的法律解释不同，法律议论更关注具体的场景和情感，形成了规范世界的另一种视角、另一种声音。(54) 在法律议论的过程中，论证与沟通以及日常性语言博弈可以创造意义和价值。从法律议论的角度来看，需要在叙事（narrative）的层面理解法律及其适用活动。(55) 叙事的基本形式是记述复数现象之间的来龙去脉和因果关系，发挥设定语境的功能，因而任何法律的解释和推理都会受制于特定的意义关联。实际上，所谓法律共同体的存立基础并非像费什所说的那种“解释策略共有”，而是通过规范与实践之间反复的互动关系形成的意义关联。也可以说，法的生命力就存在于相互沟通的运动之中。

迄今为止，关于司法人工智能的研究，主要致力于法律解释和推理的电脑化处理，而对法律议论的特殊性没有给予充分留意。与日常性语言博弈相关的常识数据库建设以及语义网编织的巨大困难也妨碍了对意义关联的技术操作。但是，随着万物互联互通的网络化程度不断加深、由此积累的大数据不断膨胀，人工智能的深度学习能力也不断提升。还有作为沟通媒体的5G移动通信系统在数据转送量上的压倒性优势，促使社会在自我指涉的循环圈里迅速变化，形成新的相互认知和价值体系。在这样的背景下，司法人工智能的开发应该更加自觉地认识到法律解释

(53) See Stanley Fish, *Is There a Text in This Class?: The Authority of Interpretive Communities*, Cambridge: Harvard University Press, 1980, pp. 14-342.

(54) See Carol Gilligan, *In a Different Voice*, Cambridge: Harvard University Press, 1982.

(55) See Dennis M. Patterson, *Law's Pragmatism: Law as Practice and Narrative*, in his (ed.) Wittgenstein and Legal Theory, Boulder, CO: Westview Press, 1992, pp. 85-121.

和法律议论的不同，把这两种话语空间都纳入信息资料储备扩大和请求的语义画像构建中，从而改进智能决策的实施方案。特别是要进一步把具体的场景和语境纳入法律议论电脑化的视野，开发相应的模型和技术方法。

众所周知，从控制程序、搜索引擎到知识数据库的运用，人工智能都必须按照人给出的指令或算法来运行。在机器学习阶段，需要人提供数据的特征量和规格化方式，然后人工智能系统才能进行学习和预测。人工智能可以不断提高精确度和工作效率，但却很难对复杂的、模糊的问题进行判断。当机器学习的数据输入不间断地超高速进行时，对输出的预测就会变得非常困难。而在深度学习的场合，人工智能系统不仅按照算法进行数据处理，还采取多层次脑神经网络的模型和方法，能从大数据中自动发现和提取特征量，揭示未知的问题、样式、结构以及原理。这当然是有利于扩大选择空间和创新的。但是，当人工智能从他律系统转化为自律系统、从演绎系统转化为归纳系统，特别是在人工智能网络之间的相互作用及其连锁反应不断进行的情况下，预测、理解、验证、控制就会变得更加困难，甚至出现黑箱化现象。在数据驱动的人工智能时代，"透明社会"与"黑箱算法"是我们不得不面临的一对根本矛盾。各种人工智能之间互相联结，形成所谓"智慧网络社会"，势必引起自动的组合变更，实现自我生成式的增长和变异，形成非常复杂的情况和网络混沌，对国家治理方式和法律秩序提出了新的挑战和机遇，也会深刻影响法律议论。⑤⑥

计算机擅长进行大量的、反复的信息处理和逻辑演算。人类却擅长进行直觉的分析和判断，通过与环境的相互作用创造出主观的世界图像，并依此进行认识、预测以及沟通。司法人工智能的发展目标就是要把这两个方面密切结合起来，使按照逻辑法学进行的解释、推理以及具有开放性和情境指向的法律议论都能达到新的高度。如果电脑和通信技术进一步发展，从图像数据到观测数据、行动数据以及语言数据都可以进行深度学习，那就有可能在未来解决环境认识、行动预测以及知识获

---

⑤⑥ 关于这方面的问题状况，不妨参阅成原慧「AIネットワーク化をめぐる法の問題と規範形成」『自由と正義』2017 年 9 月号 35 頁以下；参见贾开：《人工智能与算法治理研究》，载《中国行政管理》2019 年第 1 期。

得等方面的瓶颈问题，从而使人工智能在法律解释和法律议论领域的应用相应出现某种质的飞跃。即便如此，深度学习的过程仍然需要有法律专家的介入和监控，防止法律判断出现一些本来可以避免的失误。在机器学习的现阶段，我们更应该而且也完全有可能做到的是，确保智慧司法的系统建构为法律解释和法律议论预留足够的机会，以有效防止算法独裁造成法律判断上的偏颇，在事实与规范的反复相互作用和重新组合的开放性动态中，克服既有系统的误差并促进制度创新。

人物关键词索引

事项关键词索引